서양경제사론

최종식 지음

서문당

추천의 말

지난해 늦은 가을 어느 날, 고 최종식(崔鍾軾) 교수가 하루는 수천 매에 이르는 원고 뭉치를 갖고 와서 양심적인 출판사를 아는 데가 있으면 소개해 달라고 했다. 무슨 원고냐고 물으니 「서양경제사론」이라고 했다.

최 교수는 우리나라 농업경제학계의 태두로서 이미 이 분야에서 많은 업적을 내놓은 학자임을 잘 알고 있는 나로서는, 어떻게 경제사에 관심을 갖게 되었는가고 다시 묻지 않을 수 없었다. 그랬더니 최 교수의 말이, 경제사에 관심을 가진 것은 이미 학창시절부터였으며, 뿐만 아니라 해방 후 30여 년간 대학에서 농업경제학을 연구·강의하다 보니 경제사에 대한 깊은 지식이 없이는 농업경제학을 올바로 이해할 수 없다는 것을 절실히 느끼게 되었다는 것이다.

인류의 역사 수천 년에 공업사회가 이루어진 것은 기껏 기 백년에 불과한데, 오늘날까지도 역사적 유제(遺制)를 가장 많이 갖고 있는 것이 바로 농업부문이며, 따라서 낙후되어 있는 농업에 대한 연구는 이 경제 분야가 겪어온 역사적인 연구 없이는 올바로 이해될 수 없다는 것이 본인의 지론이라고 말했다.

이러한 생각에서, 그는 그의 학문생활에서 항상 경제사에 관심과 연구를 계속해 왔고, 1968년에 〈농업정책론〉을 출간한 후 곧바로 이 〈서양경제사론〉의 집필을 착수하게 되었다는 것이다. 최 교수가 들고 왔던 그 방대한 원고 뭉치는 바로 그의 10년 각고의 결정으로 그의 생애의 마지막 저서가 된 것이다.

최 교수가 두고 간 원고의 목차를 보고 나는 또 한 번 놀라지 않을 수 없었다. 농업경제학을 전공으로 하고 있는 최 교수가 서양경제사에 대해서도 이렇게까지 풍부한 지식과 깊이 있는 식견을 가지고 있을 줄은 뜻밖이었기 때문이다. 그래서 서문당의 최석로 사장에게 그 뜻을 말하였더니 최 사장은 수지타산은 생각지도 않고 이 책의 출판을 쾌히 승낙해 주었다.

최 교수의 이 <서양경제사론>은 단순한 사실의 서술이 아니고, 분명한 그의 사관(史觀)에 의해 체계화되고 있다. 이 책에 저자가 「사론」이라고 도서명을 붙인 것은 이 점을 강조하기 위한 것이라고 생각된다. 또 이 저서는 서양경제사계에서 문제 삼아 왔던 논쟁점과 논쟁의 경과를 이해하는 데에도 많은 도움을 주고 있다.

최 교수는 이 <서양경제사론>을 상재(上梓)함에 있어 아쉬운 점이 있다고 고백한다. 즉, 저자가 당초 의도했던 것은 「서양경제사론」이 아니라 「일반경제사론」이었다는 것이다. 서구의 경제문화와 동양의 경제문화를 되돌아 보면서 이 양대 문화권에서 지배되어 온 경제발전의 이론을 찾자는 것이었다. 그는 흔히 학자들이 「서양경제사」를 쓰면서도 그 서명(書名)을 「일반경제사」라고 붙이고 있는데 이것은 부당하다고 항상 생각했다는 것이다. '메소포타미아, 이집트, 인도, 나아가서는 중국대륙의 저 광대한 지역의 고대문화를 도외시하고서 어찌 일반이라는 개념이 적용될 수 있겠는가'고 이 책의 서문에 적고 있다.

이런 뜻을 갖고 있었으므로, 최 교수는 동방사회의 인도 및 중국 고대 사회의 연구에 착수, 이를 정리하다가 건강이 여의치 못해서 중도 포기하게 되자 이를 못내 아쉬워하였다. 최 교수는 이미 자기의 천명이 다하고 있음을 알고 있었던 것 같다. 그는 이 책의 서문 말미에서, '1978년 4월 만물이 소생하는 화창한 날에, 병석에서 진달래와 개나리가 활짝 피고, 라일락이 꽃망울을 맺는 뜰을 내다보면서 이 서문을 엮는다'고 하면서 '집필 10년 만에 유명을 달리하게 된다니⋯' 하고 그의 심정을 토로하고 있다. 실로 학구에 불타는 한 학자의 최후의 몸부림을 보는 듯하여 마음이 아프다.

최 교수는 끝내 이 책이 발간되어 세상에 나오는 것을 보지 못하고 그로부터 한 달 후에 타계하고 말았다. 그가 남긴 이 책은 길이 후세에 전하여져 우리나라의 경제사학계에서 사랑받을 것을 확신하면서 여기에 추천사를 쓰는 것이다.

1978年 9月

同學 趙 璣 濬 識

머리말

1

어느 학자가 이렇게 말한 적이 있다.

"인간은 그들 생활의 사회적 생산에 있어서 필연적으로 그들의 의지와는 독립한 일정의 관계, 즉 그들의 물질적 생산력의 일정한 발전 단계에 조응하는 생산 관계를 맺는다. 이들 생산 관계의 총체는 그 사회의 경제적 구조, 즉 법제상 및 정치상의 상층건축이 그 위에 용립(聳立)하여 일정한 사회적 의식의 여러 형태가 이에 조응하는 현실의 토대를 형성한다. 물질적 생활의 생산 양식은 사회적·정치적 및 정신적 생활과정 일반을 제약한다. 인간의 의식이 그들의 존재를 규정하는 것이 아니고, 오히려 반대로 인간의 사회적 존재가 그들의 의식을 규정한다.

사회의 물질적 생산력은 발전의 어떤 일정 단계에 이르면, 그때까지는 그 안에서 운동하여 온, 현존의 생산 관계 혹은 단지 그 법적 표현에 불과한 소유관계와 모순된다. 이들 관계는 생산력의 발전형태에서 그 질곡(桎梏)으로 전화(轉化)한다. 이 때 사회혁명의 시대가 시작된다. 경제적 기초가 변동함에 따라 거대한 상층 건축의 전부가, 혹은 서서히 혹은 급속히 변혁한다"고.

과연 인류가 겪어 온 과거를 조용히 되새겨 보면 이 같은 관계의 길을 걸어온 것이 분명하다. 인간은 언제나 그들의 물질적인 생산의 역량이 어느 정도로 발전하였는가에 따라, 그들이 물질을 생산하는 데에 있어서 서로서로의 사회적인 관계를 맺고 있었다.

근대적인 생산력에 봉건적인 사회관계가 맺어질 수 없었고, 봉건적인 생산력에 고대적인 사회관계가 맺어지지 않았던 것이다.

고대적 생산력에는 이에 조응한 사회적 관계가 맺어져서, 그 나름의 경제적 구조와 이를 위한 정치적·법제적 구축물이 마련되고 있었다.

그러면서도 시간의 경과에 따라 생산력이 발전을 거듭하면, 이에 따라 사회적 관계는 차츰 변혁을 이루어야 했으며, 이에 고대는 중세로, 중세는 근세로 발전할 수 있었던 것이다. 이것이 우리의 역사가 아니었던가.

그러나 이 변혁의 길은 반드시 평탄한 것만은 아니었다.

생산력이 발전함에 따라 사회적 관계도 낡은 옛 모습의 껍질을 깨고 새로운 생산력에 조응한 새로운 관계로 무난히 변혁을 이루면, 그 사회는 평온한 가운데에서 새로운 단계의 역사를 맞이할 수 있었다. 그러나 만약에 생산력은 발전해야함에도 불구하고 생산 관계가 낡은 옛 껍질로 둘러 싸여 있으면 이는 모순의 질곡(桎梏)이다. 그것은 마치 신체와 의복의 관계와 같다.

자라나는 신체에 알맞은 옷을 바꾸어 입히면 몸이 잘 자랄 수 있으나, 몸은 커지는데도 옷은 작은 옛 옷을 그대로 입혀 두면 발육이 왜곡되어 마침내는 옷이 파열(破裂)되는 것과 같다.

사회적으로는 이 모순이 축적하면 혁명으로 폭발하는 것이었으며, 시민혁명(bourgeois revolution)이라 불리어지는 시민혁명이 바로 그 가까운 예이다.

이 같은 변혁은 평온리(平穩裡)에서든지 아니면 폭력적이든지 혹은 서서히, 혹은 급속히 추진되어 온 것이 인간의 역사였으며, '대체로 아시아적, 고대적, 봉건적 및 근대 부르주아적 생산 양식이 경제적 사회구성의 진보적 시기로서 특징지어질 수 있다' 고 말했는가 하면, 사회주의가 근대 부르주아적 생산 양식과 병존하게 된 것이 1차 대전 후의 현실이다.

2

필자는 이와 같은 사관(史觀)에서 인류사회의 경제적 발전과정을 구명해 보고자 하는 의욕을 굳힌 지 이미 오래이다.

왜냐하면 사실(史實)을 이같이 풀이하는 방법으로 비로소 경제발전의 과정을 이론경제학적으로 정리할 수 있기 때문이다.

즉 단순히 각 시대의 경제적 사실을 나열해 보는 것만으로는 만족하지 않는다. 한 시대의 역사가 다른 시대의 그것과 완전히 이질적인 생산 양식이라면, 이는 전단계(前段階) 시대의 어떠한 생산력과 생산 관계의 모순의 산물인가? 이는 또 일정한 발전 단계에 이르러 어떠한 모순의 축적으로 다음 단계의 생산 양식으로 이행해야 했던가를 이론경제학적으로 풀이해 보고자 했기 때문이다.

그러나 이 작업은 결코 그렇게 쉬운 일이 아니었다. 너무나 어려운 일이었다.

첫째, 제1장에 관한 문헌의 입수가 어려웠다.

도대체가 일본어 문헌뿐인데, 어쩌다가 구해진 문헌에 따라 원고지를 메워 나가다 보면 또 다른 문헌이 발견된다.

부득불 기성 원고는 휴지가 되고 개서(改書)의 노력을 겪어야 했다. 제1장은 필자에게 무수한 노고와 시간을 강요한 것이 사실이다.

둘째, 필자의 건강문제였다.

나는 그 동안 개복수술을 해야만 했다. 1970년 1월과 8월, 그리고 77년 4월에 세 번씩이나 대수술을 받았으나, 삶에 대한 희망을 포기하지 않고 건강이 조금이라도 회복되기만 하면 원고지를 메우곤 했다.

말하자면 건강을 무시하고 집필에만 여념이 없었다. 건강할 때 탈고해야지 하는 욕심의 소산으로, 이 책에 대한 나의 집념은 그만큼 강한 것이었으나, 지금 생각하면 미련한 일이었다고 후회된다.

셋째, 잡무가 많은 시간을 앗아간 것이었다.

경제적 생활불안을 돕기 위해서는 연구과제를 맡아, 때로는 1년이고 몇 달이고 진행이 중단되는 일도 많았었다.

그리하여, 결국 〈서양경제사론〉이라는 본의 아닌 내용으로나마 출간을 보기까지는 꼬박 10년이라는 세월이 흘러가고 말았다. 1968년 10월, 〈농업정책론〉을 출판하고 곧이어 이 책을 구상·착수한 지 꼬박 10년이다.

3

그러나 무엇보다 벅찬 과제로 된 것이 동양사회의 경제발전 과정이었다.

왜 이런 문제를 이 책의 한 과제로 삼고자 했는가?

인류사회가 경제적으로 발전하여온 일반적 발전법칙을 구명코자 하는 일반경제사를 논할 때에는 동양 내지는 아시아의 과거와 현재를 제쳐놓을 수 없기 때문이다.

근대문명이 서구에서 먼저 개화(開花)했기 때문에, 경제사를 엮을 때도 서양경제사를 중심으로 하면서도 이에 관한 것을 의젓이 일반경제사라 칭하여 왔다.

그러나 이는 부당하다.

메소포타미아, 이집트, 인도, 나아가 중국 대륙의 저 광대한 지역의 찬란한 고대 문화를 도외시하고서야 어찌 '일반'이라는 개념이 적용될 수 있겠는가.

문예부흥(Renaissance) 이후의 서구문명이 찬란하였다 하더라도, 인류사회의 오랜 역사적 과정을 두고 논할 때의 서구 중심은 주객의 전도도 이만저만이 아니다.

근대문명이 서구 중심이고 근대적 학문연구가 아무리 서구를 요람으로, 타(他)는 이를 본보기에 급급하다 하더라도 로마 이후의 서구경제사를 인류사회의 경제발전에 관한 일반법칙으로 인식하는 것은 부당하다.

원시사회 이래 문명이나 지광(地廣)이나 인구에서 아시아 내지 동양이 주역이었다면 현재 아무리 이들 나라가 장기적으로 정체하고 빈곤한 사회라 할지라도, 이들 사회의 경제 발전 과정에서 일반성을 구하는 것이 당연하지 않겠는가.

적어도 일반경제사라 할진대. 이 같은 방법론이 취해져야 할 것으로 믿는다.

그럴 경우, 당면하는 문제가 아시아적 생산 양식(Asiatische Produktions weise)의 문제이다. 아시아적 생산 양식이 원시 게르만적 또는 그리스·로마적 공동체의 생산 양식과 달리, 원시사회의 독특한 한 공동체적 생산 양식이었음을 제1장에서 상술했다.

즉 문제의 소재가 된 칼 막스(K. Marx)의 《자본주의 생산에 선행하는 제 형태》에서의 게르만적 형태를 봉건적 형태라고 보아, 인류사회는 아시아적→그리스·로마적→봉건적이라는 일계적(一系的) 발전 단계를 거쳐 발전하여 왔다는 것이 종전의 일반적 견해이다.

이에 대해 《…… 제 형태》의 게르만적 형태는 봉건적이 아닌 타키투스

(Tacitus) 시대의 게르만 공동체로서 아시아적, 게르만적, 그리스·로마적 형태는 다 같이 원시공동체가 다계적(多系的)으로 발전한 유형이라는 강력한 반론으로 되어 있다.

이 문제는 이른바 아시아적 생산 양식 논쟁으로서 아직 끊임없는 국제적인 논쟁이 반복되고 있으나, 필자는 후자의 입장을 취하여 제1장에서 성실하게 양론을 비교 해설코자 노력했다.

논쟁의 경과와 쟁점도 상세히 구명하여 제1장의 '부(附)'로 수록하여 그것의 이해를 돕고자 했다.

이 제1장과 그 부(附)는 전 집필 시간의 3분의 2가 소요된 셈이다. 그러나 부는 출판 사정으로 수록을 피했다.

유감스럽게 생각되는 바이나, 아시아적 생산 양식의 사실을, 그것이 가장 전형적이었던 메소포타미아, 이집트 등 고대 동방사회 및 인도와 중국에서 찾아보는 것이 다음 과제였다.

그리하여 1977년 4월, 제3차의 수술에서 회복하자 곧 일에 착수했다. 어느 정도 순조롭게 진행되어 동방사회 및 인도까지 고대의 정치·경제를 정리했다.

중국에 관한 것으로서 고대 중국의 정치·경제를 정리하여 각국의 사실을 아시아적 생산 양식에 비추어 해석하고, 다음 제2장에서 고대 아시아의 총체적 노예제로 한 장을 설정할 계획이었다.

이어 이들 제국의 중세 이후를 제7장에 별설하여 명실상부하게 일반경제사의 구실을 다해 보고자 했던 것이다.

그런데 이 무슨 청천벽력인가! 중국에 관한 문헌을 뒤지다가 77년 11월에 지병이 재발한 것을 알았다. 병원에 달려갔으나 수술불능이라 했다.

눈앞이 캄캄했다. 모든 정규생활은 중단되었다. 그 두 장의 내용이 미완인 한 '일반경제사'라는 이름을 붙일 수가 없어서 부득이 〈서양경제사론〉으로 출판키로 결정했다.

1978년 4월, 만물이 소생하는 화창한 날에 병석에서 진달래와 개나리가 활짝 피고 라일락이 꽃망울을 맺는 뜰을 내다보면서 이 서문을 엮는 것이다. '10년이면 강산도 변한다'더니, 집필 10년 만에 유명을 달리하게 된다니
……

끝으로 이 책의 출판을 기꺼이 맡아 주신 서문당 최석로 사장에게 심심한 사의를 표하며, 난필(亂筆)의 원고 교정에 노고가 많았던 편집부 여러분에게 거듭 감사드립니다.

1978년 4월 30일

저자 최 종 식

차 례

제4장 중세유럽의 말기봉건제 / 195

제5장 근대자본주의의 확립과 발전변모 / *305*

서양경제사론

제1장 원시사회와 공산제

제1절 씨족적 원시공동체의 성립과 발전

1. 씨족적 원시사회의 생산력

(1) 야만시대와 자연적 분업

태고라 일컬어지는 원시시대의 인간생활에 관해서는 아직 실증적 연구가

충분치 않다. 약간의 고증과 현존 야만인에 근거를 둔 추리가 있을 뿐이나[1]

1] 지질연대상의 마지막 단계가 신생대, 신생대의 마지막 제4기는 홍적세(지층이 빙설·홍
수로 퇴적되던 때라는 뜻)와 충적세(지층이 평지 화산의 분출로 퇴적되던 때라는 뜻)로
구분. 홍적세는 빙하기와 얼음이 녹는 온난한 간빙기가 교체하는 것을 4차례 반복, 마지
막 간빙기인 후빙기를 끝으로 홍적세는 끝나고, 후기의 따스한 충적세에 들어가서 오늘에
이르고 있다는 것이다.

그간 인류의 생성은 대략 30만 년 내지 10만 년 이전의 홍적세 제3간빙기(第3間氷期
또는 제4간빙기가 빙하시대)에 가장 오래된 인류로 추측되는 직립원인(Pithecanthropus
erectus : 태고 때에는 아시아 대륙의 일부였던 자바(Java)에서 생존하던 것이 1892~94
년 북경 근처에서 화석인류로 발견)과 북경인류(Sinanthropus-Pekinensis : 1926~37년 북
경 근처에서 화석 인골로 발견)와 같은 원시인류(Homo primigenius)가 생존, 이들은 동
굴에 살면서 불을 사용하고 석기를 만들어 수렵을 함으로써 다른 동물과 구별되는 최대
의 특징을 가지게 되었으나, 제4빙하기에 소멸해 버렸다는 것이다. 반면, 10만년 내지 5
만 년 전의 원시인류로서 하이델베르크 인(Homo Heidelbergensis : 유럽 최고의 인골화석
으로 발견) 및 그 후손으로 추측되는 5만 년 내지 3만 년 전의 황토시대(홍적세 제4빙하
기와 마지막의 후빙기 초에 걸쳐 서방 유럽에서 불어온 바람이 동방에 황토(Loess)를 쌓
이게 하여 인류를 습격한 때, 그러나 이 황토퇴적지대에는 하천이 생겨서 수렵보다 농경
이 편리했다. 동몽고·만주·하남성·감숙성 등지에서 고량(高粱)·수도(水稻) 등의 재배
흔적이 있는 것과 같다)에 네안데르탈인(Homo Neanderthalensis)등의 다른 원시인류가 출
현. 그러나 이 역시 그 언제인가 소멸했다는 것이다.

이러한 과정에서 원시인류도 현생 인류(Homo sapience)도 아닌 그 중간 이행형(移行
型)의 혼혈을 거치면서 2만 5천 내지 1만 년 전의 후빙기에 지구의 얼음이 녹고 온난해

당면한 우리의 관심사도 고고학과는 같지 않다. 다만 원시인류는 언제부터 어떠한 도구를 사용하고 또 그것이 어떻게 개량·발전되어 왔는가를 알면 된다.

도구의 사용으로 인류는 비로소 다른 동물과 구별되는 경제적 계기를 얻을 수 있었고, 그 개량과 더불어 경제생활은 발전할 수 있었기 때문이다.

즉 다른 동물들은 자연물을 주어진 그대로 취득하여 식물(食物)로 이용하는 데에 그친다. 그러나 인간은 도구를 사용하여 자연을 합목적적으로 개조하는 지혜를 가진 동물이다. 자기의 생명을 보전하고 늘어나는 욕망을 충족하기 위해서는 자연을 목적에 맞게 개조하는 생활(생명)활동을 해야 한다. 이러한 능동적 의식행위가 노동인 것이며 인간은 노동을 편리하게 하는 도구를 사용하게 됨으로써, 비로소 타 동물과 다른 경제행위를 하는 독특한 존재로 될 수 있었기 때문에, 우리는 당면하여 도구 사용을 기점으로 하여 무방한 것이다.

이렇게 말할 만큼 태고의 원시인류로 추정되고 있는 직립원인이나 북경인류[2]도 과연 동혈에서 살면서 석기로 사냥하고 불을 사용한 흔적을 남기고 있다.

그러나 도구도 처음에는 매우 유치한 것이었다. 암석을 깨어 갈지도 않은 채 그대로 사용했다. 미연석기(未硏石器) 사용의 이 단계가 구석기시대(palaolithic period, paläolithische Zeit)였다.

홍적세(洪積世)의 원시인류가 그러했고 현생 인류도 생성 초기인 후빙기

짐과 더불어 크로마뇽(Cro-Magnon)인과 같은 현존 인류의 선조인 현생 인류가 나타났다는 것. 이들이 맘모스와 같은 거대 포유류와 함께 생존경쟁을 하다가 충적세에 빙하가 녹고 거대동물의 전성이 사라짐으로써 번영하게 되어 오늘에 이르게 되었다는 것이다. 기록된 문헌이 없는 이 시대가 선사시대(Prehistoric age)이고 문헌으로 남아있는 역사시대(historic age)는 불과 5,6천 년 전이라는 것이다.

2] 주 (1) 참조

기간은 그러했다.[3] 반면 자연의 위력은 너무나 거칠었다.

자연의 횡포에 대해 유치한 도구로써는 인간은 너무나 무력한 존재가 아닐 수 없었다. 이에 인간은 소집단의 군단(群團)형성으로서만이 식물 획득과 외적 방위가 가능할 따름이었다.

마치 화석인류가 군서(群棲)생활을 한 것과 같이 현생 인류도 원래는 군서 생활이 그 본능일 수밖에 없었던 것이다. 다만 동물계에서 이어받은 이러한 본능적인 군서생활이 인간의 경우에는 의식적인 생명활동으로 행해진 것이 다를 뿐이었다.

개인은 고립의 무력(無力)을 자각하여 생명활동을 위해서는 노동과정을 집단적으로 수행할 수 있는 지능을 가진 것이 인간이었으며, 인간의 경우에 비로소 자연발생적인 공동성이 의식적인 공동성(Gemeinde)으로 나타날 수 가 있었던 것이다.

최초의 인류는 이와 같이 의식적인 공동성을 생명활동의 자생적 수단으로 삼지 않을 수 없었다. 그런 의미에서 '공동단체 자체가 최초의 커다란 생산력으로 나타났다[4]고 말해진다. 그러나 집단성은 동시에 생산을 위한 개

3] 주 (1) 참조

4] Karl Marx : Formen, die der kapitalistischen Produktion vorhergehen.1857~8(平島正毅 역 《資本主義的生産に先行する諸形態》 p.41).

경제사 연구에 있어서는 '공동체 일반에 관한 본질, 형태 및 그 성립과 붕괴의 조건을 규명하는 것이 매우 중요한 의의를 가지는 것'(오쓰카 히사오(大塚久雄) 저 《共同體の 基礎理論 1956》 p.11)이라고. 그러나 공동체 이론에 관해서는 오쓰카 사학이라는 것 을 구축했을 만큼 근대자본주의 성립의 전사(前史) 연구에서 권위를 세운 오쓰카 히사 오(大塚久雄) 교수가 이 K. Marx의 '……선행 형태'를 '공동체론에 관한 나의 문제 시점 을 거의 결정적인 것으로 해주었다'(오쓰카 히사오(大塚久雄) 저작집 제7권 p.395. 岩波 書店)고 말했을 정도로 이는 경제사 연구에 간과할 수 없는 문헌. 아울러 K. Marx의 《베 라·자스릿지의 서간에 대한 회답 - 초고. 1881》(平島正毅 역 《……선행 형태》에 합 본)가 Marx의 공동체 이론에 관한 그 후의 중요한 문헌. 원시사회 내지 고대사회의 발전 과정에 관해서는 이들 문헌에서 Marx가 제시한 아시아적·고전 고대적·게르만적 토지 소 유의 3형태를 중심으로 연구되는 이상의, 다른 새 이론이 없는 것이 학문적 현 수준이다. 다만 이 3형태에 관하여 이를 계기적 발전 단계인가, 아니면 병렬적 발전 단계인가의 문 헌해석에 논쟁이 있을 뿐이다.

인의 결합관계였으므로 이 결합적 노동과정이 되풀이됨에 따라 집단성 자체가 당시 사회의 생산 관계를 형성하는 것이었다.

그리하여 원시공동체(ursprünglich Gemeinde)가 생성된 것이었으나, 집단 자체를 생산력 및 사회관계로 한 이런 협동양식에서는 필연 서로의 의향이나 목적을 연결하는 의사소통의 수단이 필요하게 된바. 이에 일찍부터 음절이 간추려진 언어가 생길 수 있었으며, 언어로 상호 의사 전달이 잘 이루어지면 노동과정의 협동만이 아니라 인간적 사고력도 향상될 수 있는 것이 물론이었다.

구석기와 언어의 사용으로 특징지어진 이 같은 최초의 인류사회를 모건(L. Morgan)은 야만(savagery, Wildheit)의 하단이라 했다.[5]

그리하여 인간사회도 그 첫 단계에서는 불은 아직 사용되지 않은 것으로 구분되고 있다. 그러나 인간은 그 언젠가 차츰 불을 사용하기에 이르렀다. 그리고 불의 사용과 더불어 인류사회는 그들의 생산력이 훨씬 높은 수준으로 발전할 수 있었다. 첫째 식물의 범위가 넓어지고 둘째 생산용구의 제작에 획기적인 개선이 가능했기 때문이다. 셋째로, 생활무대가 한대(寒帶)·온대(溫帶) 등 기후 내지 지역의 제약에서 해방되어 어느 곳에서도 생존이 가능하게 되었고, 끝으로 야수의 습격에도 방위 역할을 하는 등, 불은 인간의 물

필자가 이 책에서 이 두 문헌을 자주 인용한 것도 경제사의 문제 정리에서 이들 문헌의 참고가 위와 같은 사정으로 불가피하기 때문이며, 그 이외 다른 아무런 이유가 없다는 것을 명기해 둔다.

5] L. H. Morgan(1819~1881)의 《The Ancient Society, 1877》는 현존 원시인의 생활을 대상으로 한 원시사회의 실증적 연구로 유명. 그는 인류의 역사를 야만시대(savagery, Wildheit), 미개시대(barbarism, barbarier), 문명시대(culture, kultur)의 3단계로 나누고, 야만과 미개는 발전과정에 따라 다시 각각 하단·중단·상단으로 구분했다. 그리고 미개의 마지막인 상단을 문명의 개시라는 것. 이러한 구분과 가 단계의 특징화는 약간의 고증에도 불구하고 선사시대인 만큼 문헌적이 아닌 가설적인 것임이 물론이다.

덴마크의 고고학자 Ch. J. Thomson이 인류의 역사를 인류가 사용한 기구의 재료를 기준으로 석기시대, 청동기(동기)시대(가장 빠른 것은 于今 6,7천 년 전의 orient 사회), 철기시대(가장 빠른 것은 아직 불분명하기는 하나 3천 4,5백 년 전에 Hittites 인, Assyria 인이 사용한 것만은 확실하다는 것)로 구분한 것도 Morgan의 시대 구분과 대략 일치한다.

질생활에 기본적 변혁 계기가 될 수 있었기 때문이다.

불의 사용을 특징으로 진전한 이 단계의 원시사회를 모건은 야만중단(野蠻中段)[6]이라 했다. 야만중단에 이르러 원시인의 생산력은 다른 의미에서도 발전을 볼 수 있었다. 즉, 이 단계에 이르러서도 도구는 아직 구석기일지라도 불의 사용에 의한 생산력 및 생활의 향상 확대는 이에 따라 협동 계기에서, 남자는 무기를 만들어 사냥에 전념하고 여자는 식물성 음식물 채취와 가사에 전념하여 성별·연령별의 자연적 분업이 발생한 것은 그 자체가 또 하나의 생산력 발전이었기 때문이다.

그러나 여기서는 아직 1차의 사회적 분업(수렵민족과 목축, 농경민족의 분립)은 성립하지 않았다. 무기가 아직 사냥을 항시적 노동부문으로 할 수 있을 만큼 개량되지 않았고 목축농경도 아직 일반화하지 않았기 때문이다. 이는 예리하게 연마된 석기를 사용하는 신석기시대(noelithic period, Noelithische zeit)의 전개를 기다려야 했다. 또 충적세(沖積世)에 이르러서는 이 때부터 석기가 발명되어 인류생활은 사냥에 크게 의존할 수 있게 되었다. 석기와 아울러 돌도끼[石斧]의 발명과 사용은 벌목에 의한 목축농경도 쉽게 했다. 그리하여 비로소 목축농경의 단서를 잡은 인류는 이제야 정주(定住)생활도 가능한 단서를 잡을 수 있었다. 그리고 정주생활이야말로 인간생활의 안정에 무엇보다 큰 계기였음이 물론이나, 이와 더불어 1차의 사회적 분업이 성립하여 그 자체 생산력의 커다란 발전[7]을 과시하기에 이르렀다. 또 신석기는 목제 용

6] Morgan은 호주 폴리네시아 인의 원시적 생활이 식량부족으로 왕왕 인육을 기식(嗜食)하나 대체로 야만중단에 속하며, 아메리카 북서부 인디언의 원시생활을 야만상단으로 간주한다.

7] 분업(division of labour)을 처음 성별·연령별의 자연적 분업으로 발생했다. 목축종족이 다른 미개종족에서 분리된 것은 제1차(최초)의 사회적 분업, 이어 미개의 고단계에서는 수공업이 농경에서 분리되는 제2차의 사회적 분업을 수행했으며, 동시에 분업진전의 결과 분업 노동으로 얻어진 생산물은 생산용구도 분업 담당자에게 귀속 되었다. 따라서 노동 용구의 사적 점취축적(占取蓄積)의 문제는 늘 이 분업의 진전에 관련되었던 것이다. 그러나 인간의 노동이 아직 그다지 생산적이 아니었을 때는 생산력을 증강하고 국가와 법을 발전시키며, 예술과 과학을 창시할 수 있었던 것은 무엇보다 분업의 강화에서였던 것이며,

기·통나무 배[舟] 등을 만들 수 있게 되어, 인간생활은 한층 더 편리하고 폭을 넓힐 수 있게 되었다.

모건은 이 단계를 야만상단[8]이라 했다. 그러나 이 단계에 이르러서도 생산력 수준은 전체적으로는 아직 매우 낮은 편이었다. 인간생활은 아직 동물·어패류·과실 등 자연물 채취를 주로 한 채취경제(Sammelwirtschaft)의 목인(牧人)생활(Hirtenleben)의 역할을 완전히 벗어날 수 없었던 것과 같다. 이 단계를 완전 극복하기 위해서는 겨우 단서를 얻은 목축농경에 의한 생산경제(Produktionswirtschaft)가 일반화할 만큼 생산력의 보다 더한 발전이 있어야 했다.

그러나 이에 이르면 원시사회는 이미 야만시대의 종막을 고하고 미개시대라는, 차원이 다른 단계를 형성하게 되었다.

(2) 미개시대와 1차의 사회적 분업

모건은 미개시대(barbarism, barbarier)의 시발기인 미개하단은 석기 사용과, 전 단계에서 겨우 움이 트인 동물 순양(馴養)·식물 재배라는 목축농경의 개시를 그 생산력 수준의 특징이라 했다.

토기 사용은 식물의 조리·저장을 쉽게 하여 그 범위를 넓게 했다. 동물 순양은 인간생활의 원천을 끊임없이 하여 주었으며, 또 그 견인력과 운반력은 원시농업의 발전에 기여할 수 있는 것이었다. 이에 농경의 개시가 겹침으로써 인간의 물질생활은 획기적인 개선과 확대를 볼 수 있었다.

덧붙이지 않더라도 농사로써 비로소 인간은 자연물을 채취·가공하던 지

나아가 물질적 노동(된손힌 손노동)과 정신적 노동(노동이 지휘·국무·예술·과학·상업 등)이 분화함으로써 분업은 보다 현실화한 것처럼, 생산력 발전의 기초는 일반적으로 분업의 진전강화에 있었던 것이다. 따라서 분업의 진전은 곧 노동생산성의 증대로서 분업발전의 여러 단계들은 결국 사회적 생산 과정의 발전 단계를 뜻하여 분업은 생산력의 한 범주이며 분업=생산력으로 간주된다.

8] 주 (6) 참조

난날의 불안한 생활에서 벗어나, 처음부터 자연의 법칙을 의식적·합목적적으로 계속 이용하면서 생존수단을 안정적으로 재생산 확보할 수 있었기 때문이다. 그리고 인간은 이와 같이 자연의 법칙에 따라 이를 이용·지배하는 능력이 높아지고, 능동적인 자연 이용으로 생활수단을 계속 확보할 수 있게 되자 마침내는 정주생활(Ansledelung)을 하게 되었다.

그러나 정주(定住)와 더불어 전개되는 생산경제의 형태는 1차적으로는 이들 인간 집단이 놓여 있는 자연조건에 규제되는 것이었다. 때문에 정주 이후의 인간생활은 그 양식이나 발전방향도 이들 집단의 정주지에 있어서의 자연적·지리적 환경이 다른 데에 따라 달라져야 했다. 먼저 기후가 온난하고 다우다습(多雨多濕)의 옥토지대에서는 농경민족으로 나아갈 수 있었으며, 예컨대 이집트의 나일 강 유역의 선사인과 같다. 이들은 가장 오래된 농경민족으로서 B.C. 1만년 내지 5천 년 전에 연마석기와 토기를 사용하고 수렵과 어로(漁撈)를 겸하면서도 목축과 농경에 의존하고 있었다.[9] 이것이 마침내 메소포타미아(Mesopotamia) 지방에 이르는 동방(Orient)에 전파되고, 다시 동쪽으로는 태평양안, 서쪽으로는 대서양안에 이르는 구대륙의 대부분 지역에 전파(B.C. 3,000~2,000)되었다는 것이다. 그리고 목축농경은 유목·수렵 등에 비하여 생산력이 높은 것이 사실이다. 때문에 여기서는 경제생활도 그만큼 안정적이고 여유를 가질 수 있었다. 이 여력이 보다 우수한 도구를 만들게 하고, 이는 나아가서 청동기 사용도 먼저 가능하게 한 것이었다.[10] 이집트에서 시작된 이 청동기문화가 빨리 접속될 수 있었던 곳도 목

9] 아프리카 동북부의 나일강 하류 삼각주 지역, Tigris, Euphrates 두 강 유역의 메소포타미아 평원, 파미르와 히말라야 남쪽의 인더스, 갠지스 두 강 유역의 인도 평원, 중원의 땅이라는 황하 중류의 황하평원은 모두 선사시대 후기에 농경·목축에 들어간 세계 최고(最古)의 4대문화권이다.

10] 가장 일찍 청동기시대에 들어간 곳은 동방(Orient)이다. Orient의 Egypt, Mesopotamia의 청동기문명은 서방에 전파하여 에게(Aege)문명(B.C.30~13세기 Crete도, Aege해를 중심으로 성립한 최고의 해양문화이며 Orient 문명을 서방의 희랍문명에 매개한 것이 그 역사적 의의)을, 인도에서는 Indus(청동)문화를 이룩하게 되고 중앙아시아를 넘어서는 중

축농경이라는 생산력 수준이 높은 동방의 메소포타미아, 지중해 연안 인더스(Indus) 강과 황하 등지였다.[11]

그러나 옥토지대의 목축농경을 기초로 하는 이들 민족은 일찍부터 신석기문화와는 달리 몽고고원, 투르케스탄(Turkestan), 남러시아, 이란 고원, 아라비아, 북아프리카, 카라할리(Karahali) 초원 등 기후가 건조한 사막·초원지대에서는 유목생활이 중심을 이루어야 했다.

문화도 그만큼 이에 연유한 특성의 신석기문화를 이룩해야 했다.[12] 그런가 하면 한편 또, 북방 유라시아(Eurasia), 북미(America) 등 한랭한 삼림지대에서는 수렵·어로의 생활이 계속되는 가운데에서 이를 중심한 신석기문화가 이룩되어야 했다. 그리하여 이들 지역의 문화는 늦어졌으며 구대륙의 유럽에서는 대략 B.C. 9세기~1세기까지는 문화적 유산을 남길 수 없었던 것과 같다.[13]

그러나 이러한 지역 차에도 불구하고 목축농경민족이 다른 유목·수렵·어로민족과 분립한 1차의 사회적 분업 성립은 그 자체가 미개사회의 커다란 발전을 상징하는 생산력 수준이었다.

그리고 목축농경민족의 보다 높은 생산력은 이의 안정적이고 여력 있는 경제생활의 청동기시대 돌입을 선행하게 했으며, 오리엔트 지방에서는 지금부터 6, 7천 년 전에 동기를 사용할 수 있었다. 이에 경도가 보다 높은 청동도 사용할 수 있었다.

이 청동기 시대를 금석병용시대라고도 하는 것이나, 금속기야말로 석기보다 강인한 것은 물론이거니와 조형도 마음대로 할 수 있기 때문에, 생산력

국의 황하(청동)문명에 영향을 주었다. Eurasia 초원지대 유목민에게는 B.C. 600~B.C. 300년 경 (코카사스, 남러시아에 왕국을 세운 Skythai인의 스키타이(청동)문화를 이룩하게 했다.

11] 주 (9) 참조
12] 주 (9) 참조
13] 주 (9) 참조

발전에는 혁기적인 새 차원이 아닐 수 없는 것이었다.

모건은 동·청동기의 사용에 의한 목축농경의 발달이 일반화한 것을 특징으로 한 이 시대를 미개중단이라고 하였다. 이것이 나아가서 제철 기술의 발명으로 연결되어 철기 사용으로 전진하였으나 철제의 도구 기타 용품 등 장이야말로 인류생활에 가장 위대한 변혁을 이루게 한 계기가 된 것이었다.

철기보다 더 이상 강인한 것이 없는 만큼 획기적인 생산력을 발휘할 수 있게 하였기 때문이며, 모건은 이로써 개막된 새 시대를 미개상단이라 했다. 그러나 이 단계는 이미 미개시대일 수가 없었다.

어떤 의미에서는 철의 발명은 인류의 마지막 요구를 충족해 준 것으로서, 이와 더불어 발전하는 사회는 미개적인 것에 종지부를 찍고 역사는 문명적인 새 시대의 새 문을 연 것이었기 때문이다.

그러므로 미개상단에 관해서는 제2절 1의 문명시대 이행기와 관련하여 상론(詳論)하고, 우선 철기 사용 이전에 이미 농업 공동체가 형성되었다는 것을 알아둘 필요가 있다.

즉 철기 이전에도 생산력의 발전과정에서는 필연 이에 대응하여 인간의 협동적(집단적) 생명활동인 협동양식에도 변화를 일으키게 함이 물론이었다.

인간은 원래 동물계에서 이어받은 집단생활이 불가피하였다. 그러나 그들의 원시적 집단이었던 부족공동체는 생산력의 발전으로 목축농경이 쉽게 되어 대지에 정착할 수 있게 되자 공동체도 농경을 중심으로 재편성되어야 했음을 말한다.

이것이 곧 농업 공동체(Agrargemeinde)의 형성이었고, 원시공동체는 혈연적·씨족적 공동단체의 가부장제 세대공동체 단계(미개중단)를 거쳐 농업 공동체로 발전했다(제2절 1). 그러나 농업 공동체도 처음에는 생산력 수준이 얕은 데에 대응하여 소유관계는 공유형태였다.

이것이 사유형태로 전진 이행하기에는 생산력이 보다 발전한 농업 공동체의 후기에 이르러서였다. 그러나 사유의 발생은 역사적 큰 변화였기 때문에, 사유와 이에 따른 계급사회 형성단계의 공동체를 '새 공동체(la nouvelle commune)'(2차 구성)라 하고 그 이전을 원고적(原古的) 형(archaischere typus)의 공동체(공유단계의 원시공동체로서의 혈연적 종족공동체 및 초기의 농업 공동체 포함)라 하여 구별한다.

따라서 농업 공동체는 공유단계의 원고적 원시공동체에서 사유단계인 제2차 구성에의 과도적 단계[14]였으며 이의 발전과정을 추구해야 한다.

그러나 이 사유단계의 새 공동체 이행은 미개상단에 속한 것이므로, 역시 제2절에 미루고, 미개중단에 이르기까지 인간은 얕은 생산력 수준에 대응하여 생산 과정에서 서로 어떠한 사회적 관계(생산 관계)를 맺고, 또 이의 변화를 겪었는가를 알아야 당시의 경제적 사회구성의 변화를 알 수 있게 되는 것이다.

2. 씨족적 원시사회의 사회적 관계

(1) 공동성과 원시공산제 형성

태고적 원시사회에서는 앞서 말한 바와 같이 '공동체 자체가 커다란 생산력'이었다. 고립의 개인으로서는 노동이라는 합목적적 자연 개조의 의식 행위에서 그 힘이 너무나 약하여 한 가지 작업에도 많은 사람들의 힘을 동시 투입하는 단순 협업적 협동의 집단적 행동이 대자연과 투쟁할 수 있는 생산력이 될 수 있었기 때문이다. 그리고 노동과정의 이러한 자연발생적 공동성(집단성)은 그것이 되풀이됨에 따라서 개인은 공동적 결합관계를 자각하게 된다. 원시사회 고유의 공동체적 사회관계(생산 관계)는 이렇게 하여 형성

14] K. Marx "앞의 책" 平島正毅 역 《ウエラ・ヮスリシナの手紙指に對する回答－草橋)》(前記 《……先行諸形愚》에 합본). p112,114,115

된 것이었으며, 개별적 역량은 너무나 무력했던 결과 집단적(협동적)으로 생산하는 공동 생산의 결합관계가 생산에 있어서의 상호관계인 사회관계를 규정한 것이었다. '집단적 생산의 원시적 형(型)은 고립한 개인의 약세(弱勢)한 결과였지 생산 수단 사회화의 결과는 아니었다'[15]는 말과 같다.

그러나 생산(사회)관계의 기체(基體)는 소유관계이다. 생산 수단의 소유관계를 기초로 이에 규정되어 다른 사회적 관계는 형성되는 것이다. 그리고 이러한 소유관계가 원시사회에서는 생산 과정이 공동적인 데에 대응하여 처음에는 공동체에 의한 공동체적 소유로 나타난 것이었다. 즉, 여기서는 '그 어느 부분도 공동체 성원 자신의 것이 아니고 공동체와 직접 통일된 성원의 것'이었다. 다른 말로써는 '공동 소유가 모든 것을 흡수하고 모든 것을 포괄'하는 '직접적[16]인 공동 소유'의 공동체 재산으로서만 존재한 것이었다. 말하자면 토지의 소유 관념이 결여된 것으로서 매우 추상적인 소유 형태를 이룬 것이었다. 따라서 구성원에게는 아직 소유관계가 성립할 수 없었으며, 그들은 공동체에 통일된 성원으로서 직접적 공동 소유의 공동재산을 공동으로 점유(aneignen)할 수 있었던 데에 불과했다.

이 같은 직접적 공동 소유는 인간이 정주생활 이전에 동물계에서 이어받은 종족공동사회(stammgemeinschaft), 즉 자연생적 공동단체의 단계에 속하는 당시의 소유 형태였다. 따라서 이 단계의 공동체를 편의상 '보다 원고적(原古的) 형(型)의 공동체'라 하고, 토지 소유가 아직 발생하지 않은 직접적 공동 소유의 이 단계의 소유 형태가 '동양적 형태'[17]라고도 말해지고 있다. 그리고 이 형태는 발전과정에서 농업 공동체를 전개한 것이나 농업 공동체도 초기에는 경작지는 양도될 수 없는 공동재산으로서 다만 구성원에게 정

15] 平島 역 "앞의 책" 《……手紙回答-草稿》 p.93
16] 平島 역 "앞의 책" 《……先行諸形態》 p.156
17] 平島 역 "앞의 책" 《……先行諸形態》 p.44 및 福富正美 저 共同體論爭と所有の原理》 p.219

기적으로 할체(割替)·점유하게 했을 따름이다.

때문에 농업 공동체에 이르기까지를 '원고적 형의 공동체'라 하여 '경지가 경작자의 사유에 속하는 새 공동체'(농업 공동체의 후기)[18]와 구별해지는 것이다. 그랬기 때문에 '동양적(아시아적) 형태'라는 말도 이는 토지 소유의 독점이 발생한 후의 본원적 소유의 아시아적(동양적) 형태와는 다른 본원적 소유의 동양적 형태라고도 말해진다.

부연하면 동양적 형태=직접적 공동 소유도 정주생활과 더불어 인간이 '노동수단, 노동재료를 제공하여 주거나 공동체의 기지(基地)가 되는 커다란 일터이며, 병기창 — 재산인 대지와 소박하게 관계'[19]하게 됨으로써 대지(Erde)는 실로 사람들의 '어머니격'으로서 이를 차츰 '공동체 성원의 물자적 기초 — 따라서 공동체가 먼저 점취해야 하는 대상'[20]으로 하게 된다.

즉 '토지는 부의 포괄적 기초체'[21]로서 인간이 자기 육체의 연장(延長)으로 관계하게 된다. 이에 토지는 독점되는 것이며 일정 토지에 관계하는 행위가 고정화되어 일체의 타인을 배제하고 지구의 일정부분을 개별적 의사의 전유(專有) 영역으로 지배하는 토지독점이 발생한다. 이것이 곧 토지 소유였으며 직접적 공동 소유=동양적 형태는 토지 소유로 발전적인 성장전화를 이루게 된 것이었다.

그러나 이 때에도 소유는 즉시 사적 소유로 비약한 것이 아니었다. 집단적=공동체적 토지 소유(공동 소유 : gemeineigentum)가 오랫동안 그 기본 형태를 이루고 있었다. 즉 노동(생산)하는 주체로서의 공동체의 성원은 집단=공동단체를 매개로 토지에 관계하는 집단적=공동체적 소유로 나타날 뿐이었다. 이를 본원적 소유(ursprüngliche eigentum) 형태라 하는데, 이 형태가 농업

18] 平島 역 "앞의 책" 《……先行諸形態》 p.112
19] 平島 역 "앞의 책" 《……先行諸形態》 p.8
20] 오쓰카 히사오(大塚久雄) 저 《共同體の基礎理論》 p.16
21] 오쓰카 히사오(大塚久雄) 저 《共同體の基礎理論》 p.16

공동체를 형성함에 있어서는 각 민족이 토지에 정착할 때 그들의 생산력이 다른 데에 따라 전개방식을 달리하는 역사적 변형을 이루어야 했다. 즉 '각양의 외적·기후적·지리적·물리적 조건과 아울러 인간의 특수한 자연적 소질(그들 종족의 성격) 등에 의존하여 변형'[22]되었으며, 이것이 곧 본원적 소유의 게르만적 형태·고전 고대적 형태·아시아적 형태라는 각기 다른 소유 형태의 전개였다.(제2절에 상술)

그러나 토지의 이 같은 공동 소유에도 불구하고 동산(動産)에 관해서는 반드시 그러한 것이 아니었다. 생산력의 발전이 자연적 분업(성별·연령별의 분업)의 발생에 이르자 '자기가 제작·사용하는 도구로서, 남자는 무기 및 수렵·어로도구, 여자는 집기 등의 소유자'[23]가 될 수 있었다. 비록 공동체 밖의 제3자에게 양도할 수 있는 사유재산은 아니고, 집단 안에서만 처분할 수 있는 제한된 것이기는 했으나 종족공동사회가 '보다 원고적(原古的)'인 본원적 원시공동체의 직접적 공동 소유 하에 있더라도 동산에 관하여서는 개인적 소유가 보편적이었다는 것이다.

그러나 이는 곧 이 사회의 경제적 모순이 아닐 수 없었다. (직접적) 공동 소유가 기본적 사회관계인데, 비록 개인적 노동으로 만들어진 동산일지라도 개인적 소유가 있는 것은 모순된 것이었다. 이러한 2차성의 경제적 모순에 관하여 혹자는 '내적 모순은 말하자면 아직 잠자고 있는 상태…… 이러한 뜻에서 공동체(Gemeinde)가 아닌 공동체(Gemeinschaft)'[24]라고도 말한다.

22] 平島 역 "앞의 책" 《……先行諸形態》 p.7

23] 平島 역 "앞의 책" 《……先行諸形態》 p.29

24] 오쓰카 사학에서는 토지의 공동점취와 노동용구의 사적 점취를 '고유의 이원성(le dualisme inherent)' 또는 '공동체 고유의 내적 모순(=생산력과 생산 관계의 모순)'이라 하면서도, 이는 '이른바 영웅시대 이전의 무계급 상태에 조응하는 생산력 발전이 매우 저급한 원시공동체(urgemeinscbaft)에서는 아직 잠을 자고 있는 상태……사적 점취의 유치한 노동용구는 공동점취인 대지의 품안에 깊이 매몰……개인도 아직 공동체적 관계 안에 완전히 잠들고 있었다'하여, '고유의 이원성(내적 모순)'은 헤레디움(Heredium : 택지와 그 주위의 채전(菜田)이 부계(父系) 제적으로 상속되어 가족이 영구적으로 신적 점취를·하는 부동산으로서 로마인의 용어)의 출현과 더불어 부족공동체에 의한 토지점취의

혹자는 '잠자고 있는 상태의 내적 모순은 사회발전을 규정하는 기본적 모순이 될 수 없다'[25]하여, 비록 개인적 소유의 범위가 제한(무기, 집기)되고 자유 양도의 사유재산으로 발전한 것은 아니더라도, 생산 수단의 공동 소유가 사회관계의 기초인데. 개인노동에 따른 개인소유가 있는 것은 모순……이 개인적 소유가 농업 공동체의 후기에……부동산에 대한 개인적 소유로 나아갈 때……원시공동체는 제2의 단계가 기초를 두는 내도(來到)였다는 것이다.

기본적 사회관계로서의 원시공동체의 소유관계는 위와 같은 것이었으나, 한편 동산의 이 같은 개인적 소유에도 불구하고 생산노동 과정의 공동성과 이에 따른 소유의 공동성이 이 사회의 기본적 사회관계를 이룬 것이었다. 더욱이 미발전적인 생산력 수준에서 생활수단이 부족하면 소비의 측면에서도 평등과 평화를 위해서는 분배의 공동성이 지켜져야 했다. 생산, 소유, 분배 등의 공동성으로 인하여 이 원시사회를 원시공산제(urkommunismus)라 한다. 그리고 여기서는 사적 소유가 없는 만큼 잉여 생산물을 사적으로 축적하기 위하여 타인의 노동을 지배하는 계급관계도 성립할 수 없었다. 따라서 무계급사회라고도 하는 것이나, 이른바 사회의 하부구조가 이러했던 만큼 그 상부구조에서도 공동체 운영을 위한 공동조직(gemein wesen) 이외에 타인을 통치하기 위한 별개의 특별조직인 국가로 형성될 것까지 없었던 점이 원시사회의 특징적 사회적 관계였던 것이다.

(2) 집단적 사회생활과 평등의 원리

원시사회는 위와 같이 집단성[공동성]을 기초로 모든 생명활동이 이루어

양식 안에 그 자세를 나타내고(헤레디움의 사적 점취를 그 내부에 포용하게 된 공동조직 (gemeiuwesen)이 곧 Marx의 농업 공동체)……내적 모순으로 현상하게 된 것'이라고 해석 오쓰카 히사오(大塚久雄) 저 《共同體の基礎理論》 pp.32-36)

25] 福富正美 저 "앞의 책". pp.417~.419

졌다. 그러나 이 같은 공동성도 이를 위한 유대적 결합의 공동조직에 근거
가 된 것은 혈연성이었으며, 혈연관념을 공동체 형성의 정신적 지주로 삼았
던 것이 특징이다. 그러나 그 혈연성은 혈통에 의한 것이 아니었다.

군단(群團)의 남녀가 최초에 동물적 생활을 과히 벗어나지 못하고 있을
때는, 성행위에서 규율이 지켜지기 어려웠을 뿐만 아니라 유치한 군서생활
의 공동성에 의존하고 있을 때는 구태여 혈통을 가려야 할 물질적 근거도
없었기 때문이다. 따라서 난혼(亂婚 : promiscuity)이라는 무분별한 성행위가
오히려 자연스럽고 무난한 것이 될 수 있었다.

사람의 윤리 관념이 이를 개선하여 군단의 조여부자(祖與父子) 등, 같은
세대 층의 남녀 사이에만 성행위를 할 수 있게 한 군혼(群婚 : group marriage)
의 형태에 이르러서도 혈통은 분명할 수 없고, 또 그 자체가 물질생활과도
아무런 마찰이 있을 수 없었던 것이다.

그렇기 때문에 군단은 혈연적이면서도 혈통에 의한 조상(祖上)을 가릴 필
요도 방법도 없었다. 군단은 별수 없이 혹종(或種)의 자연물을 자기들의 공
동조신(共同祖神)으로 믿는 관념적인 혈연성 밖에 찾아낼 수 없었다. 반면 위
력이 강한 자연물을 조신(祖神)으로 그 가호(加護)를 기하는 것을 약한 존재
로서는 오히려 보다 실리적이었기도 했던 것이다. 이에 원시사회에서는 토템
(totem) 집단이라는 혈통 아닌 관념적 혈연관계의 씨족(gens, tribe, clan, sippe)
이 구성되고, 자연종교 내지 주술종교(animism)가 생겨나기 마련이었다.[26]

26] 원시인으로서는 태양·달·바람 등 자연이 가진 위력은 무서운 것이었다. 그 힘은 사람
을 해칠 수 있지만 가호(加護)할 수도 있다고 믿어 이러한 생령(生靈)의 힘을 움직이는
주술에서 주술종교(animism)가 발생했다. 각종의 동식물도 식량 부족에 대비코자 한 것
인지 아닌지는 소상치 않아도, 혈통으로 혈연을 가릴 수 없었던 원시인의 씨족집단은 각
양의 동식물을 각각 자기들 동일 씨족의 공동 조령(祖靈)으로 믿고 숭배했으니 이것이
Totemism이었으며, 번식기에는 이의 포획을 금기(taboo)했으며 이 같은 자연물신 내지 조
상신의 신앙이 다신교이다. Egypt 옛 왕국에서는 태양신(Ra)을 주신으로 받들어 왕은 그
의 아들(Pharaoh)이라 믿고 영혼은 불멸이기 때문에 육체에서 안주하도록 미라를 만들
어 피라밋(Pyramid)에 보존했다. Mesopotamia의 천체를 숭배하는 자연물신 신앙이 점성
술·천문학을 발달하게 했으며, 인도(원래 하천을 의미하는 Sindbu에 유래했다는 것)에서

그러나 세월이 흐름에 따라 생산력 수준은 조금씩이나마 높아져 갔다. 이로써 차츰 생활이 개선 안정되어가면 인간은 성관계에도 개선이 따라야 했다. 어머니가 같은 형제자매간의 성행위를 금하는 푸날루아(punalua) 혼으로 나아간 것과 같다. 그리고 이는 다시 동일씨족 내의 혼인(族內婚 : endogamy)을 금한 족외혼(exogamy)으로 나아갔다. 성행위의 범위를 이렇게 좁혀감으로써 혈연성은 차츰 혈통적으로 되어 갔으며, 종전의 관념적 혈연씨족은 혈통에 의한 혈연적 씨족으로 재편성될 수 있는 것이었다. 그러나 혼인관계를 다른 종족 간에 국한한 족외혼에서도 어머니는 분명하나 아버지는 분명치 않다. 역시 성관계의 집단성(集團性)을 극복한 것이 아니었으며, 씨족은 어머니를 중심으로 같은 어머니의 형제자매에 의한 모계제(母權制) 씨족(Muttersippe)을 형성할 수밖에 없었다. 이 모권제(Mutterrecht)가 무난히 유지될 수 있는 것은 생명(생산) 활동에서 아버지의 수렵·어로가 확실치 못한 데에 비해 어머니의 식물채취가 더 확실하다는 어머니의 보다 큰 경제적 지위에 대응하여서는 합리적인 것이었기 때문이다. 그러므로 모권제는 아버지의 경제적인 지위 향상으로 비로소 부권제로 개편되었으며 인간이 유목생활에서 정주생활에 들어가고 여기서 1차의 사회적 분업(수렵·어로민족과 농경민족의 분립)이 이루어짐으로써였다. 즉 1차의 사회적 분업이 성립할 만큼 농경이 발전하면 농경은 정착과 안주를 보장하는 것으로서, 체력이 보다 강한 남자가 이에 종사하고 여자는 가사에 종사하게 된다. 이에 남자는 여자보다 훨씬 중요한 생명활동을 맡게 되는 것이며 이로써 남자의 지위가 우위를 차지하게 된다.

이 남자의 우위가 나아가 소유에도 남자의 우위로 나타나게 했다. 소유가 아직 발생하지 않은 직접적 공동 소유 하에서도 자연적 분업(성별·연령별

도 일찍이 아리아 인(Aryans)이 침입하여 대가족제를 형성한 B. C. 1,500년 경에 자연물 신을 숭배한 찬가집 Rig-veda가 출현했으니, 이렇게 종교는 원래부터 무지·무력의 소산이다.

분업)이 발생하면 분업노동이 생산한 도구는 그 생산자의 개인적 소유로 되었다는 것이나, 남자의 생산적 역량이 높아질수록 그의 분업적 생산물의 소유는 양적·질적으로 불평등하게 많아질 수 있었다. 생산적 활동을 위해 처음에는 처와 자녀를 아버지의 노예로 소유지배하는 데에서 출발하여 차츰 가축·노예 및 중요생산 수단까지 소유하여 축적하기에 이른다. 이러한 의미에서 노예는 처음 처자라는 가족에서 출발한 것이었으나, 이는 고사하고 소유의 내용, 남자의 지위가 이같이 개선되자 남자는 소유물에 대한 애착심이 상속관념을 낳게 한다. 그러나 상속을 위해서는 자기의 후손이라는 아버지의 확인이 필요했다. 이 혈통관념이 혼인관계의 개선을 따르게 했으며 대우혼(對偶婚 : pairing marriage)이 이에 대응한 것이었다. 남자는 많은 여자들 중에 특히 한 여자를 본처로 선택하고, 여자도 많은 남자들 중 특히 한 남자를 본부(本夫)로 선택한 이 대우혼으로 일단 육신의 아버지는 확인될 수 있었다. 이것이 나아가 일부다처제(polygamy), 단혼제인 일부일처제(monogamy)로 단순화함으로써 상속을 위한 아버지의 확인은 확실해진 것이었다.

이 과정이 곧 모권제의 부권제(Vaterrecht) 추전과정(推轉過程)이었으며, 씨족은 가부장을 중심으로 대가족제(Grossfamilie)를 이루었다. 이를 가부장제 세대공동체(patriarchálisch hausgenossenschaft)라 하며 수세대의 자손 및 그들의 처와 노예 등 대가족이 가부장의 권력 아래 집결한 것이었다. 즉, 이 대가족이 하나의 경제 단위로서 공동체로부터 부여받은 경지를 공동경작하면서 공동가옥에서 집단거주로 생활하였다.

부락은 이들 대가족이 모인 대소 각양의 씨족집단이었으나 이는 다시 모여 대씨족을, 대씨족은 다시 부족(Tribus)을, 부족은 다시 종족(Stamm)을 형성하고, 부족이나 종족은 서로 부족동맹·종족동맹을 형성한 것이었다.[27]

27] Morgan은 아메리카 인디안의 한 支族인 이루코이 족이 농업 공동체에 이행하기 직전의 자연생적 혈연관계의 부족공동체 단계였다는 것이다. 이들은 대가족을 기본 단위로 대가족은 연립가옥(long house)에서 공동생활을 하며 14~20의 long house가 한 촌락

그러나 이 같은 조직의 어느 부분도 결코 권력을 위하여 권력이 조직된 것이 아니라는 것이 그 특징이었다.

아직 사적 소유가 발생하지 않은 이 단계에서는 계급관계가 없고, 따라서 국가라는 지배기구도 필요 없었기 때문이라 한다. 즉 씨족에는 추장이나 군사령관 등이 있더라도 이는 통치를 위한 권력적 존재가 아니었다.

씨족 내의 성년남녀로 구성되는 씨족평의회에서 평등선거로 임면(任免)되는 그들은 다만 씨족공동재산의 관리, 씨족 공동 활동의 지도가 주된 임무였다. 그들은 연륜 있는 노인으로서 존경을 받으며 씨족의 신임을 한계로, 맡은 바 임무를 수행할 뿐 다른 특별한 권한을 가진 것이 아니었다. 촌장·군사령관으로 구성되는 종족평의회도 그러했으며, 종족 전체에 공통된 중요 문제, 선전(宣戰)·강화(講和) 등을 만장일치로 가결하는 것이 그 임무일 뿐, 씨족에 대해서는 아무런 구속력을 안 가졌다는 것이다. 즉 정치적·사회적 또는 생활상의 중심은 어디까지나 씨족 전체에 있었으며, 씨족원 하나하나의 의사가 밑에서부터 씨족·부족·종족의 각급 평의회를 통하여 의결되는 것이었다.

원시사회를 민주주의라 하는 것도 이에 연유하고 있으나, 이 같은 가부장적 대가족제는 발전 단계로서는 아직 '보다 원고적(原古的) 형(型)'의 자연생적 종족공동단체로서 공동체가 할체분여(割替分與)한 직접적 공동 소유(동양적 형태)의 공동지를 대가족이 경작하면서도 ① 구성원은 혈연관계가 그 기

을 형성했다. 몇몇의 대가족이 씨족형성이나 모계제의 족외혼이었기 때문에 씨족은 곰·거북·사슴·비버(海狸) 등 동식물을 공동조상으로 믿는 totem 씨족이 형성되어 한 부락에는 각양의 totem 씨족이 혼재했다. 씨족이 모여 대씨족(pharatrie) 또는 포족(胞族 : geschlechterbruderschaft)이 되고, 이것이 각기 군사상·종교상의 공동조직기능을 발휘하여 두 개의 대씨속이 무속을 형성하여 5,6의 부족이 연합 구성되있나. totem씨족 혼재로써도 알 수 있듯이 그들은 사적 토지 소유가 없고. long house 부속의 채전도 이용한다는 데에서만 사적으로 점취하는 것이었을 뿐이다. 따라서 상속도 없고 의류·도구·무기 기타 동산을 사적으로 점취하고, 세습의 족장도 동거인 중의 제1인자로 존경을 받는 자가 선출되어 회의에 따를 뿐 특별한 권한 같은 것은 없었다.(大塚久雄 저 《共同體の基礎理論》 pp.30~33에서 요약).

초이고, ② 공동가옥의 집단거주가 물질적 기초를 이루어, ③ 공동노동(생산)과 공동분배가 그 특징[28]이었음을 쉽게 알 수 있다.

이것이 생산력의 발전에 따라 소가족의 역량만으로도 경작이 가능하게 될 때 대가족은 소가족으로 분해(제2절 2의 (2))하여 소경영으로 발전한다. 농업 공동체의 후기에 속하며 여기서는 정기적 할체(割替)가 소멸하여 사적 토지 소유가 발생함으로써 상속관념의 대두가 혼인 형태도 단혼가족인 일부일처제로 진화하게 한 것이었다.

그러나 사회발전이 이에 이르면 이 단계는 이미 원시공동체(보다 원고적(原古的) 형인 자연생적 종족공동단체를 거쳐 원고적 형인 농업 공동체에 이르기까지)가 아닌 새 '공동체'의 문명시대를 형성함이었다. 그러므로 자연생적 종족공동사회의 '가부장제 세대공동체는 미개중단에 조응한 형태'[29]였으며, 세대공동체가 상당히 성장함으로써 농업 공동체로 진전하여, 이것이 그 후기에 이르러서는 새 공동체로 추전(推轉)한 것으로 보여지고 있다(2차 구성).

그러면 다음 '보다 원고적 형'의 자연생적 종족공동단체는 어떻게 하여 '원고적 형'의 공동체인 농업 공동체로 진전하여 이를 포함한 원시공동체는 그 후기에 '새 공동체'로 이행하였는가? '새 공동체' 형성에 앞서 이를 먼저 추리하는 것이 순서이다.

28] 平島 역 "앞의 책" p.92
29] 福富正美 "앞의 책" p.169

제2절 씨족적 원시공동체의 붕괴와 새 공동체의 성립

1. 씨족적 원시공동체의 붕괴와 농업 공동체의 성립

(1) 농업 공동체의 성립과 유형별 특징

위에서 본 바와 같이 인류는 동물계에서 이어받은 자연생적 종족공동단체의 생활이 미개중단에 이르자, 생산력은 목축농경의 발달을 보기에까지 이르렀다.

이로써 인간은 비로소 정주생활이 가능하게 되었으나 정주생활은 인간으로 하여금 '대지의 일정부분을 자기의 전유영역으로 지배'하는 '토지 소유의 독점'을 낳게 했다. 그러나 이 경우도 토지는 가장 중요한 생활원천이었기 때문에 '공동체가 양도할 수 없는 공동 소유의 공동재산'으로서 집단적=공동체적으로 소유했다. 이를 본원적 토지 소유(ursprüngliche eigentum)라 했으며, 종족공동체 구성원인 생산단위의 가부장제 세대공동체는 평등의 원리를 지키기 위해 정기적으로 할체(割替)·나누어 주는 공유지를 점유·경작한 데에 불과했다.

원래 혈연적(씨족적) 종족공동체 단계의 전체공동노동이라는 집단성이 이렇게 세대공동체라는 집단성으로 분해·재편성된 것은 그만큼 노동과정의 물질적 생산력이 발전한 것을 의미한다. 그리하여 세대공동체는 이의 성장과 더불어 공동 소유에 약간의 파열을 일으킨다.

즉 ① 가옥 및 그 보완물인 택지를 사적·개별적으로 소유하고, ② 경지의 공동체 소유와 사적인 점유 경작에 의한 과실의 개별적 영유로, 비로소 ③ 핏줄(혈연)의 속박이 없는 자유인들에 의한 사회집단의 구성이라는 종족 공동체의 변모를 일으킨다.

이러한 특징의 공동체 형성이 곧 농업 공동체(Agrargemeinde, la commune agricole)[1]형성이었으며, 채원지(菜園地)·택지 등의 세대공동체에 의한 헤레디움(사적 소유 : Heredium)는 확실히 공동 소유의 한 파열이었다.

헤레디움(Heredium)과 세대공동체에 대한 경지 나누어 줌, 분여지의 용익(用益) 및 과실영유를 특징으로 한 농업 공동체(촌락 공동체)는 이와 같이 세대공동체를 토대로 이의 성장과정에서 생산력과 인구가 증가한 결과의 산물이었다. 따라서 '농업 공동체의 시기야말로 미개상단[2]이었다는 것이며, 이의 후기에 이르러 대가족의 분해와 함께 문명시대 특유의 단혼가족이 성립할 수 있었다는 것이다.

그러나 무릇 각 민족이 정주생활에 들어간 후에 농업 공동체를 형성함에 있어서는, 초기 단계에 있어서도 그들의 '노동과정은 서로의 주체적·객체적 생산력의 존재 형태가 다른 데에 따라 서로 달라져야 했고, 이에 따라 공동체적 소유와 사적 점유의 관계인 점유양식도 달라져야 했다.'[3] 이것이 곧 한 마디로 농업 공동체라 해도 그 유형을 아시아적·고전 고대적·게르만적 형태 등과 같이 역사적으로 다르게 전개하게 한 기본과정이었다.

부연하면 각 민족이 농경목축으로 대지에 정착할 때, 그들의 공동체적 소유에 대한 성원으로서의 관계는 '일부는 종족의 자연적 소질에 의존하고, 일부는 그 종족이 현실의 소유자로서 토지에 대하여 관계를 맺을 때의 경제

1] 平島 역 "앞의 책" p.92
2] 福富正美 "앞의 책" p.169
3] 福富正美 "앞의 책" p.240

적 조건에 의존한다. …… 경제적 조건 자체는 기후, 토지의 물리적 성장(性狀), 물리적으로 조건 지워진 토지의 이용양식, 적대종족 또는 인접종족과의 관계 및 이동, 역사적 사건 등이 가져오는 변화에 의존[4]'한 것이었으며, 이에 따라 '공동체적 소유에 대한 관계 여하는 노동과정에서 노동 자체를 사적 점유자가 고립하여 행하는가 혹은 공동체가 지정하는가, 아니면 개개의 공동체 위에 용립하는 통일체가 지정하는가를 서로 다르게 하고, 이에 따라 점유양식도 지방적·역사적 등등 전연 다른 각양의 변형을 받게 된 것'[5]이었다.

과연 대다수 아시아 민족과 그리스·로마의 민족 및 게르만족이 정주생활에 들어갔을 때, 그들의 주체적·객체적 생산력을 규정한 종족의 자연적 소질 및 경제적 조건은 매우 다른 것이었다.

이에 따라 공동체 소유에 대한 성원의 관계는 '개인은 단순한 점유자로서 토지의 사적 소유가 없는 공동체적 소유만으로 나타나기도 하고(아시아 민족의 아시아적 형태) 소유가 국가소유와 사적 소유의 이중형태 병존으로 나타나기도 했으며(그리스·로마 민족의 고전 고대적 형태), 끝으로 공동체 소유가 개인적 소유의 보완으로서만 나타나기도 했다(게르만족의 게르만 형태)[6]는 것과 같은 각양의 역사적 변형을 이루어야 했던 것이다.

보다 구체적으로는 대다수 아시아 민족의 경우에는 대규모의 관개농업이 그들의 노동과정을 규정한 이들 종족의 지리적·경제적 조건' 이었다. 즉 이 지역에서는 생산력을 규제하여 공동체적 점취관계를 규정한 요인은 물의 이용에 관한 것이었다.

'아시아에서 아라비아, 페르시아, 인도 및 타달(중앙아시아)을 거쳐 최고의 아시아 고지에 이르는 대사막 지대…… 여기서는 인공 관개가 농경의 제1조

4] 平島 역 "앞의 책" p.15
5] 平島 역 "앞의 책", p.25
6] 平島 역 "앞의 책" p.26

건'[7]이라는 말과 같다.

그러나 이 대규모 인공관개야말로 전 동양으로 하여금 '토지 소유를 결여'하게 하고 '사적 소유 발생 이전에 계급사회를 형성'하게 한 독특한 점유양식의 독특한 계급사회를 낳게 한 요인이었다. 즉 거대한 인공수리를 위해서는 공동체 농민의 노동력을 대규모로 조직화해야 했다. 그러나 노동조직의 단위로서는 현실의 소공동체만으로는 족한 것이 아니었다.

이를 총망라한 전체적인 조직화가 필요했으며, 그러기 위해서는 현실의 개별적 군소 공동체 위에 용립한 통일체가 있어야 했다. 이 통일체가 정상에서 노동력을 조직하고 노동 과정을 '지정'해야 했으며, 종족 공통의 이해를 반영한 직능 대행의 이 정상특별기관이 '총괄적 통일체(Zusammenfassende Einheit)'로서 '많은 공동체의 부(父)인 전제군주(Despot)로 구현'되어 현실의 군소 공동체 위에 따로 창설·독립되어야 했다.[8]

토지 소유는 이렇게 하여 결여될 수 있었으며, 노동과정이 총괄적 통일체에 의하여 지정된다는 독특한 대행양식이었던 만큼 이에 따라 점유양식도 일찍이 '소유가 공동체 재산으로서만 존재한 데에 불과한 단계'에서 '총괄적 통일체가 모두 군소 공동체 위에 서서 상위의 소유자 또는 유일의 소유자로 나타났다. 따라서 현실의 군소 공동체는 세습적 점유자로 나타날 뿐이고, 개개인은 사실상 무소유(비세습적 점유자)[9]'인 유형상의 특징을 갖추게 된 것이었다.

7] 平島 역 "앞의 책" p.79

8] 이집트에서는 나일 강 치수를 위해서는 40여의 鄕(Nomos)이라는 현실의 군소 공동체만으로는 미흡하여 B.C. 3,000년 경에 최고의 결합적 통일체(국가)로서의 제1왕조가 창설. 메소포타미아에서는 B.C. 3,000년 경에 고대 도시국가가 군립하고 있었으나, B.C. 2,800년 경에 치수를 위해 두 강 유역의 이들 현실의 군소 공동체가 결합한 강력한 통일체로서 악카드(Akkad)왕국을 창설했다. 인도에서는 B.C. 1000년 대에 갠지스 강 유역에 아리아인이 같은 통일체를 구축했다는 것이고, 고대 중국에서도 B.C. 1500년 경의 은(殷)대에 변경의 씨족적공동체를 정복하여 총체적 노예제의 동양적 전제군주제가 명백히 되어 당(唐) 말에까지 이를 완성했다는 것이다.(2장)

9] 平島 역 "앞의 책" p.8

이를 토지 소유의 최초의 형태 또는 제1형태라고 하는데, 이로 인하여 계급사회 형성에 있어서도 대다수 아시아 민족은 공동 생산이 지배적이고 이에 따라 소유가 공동체 재산으로만 존재한 사회적 생산의 미발전적인 초기 단계(농업 공동체)에서 계급사회에의 이행이 규정[10]된 독특한 것이었다. 이것이 곧 총체적 노예제(allgemeine Sklaverei)라고 불리는 것이며 여기서는 총괄적 통일체와 현실의 공동체와의 관계가 지배예속의 관계로 전화했을 뿐 개개인과 공동체 사이의 지배예속이 아닌 독특한 것임은 다음 2의 (1)에서 보는바와 같다.

이것이 마침내 '국가적 봉건제'[11]로 나아간 것은 제2장에서 보는바와 같으나, 아시아의 이 같은 점유양식과는 지중해 연안의 그리스, 로마 민족은 '그들이 토지에 관계할 때 토지 자체는 아무런 지장이 없었다. 공동체가 직면한 곤란은 다른 공동단체로부터만 일어날 수 있었다. 다른 공동단체가 이미 토지를 점거하고 있거나 또는 점거한 공동체를 위협하거나이다. 때문에 생존의 객관적 조건을 점취하기 위해서나 점취를 유지·영구화하기 위해서는 전쟁이 필요……이는 중대한 전체적 임무, 공동체적 작업 —때문에 가족으로 구성된 공동체는 당면하여 군사적(군제·병제)으로 편성, 성원은 도시에 집합하는 것이 군사조직의 기초인데, 이것이 공동체가 소유자로서 생존하는 조건의 하나'[12]였다는 것이다.

즉 이들 민족의 경우에는 토지 조건이라는 객체적 생산력의 존재 형태는 매우 은혜적이었다. 반면 전투라는 공동노동이 그들의 주체적 생존조건으로 되어 있었다. 이 같은 '자연적 소질과 경제적 조건'으로 인하여 그들 민족은 정착과 더불어 이미 농업 공동체 단계에서 '노동 자체를 사적 점유자가 고립하여 행할 수 있는' 독자적인 노동과정의 수행양식이 성립할 수 있

10] 福富正美 역 "앞의 책" p.241.

11] 福富正美 역 "앞의 책" p.320

12] 平島 역 "앞의 책" p.11

었다. 이에 대응하여 토지는 일찍부터 사적 소유라는 점유양식을 취하게 되었으나, 반면 인접종족과의 적대관계(점취를 위해서나 점취를 유지하기 위한 것)로 그들 가족은 '군사적으로 편성해야 했으며, 이를 위해 도시에 집합하여 군사조직으로 공동체를 형성한 것'이 폴리스(polis)형의 도시국가였다. 그러나 이 '병제가 공동체로 하여금 토지를 소유하게 해야 하는 조건의 하나'로서 도시국가는 공유지(공동체 소유 agerpublicus)라는 국유 재산을 성원의 사적 소유에서 분리하여 소유하게 되었다. 즉 점유양식은 '2중형태의 병존'이라는 독자적 형태로 나타났으며, 이것이 토지 소유의 제2형태로 말해진다.

이에 계급사회에의 이행도 아시아적 형태와는 달라야 했으며, 아시아적 형태에서는 사적 소유가 결여되었던 만큼 사적 소유발생 이전에 총체적 노예제라는 계급관계가 형성된 데에 반해, 제2형태에서는 일찍부터 사적 소유가 성립되었던 만큼 계급사회 형식도 이와 더불어 이루어진 것이었다. 그러나 무엇보다 중요한 것은 사적 소유 이후의 변화였으며, 이의 공유지와의 대립은 무소유의 아시아가 '국가적 봉건제'로 나아갈 수 있었던 것과는 달리 토지 소유의 '고대 노예제로 나아가는 것은 시간 문제'[13]였다는 점이다.

끝으로 제3형태라는 게르만적 형태에서는 개별 대가족의 '개별적 주거가 곧 하나의 경제정체(ökonomische Ganze)'[14]였을 만큼 개별 가족이 자립적 경제단위를 이루고 있었다. 물론 여기서도 공유지(수렵지·목초지·벌채지 등)가 없는 바는 아니었다. 그러나 이는 제2형태에서 보는 바와 같은 국가와 공동체의 소유가 개별 성원의 사적 소유와 대립한 것과는 달리 오히려 개인적 소유를 보완하는 개인적 소유에의 공동부속물에 불과했다는 독특한 것이었다.

원래 북구·중구의 삼림을 본고장으로 각 가족이 이를 개간하여 서로 멀리 떨어진 곳에 정주하게 된 게르만(Germanen)은 처음부터 개인의 활동이

13] F. Engels : "Frankische Zeit" (小林良正 《アジア的 生産樣式硏究》 p.113에서 인용)
14] 平島 역 "앞의 책" p.21.

집단에 의존하는 공동체 편성의 경제적 또는 군사적 필연성이 없었다.

대가족이 고립하여 개별적 생산 활동을 하는 것을 중심으로 노동과정은 편성될 수 있었다. 이러한 노동과정의 독자적 수행양식에 대응하여 형성된 것이 위와 같은 독특한 점유양식이었으며, 이 점유양식에 따라 공동체라는 집단의 형태도 그것이 '현실적으로 존재하기 위해서는 집회를 열어야 했다'[15]는 독특한 형태였다. 즉 전쟁·종교·재판을 위해서나 또는 농업 공동체 고유의 이중성(공유요소와 사유요소의 병존)으로 인한 모순에서 평소의 원리를 지키고자 농경의 '노동자체를 공동체가 지정'해야 할 때 등 개별 가족의 상호관계를 조정·보증할 필요가 있는 '그때그때에 성원이 연합(Vereinigung)함으로써만이 존재한 것이'[16] 곧 그들의 공동체였다.

그러므로 여기서는 개인적 소유와 공유지는 제2형태에서와 같은 대립관계가 없거니와 평등의 원리를 위해서는 독특한 경작제도[17]를 지키면 되는 것이었다. 게르만족은 광대한 지역에 이동을 계속하면서도 오랫동안 이 제도를 지켜왔다.

'전쟁과 이동으로……사멸……그러나 그 천수(天壽)는……새 공동체 위에 흔적을 남기고 ……지금까지 유지'[18]되고 있다. 즉 게르만족의 이러한 농업

15] 平島 역 "앞의 책" p.20

16] 平島 역 "앞의 책" p.20

17] 경지를 춘파(春播) 또는 추파(秋播)와 휴경으로 양분한 이포제로 교체경작함과 아울러, 휴경지에는 방목도 하면서 지력(地力)을 유지했다. 전경지는 약 1 morgen(acre) 정도 면적의 이랑(地條 : Streifen)을 쳐서 각 가족은 일반적으로 30 Morgen (1 Hufe)을 생계에 필요한 면적으로 경작했다. 그러나 각 가족이 나누어 받은 이 이랑은 한 곳에 모여 있는 것이 아니고 서로 다른 가족의 이랑이 혼재하게 한 동시, 이 분여지는 정기적으로 교체 할당했다. 이 혼재경작제(Gemengelage)와 휴경지 및 춘·추경의 곡종(穀種)·시기 등 경삭에 관한 일체의 영농체계는 집회에서 지정하여 공동체(집회)가 규제하는 경작 강제(Flurzwang)를 엄수하게 함으로써 평등을 기한 것이다. 한 필지의 토지를 2분하여 휴경—춘파 또는 추파의 순으로 하는 2포식이 한 필지의 토지를 3분하여 휴경—춘파—추파의 순으로 하는 3포법으로 완성했다. 이러한 경작체계였으므로 전경지는 이랑 이외에 아무런 경계도 없었기 때문에 이를 개방경작제라 불렀다.

18] 平島 역 "앞의 책" p.112

공동체는 그 언제인가 '사멸', '변화'했으나, 새 공동체에 복원되어 마침내 중세 봉건적 대토지 소유로 되면서 지금도 그 사례가 잔존하고 있다는 것이다.

이와 같이 농업 공동체는 아시아 민족이 사적 소유가 결여한 데에 반하여 그리스·로마 및 게르만 민족은 일찍부터 소규모의 개별 경영(소경영적 생산 양식)의 사적 또는 개인적 소유가 발생한 것과 같은 변화를 일으켰다. 다음 이 농업 공동체는 어떻게 하여 형성되고 또 새 공동체로 발전 전화하였는가?

(2) 미개상단과 농업 공동체의 새 공동체 이행

이미 살펴본 바와 같이 농업 공동체는 자연생적 종족공동단체가 가부장적 세대공동체로 발전적 해체를 이루고, 후자가 성장하는 가운데에서 이를 전제로 형성된 것이었다. 부연하면 세대공동체군은 공동 생산과 집단주거라는 전단계의 혈연적 유대관계를 완전 탈피하지 못한 것이었다. 그러나 물질적 생산력이 개별적 세대공동체의 역량만으로도 노동과정을 수행할 수 있을 만큼 발전함에 따라 세대공동체는 성장한다.

이에 따라 세대공동체는 공동 소유의 관계에 약간의 파열을 일으켜야 했으며, '세대공동체에 의한 경지의 점유와 용익 및 과실의 영유'라는 자연적 종족공동체와는 다른 특징을 갖춘 공동체로 발전시키기에 이른 것이었다. 이것이 곧 농업 공동체 형성이었으며 철기의 발명·사용이라는 미개상단의 생산력 발전에 대응한 것이었다.

과연 인간이 철광을 용해하여 철제도구를 사용할 수 있기에 이르자, 과거에는 수십 인의 집단작업을 요하던 것도 개별노동만으로 족하게 되었다. 철부(鐵斧)는 삼림개간을 쉽게 했다.

쇠보습의 쟁기는 가축이 견인함으로써 대규모 경포(耕圃)농업(Feldbau)을 성립하게 했다. 이제야 인류는 생활수단을 무한히 확대할 수 있게 되어 미개의 경계를 벗어날 수 있게 되었거니와, 이에 의한 생활향상은 '문자의 발명과 이의 문헌적 이용으로 문명에 이행하는 혁기적 전진을 수행할 수도 있었던 것이다.' 뿐만 아니라, 철의 발명은 무기 공예품 등의 제작·가공도 무한히 확대되었다. 하차(荷車)·전차(戰車)·선박을 비롯하여 예술로서의 건축·금속이용의 제철 등 그 용도는 다양했다. 마침내 수요는 급증하여 이의 제련가공이라는 제철업이 전문적 기술의 수공업을 형성하게 했다.

이 수공업이 농경에서 분리됨으로써 제2차의 사회적 분업이 성립될 수 있었다. 이것이야말로 커다란 생산력의 발달이었다.

이에 따른 풍부한 물질생활은 그 잉여물자를 처음에는 우연적이었으나 차츰 조직적으로 교환할 수 있게 했다. 이러한 교환경제의 발전은 화폐유통을 촉진하고, 이것이 다시 교환생산을 증진하여 인간은 물리적 번영과 자신의 번식에서 그 이전의 조합보다 더 풍부할 수 있게 되었다. 이에 인간은 문자를 발명·사용할 수 있는 여력도 가지게 되어 문명의 기본조건은 갖추어졌던 것이다.[19]

모건은 철과 문자의 발명·사용을 특징으로 한 이 시대를 미개상단이라 했으며, 가부장적 세대공동체가 성장하여 이를 토대로 농업 공동체가 형성된 시기가 이 단계에 속한다는 것이다.

이런 의미의 철기 발명은 아리아인(Aryans)의 이집트(Egypt), 메소포타미아(Mesopotamia) 두 문명의 동방세계를 통일했던, 기원전 20세기 이전에 이미 이루어지고 있었다고 한다.

19] 문자는 청동기문명에서 이미 사용했다. 이집트에서는 신성(神聖)문자(Hieroglyph)인 상형문자(Dictograph)와 그 약자인 민중문자(Demotic)가 있었고, Phenicia인은 신성문자 중의 표음문자를 수입하여 22자의 알파벳을 만들었던 것이다. 상인이 이를 희랍에 전파, 인더스 청동기 문명에서도 B.C. 2000년 경 상형문자가 사용된 것이 Panjap의 Harapp에서 다수 출토 되었으나 아직 미 해독이었다. 중원은 은대 흑도문화에서도 龜甲獸骨의 표면에 점을 치는 복점에 관한 상형문자가 새겨져 있다. 이것이 한자의 기원이다.

철기 사용이라는 민족적 새 역량이 오리엔트 통일이라는 대변혁을 이루게 한 배경이라 할 수 있는 것이나, 철기에의 선주(先走)는 역시 비옥한 토지 생산력으로 청동기에 선주한 4대 문화권에 있었다. 반면 기후가 한랭한 삼림지대의 4대륙은 청동기가 늦었던 것과 같이 철기도 동방보다 10~20세기가 늦었던 것이었다.(주⑨⑩ 참조)

이른바 '영웅시대(Heroenzeit)를 경과하는 시기[20]'였으며 B.C. 9세기 시대(Homeros)의 희랍 B.C. 8세기 전반(로마 건국 직전)의 이탈리아 부족, A.D. 1~2세기(기원 55~116년의 Tacitus시대)의 독일인, A.D. 8~9세기(바이킹 시대)의 노르만(Normans)[21]이 이에 해당한다.

철기 사용에는 이와 같이 간만의 차가 심한 것이었다. 그러나 이를 불구하고 철기 사용으로 농업 공동체는 급속히 성장할 수 있었다.

철제의 무기와 도구는 무한한 생산력을 발휘할 수 있는 것이었기 때문임은 더 말할 필요가 없으나, 농업 공동체의 성장은 이로 인하여 공동체적 구성 자체에 변모를 불가피하게 한 것이었다. 즉 농업 공동체는 원래 공동체의 공동 소유라는 공유요소와 세대공동체의 사적 점유(Heredium)라는 사유 요소의 이중성이 이 사회의 경제적 기본 모순을 이루고 있었다.

그리고 이 모순을 원동력으로 농업 공동체는 성장과 더불어 차츰 후자의 확대로 추진되기 마련이었다. 그러나 후자가 확대되면 될수록 상대적으로 전자는 축소된다. 그 결과 마침내는 공동의 자유 토지가 부족하게 되어 평등을 위한 균등 할체(割替)를 불능·무의미하게 할 만큼 지분은 불평등하게 된다.

농업 공동체는 이제야 균등할당의 정기적 할체가 어렵게 되어갔다.

뿐만 아니라 불평등하더라도 개별적 지분의 개별경작이 확대된 생산 형

20] F. Engels, 佐藤進 역 《家族私有財産および國家の起源》, エンゲルス社會哲學論集 《世界の大思想》 Ⅱ-5, p.263

21] 小林良正 《アジア的 生産樣式研究》 p.120~121

태가 지배적으로 되면 정기적 할체를 하는 것 자체가 오히려 개별경작에 장해가 되기도 한 것이었다. 즉 정기적 할체는 중지하는 것이 합리적인 것으로 된다.

그리하여 정기적 할체가 중지·소멸되어 실제의 이용권을 공동체가 개별가족에 할당하는 간섭을 하지않게 되면 경지지분의 상속에 의한 가족적·개별적 이용(토지 점유)이 가능하게 된다.

이것이 곧 농업 공동체의 소규모의 개별적 생산소경영적 생산 양식에의 분해·전화였다. 즉 '생산 형태가 변화하면 이에 따라 소유 형태도 조만간에 변화하는 것이 불가피한 역사였으며, 사회적 생산이 미발전적인 공동 생산에서 소규모의 개별적 생산으로 전화하면 토지 소유도 공유에서 사유로 소유 형태는 전화·이행'[22]해야만 했던 것이다.

이 단계에 이른 농업 공동체를 편의상 후기의 농업 공동체라 하는 것이나, 이에 이르자, 사적 소유가 발생하지 않고 따라서 지배예속의 계급관계가 없이 협력과 상호원조의 관계를 기초로 한 전기의 농업 공동체는, 사적 소유와 이에 따른 계급사회를 형성하게 된다. 즉 '새 공동체'에로 이행한 것이었으며, 이는 이미 원시공동체(초기의 농업 공동체 포함)와는 달리 '경지는 경작자의 사유에 속하나 삼림·목초지·황무지 등은 의연 공유가 특징인 새 공동체'[23]의 새로운 단계 구축을 의미한 것이었다.

그런 의미에서 원시공동체는 새 공동체로 발전한 것이 단계적 구분이고 농업 공동체는 그 '과도적 형태'로서 '각 민족이 정착할 때의 주체적·객체적 조건에 따라 변형(아시아적·고전고대적·게르만적)된 것'으로 해석되어야 하겠다.

이러한 발전과정이 게르만 인의 고대사에서는 케사르(Caesar)시대의 혈연적·씨족적 종족공동단체 단계를 거쳐 이 '보다 원고적(原古的) 형의 공동사

22] 福富正美 "앞의 책" pp.167~86
23] 平島 역 "앞의 책" p.112

회가 자연적 발전으로 타키투스(Tacitus)가 서술한 것과 같은 농업 공동체로 전화했다[24]는 것이다. 그러나 '타키투스 시대의 게르만에서는 부분적으로는 이미 정기적 할체가 소멸하기 시작하여 가족공동체의 대표자(아들 딸)만에의 토지상속의 단서가 발생한 것으로 생각하여 가할 것 같으며 …… 생산 형태는 …… 소규모의 개별 생산(소경영적 생산 양식)으로 전화'[25]하고 있었다는 것이다. 즉 다시 말하면 '타키투스 시대 이후에는 농업 공동체는 볼 수 없게 되었다. 이는 끊임없는 전투와 이주로 …… 그들이 이탈리아, 스페인, 고로 등을 정복하러 왔을 때는 이미 그 언제인가 사멸 …… 변화 …… 그러나 그 천수(天壽)는 …… 이로부터 생겨난 새 공동체 위에 명백하게 흔적을 남기고 …… 이 공동체가 게르만 인에 의하여 모든 피정복지에 도입 …… 전 중세를 통한 자유와 인민생활의 중심이 되었다'[26]는 것이다.

24] 平島 역 "앞의 책" p.112

25] 福富正美 "앞의 책" p.238

26] 平島 역 "앞의 책" p.112. 같은 게르만 인이라 해도 케사르(Julius Caesar, B.C. 100~B.C. 44)의 《갈리아 전기((De Bello Gallia, B.C.52~B.C. 51)》에 나타난 게르만 인과 로마의 역사가였던 타키투스(Tacitus, A.D. 55~116)의 게르마니아(Germania, A.D. 98)에 나타난 게르만 인과는 발전 단계가 달랐으며, 그 후의 게르만 인도 또 이와 달랐던 것이다. 즉 Caesar시대의 게르만 인은 그들의 새 고향인 다뉴브 강, 라인 강 및 북해에 걸친 지역으로의 이주가 겨우 끝날 무렵으로서, 원시림 안에 살고 있었으므로, 목축이 주산업이고 농경은 아직 부차적 생활원천이었으며, 이 때 겨우 일정 지역을 점거하여 정주와 농업에 단서를 잡고 화전농업(Brandwirtschaft)을 했으리라고 한다. 그러나 토지는 공동 소유로서 공유지는 한 공동체 안의 개별적 가족 아닌 각종의 씨족·부족 등 집단을 대상으로 해마다 교체 할당했다. 따라서 경작도 공동적(집단적)이었다. 이는 곧 미발전적인 공동 생산의 보다 원고적(原古的) 형의 원시공동체인 혈연적·씨족적 종족공동단체의 단계에 해당되는 것으로서 농업 공동체는 아직 형성되지 않았다. 이것이 자연적으로 성장하여(기성물을 아시아에서 수입한 것이 아니라는 뜻) 타키투스가 서술한 것과 같은 농업 공동체로 발전했다.

즉 타키투스의 Germania에 나타난 게르만 인의 공동체가 비로소 농업 공동체에 해당한다. 왜냐하면 이 때의 게르만 인은 황량한 삼림에 산거했으나 전야(田野)는 여분이 있을 만큼 풍족했다. 풍족한 토지는 Caesar시대에는 직접 공동체에 교체 할당했으나 이 때에는 이와 달리 공동체의 성원인 개별 가족에 교차 할당하여 토지는 개별 가족이 개인적으로 소유하고, 이 가족적 자립을 기초로 공동 소유는 이를 보완하는 것에 불과했다. 한편 그들의 소촌락은 백인조향(百人組鄕)으로 상향적 편성(대략 100명의 가족이 한 향(鄕)을 형성〉을 이루고 수십 개의 향 아래 성원의 청년남자가 군사적으로 집결하고 있었

그리하여 '게르만 제 부족의 토지 소유 형태는 타키투스 시대에서 8세기 사이에 대가족성원 전체에 의한 지분지(持分地)의 사실상 소유에서 개인적 소가족의 발생과 우위로까지 발전하여 토지 앨롯(Allod : 중세세습영지)이 자유로이 양도할 수 있을 재산으로 전화했다'[27]는 것으로 말해지고 있다.

이것이 '봉건적 대토지 소유로 나아간 것은 시간 문제'였으나, 농업 공동체는 이러한 의미에서 '고대 및 근세의 서유럽에서는 공유에서 사유에의 과도기(제1차 구성에서 제2차 구성에의 과도기)로 나타난 것'[28]이었다 한다. 따라서 '농업 공동체는 모든 공동체(아시아적 그리스적 로마적 게르만적 공동체)가 그 내적 발전과정에서 다 같이 경과한 공동체 자체의 보편적 발전 단계의 하나'[29]이고 그러한 한 '아시아적·고전고대적·게르만적 형태도 협력과 상호원조의 관계에서 지배예속의 관계이며 과도적 생제(生諸)관계의 유형에 불과'[30]했던 것이다. 즉 이들 민족은 농업 공동체를 형성할 때 그들의 주체적·객체적 생산력의 존재 형태가 다른 데에 따라 아시아적 형태는 사적 소유발생 이전에, 그리스, 로마적 형태 및 게르만적 형태에서는 사적 소유발생 이후에 계급사회가 형성된 역사적 변형의 다른 유형을 취했을 따름이었다

으나 그들이 전투·이주·영농작업 등 대사를 결정하는 최고기관으로 집회를 가질 때 그 집회가 곧 실존의 공동체 각 향의 선출된 장로도 촌락의 질서 유지 이외에 다른 특권은 없고 생산 활동도 공동체와 그 성원의 유지 이외에 치부(致富) 같은 것이 목적은 아니었다. 이로써 게르만적 형태의 기본 성격이 부각되었으나 이 기본 공동체도 그들 부족이 이탈리아, 스페인, 고르 등을 정복해 왔을 때는 끊임없는 전투와 내란으로 변사(變死)했다. 그러나 천부의 생활력으로 원형의 고유한 특성은 이 농업 공동체에서 생겨난 새 공동체 위에 그 흔적을 가지고 전 중세의 자유와 생활의 중심이 되었다.

27] 福富正美 "앞의 책" p.183
28] 平島 역 "앞의 책" p.94.
29] 福富正美 "앞의 책" p.153, 269. 때문에 《……선행제형태》에서 서술된 게르만적 형태(공동체)는 정확하게 말하자면 새 공동체에로 이행중인 농업 공동체(同 p.238)이고, 고전고대적 형태도 공유와 사유의 이중형태 병존 게르만적 형태는 개인적 소유의 우위로 나타난 농업 공동체로서 이것이 노예제 및 봉건제로 발전한 것은 '시간 문제였다는 것으로 해석'해야 한다는 것이다.
30] 주 (29) 참조

는 것이다.

때문에 본원적 소유의 이들 3형태 공동체를 아시아적 형태→고전고대적 형태→게르만적 형태로 일계적인 발전을 거친 과정의 계기적 발전 단계로 보아서는 안 된다. 계기적인 것은 오히려 본원적 소유 성립 이전의 단계인 직접적 공동 소유 형태(동양적 형태 혈연적 씨족적 종족공동체)→농업 공동체(과도적 형태)→새 공동체였으며, 본원적 소유의 농업 공동체단계에 해당한 위의 3형태는 다 같은 과도적 형태로 1계적이 아닌 병렬적으로 나타난 다계적(多系的)인 것이었다고 보아야 한다는 것이다.[31]

그러나 아시아적, 고전고대적, 게르만적 3형태가 과연 1계적 발전과정의 것인가 아니면 다계적인 것의 병렬인가는 어려운 고사(古史) 해석의 과제이다. 이것이 이른바 아시아적 생산 양식 논쟁의 쟁점으로 되어 있으며, 제3절에서 상술키로 하고, 다음 아시아와 서유럽은 왜 농업 공동체의 형성과 이행 과정에서 서로 다른 길을 밟아야만 했던가를 알아보자.

2. 농업 공동체의 새 공동체 이행의 다양성

(1) 아시아적 생산 양식과 이행의 아시아적 코스

① 총체적 노예제 형성과 아시아적 코스

앞에서 본바와 같이 대다수 아시아 민족은 '공동체 자체가 토지를 공동 경작한 혈연적·민족적 공동단체의 단계'를 과히 벗어나지 않은 미발전적인 초기 농업 공동체의 단계에서 이미 계급사회를 형성한 것이 토지 사유와 더불어 계급사회를 형성한 서유럽과 다른 이행방식이었다.

그러면 먼저 왜 아시아에서는 그런 이행 과정을 밟을 수 있었던가?

이미 지적한 바와 같이 아시아 민족은 '토지상태 특히 사하라에서 아라

31] 平島 역 "앞의 책" p.79

비아, 페르시아, 인도 및 타탈을 거쳐 최고의 아시아 고지에 이르는 대사막지대와 결부한 기후로 …… 여기서는 인공관개가 농경의 제1조건'[32]이었기 때문에 '토지 소유를 결여'한 데에 기인한 것이었다.

즉 여기서는 '인공적인 토지의 비옥화는 용수로가 파괴되면 곧 고갈해 버렸다. 이전에는 농사가 잘 되던 지대(파르미라 페트라 예멘의 폐허, 이집트, 페르시아 및 힌두스탄의 지방)가 지금은 황폐해 버렸다는 사실(만약 인공적이 아니었더라면 별로 있을 수 없는 일) ……단 한 번의 초토전쟁으로 한나라가 몇 세기에 걸쳐 무인(無人)의 땅으로 변하고 그 문명이 사라져 버린 사실은 이로써 설명된다'[33]는 것과 같이, 그 지대는 고온·다습·무역풍·사막지대의 건조라는 자연조건이 인간 사회를 지배한 곳이다. 그러므로 그 위협에서 인간이 토지를 지키고 사회적 생산력을 유지·발전하게 하기 위해서는 규모가 큰 대규모 수로·운하의 관개 및 제방·배수의 수리(水利) 등 시설이 첫째 조건이었다. 그러나 이들 거대사업은 개별 농민은 물론이거니와 촌락과 같은 '현실의 소공동체'만으로써도 불가능한 것이었다. '지방정부 또는 중앙정부의 일'[34]이었던 것으로서, 이를 위한 것이 현실적 군소 공동체의 부(父)인 전제군주(despot)에 구현된 총괄적 통일체의 출현이었다. 즉 현실의 군소 공동체 위에 하나의 특수한 것으로서의 결합적(총괄적) 통일체가 용립(聳立)하여 노동과정을 통일적으로 조직하고 지정해야 했다. 그리고 이러한 '노동과정의 총괄적 통일체에 의한 지정이라는 독특한 수행양식에 따라 점유양식도 총괄적 통일체가 모든 군소 공동체 위에 서서 상위의 소유자 또는 유일의 소유자로 나타났다. 때문에 현실의 군소 공동체들은 세습적 점유자이므로 개개인은 사실상 무소유'[35]라는 독특한 소유 형태를 취해야 했다.

32] 平島 역 "앞의 책" p.79
33] 平島 역 "앞의 책" p.79
34] 平島 역 "앞의 책" pp.8~9
35] 平島 역 "앞의 책" pp.8~9

그리하여 '소유는 …… 개인에게는 간접적'[36]인 것으로 나타났던 것이나, 이와 같이 '동양인이 토지 소유에 도달하지 못하고 이제까지 봉건적 토지 소유에마저 도달하지 못한 토지 소유의 결여라는 것은 실제에 동양을 알게 하는 열쇠이다. 여기에야말로 정치·종교와 역사가 가로놓여 있는 것'[37]이며 '토지의 상태 특히 독특한 기후 조건에 기인'함이었다.

그러나 '토지 소유의 결여에 정치·종교·역사가 가로놓여 있다'는 것은 무소유의 단계에서 일찍이 계급사회에 이행하여 서유럽과 다른 이행 과정을 밟았기 때문에 독특한 정치·종교·역사를 구축했다는 것임은 물론이다. 즉 소유는 원래 직접적 공동 소유=동양적 형태(소유의 어떤 부분도 성원 자신의 것이 아니고 공동체와 직접 통일된 성원의 것으로서 토지는 공동체 재산으로서만 존재한 데에 불과한 형태, 제1절 2의 (1) 참조)였다. 이것이 정주와 토지 소유의 독점에 따라 본원적 소유로 나아갈 때 대다수 아시아 모든 민족의 경우에는 지리적 환경(외적 자연)으로 인하여 그리스, 로마 또는 게르만의 여러 민족이 현실의 공동체가 소유하는 공동체 소유를 결합적(총괄적) 통일체에 집중하여 본원적 소유의 독특한 유형인 아시아적 형태를 구축했던 것이다.

따라서 본원적 소유의 아시아적 형태는 직접적 공동 소유인 동양적(아시아적) 형태와는 구별되어야 하는 것이었다. 그러나 결합적 통일체라는 공동체의 공동체 소유가 성원인 현실의 군소 공동체에 점유되었다는 사실은 이로써 아시아적 형태는 '동양적 소유와 아무런 모순이 없는'[38] 기본관계의 원시공동체[원시공산제][39]였다고 말해지는 것이다.

36] 平島 역 "앞의 책" p.79
37] 平島 역 "앞의 책" pp.8~9
38] 福富正美 "앞의 책". p.148에 의하면 '잉여가치학설사에서 마르크스는 아시아적 공동체를 원시공산제의 형태로 규정하고 있다. 아시아 특히 인도에서 존속하고 러시아 공동체도 그 변종의 하나이며. 타키투스 시대의 고 게르만에서도 존재한 형태의 공동체(농업 공동체)는 마르크스에 의하면 분명히 원시공동체의 하나' 라는 것이다.
39] F. 엥겔스 《反듀링론》 (인용 : 福富正美 "앞의 책". p.276,290).

다만 아시아에서 관개수리의 관리·이용으로 인하여 특별기관으로 창설된 결합적 통일체는 '분쟁의 재결(裁決), 개개인의 월권행위 억제, 수리의 관리 또는 종교적·군사적 직무 등의 기능을 가진 특수인이 혹종(或種)의 전권을 가진[40] 사람들로 구성체를 이룬 것이 다르다. 즉 아시아에서는 일찍이 사회의 극히 초기 단계에서부터 농경을 위한 관개수리 및 이해 조정의 공동사업을 소수의 개인에 위탁해야 했다. 그리고 이러한 공동사업의 직능은 차츰 현실적인 특수이해에서 분열하여 보편적인 것으로 전화했다.

이 전화과정에서 공동이익 보장만을 수임한 소수인의 특수기구가 독립함으로써 형성된 것이 그리스, 로마 또는 게르만의 공동체와는 다른 독특한 형태의 총괄적(결합적) 통일체였다.

그러나 한편 이러한 특별기관의 독립은 동시에 그것이 곧 육체적 노동과 정신적 노동의 분할이라는 분업의 형성이기도 했다. 이에 생산을 촉진하는 가장 유력한 지레(槓杆)인 분업[41]은 그 '순간부터 비로소 참된 분업이 될 수 있었던 것'[42]이나 이러한 분할(분업)은 반면 개별 가족의 특수이익과 전체의 공동이익 사이에 모순을 일으키기에 이른다. 그리고 이 모순은 차츰 공동이익을 사회에 독립 형태로 소외화하게 되어 이의 수임기구인 총괄적 통일체는 '사회에서 생겨났으면서 사회에 용립(聳立)하여 점점 외적인 것으로 멀어가는…… 권력[43] 즉 국가'로 나타난 것이다.

그리하여 아시아에서는 사회적 생산력이 미발전적인 초기의 농업 공동체 단계(공동체 자체의 공동 생산과 집단거주가 아직 지배적인 혈연적·씨족적 공동단체성을 지니고 있는 단계)에서 계급사회로 이행하고 국가권력도 발생하게 된 독특한 이행 과정을 취하여 고대 아시아의 전제국가를 형성한 것이다.

40] K. 마르크스, F. 엥겔스. 《……도이체·이데올로기》 (인용 : 福富正美 "앞의 책". p.275).

41] F. 엥겔스, "앞의 책" 佐藤進 역 《……國家の起源》(世界の大思想 Ⅱ—5) p.269

42] 福富正美 편역 《アジア的 生産樣式論爭の復活》 p.266

43] エンゲルス 《反デューリング論》 인용 : 福富 編譯 《……論爭の復活》 p.378

그러나 이러한 국가권력도 처음에는 그 단서를 이루었을 뿐 국가권력 자체는 아니었다. 결합적 통일체의 총괄적 소유와 개별 성원의 무소유에도 불구하고 실제에는 개별 성원은 공동체적 소유의 기초 위에서 객관적 생산 조건을 소지하고 자기 자신의 자기 경영을 하며 대지에 소박하게 관계하고 있는 노동하는 주체일 수 있었기 때문이다. 즉 아직 계급사회의 직접 생산자로 전화하기에 이른 것이 아니었다.

따라서 결합적 통일체도 의연 개인이 그 안에 통일되어 있는 현실적 군소 공동체의 특수 이해에 강하게 제약되면서 이를 대표하는 한에서만 유일한 상위의 소유자일 수 있었기 때문에 국가권력도 아직 단서적인 것이어야 했다. 다시 말하면 그러한 한 지배 권력도 전단계의 '원시종족제적 민주주의(민회·장로회의가 선거에 의한 지배자권력의 합법성과 권력행사를 규제)의 전통이 강한 정치체제[44]로서 참된 의미의 동양적 전제국가가 아닌 단서적인 국가권력으로 나타날 수밖에 없었다.

이것이 참된 의미의 계급사회의 국가권력으로 성장·전화하기 위해서는 공동이해가 사회에서 현저하게 독립화하여, '사회에 대한 사회적 직능의 이러한 독립화가 시간이 경과함과 더불어 사회에 대한 지배로까지 상승[45] 함으로써 공동이해가 오히려 환상적인 공동성으로 나타나야만 했다.

즉 '총괄적 통일체'와 공동체 농민이 그 안에 통일되어 있는 현실적 공동체의 협력과 상호원조의 관계가 차츰 지배예속의 관계로 전화함으로써 비로소 참된 의미의 계급사회를 성립할 수 있었다. 그리고 그 구체적으로 나타나는 과정에 현실적 군소 공동체의 총괄적 통일체에 대한 공납(貢納 : tribut)의 무였으며, 이의 기초는 물론 공동체 성원 농민의 잉여노동이었다.

부연하면 공동체 성원 농민은 '본원적 소유의 여러 조건에서와 같이 객관적 생산 조건의 소유자로 나타나고(그러한 한 이는 생산자가 제3자에 소유된 토

44] 福富正美 "앞의 책" pp.279-280
45] 福富正美 "앞의 책" pp.279-280

지의 부속물로 나타나는 노예제나 봉건제와 구별되는 것) …… 공동체 안에서의 비세습적 점유자로서 현실적 영유관계도 불변 …… 다만 여기서는 토지 소유권이 전제군주에게 완전 이행하여 현실의 공동체가 국가(총괄적 통일체)에 대한 공납의무를 부담함으로써 현실적 군소 공동체와 총괄적 통일체와의 관계(이 관계는 노동 과정 자체를 총괄적 통일체가 지정하는 데에서 발행)가 상호 원조의 관계에서 지배예속의 관계로 전화한, 근본적인 변화를 일으켰을 뿐[46]이었다.

그러나 여기서도 공동체 농민은 비록 '현실적 영유관계, 즉 생산 과정의 본질에는 변함이 없다 하더라도, 공동체를 매개로 객관적 생산 조건을 자기의 것, 자기 의사의 지배 영역으로 하는 아시아적 형태의 본원적 토지 소유관계에는 본질적인 변화[47]를 일으킨 것이었다.

아시아적 형태의 본원적 토지 소유관계가 공동체 농민의 생산 과정(현실적 영유관계)은 불변이더라도 토지 소유의 전제군주 이행으로 객관적 생산 조건이 공동체 농민에 대립(토지는 자기 의사의 배타적 영역이 아닌 공납의 원천)하는 본원적 소유의 본질적 변화를 일으킨 이 단계의 아시아적 형태를 총괄적 노예제(algemeine Sklaverei)라 하며, 아시아적 생산 양식(asiatische Produktionsweise)의 기본적 생활 관계를 이룬 것이었다. 즉 '아시아적 형태는 본원적 소유의 단계와 총체적 노예제의 단계가 엄연히 구별되는 과정[48]'이었으며, 후자에 이르러 공동체 농민은 '결국 단순한 점유자로서 공동체의 통일을 구현한 자의 재산노예[49]로 되었다는 것이다.

이른바 노동하는 주체로서의 농민은 이에 이르러 계급사회의 직접 생산자로 전화하고 따라서 참된 의미의 계급사회 내지 국가권력도 비로소 형성될 수 있었다는 것이다.

46] 福富正美 "앞의 책" pp.279-280

47] 平島 역 "앞의 책" p.38,42

48] 平島 역 "앞의 책" p.38,42

49] 平島 역 "앞의 책" p.38,42

그러나 이러한 의미의 총체적 노예제가 아시아에서는 사회적 생산이 극히 미발전적인 초기의 농업 공동체 단계에서 이미 형성된 것이었다. 즉 사상 최초의 계급사회였던 동시 사적 토지 소유발생 후에 계급사회를 형성할 수 있었던 그리스 로마적(고전 고대적) 형태와 다른 이행(移行)의 아시아적 코스를 취한 것이었다.

뿐만 아니라 이 경우의 노예라는 것도 고전고대의 노예와는 다른 '전제군주의 재산노예'를 비유적으로 표현한 아시아에서만의 특수적인 지배예속의 관계였다.

다음에 이를 다시 추구하여 보자.

② 아시아적 생산 양식과 생산력적 여러 특징

아시아적 생산 양식은 위와 같이 아시아 특유의 지리적 환경(외적 자연)에 따를 '토지 소유의 결여'에서 형성된 특수한 생산 양식이었다.

여기에는 그 기초였던 총체적 노예제의 노예와 상부의 국가권력이 특유한 것이었고, 이의 활동신경인 관료제가 그 나름으로 일찍이 발전한 것도 그 특징이었다. 그러나 이로 인해 마침내 생산력의 정체(停滯)가 불가피하여 모처럼 창설한 조기문명도 그 이상의 발전을 불허하여 이 사회의 경제·정치와 문화의 역사를 특유한 것으로 규정한 것이 무엇보다 중요하다.

먼저 총체적 노예제 자체를 보면 원래 '노예성이나 농노제 등에서는 노동자 자신이 어떤 제3자인 개인 또는 공동체를 위한 생산의 자연적 조건의 일부로 나타난 것'[50]이었다. 로마에서는 노예는 자기의 생산 수단과 가족을 가질 수 없는 존재로서 '말을 하는 도구'로 생각되었던 것과 같다. 그러나 이는 '유럽적 관점에서만 말할 수 있는 것일 뿐 예컨대 동양의 일반적 노예

50] 아시아에서는 국가적 의무를 직접 부담하기에 이르면 이는 총체적 노예제가 아닌 국가적 봉건제(福富正美 "앞의 책" p.320)

제는 해당되지 않는다.'[51]

즉 ①에서 본 바와 같이 노예로 표현된 위치의 농민성원과 현실적 공동체 사이의 관계에 관한 한 공동체적 노동과정의 여러 조건에는 종전과 다른 아무런 본질관계의 변화가 없었다. 다만, 총괄적 통일체와 현실적 군소 공동체 사이의 관계만이 토지 소유권의 완전 전자(前者)에의 이전과 공납의무로 협력과 상호원조의 관계가 지배예속의 관계로 전화한 중대한 변화를 일으켰을 뿐이었다.

바야흐로 총체적 노예제가 형성된 초기농업 공동체 단계의 아시아에서는 아직 미발전적인 공동 생산이 지배적이었던 생산 과정의 성격에 대응하여 생산조직으로서의 공동체도 그대로 유지되어야 했기 때문이다. 그리하여 공동체와 성원 농민 사이의 노동과정 수행양식에는 본질관계의 아무런 변화 없이, 개별농민은 비록 비세습적이나마 여전히 객관적 생산 조건의 점유자로서 생계유지를 위한 자기 경영을 할 수 있는 것이었다.

그러나 그럼에도 불구하고 개별농민 성원은 이제야 공동체를 매개로 토지를 자기 의사의 배타적 영역으로 영유했던 본원적 소유관계 하의 노동하는 주체일 수는 없었다. 소유권은 전제군주에 완전 이전되고 공동체의 공납의무를 위해서는 개별농민의 잉여노동이 그 기초로 착출(搾出)되어야 했다.

이제야 개별농민 성원은 현실의 공동체와 총괄적 통일체의 지배예속 관계를 매개로 본원적(집단적)소유관계를 떠나 단순한 점유자로 전화했다. 그리하여 그들이 잉여노동의 공납의 기초로 되었기 때문에 전제군주의 토지소유는 그들에게 대립적인 것으로서, 그들은 계급사회의 직접 생산자로 전화했으며 오히려 '공동체 통일을 구현한 자의 재산노예'로 나타나야 했던 것이다.

따라서 이 경우는 자기 경영이라 해도 이는 봉건초기의 자유농민과는 같

51] 福富正美 "앞의 책" p.316

을 수 없는 것이었다. 이들 자유농민은 공동체에 대해서는 자립화한 개인으로서 국가적 의무를 직접 부담하고 있었다.[52] 그러나 총체적 노예제 하에서는 자기 경영도 객관적·경제적으로 공동체에 직접 통일·결부되어 자립한 것이 아니었다.

자기 경영은 이같이 비자립적인 것이나 이를 기초로 가족을 유지하는 것이었기 때문에, 이에 따른 지배예속의 관계도 '유럽적 관념의 노예' 또는 가내 노예와는 확실히 다른 것이었다. 다만 이들은 '만인이 그 전제군주의 전횡에 복종하는 노예인 것같이 보이는 예속 상태에 있었기 때문에 이를 비유적으로 표현한 것에 불과[53]한 것이 총체적 노예제라는 특수한 존재였다.

하부의 경제적 구조가 이 같이 특수한 것이었던 한, 이를 토대로 한 상부의 정치적 구조도 달라야 했으며, 그 전제군주제(despotism)라는 정치권력의 국가 형태는 형성과정이 특수한 것이었다.

즉 그리스, 로마 또는 게르만과는 달리 토지의 사적 소유가 발생하지 않은 조기농업 공동체 단계에서 이미 이러한 의미의 국가권력이 형성되어야 했으므로, 이는 '원시종족제적 민주주의의 전통이 강한 국가권력의 단서적인 것'에 불과했다는 것은 이미((1)의 ①) 지적한 바와 같다.

다음 총체적 노예제로 인하여 파생된 보다 중요한 또 하나의 특징이 생산력의 정체였다. 즉 '아시아적 형태는 필연적으로 가장 완강하고 가장 오래 유지되었다. 그리고 그렇게 되는 이유는 개개인이 공동체에 대하여 자립하지 않은 것, 생산의 자급자족적 규모, 농업과 수공업의 유지 등이 그 전제라는 데에 있었다.'[54]

먼저 '개개인의 공동체에 대한 비자립성'을 문제로 볼 때에 무릇 모든 민족의 공동체는 영유의 현실적 과정이 구래(舊來)의 미발전적인 공동 생산 형

52] 平島 역 "앞의 책" p.26
53] 平島 역 "앞의 책" p.16
54] 平島 역 "앞의 책" p.35

태에서 새로운 소규모 개별 생산 형태로 전화함에 따라, 개별농민 구성원은 공동체에 대하여 자립하게 된다. 게르만이나 그리스, 로마의 경우 생산력의 발전에 따라 가부장제 대가족은 소가족으로 분해하여 자주적인 소규모 개별 생산(소경영적 생산 양식)이 성립한 것과 같다. 그리고 이는 다시 자체의 내적·외적 발전과정에서 봉건제 또는 고대 노예제로 나아간 것은 '시간 문제'였으며, 이것이 곧 공동체 자체의 변화과정이었다.

전증(典證)을 살피건대 개개인이 자립적 경영이라는 '공동체에 대한 관계에 변화를 가져오게 하면 그들은 이와 더불어 변화하고 공동체에도 파괴적으로 작용한다.'[55] 공동체 내부의 이러한 파괴 작용 또는 외부에서의 정복 등 경제적 전제의 변화로 '농노제 내지 노예제(이질적 요소임은 동일하다)가 발생하면 이는 모든 공동단체의 본원적 형태를 왜곡하거나 변형하게 하여 그 자체가 이들 공동단체(농노제 또는 노예제)의 기초가 되면서 단순한 구성을 부정적으로 규정[56]'하여 그 나름의 사회발전이 이루어진 것이었다.

그러나 아시아의 총체적 노예제 하에서는 이의 성립단계부터 '토지 소유와 농경이 우세하고 농경과 수공업이 자급자족적으로 통일되어 정복은 필수조건이 되지 않았다.'[57] 동시에 '개별 성원은 공동체에 대하여 그들의 객관적·경제적 유대를 상실(왜곡·상실·파괴)하게 할지도 모르는 자유로운 관계(자립화)에는 결코 들어가지 않았다.'[58] 개개인은 결코 소유자가 되지 못하고 단순한 점유자로서 전제군주의 재산노예로 되어 있었다. 그러므로 '여기서는 노동의 조건을 지양하지도 않았거니와 그 본질적 관계를 변화하게도 하지 않았다.'[59] 다만 이러한 '경제적 전제의 변화'와 현실적 영유과정의

55] 平島 역 "앞의 책" p.37
56] 平島 역 "앞의 책" p.40
57] 平島 역 "앞의 책" p.38
58] 平島 역 "앞의 책" p.40
59] F. エンゲルスへの マルクスの 書簡 (1853.6.14.) 平島 역 "앞의 책" 附錄 p.83

'상실은 완전히 외부적인 경향에 의한 것 이외에는 거의 없는 것'[60]이었으나, 아시아에서는 그리스, 로마 또는 게르만과 같은 그러한 '종족적 소질'이 없었기 때문에 구래(舊來)의 형태가 '완강하고 오랫동안 유추'된 정체성(停滯性)이 불가피했던 것이다.

다음 또 하나 정체(停滯)의 원인으로서 농업과 수공업의 자급자족적 통일을 들 수 있다. 즉 현실의 소공동체는 자기 가내 경영의 보완관계로 농경과 수공업을 결합한 자급자족의 자연경제로서 그 안에 재생산과 잉여생산의 모든 조건을 포용한 하나의 부락이었다. 그러한 한 현실의 소공동체는 '그 자체가 하나의 작은 세계를 형성한 촌락…… 사실상 개별의 공화국'[61]이라 말할 만큼 자급자족의 완강한 경제단위를 이룬 것이었다. 그렇기 때문에 이 사회의 상부에서는 동양적 전제가 유위 변천을 거듭해도 하부에서는 잠을 자는 것 같은 정지 상태에 머물 수 있었던 것이다.

그러나 이러한 정지 상태에서 잉여노동은 부단히 관개·치수·운하·교통 기타의 제반시설 및 전제군주의 인적 존엄성을 과시하는 거대 영조물의 조책(造策)과 사찰·생활·사치를 위한 공동노동에 동원되고 잉여 생산물은 재 정지반을 위한 공납으로 제공되어야 했다. 그리하여 '중앙정부의 일인 공공사업이 정체의 한 원인'[62]으로 설명되는 것이며, 이를 위한 잉여노동의 착

60] F. エンゲルスへの マルクスの 書簡 (1853.6.14.) 平島 역 "앞의 책" 附錄 p.83

61] 小林良正 《アジア的 生産様式論》 p.20

62] 인인(隣人)공동체 : Mark(촌락 공동체), Salica법전(Lex Salica), 킬페릭 포고(Edictum Chilperici). 타키투스 시기(주 27)에는 정기적 할체가 일부에서 부분적으로 중지되기 시작하고 상속에 의한 대가족의 미분할 집단적 재산으로서의 가족적, 개인적 이용권도 형성되기 시작한 것으로 생각된다는 것이다. 그러나 상속권으로서의 Allod가 극히 초기의 원형으로 발생한 데에 불과했던 이 시기에는 그것이 아직 법률적으로 정식화하지는 않았다는 것이다. 대가족의 아들들이라는 제한된 것이기는 하더라도 상속권(Allod)을 비로소 법률적으로 정식화한 것이 사리카 법전(Lex Salica)이다. 그러나 여기서는 정기적 할체에 관한 것이 없는 것으로 보아 이는 농업 공동체에서 Mark 공동체라는 새 공동체(사유단계〉에 이행하는 시기를 반영한 점이라는 것이다. Genealogia (Alaman인이 도나우 강 남방의 정복지에 혈족별로 점주한 혈족의 뜻) 또는 Fara(고지 독일인의 한 기간종족인 불군드족·랑고발드족이 사용한 말)라는 말도 Mark와 같은 뜻. 요는 Mark는 개별적 소경영으

출(搾出)은 가혹해야만 했기 때문이다. 유럽의 전지(田地)경작 내지 삼림경작 같은 누경(耨耕 : Hackban)의 낮은 생산성에 비해 쌀 경작인 아시아의 비누경(非耨耕) 관개농업은 생산성이 훨씬 높은 것이었다. 그러나 높은 생산성도 그 생산물을 확대 재생산의 여유를 남기지 않고 공납하게 함으로써 전제군주의 공공 욕망을 충족할 수 있는 것이었으며, 이를 위한 것이 개개인을 전제군주의 재산노예로 한 총체적 노예제였다.

그러나 반면 이 같은 거대사업의 설계 조축(造築)을 위해서는 그만큼 과학문화의 발달이 있어야 했거니와 사업의 관리·유지라는 직능 수행을 위해서는 많은 관료의 조직적 지휘활동이 있어야 했다. 이것은 일찍이 과학문명과 관료조직이 발달할 수 있었던 배경이었으며, 과연 관개농업의 대하천 이용을 위하여 고대 이집트에서는 천문학·역학(歷學)·수학·측량기술의 연구가 발달하였다. 바빌로니아에서는 태양력, 중국에서는 역학(易學)이 필요하여 빨리 나타났다. 고대에는 종교야말로 과학이었으므로 상위의 사제직은 동시에 이러한 학술직이기도 했다. 조세 징수는 무사(武士)의 직무로서 이를 위해서는 도량형도 일찍이 발달해야 했다. 그리하여 관료제도도 결합적 통

로서 혈연보다 이웃(Vicini) 관계가 우세해진 새 공동체였다는 것이다. 그러나 Lex Salica 에서는 소가족이 대가족에 승리한 것으로는 나타나있지 않으며, 토지(Allod)도 소가족의 소유권으로 전환한 것으로는 되어 있지 않다는 것이다. 이것이 인구 증가에 따라 차츰 토지재산에 대한 개별 가족 경영의 분리와 분할 상속의 소경영 발전으로 농업 공동체 고유의 공유원칙이 최종적으로 패배했다는 것이다. 이러한 혈연 관계의 붕괴와 지연관계의 승리로 대가족에 의한 가부장제 세대공동체는 Mark라는 촌락[이웃] 공동체에로 추전(推轉)하여 이를 반영한 것이 킬페릭 포고(Edictum Chilperici)였다는 것이다. 이 Mark 공동체 제도가 전 중세를 통하여 토지 귀족과의 끊임없는 투쟁을 겪어가면서 유지되어 왔으나 경지가 경작자의 사적 소유이고 삼림·목초지·황무지 등이 공동 소유인 이 새 공동체의 생산조직 안에서 영주·귀족이 차츰 공유지를 침탈, 사유화함으로써 Mark 공동체는 해체되었다는 것이다. (福富正美 "앞의 책" p.187, 188, 258, 259) 아시아에서도. 사회적 생산이 미발전적인 공동 생산에서 차츰 소규모의 개별적 생산에 전화함에 따라, 농민적 토지 소유와 토지 이용이 강화하면 이를 기초로 새로운 이웃공동체가 형성된 것이었으며, 처음은 가부장제적 대가족형이라 하더라도 소농민 경영이 발전하는 과정에서 사적 봉건제에 의하여 국가적 봉건제는 침식되어 갔다는 것이다. (福富正美 "앞의 책" p.322).

일체에 의한 중앙집권의 이집트, 메소포타미아, 중국 등 아시아 제국에서 최고로 발전한 것은 누구나 다 잘 아는 일이다(제2장에 상술). 관료제의 발달은 이 같이 이 사회의 한 특징을 이루었다.

그러나 반면 이러한 중앙정부의 공공사업·과학문명 또는 관료제가 발달하면 할수록 그 물질적 토대인 농민 경제의 수탈은 더욱 과감해야 했다. 그리고 그러면 그럴수록 공동체의 경제적 발전과 이로 인한 공동체의 '경제적 전제변화(前提變化)'는 있을 수 없어 단순 재생산도 위협을 받으면서 후퇴와 정체에 감돌아야 했던 것이다. 촌락이라는 군소 공동체들은 성원 농민과 합께 농경수공업의 결합으로 빈곤과 정체를 자급자족으로 보완하면서 그 나름의 소우주를 형성하고 있었던 것이다.

아시아적 생산 양식의 정체성은 이러한 것이었다. 그렇기 때문에 여기서는 아무리 그 나름으로 위험이 없고 문명의 평온한 공동체를 이루고 있었다 하더라도 '이 목가적인 공동체는 동양적 전제의 강고(强固)한 기초가 되는 것이었을 뿐, 인간 정신이 사고할 수 있는 능력을 가장 좁은 시야로 국한시키고 미신의 유순한 도구로 만들어 버린다. 사람들을 전통적 규제의 비굴한 노예로 만들고 인간 정신에서 일체의 위대성과 역사적 정력을 박탈해 버렸던 것'[63]으로서 모처럼 일찍 발전한 아시아의 과학, 아시아의 문명도 그 이상 전진할 수 없는 소지를 잃고 만 것이 아시아의 역사성이었다.

(2) 소경영적 생산 양식과 이행의 서유럽적 코스

① 상속의 발전과 소경영적 생산 양식의 성립

필요한 범위에서 기술한 바를 약간 상기하여 보면 '보다 원고(原古)적 형'의 혈연적·씨족적 종족공동단체의 원시공동체 안에서도 자기가 만든 도구

63] 소경영적 생산 양식에서는 노동자가 자기 자신의 노동에 의한 생산물의 소유자로 될 수 있는 한, 조건이 토지점유이다. 여기서의 경작자는 자유로운 소유자이건 예속민이건 언제나 자기의 생활수단을 자기 자신이 독립하고 고립한 노동자로서 자기 가족과 함께 생산해야 하는 것이다.

등 동산(動産)에 대해서는 사적 소유가 인정되고 있었다는 것이다. 공유단계에서 이러한 재산상의 사적요소가 분화(分化)한 이중성을 '사회적 원동력'으로 씨족제도의 기초였던 모권제(母權制) 가족은 차츰 해체과정을 밟고 토지의 공동 소유와 공동경작에 의한 가부장제 세대공동체의 초기 농업 공동체가 생성하기에 이르렀다는 것이다. 즉 농업 공동체는 이 재산상 분화의 소산이었으나, 초기의 농업 공동체에 있어서는 이 이중성이 토지의 공동 소유와 사적인 헤레디움(Heredium), 분할경작(대가족의 개별경작) 및 과실(생산물)의 사적 영유라는 사적 점유의 고유한 형태로 계승되었다(제2절 1의 (1)). 그리고 토지의 정기적 할체(割替)는 이러한 이중성의 모순을 조정하여 평등의 원리를 지키고자 한 수단이라 했다.

그러나 그럼에도 불구하고 여기서는 이 이중성의 모순이 차츰 확대되어 가는 것이었다. 그 결과 마침내는 정기적 할체(割替)를 할 수 있는 자유의 토지가 부족할 만큼 지분의 불평등은 심하게 되는 것이었다. 이에 정기적 할체는 그 자체가 무의미하게 되었을 뿐만 아니라, 오히려 개별경작에 장해가 되어 끝내는 중지되어야 했다는 것이다(제1절 2 및 제2절 1의 (2)). 이 단계를 농업 공동체의 후기라 했으며 정기적 할체의 중지라는 변화에 대응하여서는 사회적인 모든 관계도 적지 않은 변화가 있을 수 있는 것이었다. 바야흐로 '생산 형태가 변화하면 조만간 소유관계도 변화'해야 했던 것으로서 토지의 자유로운 사적 소유에 나아간 것을 말한다.

즉 토지가 정기적으로 할체되고 있을 때에는 각 가족경영의 일정한 면적에 대한 고정적인 이용권의 확립은 저지되고 있었다. 그러나 정기적 할체가 중지되어[64] 실제의 이용권을 공동체가 각 가족경영에 해당하는 간섭을 하지 않는 순간부터 경지이용권은 대가족의 개별적 가족 경영에 속하는 것으로 굳게 인증되게 된다. 공동체는 다만 경지의 소유권만을 가질 뿐이며 이

64] 주 (62) 참조

용권은 개별 가족경영이 가지게 된다. 모든 땅의 소유권과 최고지배권은 공동체에 속하여 개별 가족의 처분권은 없으나 공유지를 공동이용하면서 지분지(持分地)는 인증된 이용권의 형태로 이를 확보한다.

가족적·개인적 소유의 발생이라는 사회적 모든 관계의 변화는 이렇게 하여 일어났다. 그러나 직선적으로 쉽게만 이루어질 수 없었으며 몇 가지의 중간 과정을 겪어야 했다. 지분지에 대한 상속권의 발생으로 이러한 이행은 시작될 수 있었으나 이 때의 상속권도 처음에는 매우 제한적이었던 것과 같다. 즉 토지의 상속은 그 이전에도 사망자와 공동으로 경작하고 있던 경지는 사망자의 친척들이 공동점유지로서 계속하여 경작함으로써 사실상의 상속관념이 없는바 아니었다. 그러나 이는 정기적 할체가 있는 한 가족적·집단적 이용권도 고정적·세습적이 될 수 없었다. 이에 반하여 정기적 할체가 소멸된 때에는 경지지분에 대한 점유이용의 권한이 대가족의 것으로 고정적인 인증을 얻게 되어 세습화한다. 이것이 곧 참된 의미의 상속발생이었다. 그러나 이 역시 처음에는 매우 제한적인 것이었다. 대가족의 사망한 대표자의 아들들에게 만이라는 한정된 범위의 대가족 성원에게만 토지를 상속하게 하는 제한된 것이었다. 특히 여자에 대해서는 게르만(German)의 경우에는 처음은 상속이 없었다. 사망자의 아들이 없을 때에만 여자의 상속을 인정하는 제한적인 것이었다.

그러나 상속권(Allod)의 발생은 그것이 아무리 제한된 것이라 해도 개별 가족 경영으로서는 권리가 분리되는 제1보였다. 그리고 이것이 나아가 대가족의 마지막 붕괴와 혈연관계의 패배(소가족의 우세와 지연관계의 승리)로 이끌어 간 변화과정이 더욱 중요하다.

즉 농업 공동체라는 원시공동체는 정기적 할체가 중지된 그 마지막 단계에 이르러 사실상 지분지를 소지하는 것이 되어도 이는 대가족의 범위 안에서의 가족적·집단적 이용인 것이었다. 즉 공유의 원칙은 관철되고 있었던 것이며, 경지 상속도 앞서 말한 바와 같이 부조전래(父祖傳來)의 모든 재산은 대가족의 대표자로서의 아들들에게만 한한 것이었다. 이것이 균등 분할 상속으로 나아가게 된 것은 생산력이 소단위의 개별 생산이 가능할 만큼 발전해야 했으며, 분할 상속을 거쳐 다음에는 사망한 가족의 딸들과 방계의 남자 친족에게도 토지를 상속하게 되었다. 처음 여자에게 상속을 금한 것은 대가족의 소가족 분해와 재산 분산을 막고자 한 것이었으나, 그럼에도 불구하고 개별 생산의 역량은 상속의 이러한 진화를 불가피하게 했다.

한편 상속과 가족의 이러한 형태 변화로 처음 대가족이 상속으로 이용할 수 있는 대상에 불과했던 토지(Allod)는 그제야 상속으로 양도할 수 있는 소가족의 소유대상이 되었다. 즉 토지는 양도할 수 있는 재산으로 전화했으며 마침내는 자유로이 양도할 수 있는 재산 매매의 대상이 되고, 여자 상속의 인정으로 재산이 출가한 다른 소가족에게도 양도되게 되었다.

분할 상속에 의한 이러한 대가족의 소가족 분해는 그 과정이 곧 소규모로 개별 가족의 개별 경영(소경영적 생산 양식)[65]에의 이행 과정이었다. 동시에 이 소경영적 생산 양식의 성립으로 대가족의 혈연관계는 개별소가족의 혈연관계 우세로[66] 나아가게 했다. 이것이 이웃공동체(게르만 Mark 공동체)[67]의 성립이었다.

이러한 소규모 개별 생산에서 개별 가족은 계급사회의 직접 생산자와는 다른 노동하는 주체로서 자기 경영을 발전시켜 나갈 수 있었으며, 이의 성립 후 약간의 시간이 경과한 다음 다시 개별 가족은 자기의 생산 수단을 자유로이 사유하는 '소경영적 생산 양식에 가장 정상적인 소유 형태(자유농민의 자유로운 분할지 소유)로서의 사적 토지 소유(자유지 Allod의 완성한 형태)'[68]

65] 주 (62) 참조
66] 福富正美 "앞의 책" p.167
67] 福富正美 "앞의 책" p.167
68] 주 (62) 참조

즉 상품으로서의 토지 사유에 나아갈 수 있었다.

농업 공동체는 이와 같이 후기 단계에서 토지 사유를 요구하는 소규모 개별 생산(소경영적 생산 양식)으로 이행하여 간 것이었다. 즉 '원고적 형'(미발전적인 공동 생산에 조응한 형태)에서 사유의 형(소규모 개별 생산에 조응한 형태), 다시 말하면 혈연적·씨족적 공동단체에서 새 공동체에의 과도적 형태를 이루었으며, '고대 및 근세·서유럽의 역사적 운동에서는 농업 공동체의 시기는 공동 소유에서 사적 소유에의(제1차 구성에서 제2차 구성에의) 과도기로 나타난 것'[69]으로 규정된다.

구체적으로 게르만(German)의 경우에는 타키투스 시대(Tacitus : 상속권으로서의 자유지 Allod가 겨우 원형적으로 발생한 A.D.55~116)에서 8세기에 이르는 약 600년 사이에 이런 변화가 일어났다는 것이다. 그러나 한편 경제적 측면의 이 같은 소규모 개별 경영의 성립이라는 변화는 필연 이에 대응하여 가족형태에도 변화를 일으키는 것이었다. 혼인 형태의 개선으로 나타났으며 일부다처제(polygamy)를 거쳐 일부일처제(monogamy)라는 부혼(父婚)가족제가 성립하였으나, 이는 이로써 비로소 소가족과 상속제가 원만하게 지켜질 수 있었기 때문이었던 것 같다.

② 사적 토지 소유와 서유럽적 코스

농업 공동체의 후기 단계에 이르러서는 이러한 경지지분은 상속에 의하여 가족적·개별적으로 점유·이용하게 되었다. 동시에 이러한 가족적·개별적 점유·이용의 상속과 이의 진화에 따른 대가족의 소가족 분화에 결부하여 성립한 것이 소경영적 생산 양식의 출현이었다. 따라서 여기서는 경제활동이 완전히 개별적·사적으로 수행되고 생산 과정 자체도 비로소 개별적·사적인 성격을 띠게 되었다. 때문에 이는 사회적 생산의 성격이 공동적인 것

69] 平島 역 "앞의 책" p.94.

에서 개별적인 것으로 전화한 근본적인 변화를 의미한 것이었으며, 이러한 변화야말로 지금까지 유지되어 온 농업 공동체 고유의 이중성이 그 균형에 파열을 일으키게 하는 것이기도 했다.

즉 농업 공동체의 '개별 가족이 배타적으로 영유한 사적인 가옥·대지·분할경작 및 그 과실의 사적 영유'라는 사적 요소에, 다시 '경지 상속에 의한 가족적·개별적, 점유이용'[70]이라는 사적 요소가 추가됨으로써 사유요소가 공유요소를 압도하기 시작했다. 이는 곧 '원고적 공동사회(혈연적 종족 공동단체 및 농업 공동체)의 조직과는 양립할 수 없는 개성의 신장'[71]을 촉진하는 것으로서, 이에 따라 사적 점유의 원천이었던 '분할 노동에 의한 동산(動産 : 개인적 용품에서 가족 화폐 때로는 노예 등 개인적 교환의 대상이며 공동체가 통제할 수 없는 동산)의 축적이 …… 점점 농촌경제 전체에 가압 …… 이것이야말로 경제상·사회상의 원시적 평등 파괴자 …… 공동체 내부의 이해와 욕정의 충동을 일으키는 다른 분자 …… 이 충돌은 먼저 경지의 공유를, 다음은 삼림·목지·황무지 등의 공유를 손상하여, 이를 사유재산의 공동체적 부속물로 삼게 되면 언젠가는 사유로 되는 것'[72]이었다.

그리하여 농업 공동체는 변질 과정을 밟아야 한다. 사회적 생산의 형태가 미발전적인 공동 생산에서 소규모 개별 생산의 형태에 전화함으로써, 토지도 조만간 공유에서 사유에로의 소유 형태 전화가 불가피했다. 바야흐로 '생산 형태의 변화에 따라 소유 형태도 조만간 변화'해야 했던 것이며, 개별화한 소가족이 형성되고 시간이 경과하여 교환이 발전하게 되면, 마치 수공업 경영이 자유롭게 발전하기 위해서는 용구의 소유가 필요한 것과 같이, 소가족의 소규모 개별적 생산 형태는 개인적 독립의 발전 또는 농업 자체의 발전을 위하여 '소경영에 가장 정상적 소유 형태인 사적 토지 소유, 상품으

70] 平島 역 "앞의 책" p.114.

71] 주 (62) 참조

72] 平島 역 "앞의 책" pp 114~5

로서의 토지의 소유'가 요청되는 것이었다.

그리하여 변질의 후기농업 공동체에서 성립한 것이 '새 공동체'였으며, '경지는 경작자의 사유에 속하나 삼림·목초지·황무지 등은 의연 공유'[73]가 특징인 '새 공동체(사유단계인 제2차 구성)'가 농업 공동체를 과도기로 하여 형성된 것이었다.

옛 게르만 인의 경우 이러한 이행은 타키투스 시대 이후에 이루어졌다 했으며 (주 (70)) '농업 공동체는 끊임없는 전쟁과 이주로 그 언제인가 모르게 사멸 …… 변사(變死)하여 타키투스 이후에는 이런 공동사회를 볼 수 없게 되었다. …… 그러나 그 천수(天壽)'[74]는 '독일인이 점령한 로마령 제국에서……경지와 초지의 개별적 지분에 관해서는 자유지(Allod)로서 마르크(Mark) 촌락(이웃)공동체의 일반적 의무에만 따를 뿐, 지분은 점유자의 자유로운 소유(Allod는 자유로이 양도할 수 있는 토지 소유 즉 상품으로서의 토지 소유인 참된 의미의 사적 토지 소유)로 된'[75] 새 공동체 위에 흔적을 남긴 것이었다. 즉 '농업 공동체는 사멸……변화했으나 그 고유의 특성은 자기와 대체된 새 공동체에 명백하게 각인되어, 새 공동체는 게르만 인이 정복한 모든 나라에 도입되어 그 원형에서 이어받은 여러 특질의 덕택으로 전 중세를 통한 자유와 인민생활의 중심이 되었다'[76]는 것이다. 그리하여 서유럽에서는 사적 토지 소유 발생의 '새 공동체' 단계에 이행한 후에 이를 전제로 계급사회와 국가권력이 발생한 발전과정을 밟았다. 이것이 사적 토지 소유 발생 이전에 국가권력의 계급사회에 이행한 아시아적 코스와 다른 서유럽적 코스였다. 그리고 이 서유럽적 코스에서는 '자유로이 양도할 수 있는 앨롯(Allod)의 사적 토지 소유가 발생하면, 이는 그 순간부터 대토지 소유 성립이 시간 문제에

73] F. Engels, 《Fränkische zeit》(小林良正. "앞의 책" p.112에서 인용).
74] 平島 역 "앞의 책" p.12.
75] 平島 역 "앞의 책" p.21
76] 平島 역 "앞의 책" p.94

불과'[77] 했다는 것도 발전의 다른 방향이었다.

그러나 시간 문제에 불과하였던 이 대토지 소유도 그리스, 로마에서는 고전 고대적 노예제의 대토지 소유로 나아가고 게르만족에서는 봉건적 대토지 소유로 나아갔다. 그리고 이러한 발전 방향의 질적(단계적) 차이는 오직 계급사회에 이행하기 직전단계에 있어서의 사적 토지 소유(자유지)에 의한 소규모 생산 자체가 본질적으로 달랐던 데에 기인한 것이다. 구체적으로는 소경영이 공동체 안에 통일되어 있었느냐 아니냐의 차이에 따라서 공유지와 자립적인 사유지와의 대립관계(공동 소유에 대한 사적 소유의 관계)가 근본적으로 달랐던 데에 기인한 것이다.

즉 게르만족의 경우에는 소경영은 공동체에 대하여 자주적이면서도 개방 경지제하에 혼재 경지제·경작 강제 등의 규제에 의하여 공동체 안에 통일되어 있었다(제2절의 주 (17)). 그리고 여기서 공유지는 오히려 자립경영을 보완하기 위한 것이었으므로 이는 결코 사적 소유자의 이용에서 배제될 수 없는 사적 소유의 공동체적 부속물로 되어 있었다. 즉 소농민 경영과 공동체는 경제적으로 굳게 결합(공동체 안에 통일)되어 있었다. 그러므로 사회적 생산의 노동과정 자체도 근본적인 변혁이 따를 수 없이 특유한 공동체적 소경영을 유지하고 있었다. 그리하여 앨롯(Allod) 소유의 소경영 농민은 사유단계에서 '분할 노동으로 경제상의 평등이 파괴'되면서, 토지재산을 피탈·상실하는 과정에서도 토지는 점유자로서 계속 이용할 수 있었다. 소농민 경영의 이러한 특성이 게르만족으로 하여금 특유한 이행 과정을 수행하게 했으며, 평등의 파괴로 대토지 소유가 형성되면서도 노예제를 낳지 않고 일거 봉건제에로의 자연스러운 이행을 하게 했던 것이다.

반면 그리스·로마에서는 사적 소유의 많은 소경영과 병존하여 새 공동체인 도시공동체(Polis)가 공유지를 소유하고 있었다. 즉 공동체소유는 국유 재

77] 福富正美 역 "앞의 책" p.153

산의 공유지로서 사적 소유에서 분리되어 있었으며 공동체 안에 통일되어 있는 것이 아니었다. 따라서 '사적 소유자는 공유지의 이용에서 추방되어 이용권이 박탈되고 있었다. 그리고 그러한 한 국가도 사적 소유자'였다. 이것이 게르만과 다른 것이었으며 여기에서는 사적 소유와 공유는 통일 아닌 대립·저항이 불가피하게 되었다. 따라서 소경영 농민은 토지재산의 피탈·상실과정에서 게르만과 같이 토지의 점유자로서 이를 계속 이용할 수 없는 것이었다. 토지 상실의 무점유자로서 마침내는 노예로 전락해야 했으며, 이것이 고전고대의 노예제 생성의 길이었다.

이상 농업 공동체의 변질 과정을 살펴보았으며, 정기적 할체가 소멸하는 후기 단계에 이르러 '고대 및 서유럽'에서는 새 공동체로 이행한 것이었다. 새 공동체란 개별 경영의 사유단계에 조응한 소경영적 생산 양식의 공동체로서, 전 단계의 공동 소유와는 다른 발전 단계임은 누설한 바와 같다. 그렇기 때문에 '농업 공동체는 어디에서든지 고대적 사회구성체의 마지막 형으로 나타났으며, 고대 및 서유럽의 역사적 운동에서는…… 그 시기가 공유에서 사유에의 과도기로 …… 나타난 것'이었다. 다시 말하면 농업 공동체는 모든 공동체(아시아적 공동체, 그리스·로마적 공동체 또는 게르만적 공동체)가 그 내적 발전과정에서 다 같이 경과하는 공동체 자체의 보편적 발전 단계의 하나였다.

그러나 '고대 및 서유럽'의 역사적 운동에서는 농업 공동체는 공유에서 사유에로의 과도기가 되었고, 이 사적 소유를 기초로 계급사회가 형성된 것이 서유럽적 코스였다. 이에 반해 아시아에서는 사적 소유 발생 이전에 계급사회가 형성되었다. 이처럼 농업 공동체는 고대적·원시적 사회구성체의 마지막 형이 되었으나, '고대 및 서유럽'과 '아시아'라는 '지리적 환경'에 따라 그 시기는 다른 것이었다. 그러므로 '농업 공동체를 모두 일률적으로 아시아적 형태의 공동체로 이해하면, 이는 농업 공동체 자체의 질적으로 다른 여러 유형의 차이를 무시하게 되는 것'이다. 보편적인 발전 단계였던 것이 농업 공동체였으나, 이는 지리적 환경에 따라 아시아적 코스, 서유럽적 코스로 발전 방식을 달리했다.

때문에 계급사회 이행이라는 농업 공동체의 역사적 발전과정은 아시아적·서유럽적 코스의 다양한 병렬적 형태변화로 이루어졌다고 보아야 하는 것이며, 농업 공동체를 모두 일률적으로 아시아적 형태의 공동체로 보는 나머지, 아시아적 형태→고전고대적 형태→게르만적 형태라는 일계적·계기적(繼起的)인 것으로 이해해서는 안 될 것이다.

그러나 이러한 해석은 간단히 처리될 수 있는 문제가 아니다. 본서의 병렬적(倂列的)·다계적(多系的) 해석도 방법의 하나이므로, 이해를 돕기 위해서는 이에 관한 논쟁을 아울러 알아야 할 것 같다.

제2장 고대 그리스·로마와
고전적 노예제

앞장에서 풀이한 바로서는 농업 공동체의 후기 단계에서는 소경영적 생산 양식이 성립했다. 이에 대응하여 토지는 소경영에 가장 정상적 소유 형태인 자유로운 소토지 소유, 즉 사적 토지 소유(농민적 분할지 소유)로 나아가 새 공동체를 형성함으로써 원시공동체는 해체 과정을 밟는 것이 일반적 법칙이었다. 그러나 소토지 사유는 이것이 성립한 '순간부터 대토지 소유가 시간 문제'로서 '소농민 경영과 독립 수공업 경영은 일부는 봉건적 생산 양식의 기초⋯⋯일부는 최성기(最盛期) 고전적 공동체의 경제적 기초[1]가 되었다. 소농민 경영은 곧 한쪽에서는 고전고대의 노예제 생산 양식, 다른 한쪽에서는 봉건적 생산 양식의 기점이 되었던 것이 서유럽의 역사였다. 즉 전자의 경우, 고전고대적 토지 소유 형태의 고전고대(Classische Altertum)라는 것은 세계 역사상의 고대사회 중 서양에서 고전에 해당하는 문명을 낳은 그리스·로마 시대를 총칭한 것이며, 여기서는 '농민적 분할지의 사적 토지 소유가 가장 정상적으로 개화하여 이 시대를 특징지었다.' 그러나 이 토지 소유는 성립과 더불어 대토지 소유가 시간 문제로서 이것이 고전고대에서는 노예제 사회의 기초가 되고 게르만에서는 봉건제의 기초가 되었다. 계급사회 이행의 방식이 이렇게 다른 것은 이행 직전의 각 종족을 에워싼 자연적 조건, 종족적 소질이 서로 다른 데에 기인한 것이며, 제3장에서 그리스·로마의 경우를 밝히고, 제4장 이하에서 게르만의 경우를 살피기로 한다.

1] 福富正美 "앞의 책" p.252

제1절 기본적 사회관계와 이의 성립과정

1. 새 공동체의 고전고대적 토지 소유와 그 특징

본원적 토지 소유에 관하여 대다수 아시아 여러 민족의 경우에는 전제군주로 구현된 총괄적 통일체가 상위의 유일한 토지 소유자이고 공동체 구성원은 비세습적 점유자로서 사실상 무소유였다. 이에 반하여 경지는 개별 가족이 개인적으로 소유하고, 공유지는 수렵지·목초지·벌채지 등에 한하여 개인적 소유를 보완하는 수단의 공동부속물로 공유한 것이 게르만적 소유 형태였다.

그러나 이와 대조적으로 고전고대적 형태의 그리스·로마에서는 공동체 구성원인 개별 가족이 토지를 사유함과 동시, 도시국가(그리스의 Polis, 로마의 Civitas)라는 공동체도 이 사적 토지 소유와는 별도로, 국가 재산으로서 공유지를 공동 소유하는 '2중형태의 병존'으로 나타난 것이 그 특징이었다.

토지의 사적 소유 성립은 물론 농업 공동체의 후기 단계에 속한다. 즉 이 시기에 토지의 정기적 할체가 중지되고 대가족이 소가족으로 분화하면 이에 따라 소경영적 생산 양식이 성립하는 것이었다. 그리고 이의 성립은 곧 '개성(個性)의 신장'을 뜻하는 것이었다. 그러나 개성의 신장은 시간이 경과하고 교환이 발달함에 따라, 마침내는 마치 수공업이 자유롭게 발전하기 위해서는 용구의 소유가 필요한 것과 같이. 토지 소유에서도 소경영에 가장 정상적 소유 형태인 사적 토지 소유(농민적 분할지 소유), 상품으로서의 토지 사유(참된 의미에서의 사적 토지 소유)가 요청되고 성립할 수 있었던 것이다.

이상은 제1장 제2절에서 이미 논술한 바이나, 이 같은 사유단계의 제2차 구성인 '새 공동체'의 토지 소유를 구태여 고전고대적(Classische Altertum)형태라 하는 것은, 앞서 말한 바와 같이 고대서양의 고전문명을 낳은 시기의 소유 형태였기 때문이다. 즉 '소경영적 토지 소유의 가장 정상적 형태인 농민적 분할지 소유는 고전적 고대의 가장 좋았던 시대에 고전적으로 개화한 것이었으며…… 고전고대사회를 기본적으로 특정지우는 출발점이었기 때문[1]이다. 그러나 이 사적 토지 소유(자유로운 소토지 소유, 농민적 분할지의 소유)는 이의 성립과 더불어 대토지 소유(그리스·로마의 노예제, 게르만의 봉건제)로 나아간 것이 시간 문제였으며, 공유단계에서 이행한 사유단계의 새 공동체야말로 '고대 지중해 주변지역 특히 그리스·로마에서 노예제 사회의 기초를 형성[2]하기도 한 것이었다.

부연하면 이 고전고대적 분할지 소유는 도시국가라는 공동체를 매개로 형성된 것이었다. 즉 자유로운 분할지 농민은 공동체의 성원으로서만이 사적 소유자가 될 수 있었던 반면, 공동체로서의 도시국가도 이들 분할지 농민을 기반으로 성립할 수 있는 상호관계를 누린 것이었다. 즉 여기서의 '공동체 제도는 토지 소유자인 분할지 농민이 그 구성원……동시에 이들은…… 공동사회의 필요와 명예 등을 위하여 공유지를 확보…… (다시 말하면) 사적 토지 취득의 전제는 공동체의 성원이라는 것……동시에 공동체의 성원이라는 존재를 유지하는 것이 곧 공동체를 유지하는 것이기도 하고 또 그 반대(공동체를 유지하는 것이 자기를 유지하는 것임)이기도 한[3] 상호관계였던 것이다.

이러한 상호관계에서 서로는 토지를 소유했으며 로마의 경우도 토지(ager)는 위와 같은 2종의 점취형태가 확연히 구분되고 있었다. 시민으로서의 각

1] 栗原百壽 《農業問題入門》 p.44
2] 오쓰카 히사오(大塚久雄) 《共同體の基礎理論》 p.59
3] 平島正毅 역 "앞의 책" p.7

가장(paterfamilias)에게는 사유지(ager privatus : 개인적 경영으로서는 fundus)가 사적으로 점취되어 있었고, 공동체(도시국가)는 그 전체가 공동 점취하는 공유지(ager publicus)를 소유하고 있었던 것과 같다. 전자는 헤레디움(heredium : 택지 및 채전지)이 그 중심이었으며 이의 집합체가 곧 도시였다. 후자는 이 도시의 주변에 있는 공동 마르크(Mark) 및 주인이 없는 삼림·목지·황무지 등이었다.

그러나 여기서 중요한 것은 양자의 관계이다. 게르만적 형태에 있어서는 자립적 개별 가족이 하나의 경제정체로서 '공유지는 개인적 소유의 보완'을 위한 것이기 때문에 '분배할 수 없는 토지부분이다. 그러나 로마인의 경우에는 사적 소유자와 병존하여 국가라는 특수한 경제적 정재(定在)가……경제정체(經濟整體)로서……국가적으로 토지를 소유……이와 사적 토지 소유와의 대립적 형태[4]로 나타난 것이 고전고대적 형태였다.

한편, 이 때 공동체(도시국가)는 주소를 도시로 이에 밀집한 가족으로 형성되면서도, 그 내부구성은 상시 전투태세를 갖춘 농민의 전사 공동체(군제, 병제)로 개편되어야 했다. 그러므로 공동체 성원의 분할지 농민으로서의 발전도 공동체의 공동체에 대한 전투를 위한 성원의 군사적 편성에 의한 도시국가 형성이 그 전제였다. 공동체의 도시국가로서의 발전과정에서 그 성원은 자유분할지 농민으로 자립하여 갔으며, 이를 기반으로 도시국가의 군사적 팽창도 이루어질 수 있었다.

농민과 국가는 이처럼 상호 규제적 관계에서 발전할 수 있었으나, 사적 소유의 농민은 공동노동으로서의 전투에 참가하는 전사로서의 시민이라는 것에 사적 소유의 기초였다. 따라서 이를 전사지분(Kriegerlose)이라 하며, 추첨(Kleros)으로 할당하여 가족과 함께 생활하는 자립의 토대였다. 반면 공유지는 공동체 전체의 공동수요를 충족하는 공동체 존립의 불가결한 토대다.

4] 平島正毅 역 "앞의 책" p.12

따라서 성원은 이를 공동으로 점취 또는 추가하여 공동으로 방위·관리한다. 자못 아시아적 형태의 사적 소유가 다만 헤레디움(Heredium)에만 국한되어 토지는 영구히 공유였던 것과 판이하다. 때문에 고전고대의 이러한 공유지와 사유지가 병존한 2중 형태에서는 공유지의 침식이 아무리, 부족한 사유지의 보완이라는 정당성이 있고, 또 새로운 점유 공유지의 전투참가자에 대한 분배가 그 나름으로 정당하다 하더라도, 이는 마침내 사유지의 확대를 촉진하는 길이 되고 만다. 결국 서로가 긴장관계의 대립물로 전화하지 않을 수 없는 것이었으며, 그리하여 대토지 소유의 노예제가 형성되었다.

그 다음은 이 2중적 사유형태는 어떻게 하여 성립할 수 있었던가?

2. 도시국가와 2중적 사유형태의 성립이론

이미 제1장에서 밝힌 바와 같이 '각 종족의 토지(각 종족들이 정착한 대지)에 대한 공동체 성원 혹은 종족 성원의 관계는, 일부는 종족의 자연적 소질, 일부는 그 종족이 현실의 소유자로서 토지에 대하여 관계를 맺는(다시 말하면 노동으로 과실을 자기의 것으로 하는) 때의 경제적 조건에 의존한다. 그리고 이 일 자체는 기후·토지의 물리적 특성, 물리적으로 조건 지어진 토지의 이용양식·적대종족 또는 인접종족과의 관계 및 이동, 역사적 조건 등이 가져오는 변화에 의존할 것이다.' 즉 '인간은 결국 정주하게 되며, 이와 더불어 본원적 공동사회가 어느 정도로 변형되는 것인가는 각종의 외적·기후적·지리적·물리적 등등의 조건과 함께 인간의 특수한 자연적 소질—그들 종족의 성격—에 의존'[5]하는 것이다.

한 종족 내지 부족이 토지를 소유하는 형태의 전제 조건을 이렇게 볼 때, 고전고대적(그리스·로마) 토지 소유 형태인 '제2형태에서는……토지 자체는 작업장·노동수단·노동대상 및 생활수단으로서 관계하는 데에 아무런 방해

5] 平島正毅 역 "앞의 책" p.20

도 없다[6]는 말과 같이, 토지에 관한 한 그리스·로마의 자연적 조건은 매우 좋은 것이었다.

즉 주지하는 바와 같이 그리스는 농경·목축이 기본이면서도 도처에 산악이 많기 때문에 올리브·포도 등 과수가 중요한 산업으로 되었다. 동시에 바다에서는 해안선에 만곡이 많고 많은 도서가 점철하여 도시의 식량수입, 귀족의 사치품 수입에 편리했을 뿐만 아니라, 일찍부터 상업의 발전을 볼 수 있게 했다. 반면, 이탈리아는 해안선이 그리스보다 단조롭지만 개방적인 지형에서 농경은 매우 호적한 지세였다. 이에 B.C. 3세기 전반에는 반도가 통일되었으며, 이어 후일에는 1차 포에니 전쟁(B.C. 264~241)을 거쳐, 계속되는 대외정복으로 많은 식민 속주를 얻어 광대한 제국을 형성할 수 있었다. 이 과정에서 상업도 크게 발전할 수 있었으나 한편, 본국의 도시국가 로마를 맹주로 한 속주 도시와의 도시동맹은 정치에서 공화정을 원리로 관철케도 했다.

이탈리아 반도의 이러한 정치적 통일·개방성·속주 건설과 대조적으로, 그리스는 도처가 산악인 소분지의 구성으로 봉쇄적인 지형에다가 로마와 같은 정복전을 전민족의 과제로 한 것도 아니었다. 때문에 도시국가도 완전한 소세계로서 이 폴리스(Polis)의 분립을 본령(本領)으로 하는 로마와 대조를 이루었다. 그러나 그럼에도 불구하고 이들 소반도는 모두 기후가 온난하고 토지 사정이 양호하여 '토지에 관계하는 데에는 아무런 방해가 없다'는 자연조건이 그 특수한 사정이었다.

자연 조건의 이런 혜택이 '노동자체를 공동체가 지정하는 게르만 개개의 공동체의 위에 입각한 통일체가 지정하는 아시아와는 달리, 그리스·로마에서는 사적 점유자가 고립적으로 행하게 하여', 여기서는 노동 과정의 이러한 독자적 수행양식이 농업 공동체 단계에서 개별 가족에 의한 사적 소유의 형

6] 平島正毅 역 "앞의 책" p.10

태를 취하게 했다.

그러나 이와 같은 자연 조건과는 달리 그리스인, 로마인의 경우에는 '종족적 소질'이 항상 외적에 대비해야 했던 것이 특수하다. '토지에 관계하는 데에는 아무런 방해가 없다. 공동체가 맞이하는 곤란은 다른 공동체와의 관계에서만이 야기……즉 다른 공동체가 이미 토지를 점거하고 있거나 점거한 공동체를 위협하거나이다. 때문에 전쟁은 그것이 생존의 객관적 조건을 점취하기 위해서든지, 그 점취를 유지하고 영구화하기 위해서든지 필요하고, 중대한 전체적 임무이며 중대한 공동작업……때문에 가족으로 이루어진 공동체는 당면하여 군사적으로 편제……군제 및 병제……이것이 공동체가 소유자로서 생존하는 조건의 하나……개별 가족의 주소가 도시에 밀집하는 것이 이 군사 조직의 기초'[7]라는 말과 같이, 이들 민족은 이동과 전투를 역사적 숙명의 '종족적 소질'로 지니고 있었던 것이다.

즉 이동과 전투로 인한 밀집이 도시를 이루고, 이것이 군사적으로 편성되어야 했던 것이 그리스. 로마의 공동체였다. 따라서 이를 종족의 소유 형태도 그들의 이러한 역사적인 운명에서 독특한 사적 토지 소유로 나아갈 수 있었으며, 공동체 성원인 '모든 개인의 토지재산이 사실상 공동노동(예컨대 동양에서의 관개)에 의해서만 이용되는 것이 적을수록, 또 역사적인 운동이나 이동이 종족의 순수한 자연생적 성격을 파괴하는 것이 많을수록, 그리고 종족이 그 최초의 거주지를 멀리 떠나 다른 토지를 점거하고, 따라서 개개인의 에너지가 본질적으로 새로운 노동 조건 안에 발을 디디고 점점 발전할수록……점점 개개인은 토지(개별의 분할지)의 사적 소유자가 되고 그 토지의 개별적 경작이 그와 그 가족의 수중에 귀속하는 조건이 더 많이 주어지는 것'[8]으로서, 이러한 모든 조건이 이들 모든 종족의 개별 가족으로 하여금 '노동과정을 고립적·독자적으로 수행'하게 하여 사적 토지 소유를 성립

7] 平島正毅 역 "앞의 책" p. 14
8] 平島正毅 역 "앞의 책" p. 12

하게 했다.

즉 그리스·로마의 모든 종족은 이동과 전투라는 종족적 소질 및 풍요한 토지라는 자연적 조건의 주체적·객체적 모든 조건이 그들로 하여금 일찍이 원시공동체가 해체되는 농업 공동체의 후기 단계에서 사적 토지 소유라는 독특한 소유 형태를 취하게 했다.

그러나 이 때의 사적 토지 소유는 국가(도시공동체) 소유(공유)와 개인소유의 2중 형태로 병존한 것이 특수하다. 즉 '공동체 제도는 토지 소유자인 분할지 농민으로 구성되는 동시……공동사회의 필요와 영예를 위하여 공유지를 확보'[9]한 2중적 사유형태를 취했다.

이들 종족의 이에 이르는 과정은 운무에 싸인 고사(古史)를 제2절(1의 (2))에 미루겠으나, 동부 유럽의 고원지대에서 보다 좋은 땅을 얻으려고 이동이 끊임없었던 이들 민족은 이로 인하여 정복전쟁이 또한 끊임없었다. 그러므로 그들은 이 과정에서 이미 철기시대를 맞이하여 그 높은 생산력으로 부족공동체(Tribus)가 토지를 점취(토지 점취의 주체는 촌락 pagus를 형성한 개별씨족 gens가 아니고 gens를 그 안에 포함하고 있는 Tribus라는 것)하는 농업 공동체에 이른 것이다. 이 때 공동체는 전투와 이동으로 인하여 집주(集住 : synoikismos)와 결합(verbindung)을 해야 했다. 이에 공동체는 국가로서 이들 자유·평등한 사적 소유자 상호의 관계(beziebung), 외부에 대한 그들의 결합인 동시에 그들의 보장(garantie)[10]이라는 독특한 의의를 가진 공동체로 나타났다.

즉 이러한 상호관계의 응집이 도시형성으로 나타났다. 따라서 공동체라해도 이는 '모든 촌락(pagus)의 중앙에는 부족 모든 성원이 언제든지 농성할 수 있는 방채(시설을 갖춘 버어그(burg : 성채))가 구축되어 있었다. 이는 로마인의 최고의 공동체가 이미 단순한 혈연적 부족 조직이 아니고, 오히려 적

9] 平島正毅 역 "앞의 책" p. 12
10] 平島正毅 역 "앞의 책" p. 11~12

극적인 상시 전투 태세에서 싸우는 농민들의 긴급한 필요에 응하여 내부적으로 개편된 것을 말해 주는 것[11]이라고 말해진다.

이와 같이 고전고대적 공동체는 농업 공동체이면서 처음부터 아시아적 공동체와는 달리 전투대 형태로 개편되어야 했다. 그러므로 이를 전사 공동체 (kriegerisch organizierte Gemeinde : K. Marx) 또는 반도시공동체 (halbstädtischer Gemeinde : M. Weber)라고도 말한다. 공동체의 성격이 도시로서의 이러한 것이었던 만큼 개개인과 공동체와의 관계는 공동체가 자유 평등한 사적 소유자 상호의 연합보장으로서, 토지를 사유하여 개별 가족의 사유와 병존하는 2중형태를 취해야 했던 것이다.

11] 오쓰카 히사오(大塚久雄) 《共同體の基礎理論》 p.65

제2절 재생산구조의 노예제적 특질과 모순

1. 새 공동체의 노예제 전화

(1) 새 공동체와 봉건제·노예제 추전(推轉)의 이론

서두에서 말한 바와 같이 농업 공동체의 후기 단계에 이르러서는 대가족의 소가족 분화와 소경영적 생산 양식의 정립을 보았다. 이에 대응하여 자유 소토지(Allod)가 발생하고 사적 토지 소유가 요청·성립함으로써 원시공동체는 해체되는 것이 '원시공동체 해체의 일반적 법칙'[1]이라 했다. 이 사유단계의 공동체가 곧 게르만 인의 마크(Mark)공동체, 그리스·로마인의 도시공동체와 같은 '새 공동체'를 형성하는 것이었다.

그러나 새 공동체가 형성되어 토지 사유가 '참된 의미의 사적 토지 소유(자유로이 양도할 수 있는 토지 소유, 상품으로서의 토지 소유)를 형성하면 그 순간부터 대토지 소유의 성립은 시간 문제'[2]였다. 즉 게르만 인, 그리스인, 로마인은 그들이 새 공동체로 나아간 순간부터 이어 대토지 소유로 나아갈 수 있었으며, 봉건제 대토지 소유·노예제 대토지 소유 등이 고전고대의 역사를 장식했다.

이같이 대토지 소유의 형태는 서로 다른 것이 있으나, 무릇 노예제·봉건

1] 福富正美, "앞의 책" p.189
2] 小林良正, "앞의 책" p. 113

제 등이 발생하는 과정은, 결국 어떤 종족이 다른 종족을 정복하여 그 재산을 상실하게 하는 데에 있었다. 원래 전쟁이라는 것은 재산을 고정하기 위하여 또는 신규 획득하기 위하여 가장 본원적 노동의 하나인 것이나, 전쟁에 패배한 종족은 승리한 종족에 종속되어야 한다. 즉 '정복된 타종족(억압된 종족)으로 하여금 재산을 상실하게 하고, 공동단체는 종족 자신을 자기의 것으로 하는 관계를 맺는다.'[3] 여기에 노예제·봉건제 등의 성립계기가 있는 것이었으며, '만약에 인간 자신이 토지의 부속물로서 토지와 함께 정복된다면, 인간이 생산 조건의 하나로서 일괄 정복되게 되어, 노예제·봉건제가 발생한 것'[4]으로 설명된 것과 같다.

노예제·봉건제는 이렇게 하여 발생하는 것이었다. 그러나 그렇다면 같은 새 공동체를 기점으로 대토지 소유에 나가면서 게르만 인은 왜 봉건제, 그리스·로마 인은 왜 노예제를 취해야 했던가?

발전 단계의 이 같은 질적 차이는 결국 봉건제·노예제 등의 출발점이 되어 있었던 계급사회 이행 직전의 본원적 소유(계급사회에 이행하는 과도적 단계의 소유 형태) 하의 소규모 생산이 공동체와 어떻게 관계하고 있었는가의 상호 관계가 게르만 인과 그리스인, 로마인의 경우에 서로 다른 것이 있었던 데에 기인한다. 즉 누설한바와 같이, 게르만 인에 있어서는 개별 가족의 하나의 경제정체라 할 만큼 자립하여, 공유지라 해도 이는 개인적 소유를 보완하는 중요한 공유물이었다. 때문에 이는 분배할 수 없는 토지부분이었다. 그러나 그리스·로마의 경우는 이와 반대로 사적 토지 소유와 공존하여 국가도 하나의 경영정체로서 국가적 토지 소유(공유지)가 필요했다. 이 공유지(국가의 사유지)와 사유지의 병존이 서로 대립적인 것이 게르만의 경우와 다른 것이었다.

농업 공동체 후기에 이르러 소경영적 생산 양식에 알맞은 자유 앨롯

3] 平島 역 "앞의 책" p.37
4] 平島 역 "앞의 책" p.34

(Allod)의 사적 토지 소유가 성립하고, 나아가 계급사회에 이행하는 과도단계에서 게르만 인과 그리스인 및 로마인의 사유지와 공유지의 관계는 이렇게 판이한 것이 있었다. 이것이 서로를 봉건적 대토지 소유, 노예제 대토지 소유로 각각 다른 경영형태를 취하게 했으며, 자유 앨롯(Allod)의 사적 토지 소유를 같은 과도기로 대토지 소유에 나가면서도 사유지와 공유지의 관계가 다른 데에 따라, 이의 사회관계는 봉건제·노예제의 다른 형태를 취하게 되었다.

즉 게르만 인에 있어서도 자유로운 농민적 분할경지(Allod)는 차츰 자유로이 양도·처분할 수 있는 참된 의미의 상품으로까지 진전한다. 그리하여, 여기서도 역시 대토지 소유가 형성되는 과정에서 사적 토지 소유는 공유지를 침식한다. 이는 그리스·로마와도 다른 바 없지만, 그럼에도 불구하고 마르크(Mark : 공동체)는 촌락의 독특한 생산조직을 근거로 그대로 유지될 수 있었다. 이는 소농민적 경영 자체가 그대로 유지될 수 있었기 때문이며, 앨롯(Allod) 소유의 소농민은 자기의 재산으로서의 토지는 침식을 당하더라도 특유의 공동체 제도로 인하여 경영자체는 유지될 수 있었다. 즉 비록 공유지가 잠식되더라도 이는 개별 경영의 보완물이라는 독특한 제도에서 농민이 계속 이용할 여지가 있었다. 동시에 한때 자기 소유지였던 상실지도 농민은 단순한 점유자로서 이를 계속 이용할 수 있었다. 이에 자유소농민은 고전고대에서 몰락(토지 상실)과 함께 노예가 된 것과는 달리, 소작인으로서 경영이 유지되고 이를 근거로 공동체(Mark)도 유지될 수 있었던 것이다.

게르만적 형태에서는 이같이 농민적 소분할지가 침식되고 공유지가 침식되더라도 농민적 소경영은 유지되고, 따라서 마르크(Mark) 공동체도 유지되는 것이었다. 때문에 게르만적 형태에서는 대토지 소유로 나아갈 때에도 상실한 소유지를 소작하는 봉건적 대토지 소유제를 취했으며, 소농민은 재산으로서의 분할지(Allod)가 침식되었음에도 불구하고 단순한 점유자로 이를 계속 이용할 수 있는 것이었다. 이것이 봉건제의 기점이었으며 그러한 의미에서 게르만적 형태는 사유지나 공유지의 침식에도 불구하고, '자기의 원형을 이어받은 모든 특질의 덕택으로 새 공동체는 전 중세를 통하여 자유와 인민생활의 유일한 근거[5]를 이루었다고 말해지는 것이다.

이에 반하여 그리스·로마의 경우에는 '사적 소유자는……공유지의 이용에서 축출되어 이를 이용할 수 있는 권리가 박탈되고 있었다.[6] 사적 소유와 공유지의 관계가 게르만과 그리스·로마에서 어떻게 서로 다른 것이었던가에 관해서는 이미 언급한 바이나, 그리스·로마에서는 국가가 또 하나의 경제적 정재(定在)로서 토지를 소유했다. 이런 뜻에서 2중형태의 사적 토지 소유를 이루고 있었으나, 이는 결과적으로 공유지가 사적 소유에 대립·힐항(詰抗)하는 서로의 대립관계로 나타난다. 사적 소유에 의한 소규모 생산이 게르만에서와 같이 공동체(Mark) 안에 통일되어 있는 것이 아니고, 2중의 사적 소유가 각각 경제적 정재(定在)인 한, 위의 인용문과 같이 사적 소유자는 도시국가의 국유 재산인 공유지의 이용권이 박탈될 수밖에 없는 것이었다.

사적 소유와 국가 소유가 이같이 통일 아닌 분리로 나타난 것인 만큼, 여기서는 서로가 힐항적인 대립관계를 취할 수밖에 없었다. 그러나 이 같은 2중형태의 대립관계에서 만약에 소규모 생산인 평민의 사적 소유지가 침탈되어, 소규모 경영의 객관적 생산 조건을 상실하면 그들의 노동 조건은 게르만과 같을 수 없다. 게르만 인에서는 재산으로서의 앨롯(Allod)을 상실해도 소경영이 그 독특한 생산조직의 공동체(Mark) 안에 통일되어 공유지를 이용하면서 경영은 유지되는 것이었기 때문에 봉건제로 경사(傾斜)하는 것이었다. 그러나 그리스인·로마인에서는 소경영이 공유지의 이용에서 축출되어 일단 앨롯(Allod)을 상실하면 대토지 소유에 예속되어 대토지 소유는 이들의 노

5] 平島 역 "앞의 책" p. 112
6] 平島 역 "앞의 책" p.21

동을 기초로 하는 노예제적 대토지 소유로 나갈 수밖에 없었던 것이다.[7]

사적 토지 소유 발생의 새 공동체가 토지 집중과 더불어 봉건제·노예제의 어느 길을 취하게 되느냐 하는 서로의 다른 발전 방식은, 소규모 경영이 위와 같이 공동체 안에 통일되어 있느냐 있지 않느냐 하는 사적 토지 소유와 공동체와의 관계가 본질적으로 다른 데에 따라, 새 공동체의 내적 분화도 달라진 데에 기인한 것이었다.

노예제·봉건제 형성의 이 같은 이론(理論) 다음, 이에 이르는 역사적 전(前)단계는 어떠한 것이었던가?

(2) 고전고대와 노예제 형성의 전사(前史)

서양문명의 기점인 동부 지중해의 그리스 문명은 대체로 B.C. 3,000년 경 및 2,000년 경에 에게(Aegae)해의 크레타(Creta)섬을 중심으로 한 에게(Aegaen)문명(Creta문명)과 B.C. 1,600년~B.C. 1,100년의 미케네 문명(그리스 본토의 Mycenae 중심)으로 나누어진다. 전자는 동방(Orient)문명의 영향으로 B.C. 2,000년 경 중엽(B.C. 1,600~B.C. 1,400)의 그 황금시대의 청동기문화였다.

7] 원시공동체가 해체되어 맞이하는 다음 단계는 이같이 그리스인·로마인은 노예제, 게르만 인은 봉건제였던 것. 초기 단계에서는 노예제와 봉건제가 (1)소규모 생산 (2)보수적 생산기술 (3)경제외적 강제 (4)넓은 국내시장이 없는 현실적 경제 (5)잉여 생산물의 거의 전부를 지배계급이 소비 (6)확대 재생산 가능성의 제약 등 공통점이 많았음에도 불구하고, 계급사회(노예제·봉건제) 이행 직전의 소규모 생산이 그리스·로마와 게르만에서 본질적으로 상이했기 때문. 이 상이에 따라 전자는 소규모 생산에서 노예제, 후자는 소규모 생산에서 봉건제로 발전했다는 것은 본문과 같거니와, 그러한 한 모든 나라는 원시공동체→노예제→봉건제→자본제로 발전했다는 5단계 사회구성체의 계기적 발전론은 계급사회 이행의 나양성을 부징한 부당한 견해. 개별 모든 민족의 구체저 발전에 있어서는, 오히려 원시공동체적 체제에서 노예제적 구성체에로 이행한 길은 드물게 볼 수 있는 '변칙'이며 봉건적 구성체에의 직접적 이행이야 말로 '상칙(常則)'이다. 노예제적 구성체에의 길을 인류 전체의 필연적 발전 코스로 생각하는 견해는……구체적인 역사를 자기의 두 뇌에서 사변적(思辨的)으로 구성한 잘못된 견해의 논리라 하였다(福富正美 "앞의 책" p.253~7).

그러나 이 크레타문명은 B.C. 1,600년 경부터 왕왕 해도(海島)민족의 파괴로 중단되면서 B.C. 1,400년 경에 아케아인(Achaeans)이 마침내 이를 파괴했다. 그리고 이들이 원주민(Ionians, Aeolians) 대신 그리스의 주인이 되었으나, 이 소용돌이 속에서 크레타문명을 모방하여 형성된 것이 후자의 문명이었다(B.C. 1,200년의 트로이전쟁은 에게문명의 중심으로 소아시아의 트로이와 미케네의 충돌). 이 역시 B.C. 1,100년 경에 도리아인(Dorians)의 남하로 파괴되었으나, 미케네 사회는 '관료제적 공납제와 철기 사용에는 이르지 못하였다. 수도 크노소스(Knossos)의 장엄한 궁전 유적이 왕권의 강대함을 말하고, 도기·금은세공이 수공업의 발달을 말해 준다. 농경은 대소맥·올리브·포도·야채, 목축은 양을 중심으로 발전하고 국내교환은 발전하지 못하여 화폐는 없었으나 외국무역은 번성했다. 왕은 토지와 가축의 탁월한 소유자로서 노예도 상당한 규모로 소유했다.[8]

공동체적 토지 소유 형태가 특징……그러나 국왕에 의한 전국토 소유는 미 실현……그 후의 발전도 오리엔트와 상이……당시의 생산단계에서 보면 토지의 집단적 소유가 모든 왕국사회의 기초 구조이며, 생산의 전제가 부족적 결합의 공동체에 의한 토지 점유는 특수한 토지 소유 형태였기 때문……왕국의 공납촌락 즉 소공동체에 실현된 토지 소유 형태는 전체로서, 원시공동체 단체는 이미 경과했지만 클레로스(Klëros : 추첨) 소유의 고전 그리스의 시민적 토지 소유에까지는 발전하지 못했다. 공동체의 대표적 성원은 사유지로서의 Ktimena(만들어진 경지)와 공유지인 Kekeimena(분할된 공유경지)의 양자를 응당 소유 내지 점유한 공동체적 토지 소유 형태의 특수한 단계

8] 왕은 또 정연한 행정조직으로 촌락마다 공납을 부과(가축·농산물·금속 등), 그 지배 하의 많은 소공동체가 공납의무를 가진 것으로서 공남제적 관료제를 형성했다. 노예제는 왕궁에 집중되어 상당한 규모였으나, 여자가 대다수로서 유모(乳母)·급수(給水)·방직(紡織)·제분(製粉) 등등과 같은 분야의 노동집단으로 구분, 노예제의 광산·농원·공작소 같은 것은 없었다.

였다.[9]

이 미케네 말기와 B.C. 8세기의 약 400년이 파괴와 분열의 암흑시대였으나, 이 분열 일반이 지배하는 암흑시대야말로 알파벳(Alphabet)의 도입, 철기 사용, 도자기를 만드는 기술 등으로 나아가, 새 국가 형태로서의 폴리스(Polis)를 점차 형성하게 하는 조건을 만든……새 질서 창조의 시대……호메로스(Homeros)의 서사시가 미케네시대와 암흑시대의 모든 제도·문물·사상을 하나의 통일된 문학으로 표현'[10]했던 것이다.

즉 호메로스의 단계에 이르러서는 이미 철기가 사용되기에 이르고 이것이 생산의 기술적 전제로 되었다. 목축과 농경을 기본산업으로 수공업·외국무역은 대체로 크레타문명의 말기와 같은 것이었으며 노예제 역시 아직은 같은 왕실 중심이었다. 그러나 철기 사용에 따라 자유인 일반의 농업 생산력은 높아졌다. 이는 마침내 성원 농민의 자주독립성을 높여 (개성의 신장) 가족 단위의 개별노동을 촉진했다. 이것이 사적 토지 소유의 원리를 형성하게 하여 분할지(클레로스로 얻은 토지를 의미)를 가(家 : Oikos) 단위로 사유제가 성립했다. 이와 같은 사적 소유의 변화에 따라서 공동체도 미케네의 그것과 다른 새 공동체로의 후기 단계 농업 공동체로 발전해야 했으며, '클레로스 소유가 일반화할 때 폴리스(Polis : 도시국가) 사회형성의 전제로 성립'[11]했던 것이다. 즉 이들 자유농민=전사의 촌락에 통합하는 집주과정(集住課程 : synoikismos)에서 도시국가(City-state Polis : 희랍어)라는 새 공동체는 형성되었다.[12]

9] 前記 岩波講座 《세계역사》 p. 416. Homeros의 시편은 대서사시로서 온 그리스인이 공동으로 부르며 정신적·문화적 통일을 과시했을 뿐만 아니라, 모두가 Hellenes(Hellen의 자손)라는 공동칭호를 쓰고 국도도 Hellas(중국의 중화에 해당)라 하여 민족적 공통감정을 고수했다.

10] 前記 岩波講座 《세계역사》 p. 423

11] 前記 岩波講座 《세계역사》 p. 432

12] Polis 형성에 관하여 'Athenai인은 4부족(Phylē)을 형성, 각 부족은 3부로 나뉘어 3분의 1(trittys)·형제단(phratria) 등으로 호칭, 여기에는 각각 30의 씨족(genos)이 있고 각 씨

공동체의 이 같은 성격 변화에 따라 왕도 이제는 전제군주·봉건군주와는 다른 동등자 중의 제1인자(Primus inte Pares)로서, 전단계의 관료제를 따른 공납제도 없어졌다. 평의회(boulë)·자유인총회(agroë)가 왕권을 제약했으며, 이는 민주의 표현이었다. 다만 대외적 원정을 위해 폴리스는 군사적 민주정치의 전사(戰士)공동체로 편성되었으며, 이로써 많은 식민시[13]를 건설할 수도 있었다. 대내적으로는 B.C. 8세기 경 약 1,500개의 폴리스가 형성되었다고 하나 토지 사유는 결국 유력자에게 집중하게 되고 이들이 권력을 장악함으로써 귀족계급을 형성키에 이른다. 그리하여 B.C. 7세기 경까지는 귀족이 정치·경제를 지배하기에 이르렀으나(스파르타 제외), 이 과정에서 토지 상실민은 노예가 되어 이를 과도기로 노예제에 기울어져야 했던 것은 '시간문제'에 불과했다.

한편, 이탈리아 반도에서는 B.C. 1,700년 경 이래 동방(Orient)에서 해로

족은 30명의 가장으로 구성(Aristoteles : Athenae인의 국가)'된다는 데에서 Polis 형성을 씨족제·부족제의 발전으로 파악키도 하는 것이나, Polis 형성 이전의 씨족제·부족제는 사료가 전혀 없다는 것이다(前記 岩波講座 《世界歷史》 1, p.440). 도시국가 형성에 관해서는 경제 활동이 빠른 소아시아의 Ionia에서 개시, 각지에 보급되었다. 중심부(Acropolis)는 성벽을 쌓고 수호신의 신전을 지어 정치·경제의 중심이며 귀족과 유력자 상인 등이 거주하여 그 밑의 광장(agora)은 토론장·시장 등으로 이용, 농민은 주변의 전원에서 영농했다. Athenae는 Ionians의 Polis로서 가장 큰 규모였는데, Sparta는 Dorians의 Polis, 도시국가들은 방언이 서로 다르고 상쟁(相爭)이 끊임없어 그리스인은 끝내 한 국가로 통일되지 않았으나, 근본적으로는 공통의 종교·언어(듣기 사나운 말을 하는 이민족을 Barbaroi라 하여 멸시)를 가지고, 민족의 제전인 Olympia의 축제 경기에는 각 도시민이 참가하여 Polis간에는 인보동맹(隣保同盟 : Amphictyonia)도 결성되었다.

13] 그리스 본토 및 소아시아의 개별도시는 각기 독립하여 흑해안과 지중해 연안에 이주했다. Ionia의 Miletos 흑해 방면에 많은 식민지 개설(에게해 여러 섬을 포함한 동방과 서방의 Cicily섬, 남 Italia, 이탈리아 서안에 이르는 대 그리스 Magna Graecia와 남프랑스, 이스파니아 및 북방의 Tracia Macedonia 방면), 그 중 Byzantium은 후일의 Constantinople. Massilia는 후일의 Marseiles로서 지금까지 대도시의 면목이 생성되었다. 그리스인은 이 식민으로 세계관 형성의 견문을 넓히고 사회변화를 촉진할 수 있었다는 것이며, Persia 전쟁은 서방진출을 기도하여 온 Persia가 동방 그리스의 식민시 번영에 대항·충돌한 것이다. 식민시 Miletos를 중심으로 1회(B.C. 492)·2회(B.C. 490)·3회(B.C. 480~479)를 거쳐 Persia가 대패했다. 이 전쟁으로 Hellas는 Atbenae를 맹주로 200여의 Polis가 Delos 동맹을 결성(B.C. 477)하여 민족의식이 고양되었다.

로 이주한 자들에 의해 청동기술이 아페닌(Appenin) 산맥 전역에 전파됐다. 이어 B.C. 10~B.C. 7세기에는 동방계의 제철 기술이 에트루리아(Etruria)인의 엘바(Elba) 섬 개발과 함께 우수한 철기시대를 과시할 수 있었다. 이와 더불어 농업·목축의 발전이 촉진될 수 있었으며, 금속제품의 전문화로 수공업도 응분의 발전이 있었다.

그런데 B.C. 7세기 경에는 에트루리아에 의하여 커다란 변화가 야기되었다. 그들은 그리스에서 문자를 수입하기도 했으나, 선주민의 취락(聚落 : Pagus)을 부수고 이를 통합하여 그 위에 도시를 건설했다. 도시국가 형성이었으나 라티움(Latium)의 북단 로마에서도 3부족(tribus : 부족은 10의 씨족·형제단 curia로 구성)의 각 취락은 이 때에 통합되었다. 이를 추진한 것은 왕·유력자였으나 그들은 특권적 존재가 아니었다. 쿠리아(curia)의 장로가 원로원을 구성하고 왕권을 제약했으며, 로마의 주민은 오두막에 살면서도 정치적으로 평등하고 민회(民會 : Comitia curiata)의 역할이 있었다.

그러나 B.C. 575년 경 로마에서는 종전의 이 오두막을 헐고 그 위에 가옥을 짓고 장대한 신전과 규칙적인 도로를 건설했으며, 공통의 광장(Forum)과 공통의 채(砦 : Capitolum)를 만들었다. 도시 지역을 확대하고 성벽을 쌓았으며 시민단은 군사적으로 편성했다. 이 변혁으로 로마는 건설(기원)되었다고 하나 이 같은 변화가 있을 수 있었던 것이 다름 아닌 철기 사용에 의한 농업 생산력의 추진과 성원 농민의 자주독립성 신장에 의한 사적 토지소유 형성이었음은 그리스와 다를 바 없는 것이었다. 그러나 로마는 B.C. 1,000년 경 청동편(靑銅片)을 교환수단으로 사용할 만큼 상업이 발달하고 B.C. 6세기 경에는 중앙 이탈리아와의 경제교류가 발전했다. 이 같은 상업의 진전이 빈부의 차를 더욱 확대하여 토지 집중의 노예제(도시건설 때에 선주민의 일부를 노예화)를 재촉했던 것이다. 이에 재정정치(timocracy)가 성립할 수 있었으나, 일단 토지 사유가 발생하면 '귀족이나 평민의 부유한……가장은 그 실력에 따라 점점 사유지를 집적(集積)하게 된다.'[14] 소가족(단혼가족 : Einzenfamilie)의 가장은 원래 그 가장권(Patria Potestas)이 강렬하여 처자도 노예와 같이 생살여탈의 권한을 가지고, 가축과 함께 재산 도구도 소유하여 사유재산 축적의 대상으로 삼은 것이었다. 그리고 그 축적욕은 '선점(ocupatio)으로 사유지가 부단히 공유지를 침식하게 하는가 하면, 공유지는 공동노동으로서의 전투에 의하여 단순한 방위만이 아니라 부단한 신규 점취를 추가'[15]하는 것이었다.

이에 토지를 잃은 자는 노예로 전락하는가 하면, 사유지의 선점과 침략전의 추가로 토지를 얻는 자는 더욱 더 많은 토지와 노예로 더욱 부유하게 되어 노예제는 기반이 굳어져 갔다. 농민적 분할 소유지는 귀족적 대토지소유에 겸병(兼倂)·집중되어 가고, 몰락 농민은 토지를 잃고 고리대에 신음

14] Etrusci의 지배하에 있었을 때가 왕정시대에 해당한다. 왕(Rex)은 선거, 그 밑에 씨족의 원로(jenator)가 원로원(senatus)을 구성하여 왕을 보좌하였으나 중요 국사는 씨족 전체의 민회인 쿠리아회(comitia curiata)가 결정했다. 그러나 씨족전체라 해도 이는 많은 토지를 가지고 참정권을 가진 로마 시민권(참정권, 귀족과의 결혼권, 재산권) 소유자로서의 귀족(Putrici)만을 의미한다. 그 밑에 약간의 토지를 소유하면서 참정권도 귀족과의 통혼도 로마 시민권도 없이 병역·납세의 의무를 지는 피지배계급(제2계급)의 평민(plebs)과 피보호민(Clientes : 귀족을 보호자 patronus로 귀족의 토지를 경작하는 반면, 지대 납부·종군(從軍)의 의무를 가지며 재산 소유권이 없는 평민과 해방노예) 및 노예(servus : 주로 포로·부채노예·구입노예) 등이 있었다. 그렇기 때문에 고대민주제라 해도 이는 토지 소유 시민으로 구성된 지배계급의 민주조직으로 변모 불가피. 귀족은 B.C. 500년 경 Etrusci인 지배를 벗어난 동시에 왕정도 폐지됐다. 귀족 중 2명의 통령(Consul) 선출, 그 중 1명이 내정·군사의 대권(Imperium)을 가진 총령(Dictator)에 취임했다. 그러나 실권은 300명으로 구성된 원로원이 갖고 대사는 귀족들의 Curia회가 결정하는 귀족공화제 전개, 초기의 귀족공화제에 이어 확대되는 정복전에 평민이 중장 보병으로서 참가, 협력하여 이들의 발언권이 커짐으로써 귀족·평민의 차별 없이 시민을 재산 다과에 따라 5계급으로 구분했다. 각 계급은 1표의 의결권을 가진 일정수의 100인대(Centria)를 조직하여 Curia회에 대체, 평민 세력을 확대하여 민주공화제가 성립되었다. 그러나 역시 주력은 수가 많은 부유한 기사와 귀족에게 있었으므로, 성산(聖山)사건(B.C. 494 : 로마 근처에 평민의 신도시 건설 계획)이 일어나고, 그 결과 귀족은 양보하여 평민보호의 호민관(Tribunus Plebis)을 설치하고, 이어 12표법·리키누스 법안의 결정으로 평민지위 향상이 확보되었다(제3절 1의 주 참조).

15] 오쓰카 히사오(大塚久雄) 《共同體の基礎理論》 p.77, 75

하면서 부채노예(cavala)로 전락해야 했다. 로마의 경우 침략전으로 추가되는 토지도 1/3 공유화, 2/3 사유화의 분배원칙이기는 했으나, 사유화에 참여할 수 있는 자는 실제 특권귀족의 제1, 제2신분 만이었다.

로마의 경우, 끊임없는 침략과 그 전력은 마침내 이탈리아 반도의 통일을 보게 했으나(B.C. 3세기 전반), 이에 이은 정복전의 많은 식민 속주 건설과 일대 제국 형성은 이러한 불공정한 계급분화를 더욱 촉진했다. 토지의 특권층 집중이 촉진되는가 하면 반도 통일로 용이(容易)해진 상업의 발달은 속주로부터 값이 싼 곡물을 수입하게 하여 중소농민의 부채 증가와 토지 상실의 몰락을 재촉했다. 상업 발달에 따른 화폐경제의 진전[16]은 고리대의 기능을 더욱 높게 하여, 귀족 또는 치부한 평민의 돈을 농민에게 흡착하게 하여 토지겸병 농민몰락을 가속했다.

이것이 곧 노예제의 생성·발전을 의미하는 것이었으며, 이제야 고전고대 (Classische Altertum)의 가장 좋은 시대를 특징지운 농민적 분할지 소유와 소경영적 생산 양식은 그 대립물인 귀족적 대토지 소유와 노예제 생산 양식으로 전화하는 것이었다. 농민적 분할지와 국가적 공유지는 처음 상호 규제적으로 발전할 수 있었으나, 이제야 상호 파괴적 작용을 하면서 노예제는 기반을 닦아 가게 되었다. '로마시가 건설된 후……공동단체의 조건은 이전과는 다른 것이 되고 말았다. 이 모든 공동단체의 목적은 유지하는 것이었다. 즉 개인을 소유자로서 재생산하는……재생산은……그 파괴이기도 하다.……인구 증가가 방해……이를 처리하자면 식민이며 식민은 침략전쟁을 요하고 이와 더불어 노예……공유지 확대가 야기……귀족이 필요……그리하여 낡은 공동단체 유지는 그 기초 조건을 파괴……그리하여 반대물로 전

16] 희랍에서는 B.C. 8세기 경 소아시아의 류디아에서 화폐사용이 시작, 희랍인에게 보급되었다. 화폐유통으로 상업·수공업 발전이 촉진되었으나 부자의 고리대는 자유인의 채무노예화를 촉진, 로마에서는 B.C. 7세기 경에 동방무역의 필요상 세계 최초의 주화로 알려진 금은 합금의 에렉트론 주화가 사용되어 희랍에도 전파되었다는 것이다.

화'[17]해 버린 것이었다.

즉 노예경제는 일반화할 수 있었던 것이며 '로마 귀족의 고리대부가 로마의 평민소농을 완전히 몰락하게 하자마자 소농경제의 고리대적 착취형태는 끝나고 순수한 노예경제가 소농경제에 대체 출현했다.'[18] 노예 노동은 농업·제조업 내지 항해업 등 모든 분야에 침투하고, 특히 농업의 라티푼디움(Latifundium : 원래 가족경영 이상의 소유지라는 뜻)을 전형으로 노예제 대경영은 분할지 소유를 전형으로 하는 소경영적 생산 양식을 지양하여 고대적인 개화를 한 것이었다.

2. 노예제의 재생산구조와 그 모순

(1) 노예제 재생산의 기본구조

그리스·로마의 고대 노예제는 이와 같이 몰락 농민 또는 피정복민들을 '생산 조건의 하나로 토지 소유자가 영유'함으로써 발생한 것이었다. 즉 소가족의 가부장은 토지를 비롯한 생산 모든 수단의 하나로서 이들을 완전소(사)유하게 되었다는 것이 그 기본적 생산 관계였다. 따라서 노예 소유자가 노예대중을 약탈적으로 혹사하여 생산한 모든 잉여 생산물을 수탈하는 것이 기본적 경제법칙으로 되었었다. 노예 소유자라는 인간이 노예라는 인간을 완전 소유하여 노동력을 혹사하고, 나아가서는 매매·양도·살생까지 임의로 할 수 있는 경제적 강제의 인신 지배권을 가지고, 최대한의 가치 실현을 위한 경제적 강제의 대상으로 다룬 것이 노예였다.

그리스에서는 노예 사역이 성했던 광산이나 수공업 경영(Ergasteria)은 바야흐로 지하의 감옥과 같았던 것이라 한다. 로마인의 관념으로서는 노예는

17] 平島 역 "앞의 책" pp.38~39
18] 票原百壽 "앞의 책" p.47

제2장 고대 그리스·로마의 고전적 노예제

'말을 하는 도구'로 생각되었다. 원래의 도구는 말을 못하는 도구이고 가축은 반만 말을 하는 도구라고 생각하여 도구를 3등분하기까지 했다. 따라서 노예에게 의식주를 제공하는 것은 마치 도구에 주유하는 것과 같은 생각이었다. 도구가 노후화하면 고철로 처분하는 것과 같이, 노예도 사용 가치가 없어지면 오래된 도구와 같이 폐기하는 것이었다. 로마에서 검노(劍奴 : Gradiator)의 관극이 성행한 것도 노예를 인간 아닌 동물시한 소지였던 것이다. 검노의 난[19]은 곧 그들 노예의 학대에 견디지 못한 본능적 반항이었다. 때문에 노예 소유자는 강제노동을 위해서는 철제 항쇄(項鎖)에 소유권을 낙인하고 손에는 손고랑 발에는 발고랑을 채워 도망을 방지하는 동시, 태만하면 무자비한 매질을 서슴지 아니했을 뿐이다. 아직 생산력 수준이 얕았던 당시로서는 최대한의 잉여생산을 위해서는 노동력의 재생산이 잠식되더라도 가혹한 노동이 요청되었기 때문이다.

따라서 여기서는 노예 공급이 체제적 기본 과제로 되어야 했다. 정복전쟁이라는 것이 그 수단으로 되었다. 정복전쟁은 마치 노예 수탈과 같은 것이었다. 이것이 잘 되면 노예와 토지를 무한하게 획득될 수 있는 것이었다. 그리고 획득한 토지와 노예는 개별 가족과 도시국가에 분배되는 것이 원칙이었다. 그러나 공동체의 추장·군사령관 또는 사제 등 로마의 귀족층(patrici)은 앞서 말한 바와 같이(제2절 1) 공유지를 선점·사유화하기에 여념이 없었다. 플레브스(plebs : 평민)도 그 일부는 노예를 소유한 부자인 대플레브스로 상승할 수 있었다. 그러나 대부분의 소플레브스는 부채노예(cavala)로 전락해야 했다. 즉 평민은 개인으로서는 자유민과 같이 토지 소유가 허용되고 있었다. 그러나 이들은 무거운 세금·고리채·군무의 연속출정 등으로 인하여 사유지를 유지할 수 없이 부채노예(cavala)가 되거나 또는 도시 로마에 몰려들어 무상 식량 배급으로 겨우 연명해야 했던 빈민층이 될 수밖에 없었다.

19] B.C. 73~71에 검노 Spartaeas가 인솔한 노예 12만이 반란, 난은 A.D. 1세기에도 패잔병을 가지고 사회 불안을 야기했다.

이 같은 계급분화에서 토지는 귀족에게 집중되어 대토지 소유자가 된 귀족들은 이를 노예 사역으로 직접 경영했다. 이것이 라티푼디움(Latifundium : 원래는 가족경영 이상의 소유지를 의미한 말)이었다. 이로써 얻은 부(富)는 다시 고리대금으로 평민에게 흡착하여 그 몰락을 가속시켰던 것이다. 이에 부는 귀족에게 집중되어 이로써 그들은 정치와 향락에 몰두할 수 있었으며, 정치야말로 로마 인의 이상이었다. 정치인(home politicus)이 되어 정치적 실권을 가짐으로써 토지와 노예를 집중시켜 더욱 부를 축적할 수 있었기 때문이다.

그러나 정치인이 될 수 있는 것은 자유민이었으며, 농민·상공업자는 정치인이 될 자격이 없었다. 이들은 노동을 하는 사람들이었으나 노동은 노예가 하는 것이므로 이를 멸시하는 것이 일반 풍조였다. 그러나 노예 노동이야말로 가치를 생산하는 기본수단이었다. 이와 같이 예속민은 생산자 계급으로서 소비자 계급인 전사적 지주인 특권 시민은, 이들의 노동 위에 서서 정치인을 이상으로 추앙했다. 그리하여 정치는 귀족이 맡고 경제는 농업을 기본산업으로 노예 노동이 담당한 라티푼디움(Latifundium)에서 부유하고 고리대금으로 부유해졌다. 바야흐로 제정(帝政)이 전성기를 맞이하는 A.D. 1세기 경에는 1,500 유겔라(Jugela : 1 유겔라는 약 2/3에이커)의 대토지 소유는 오히려 중간정도라 할 만큼 토지 집중은 격심했다. 속주 아프리카는 겨우 6명이 소유하였을 정도로 대토지 소유의 라티푼디움(Latifundium) 경영은 고도화했다. 제정 말기에 노예경제는 최고의 발전을 이루었다. 때문에 사회도 그 기본구조는 이를 위한 정복전 및 군사제로 편성되어야 했다. 뿐만 아니라 고대 문화가 그들 노예 노동으로 구축되었던 만큼, 위대했던 고전 철학도 노예 사역을 정당시하여[20] 아무런 거리낌이 있을 수 없었던 것이다.

20] 만약에 모든 도구가 명령 하나로 또는 인간의 의사를 예지하여……그 고유의 기능을 발휘할 수 있다면, 즉 사람의 손이 이끌어 주지 않아도 북(梭)이 스스로 베를 짜고 채(撥)가 스스로 견금(堅琴 : harp)을 탄다면 주인은 조수가 필요 없고 노예가 필요치 않을 것이다.

노예와 가축의 용도는 큰 차이가 없다. 왜냐하면 둘 다 육체로써 인간의 필요에 봉사

(2) 노예제 재생산구조의 여러 모순

그러나 이 같은 자신의 완전 예속에 의한 강제노동과 노동 멸시 또는 상공업을 멸시하여 이를 중과세와 고리채로 파멸에 이르게 한 것은, 결국 그 자체가 노예경제의 여러 모순 발로인 동시 생산력 파괴였던 것이다. 즉 생산자 계급을 멸시하고 비생산적 정치인만을 추앙하는 풍조 자체에 고대사회 발전의 한계가 내재하였다. 이 같은 풍조에서는 노예경제가 아무리 발전해도 이는 생산에서 창의성이 없고, 노동 자체도 의향이 결여되어 비록 농업이 대규모 경영을 구축하고 상공업의 발전을 보았다 하더라도, 그 자체 생산력과 발전의 합리적 근거 위에 서있는 것이 아니었기 때문이다.

부연하면 타인을 위한 강제노동은 생산의욕에 앞서 태만과 저항의 저능률로 나타나는 것이 자명한 일이었다. 다만 대량의 노예를 단순협업의 노동조직 강화로 혹사하는 것만이 생산력의 기초를 이루었을 뿐, 기술 개선이나 이를 위한 교육보다는 육체노동의 혹사가 오히려 잉여생산에 유리했기 때문이다. 이에 생산적 기술은 정체가 불가피했다. 그리스 이래 기술과학은 상당한 발전이 있었음에도 불구하고, 그 원리는 군사·사치적 공예·토목에 적용되는 것들 뿐으로서, 농경이나 공업 등 생산적 적용은 그리스 이후 그 이상의 뚜렷한 개선이 없었던 것과 같다.

이에 따라 둘째로는 그나마의 잉여도 생산 과정의 확대를 위한 투입보다는 사치를 위한 소비에 충당되는 것이 또 하나의 모순이었다. 국가는 사원·궁전·기념물 구축·도로·운하구축 또는 전쟁 준비 등 방자한 비생산적 욕망 충족의 소비가 앞선 것이었다. 개별 가족도 노예제의 경제법칙이 위와 같은 것인 한, 그 잉여 생산물은 거의 전부를 비생산적인 사치적 소비에 써버

하는 것이기 때문이다. 자연은 자유인과 노예의 육체에 구별을 두고자 했으며, 한쪽을 불가결의 용도에 적합한 완강한 것으로 만들고, 다른 한쪽을 직립하여 이런 종류의 노동에는 不適하지만, 전시나 평시의 정치적(또는 시민적) 생활에 유용하게 만들었다(이상 Aristoteles (B.C. 384~322) 《정치학》 제1권의 서두에서 인용).

리는 수밖에 없었다. 그러한 한 이를 여건으로 한 상업·수공업도 이에 알맞은 범위 안에서만 발전이 가능했다. 대량의 노예 거래, 사치품 교역을 비롯한 고리대적·해상약탈적 성격의 상업 또는 토지 구입·조세 청부·해상 고리대부 등과 같은 비합리적 정신과 수단이 기초를 이루어야만 했다. 델로스 (Delos) 섬에서는 하루 1만 명의 노예가 매매되었다는 것이며, 노예제 성시의 B.C. 1세기 경에는 로마의 총인구 400만 중 150만이 노예였다 한다.

물론 고대의 상공업을 모두 사치품이라고 볼 수는 없다. 그러나 이 같은 불합리한 정신과 비합리적 수단의 상공업이 기축을 이루고 있는 한, 이에 의한 상공업의 융성은 일부 시민층에 자본 축적을 가능하게 했더라도, 이는 근대적인 합리적 기업 또는 국민적 산업의 자본으로 전화할 수는 없는 것이었다. 고대의 자본이 봉착한 제약의 한계이며 이는 고대아시아 여러 민족의 경우도 같은 것이었다. 그러나 그리스·로마 역시 그 찬란한 문명을 자랑할 수 있게 한 자연과학이나 정신과학도 그 원리는 거의가 생산일반에 적용되지 않았다. 상업도 이에 따라 생산과는 유리(遊離)된 사치품을 주로 하는 것이었다. 때문에 외견상의 번영에도 불구하고 그 기초는 허구적인 것이었다.

셋째, 자연경제가 그 특징의 하나였다. 생산을 위한 과학의 적용을 위와 같이 일부의 노예 소유자 및 자유시민의 협애(狹隘)한 사치적 소비재 또는 토목 등에만 한정되는 것이었다. 이는 노예제의 사회적 분업 또는 교환경제의 발전이 상품 생산을 촉진하면서도, 상품 생산 자체는 아직 사회적 총생산의 기초가 될 수 없게 함을 뜻한다.

즉 자급자족적 자연경제가 아직 재생산 과정의 기초였었다. 국한된 대상의 상품 생산 및 상품교역은 일부계층의 구매력만을 대상으로 하는 것인 만큼, 이에 따른 상공업은 아무리 그 나름의 활발한 외관을 과시할지라도 건전한 시장생산의 계기는 될 수 없었던 것이다. 즉 국민적 산업 내지 합리적 기업의 성장은 기대할 수 없이, 의연 대량의 노예 및 가축의 육체노동을 기본적 생산력으로 이의 무한한 공급 남용만이 이 경제를 지탱할 수 있다는 것은 모순이 아닐 수 없는 것이었다.

때문에 정복전쟁이라는 이름의 노예라는 인간수렵 같은 경제외적 수단으로, 노예와 토지를 공급·확보하여 노예 노동의 전 잉여 생산물을 수탈하는 것만이 능사일 수밖에 없었다.

끊임없는 식민지 정복으로 많은 토지를 얻고 피정복민을 노예로 삼으면서 번영을 구가할 수 있었다. 식민지 침탈이 계속 진행하여 새로운 식민지가 끊임없이 새로운 착취 대상으로 편입되어 가는 특별 조건의 충족으로써만이 이 사회는 지탱될 수 있는 것이다.

즉 고대 노예제의 존속은 식민지 정복에 의한 토지 및 노예의 공급이라는 외재적 조건의 충족으로 가능했던 것이며, 그 자체가 자립적으로 생산력을 높이면서 스스로 발전할 수 있는 내재적 능력, 자주적 발전의 필연성은 아예 결여되고 있었던 것이 무엇보다 큰 모순이 아닐 수 없는 것이다.

따라서 이 경제사회는 식민지 침탈이라는 존립 조건의 상실과 더불어 붕괴는 필연적이었으며, 그리스·로마의 성장·쇠망이 곧 그 과정이었다.

제3절 노예제 생산 양식의 발전과 쇠망

1. 노예제의 발전과 그리스·로마의 번영

(1) 소경영의 몰락과 그리스 노예제 발전

역사는 생성·발전·사멸의 운동 과정으로 꾸며진다. 노예제에 관해서도 이미 그 생성과정은 살펴본 바이나, 다음 이의 발전·소멸의 과정은 어떠한 것이 있는가?

우선 이의 발전과정을 보면 대토지 소유의 분할지 농민이 몰락하고 정복 전쟁이 계속되면서, 토지가 귀족층에 집중하는 가운데에 성장·발전할 수 있었던 것이 그 기본과정이었다. 그리스의 경우 농민지의 곳곳에 나붙은 차금 표석(借金標石)이 이를 과시했다. 그러나 자유농민의 몰락은 막아야 하는 것이므로, 아테네(Athenae)에서는 솔론(Solon)이 이의 개혁에 나섰다(B.C. 594). 대금표석(貸金標石) 철거, 일체의 부채 상쇄(相殺), 귀족의 과대 소유지 몰수, 신체 저당 금지 등으로, 민중을 경제적 고통에서 구출·해방코자 한 영단이었다. 동시에 그는 문벌의 참정권에 관한 차별을 철폐하고, 토지재산에 관해서는 500석급·기사급·농민급·노동자급 구분에 따른 권리·의무를 규정하여 이른바 금권(재산)정치(timokratia, timocracy)를 단행했다.

이는 다가오는 민주정치에 길을 튼 것이 되기는 했으나, 귀족으로서는 과도하고 민중으로서는 재분배가 미흡·불철저하여 불안한 것이기도 했다. 이에 사회 혼란은 더 심해지고 그의 입장은 곤란하게 되었다. 솔론(Solon)은 부득불 1인 독재의 참주정치(tyranny)[1]로 나아갔으나 이 역시 단명에 그쳤다. 반면 중소지주 내지 금력(金力) 있는 자들의 실권은 커지고 있었다. 또한 일정 토지를 소유한 시민은 중장 보병 조직의 기간이었다. 정치는 이들의 협력이 필요했으며, 참주정치가 폭군으로 변모하자 이들의 발언권을 참정으로 반영하는 민주정치가 촉구되었다. 아테네는 전 시민에 의한 민회(Ekklesia)를 정무의 상설기관으로 귀족정치를 추방하고 민주정치에 나섰으며, 도편(陶片) 추방(ostracism, Ostracismos)[2]으로 이의 철저를 기했다(B.C. 6세기 말).

시민단의 자유·독립이라는 민주정치는 페르시아(Persia)전쟁(1회는 B.C. 492, 2회는 B.C. 490, 3회는 B.C. 480~479)의 전승으로 더욱 철저해졌다. 아테네는 델로스동맹의 결성(Delos League : B.C. 477)으로 전제정치인 페르시아의 복수에 대비하면서[3] 민주정치는 최고의 발전을 이루게 되었다. 그리고 그리스 문화가 아테네를 중심으로 최고조에 달한 것도 바로 이 때였다. 그러나 이 민주정치는 일정 토지를 소유해야 시민이 되는 그 시민 상호간의 평등이라는 매우 제한적인 것이었다. 동시에 최고조에 달한 그리스 문화도 곧 노예제의 최고 발전기(B.C. 5세기~4세기)를 반영한 것이었음은 물론이다. 때문에 이에 이르는 도정에는 소토지 소유자의 비례적 몰락이 있었고, 그 밑바닥에는 무수한 노예 신분의 무서운 억압이 제도적으로 성숙해 가고 있었다.

1] 비합법적이기는 하나 귀족정치를 타파하고 민중의 입장에서 1인 지배의 독재정치를 한 것이다. Solon에 이은 후계의 참주(僭主)가 왕왕 폭군으로 변모하여 참주정치는 지속하지 못하고 민주정치로 이행했던 것이다.

2] 매년 1회씩 추방해야 할 악덕 정치가를 시민이 도편(陶片) 또는 패편(貝片)에 기명투표하여 이를 10년간 국외로 추방해 버리는 제도.

3] 희랍의 민주정치가 시민단의 자유 독립을 위하여 동빙의 전제정치에 대결한 것이 페르시아 전쟁. 전쟁 때 함대의 조수(漕手)였던 무산시민의 발언권이 승전으로 갑자기 증강하여 민주정치의 철저화, 다른 도시에도 보급, 전쟁에 공적이 컸던 아테네는 페르시아의 복수에 대비하여 200여의 도시를 규합한 데로스 동맹을 결성, 스스로. 맹주가 되었다. 아테네의 민주정치는 아리스토텔레스가 '治者와 被治者는 동일하다'는 민주의 이상을 구현했다.

과연 아테네에서는 B.C. 4세기 말 경에는 자유민 약 35만에 노예 약 10만이었고, 이 밖에 재유외인(在留外人 : Metoikoi : 상업 및 수공업에 종사하는 제한적 사권(私權) 보유자)이 약 25만이었다 한다. 스파르타(Sparta)에서는 자유민 5만에 대하여 노예 및 주변인(Perioikoi : 피정복 선주민으로서 상업·수공업의 반자유민)은 약 16만에 달했다는 것이다. 스파르타의 이 같은 노예(helot) 일색의 인적 구성이 원래의 민회(Aplla : 30세 이상의 남녀로 구성된 주요 의결기관) 중심의 민주정치를 원로원(Cerousis : 5인의 감독관과 2인의 왕을 포함한 30인으로 구성)의 세력이 강한 불철저한 민주정치인 귀족정치와 군국주의를 취하게 했다.

이와 같이 노예가 정치·경제·문화의 물질적 기초를 담당하고 있었기 때문에 위대했던 철학사상도 노예 노동을 정당시했으며(제2절의 주(22)) 노예를 토대로 한 국가복리에 권위 있는 원리와 의지를 심어 주는 인간 도야(陶冶)를 위해서는 스파르타식 교육방식도 마련될 수 있었다.

그러나 최고 발전은 언제나 사멸의 언저리를 뜻한 것이었다. 아테네에서는 B.C. 5세기 중엽 이후 민중지도자가 선동정치(Demagogue)로 타락하여, 민주정치는 오히려 중우(衆愚)정치(Ochlocracy)로 전락했다. 이렇게 불건전한 정치체제에서 스파르타와의 반목은 마침내 펠로포네소스(Peloponnesos) 전쟁(B.C. 431~404)으로 돌발하여 아테네는 패전했다. 반면 전승(戰勝)의 스파르타도 농촌 황폐, 국내 당쟁, 화폐경제 발전에 따른 빈부차 확대, 용병 사용의 유행 등으로 Polis적 원리는 붕괴의 길을 향하고 노예제도 쇠망해져 갔다.

즉 이 시기에 그리스를 노린 것이 그리스 북부의 북적(北狄)이라고 불리는 마케도니아 인(Macedonians)이었다. 그리스 인이 천시한 이들은 통일국가로 융성하여 마침내 B.C. 338년에 그리스를 정복했다. 후계 알렉산더 대왕(B.C. 336~323)의 동서(동방 아시아의 서방 그리스의 지중해 세계) 융합에 의한 이른바 세계시민주의(Cosmopolitanism)는 경제적 측면의 교통로 정비, 상업무역

발달, 폐제(幣制)통일과 아울러 문화의 융합·보급에 노력했다. 그러나 대왕의 사후 대왕의 제국은 마케도니아, 이집트, 시리아로 3분되어서 마침내는 B.C. 31년 프톨레마이오스(Ptolemaios)가가 이집트와 로마에 굴복한 것을 끝으로 하여 그리스는 로마에 통일되어야 했다.

그러나 이에 이르는 약 300년이 헬레니즘(Hellenism) 시대로서, 이 때에 희랍 본토에서는 노예제가 이미 붕괴의 운명이었다. 동시에 코스모폴리터니즘(Cosmopolitanism)은 그리스 도시의 쇠망 대신 알렉산드리아를 비롯한 많은 헬레니즘(Hellenism) 제국의 중심도시·상업도시의 건설로 나타났다. 상업의 발달(이집트가 해외교역의 중심. 육상에서도 아라비아, 시리아, 메소포타미아와 교역)은 유명한 대등대(大燈臺 : 고대세계 7대 불가사의의 하나)를 남길 수가 있었다. 공업도 직물·제유(製油)·유리 따위가 국왕의 독점으로 번영했다. 농업은 생산력의 발달이 이집트에서 분할지(추첨의 Kleros)의 상속에까지 이르렀다. 이집트는 전토지가 국왕의 소유였으나 왕령의 일부는 직할령으로서 토지에 묶여 많은 액수의 금납·물납으로 소작하게 한 농노에게 경작하게 하고, 다른 일부는 총신(寵臣)에게 영지와 신령지(神領地)로서 대토지를 하봉(下封)하거나 군인에게 나누어 주는 클로오이(Kleroi)의 봉토로 이미 분할지 경영이 성립하고, 이 이집트의 농업 발전이 그리스의 농업을 압도해 버렸다.[4]

4] Polis적 생활원리가 붕괴하기 시작한 이 때에 대두한 것이 희랍 북방의 마케도니아 인. 희랍 인과 동종인 이들은 북적(北狄)이라 불렸으나 통일국가로서 희랍문화의 영향 아래 호전적으로 문화가 급진전했다. 필립 2세(B.C. 360~336)는 국내광산 개발, 강력한 장창밀집(長槍密集)부대를 육성, B.C. 338년 쇠퇴하여 가는 그리스를 정복·지배, 그의 피살로 아들 알렉산더(Alexander the great)대왕(B.C. 336~323년)이 약관 20세에 즉위하여 페르시아 원정·정복, 다시 동진(東進)하여 인도의 인더스 강까지 점령하여 그리스와 동방에 걸친 대제국의 지배자로 군림하였다. 대왕은 많은 도시건설(Alexandria를 비롯하여 70여 개), 그리스주의 아래 동서의 인간 및 문화융합에 외한 세계시민주의(cosmopolitanism) 추구, 화폐 통일, 교통로 정비, 상업무역 촉진 등을 서두르면서 전제군주로서의 역량을 발휘, 33세에 병사(病死)하였다. 대왕 사후(死後) 모든 장군은 서로 후계왕으로 상징하는 후계자 전쟁(diadokoi)이 수십 년 계속, 대제국은 마케도니아, 이집트, 시리아로 3분되었다. 그리하여 서로 세력 확대에 급급하면서 서방 로마의 실력에 대비하는 결속을 망각하여 B.C. 2세기 전반 마케도니아가 멸망했다. B.C. 1세기 시리아는 영토

이 같은 변화의 노예제 쇠망과정은 2에 미루고 다음 로마의 경우는 어떠했던가 살펴보자.

(2) 소경영의 몰락과 로마 노예제의 발전

로마에 관해서는 여기에서도 공화정은 지주와 귀족(Patricii)들만의 것이었음은 그리스와 다름이 없었다(B.C. 6세기 말 공화정에 이르기까지는 제2절 1). 즉 귀족들만이 오랫동안 종신의 원로원 의원이 될 수 있었다. 그러나 평민(plebs) 옹호를 위한 호민관 제도(Tribunus Plebis : B.C. 494), 특히 평민의 요망을 성문화한 유명한 12표법(12 Tabularum : B.C. 451~449)[5]은 로마의 민주화에 커다란 발돋움이 되었다. 이어 리키슈응스 법안(Lex Liciniae Sextiae, B.C. 367)[6]이 발포(發布)되고 평민의 권리가 확정됨으로써 로마의 민주화는 뚜렷하게 되었다.

이 같은 민주화가 뜻하듯 민주의 일원인 시민단의 중장 보병은 건재하여 마침내 B.C. 270년 경까지는 이탈리아 반도를 로마의 실권 하에 두게 되었다. 그러나 이 때에 지중해를 제패하여 이를 중심으로 광대한 상권을 장악하고 있는 것이 카르다고(Carthago)였다. 로마는 이에 도전하지 않을 수 없었다. 3차에 걸친 포에니(Poeni) 전쟁(1차 B.C. 264~241, 2차 B.C. 218~201, 3차 B.C. 149~146)으로 나타났으며, 전승(戰勝)의 로마는 사실상 지중해를 내해

태반을 상실하고 이집트도 로마 실권 하에 들어가 그리스인은 모두 로마 지배에 굴복하였다. 그러나 이 300년 사이에 보급된 그리스 문화가 동방문화와 융합하면서 새로운 문화를 낳게 된 것이 헬레니즘 문화이다.

5] 12동판법이라고도 하며 평민은 귀족과 통혼도 할 수 있고 정무관에도 취임이 가능했다. 이전에는 성문법이 없이 사법권을 가진 귀족이 관습법의 악용으로 평민을, 압박하였으나 이 법으로 이를 방지했다. 로마인의 신분투쟁사 상 획기적인 것으로서 아이들은 이 법문을 '필수의 노래'로 암송했다는 것이며 이는 장대한 로마법의 원천이었다.

6] 평민 중에서 한 사람의 통령(consul : 공화정 초기 귀족공화정 때에 왕을 대신하여 귀족 중 두 사람이 선출됐으며, 그 중 한 사람은 내정·군사의 대권 〈imperium〉을 가진 총통 〈Dictator〉에 취임)을 선출, 500유겔라(Jugera : 1유겔라는 약 2/3에이커) 이상의 토지 소유를 금지하였다. 희랍의 Solon의 개혁을 본받아 재산별 6계급의 권리·의무 규정 등 5개항의 민주적 개혁을 내용으로 하는 법이다.

로 그리스, 마케도니아, 시리아 등 헬레니즘 3국을 굴복, 영유할 수 있었다.[7]

이 같은 군사적·정치적 성공에 이어, B.C. 31년에는 이집트의 프톨레마이오스(Ptolemaios)가를 멸망하게 함으로써 헬레니즘시대도 종말을 고하게 했으나, 이 같은 활약은 오히려 로마 사회를 크게 동휘(動揮)하게 한 요인이 됐다. 즉 원래 군사 활동은 그 주요 목적이 토지와 노예 획득에 있었으므로, 끊임없는 정복전은 이 목적을 무한하게 충족할 수 있었다.[8] 그러나 획득한 토지와 노예는 분배원칙을 무시하고 특권층이 이를 독점했다. 속주(Provincia)의 총독(Porconsul)은 자유농민을 극도로 이용·수탈하여 축재에 여념이 없었다. 총독의 조세 청부인(Publcanus)도 이에 못지 않았으며, 이들은 또 금융업자와 결탁하여 농민 몰락에 박차를 가했다. 이 같은 동요에서 로마 사회는 본국에서도 총독의 경제적 실력이 그들로 하여금 혈통 아닌 재산 우위의 벌족계급으로서 새 귀족(Nobilitus)과 결탁한 조세 청부인·금융업자가 신흥의 기사계급(Equites)을 형성하여 군사와 정치·경제를 독점하게 한 변화를 일으키게 되었다.

그러나 이들의 팽창은 곧 자유농민의 몰락에서였다. 속주로부터 대량 유

7] 해군력이 열세하였으나 1차전에서 기략과 불굴의 정신으로 승리, Sicily섬을 영유하고, 이어 카르타고의 내분을 틈타서 Corsica. Sardinia를 획득했다. 이로써 해군국의 기초가 확립되고 2차전에서 카르타고의 명장 한니발을 고전 끝에 굴복하게 하여 이베리아(스페인) 반도를 영유했다. 그 후 B.C. 197년에 마케도니아로부터 희랍을 탈환하고 B.C. 190년에 시리아를 속령화했으며, B.C. 168년에 마케도니아 왕국을 멸망하게 하여, 희랍, 마케도니아, 소아시아를 로마령화 시켰다. 이어 3차전에서는 일방적 승리로 B.C. 146년 카르타고는 완전히 멸망하고 그 영지는 속주 아프리카화하고, 마지막으로 B.C. 31년 이집트의 프톨레마이오스(Ptolemaios)가를 멸망케 하여 헬레니즘시대는 종결되었다. 포에니 전쟁도 희랍의 페르시아전쟁과 같이 동양의 전제정치 내지 용병과 피정복민으로 편성된 군대와, 서양의 민주정치 내지 중장비 시민단군대의 대결이었으며, 이의 승리로 서양의 지배를 확립하고 로마의 위용은 새 역사시대로 접어든 깃이다.

8] B.C. 4세기 경 4만 정도의 노예는 전쟁마다 그 수가 늘어 2차 포에니 전쟁에서는 3만 5천의 카르타고 인이, 마케도니아 정복에서는 5천의 마케도니아 인이 노예화했다. Delos섬의 노예시장에서는 매일 1만명이 거래되고, 정복한 토지는 특권의 제1, 제2 신분이 1/3 공유화, 2/3 사유화의 분배원칙을 무시하여, 그들만의 분배에 참여하고 공유도 사유화를 자행, 포로노예도 이들이 분배를 독점했다.

입되는 값이 싼 곡물은 농민을 압박했다. 농민 출신의 병사는 끊임없는 종군으로 압박되었다. 몰락 농민은 빈민(popular)으로서 채무노예가 되거나 부랑자가 되어 로마에 몰려드는 수밖에 없었다. 혁혁한 군사적·정치적 성공도 이의 주력이었던 중장 보병인 자유농민으로서는 스스로 묘혈을 판 셈이었으며, 이들 몰락농민의 토지가 특권자에게 집중되면서 노예제가 발전하는 과정이 곧 이 과정이었음은 그리스와 하등 다른 것이 없다.

이 같은 실정에서 공화정 말기의 모든 제왕은 이들의 불만을 빵과 흥행 (Panenet Circenses) 및 곡물 무료배급으로 달래고자 했다. 그러나 이로써 문제가 해결되는 것이 아니었다. 로마는 이들의 사회문제를 해소할 길이 없었거니와 노예는 학대에 못 이겨 본능적인 반항이 끊임없었다. B.C 5세기 경 시실리섬(Sicilia)에서는 2회의 대반란이 있었다. 그러나 이로써 상승하는 노예제가 후퇴될 수는 없었으며, 이탈리아 풍토에 적합한 농경에서 노예제 대경영의 라티푼디움(Latifundium)은 거침없이 발전할 수 있었다. 광공업도 로마시대에 이르러서는 그리스 시대에 단순한 작업장에 불과했던 섬유·도기·유리 등 공업이 분업의 발전으로 공장형태를 취할 정도였다. 광업도 사이프러스(Cyprus)섬의 구리[銅], 이스파니아(Hispania)의 금 은이 현저했으며, 노예는 그리스의 경우와 같이 여기서 가장 학대가 심했다.

그러나 로마의 노예제는 농경을 주로 B.C. 1세기 경에는 총인구 400만 중 150만이 노예였었다. 라티푼디움(Latifundium)의 발전은 곧 토지 집중의 성행이었으며, 같은 세기에는 1천 유겔라(1 Jugela는 약 2/3에이커) 이상의 대토지를 소유한 자가 많았다는 것이다. 그리하여 로마는 노예로 부유해졌으나 한편 로마인의 문화생활을 더욱 호화롭게 해준 것이 헬레니즘이었다. 화폐사용을 비롯한 그리스 문화의 유입은 오래 전부터였으나 B.C. 168년 대그리스(Magna Graecia)를 정복(주(15))하자 그리스 문화는 급속히 유입되었다. 동방의 사치품에 이어 그리스의 예술품은 약탈 또는 구입으로 로마의 상

류가정에 장식되고, 그리스의 예술가·학자는 초청되어 상류시민을 교화했
다.[9] 그러나 이 모두는 불건전한 것이었다.

라티푼디움(Latifundium)이나 상업자본은 비대일로였으나 이는 동시에 자
유시민의 몰락이었음은 앞서 말한 바이다. 자유시민의 몰락은 또한 빈부 차
의 확대와 더불어 사회 불안의 진원인 동시에 세계를 정복한 시민군의 약화
였다. 때문에 호민관인 그락크스 형제(兄, Tiberius Gracchus, B.C. 162~131. 弟,
Gaius Gracchus, B.C. 153~121.)는 빈민당 측에서 이를 시정코자 리키뉴스법(주
(6))을 재확인하여 빈민구제와 공화정 회복에 나섰으나 원로원의 제물이 되
고 말았다.[10] 사회·경제는 그만큼 불건전했으나 그래도 상승기세의 노예제
는 그 나름으로 발전할 수 있었다.

그러나 모순의 심화는 마침내 벌족세력과 평민의 완전대립으로 나타났
다. 동맹도시에서도 지나친 착취와 차별대우는 누적된 반감을 노출하게 했
다. 걷잡을 수 없는 정쟁은 공화정 회복의 길이 없이 결국 군인독재시대

9] 반도통일 이전에도 희랍어의 영향을 받은 나전어(羅典語)가 출현, 화폐 사용 등 희랍문
화의 영향을 광범위하게 했다. 그러나 통일 후 더욱 강했으며 희랍의 예술품, 학문의 유입
또는 로마 연와(煉瓦)건물의 호화스런 희랍풍 석조 개축, 의복과 가정용구의 사치화 등
로마인의 생활은 크게 변화했다. 이에 따라 각 분야 노예 사용인이 증가했다. 희랍어는 교
양인의 상용어가 되고 희랍의 예술가·학자가 초청되어 상류시민을 교화했다.

10] 형은 토지 소유를 500 Jugela로 한정하고 잔여를 국가반환과 무산자 나누어 재분배코
자 법안 성립까지 했으나 원로원 일파에게 피살. 동생도 호민관에 피선, 형의 유지를 실현
코자 기사 중직에 등용, 동맹시민에 대한 시민권 부여로 원로원에 대항·기도했으나, 벌족
의 공격에 못 이겨 자살했다. 이들 형제의 개혁은 실패했으나 그 목표는 이후 정치개혁의
목표가 되었다. 이 때 공화정 말기의 사회혼란과 라티푼디움(Latifundium) 생성에 관하
여 고대인의 기술을 빌어보면, 부자들은 분배되지 않은 토지의 대부분을 점유하고……근
접지 및 가난한 이웃의 분배지도 혹은 설득, 혹은 억지로 매수하여 이를 겸병한다. 1개소
의 땅이 아니라 광대한 토지를 가지고 자유인은 군무에 호출되는 것이기 때문에 노예를
노동자·목인(牧人)으로 사역했다. 동시에 노예는 군역이 면제되고 자손을 낳아 증가되는
것이기 때문에 노예 소유자는 큰 이익을 얻었다. 그리하여 어떤 유력자는 매우 부유하게
되고 그 노예도 전국 도처에 증가한 데에 반하여, 이탈리아 인민은 수효와 힘에서 위축되
고 빈곤·세금 및 군무 때문에 고역을 치러야 했다. 이러한 와중에서 휴식을 얻으면 그들
이탈리아 인민은 게으름으로 시간을 보내는 것이었다.(2세기의 사가(史家) Appianos의
〈로마 내란사〉 중의 1구)

를 낳게 했다. 노예도 봉기했다. 일거 12만이 가담한 검노 스파르타쿠스(Spartacus)의 난(B.C. 73~71년)은 로마의 천지를 뒤흔들어 좋았다. 이의 진압과 더불어 3두 정치를 거쳐 1세기 동안의 내란으로 마침내 제정(帝政)에 들어갔다(B.C. 27).[11] 이후 약 2세기 간이 거대한 판도의 일대제국을 형성한 시기였다.[12]

지중해는 우리의 바다(Mare Nostrum)가 되고 솔리두스(Solidus)·데날류스(Denalius) 금화는 국제통화로 됐다. 바야흐로 로마의 평화(Pax Romana) 아래 불멸의 로마(Rome Aeterna)를 구가하는 황금시대를 맞이하여 로마는 무한한 번영을 즐기게 되었다. 특히 로마의 평화는 해상의 불안을 제거하여 상업

11] Gracchus 형제의 노력도 아랑곳없이 상승하는 노예제와 원로원 독주는 공화정을 봉쇄하고, 도시국가 본래의 제도인 시민개병의 원리유지도 곤란했다. B.C. 1세기에 이르러서는 군대는 용병처럼 되고 지방 세력의 강대화는 이를 사병화, 유력한 정치가나 장군은 서로 전쟁이 끊이지 않았다. 빈민당의 Marius가 먼저 정권 장악, 벌족당의 Sulla가 대결(B.C. 80년 대)로 집권하여 군인독재시대가 출현했다. 그 후 벌족당의 Pompeius(Sulla의 부하)는 기사계급 대표의 Grassus와 검노 Spartacus의 난(B.C. 71~73)을 진압, Pompeius는 Caesar(Marius의 생질)와 Grassus와 더불어, 제1회 3두 정치 개시(B.C. 60), 원로원에 대항하여 천하는 Caesar가 Gallia(대체로 지금의 프랑스에 해당)를 정복하여 총독이 되고 Grassus는 시리아의 총독이 되어 (후일 전사(戰死)) 3분 지배했다. 그러나 Caesar는 로마에 돌아와 자기를 경계하여 원로원에 접근한 Pompeius를 희랍으로 추방하고 마침내 그를 암살, 천하를 평정했다. Caear는 Cleopatra를 이집트의 여왕으로 삼고 자신이 권력을 독점, 원로원으로부터 Imperator(원수), Parens Patriae(조국의 아버지)라는 칭호를 받고 천하에 군림하여 많은 업적(원로원 확충 포섭, 속주 착취 완화, 식민 장려, 시민생활 안정, 상공업·토목사업 장려, 현행 태양력과 비슷한 역법개정 등)을 남겼으나 결국 수많은 원로원파 Pompeius에게 피살(B.C. 44). 사후 그의 양사자(養嗣子)인 Octavianus가 통령이 되고 Caesar의 친구 Antonius와 부호 Lepidus와 2회 3두 정치를 개시했다. Octavianus는 이탈리아 서쪽, Antonius는 희랍 동쪽, Lepidus는 아프리카로 지배권을 3분했다. 그러나 Lepidus는 퇴각하고 Antonius는 Cleopatra의 재색에 가까이 하면서 동방에 세력을 확립하고자 마침내 Octavianus와 대결(B.C. 31), 패전과 더불어 Antonius와 Cleopatra는 자살(이집트왕국 멸망)하여 Octavianus(B.C. 63~A.D. 14)는 1세기의 내란을 평정·종결했다. 민중은 그를 환대하여 원로원은 Augustus(존엄자) 칭호를 부여, 종신통령으로서 대권을 장악하여 B.C. 27년 원로원에서 '나는 권위에 의하여 전 국민에 우월한다' 함으로써 제정기(帝政期)에 돌입했다.

12] 동(東)은 카스피(Caspian)해에서 서(西)는 스페인(Hispania)에 이르고 남(南)은 사하라 사막에 접하는 이집트·아프리카 북부까지 북은 게르만 종족에 접하는 라인(Rhine)·도나우(Donau) 양 강의 선과 브리타니아(Britannia) 섬을 포함한 광역.

발전을 급진전하게 했다. 정복과 상업은 '모든 길은 로마로 통한다' 할 만큼 확대되어(Rome, Napoli, Hispania의 Gades, Egypt의 Alexandria, Greece의 Corinth, Syria의 Antiochia를 중심으로 하여) 원격지 통상의 동양 사치품 수입이 왕성했다.

이것이 곧 노예제의 최전성기를 말하는 것이었고, 로마는 제정 초기의 A.D. 1세기 경에는 노예제의 최고 발전을 과시할 수 있었다. 그러나 무릇 최고 발전은 언제나 쇠망·사멸의 길이었음이 역사의 궤도였던 것이다.

2. 노예제의 모순 축적과 고전고대의 쇠망

(1) 정치적 사회적 모순의 격화

제정기(帝政期)에 들어선 로마는 위와 같이 약 1~2세기 동안은 평화를 누리고 번영을 구가할 수 있었다. 정치도 잠시 네로(Nero) 황제(재위 54~68)와 같은 폭군이 있기는 했으나, 2세기 말에 이르는 이른바 5현제(賢帝)[13]의 약 1세기 간은 시민적 평화와 경제적 번영의 융성기를 누릴 수 있었다.

그러나 이 같은 평화와 번영에도 불구하고 그 하부구조는 노예제라는 모순이 많은 것이었다. 노예의 무한한 공급과 혹사로써만이 잉여를 착취코자 한 것이 경제적 기본구조였다. 그러나 노예도 감정이 있는 인간이다. 인간으로서의 노예는 생산의욕의 결여, 노동의 비능률성이 불가피했다. 이는 모순이 아닐 수 없는 것이었으나 노예를 확보·혹사하는 것만으로 족한 노동과정은 기술적 발전을 추구할 필요를 느끼지 않게 했다. 그리스의 많은 과학적 성과가 생산에 응용되어야 했음에도 불구하고, 이는 농경이나 공업의 생산부문보다는 토목·전술 이외에는 사실상 그리스 이상의 진전을 보지 못한

13] 온후한 성품의 Nerva제(재위 69~79), 최대 영토 획득의 Trajanus제(98~117), 문치(文治)로 유명한 Hadrianus제(117~138), 인군(仁君)으로서의 Antoninus Pius제(138~161), 철인(哲人) 황제라는 별명의 Marcus Aurelius(161~180).

것과 같다. 때문에 라티푼디움(Latifundium)은 그것이 아무리 대규모의 최고 발전을 이룬 것이라 해도, 바탕이 위험하고 사치품 중심의 상공업은 그만큼 불건전한 것이 아닐 수 없었다.

원래 정치인이 되는 것을 이상으로 생각하였던 로마인으로서는, 상공업은 노예 및 하층 시민인 해방노예 기타 부자유민(不自由民) 등 천민이 담당하고 있었으므로 멸시의 대상이었다. 그러면서도 이들은 흑해 해안의 평야에서 생산되는 소맥, 동방의 사치품 및 노예수입 등으로 많은 자본을 축적할 수 있었다. 그 수단은 합리적인 것이 아니었다. 왕왕 노예 수렵적 전쟁, 해적적 약탈 같은 비합리적 정신에 의한 행동에 의존한 것이었다. 수입 대전(代錢)도 약간의 공산품을 제외하고는 금화로 지불하는 불합리한 것이었다. 따라서 축적된 자본도 토지구입, 조세청부, 고리대금, 해상대금, 특권공장 또는 환상(換商 : 은행업무)내지 보석상 등, 국민적 산업과는 거리가 먼 대상에만 투입되어 바탕 없는 공전을 되풀이할 뿐이었다. 상류사회의 사치욕과 치부욕에 흡착하여 기본 산업인 농업이나 공업에는 투입되지 않는 비생산적 투입이 고작이었다. 그러한 한 이는 아무리 융성한 외관을 가졌다 하더라도 근거 없는 불건전한 것이 아닐 수 없다. 그 토대인 노예제의 존속으로서만이 지탱할 수 있을 뿐 이의 동요와 더불어 동요해야 했던 위험한 것이었다. 그러한 의미에서 '노예제의 농업이나 상공업은 그것이 아무리 거대하고 화려한 것이라 해도, 제각기 산업적 발전을 이룰 수 있는 기초형성이 불가능했다. 경제는 대체로 라티푼디움(Latifundium)을 주축으로 가(家 : Oikos) 단위의 자급적 자연경제 이상으로 확대·발전할 수 있는 것이 아니었다.'[14]

그러나 노예제의 모순에 의한 고대산업의 이 같은 제약성도 노예 경제가 상승기에 있을 동안은 그 모순이 잠재화하여 현재적(顯在的)으로 발로하지는 않는다. 일정한 단계에 이르러 자유민의 몰락이 로마의 시민군을 약화함

14] 增田四郎, 《西洋經濟槪論》 p.49

으로써, 정복전쟁의 중절이 노예보급을 두절하게 하기에 이르자, 비로소 그 모순은 노예제의 파열로 폭발될 수 있는 것이었다.

사실 A.D. 1세기 전반에 이르러 로마는 완전수비 상태에 들어갔으며,[15] 외적 게르만족(Germanen)에 대한 방비태세를 굳혀야만 했다. 이를 노예제 파열의 정치적 계기라 하며 병제개편은 그 군사적 계기라 불려진다. 물론 이는 서로 표리의 관계를 이룬 것이었다. 즉 자유민의 몰락·격감은 도시국 가 본래의 제도인 시민개병의 시민군 원리를 유지할 수 없게 했다. 이에 병 제(兵制)는 당시로서는 아직 만족(蠻族)으로 알려지고 있던 게르만 인을 용 병으로 하는 개편이 불가피했다. 그러나 이로써 로마의 전투력은 약화하여, 항상 북방에서 침입을 위협하는 게르만족에 대한 수비가 고작인 것으로 되 고 말았던 것이다. 이 같은 상태에서 병제(兵制)는 불안에 겹쳐서 권력이 난 무하여 여러 장수 유력자는 군대를 정쟁의 사병으로 삼기에 바빴다. 5현제 (賢帝)의 평화도 2세기 말에는 끝이 나고, 정정 혼란의 틈을 타서 총독이 나 국내 장군들은 군대를 사병화하여 정쟁의 도구로 삼는가 하면, 군대는 또 군벌을 형성하여 그 장군을 제위에 추대하는 세력의 발호·암투가 끊임 없었다. 이에 제국은 군인황제 폐립(廢立)이 반복하는 이른바 군인황제시대 (235~284)를 출현시켜 이 50년 사이에 무려 26명의 황제가 교체한 불안과 혼란이 벌어졌다.

거구 로마는 바야흐로 게르만족 침입이라는 외환이 겹친 데에다 내우(內 憂)의 무력과 권력이 난무하는 사회적 모순의 격화를 숨길 수 없게 되었다.

(2) 경제적 변모와 노예제 고전고대의 쇠망

한편 사회의 정치적 혼란과 권력의 난무는 언제나 양(洋)의 동서, 시(時) 의 고금을 막론하고 화폐를 악주(惡鑄)하여 안이한 재정수단으로 삼게 하는

15] 5현제의 둘째 황제인 Trajanus제. 당시 영토는 최대로 확장되고, 세번째의 Hadrianus제 에 이르러 제국은 완전 수세에 처해졌다.

것이 위정의 상투적 현상이었다. 그러나 이는 물가체계를 교란시켜 경제 질서를 혼란에 이끄는 기본 요인임은 물론이다. 군인황제 시대의 악주(惡鑄)는 바야흐로 민중을 환물의 실물 경제에 되돌아가게 했다. 국가도 조세의 실물 납부·공출제도라는 실물경제에 역행하고 말았다. 따라서 관리의 봉급, 군대의 급여도 실물화했다. 경제혼란과 사회 불안은 관리의 관수물(官需物) 소비, 세물남용(稅物濫用)을 자행하게 했다. 이 같은 혼란·부정·부패는 시민을 사치·향락·태만에 빠지게 하여 애국적인 노동이나 군역을 기피하게 했다.

실로 로마는 허약한 병자가 되었으며, 그 체질의 자급자족적 자연경제, 노예 사역의 불생산성, 고대자본의 비합리성, 그리고 제정 말기의 인구감소(전쟁·역병·기아 등으로) 등, 경제적 특징으로 인하여 마침내 쇠망과 중세적 변질을 불가피 하게 했다. 이는 그리스의 경우도 적용되는 특징이었으나 말세적 사회 불안은 일찍이 파트로키늄(Patrocinium)과 같은 청원차지제(請願借地制 : Precaria) 또는 클리엔테스(Clientes)와 같은 부용민(附庸民) 제도를 낳은 것[16]이 그 한 표징(表徵)이거니와, 3세기 말(293)에 이르러서 제국은 4분하여[17] 통치하게 되었다.

이에 통치의 방식도 황제 중심의 관료제에 의한 전제군주정(Dominatus)에 나섰으며, 콘스탄티누스(Constantinus)대제(재위 324~337) 즉위와 함께 제위는 세습화했다. 공화정부의 유서 깊은 수도 로마는 콘스탄티노플

16] Patricinium은 빈곤이나 부채 때문에 경제적으로 독립할 수 없는 자유민이 소유지를 대지주 또는 유력자에게 기진(寄進)하여 다시 이를 소작하는 청원차지(precaria). 차지인(借地人)은 연공 노역의 제공 의무를 가지는 반면, 유력자는 이들을 보호해야 하는 비호 관계와 주종관계가 성립되었다. 보통 중세 성립기라고 보는 프랑크왕국 카롤링(Caroling) 왕조의 탁신(託身)제도와 같은 것으로서 로마 사회에서도 중세적 요소가 발생한 것이다.
　Clientes는 이미 씨족제도 시기에도 있었다는 것으로서 해방노예는 그들의 옛 주인인 자유민을 보호자로 삼는 대신 노역·전역(戰役)에 종사해 주어야 하는 부용민(附庸民) 제도이나 로마는 이 보호종속 관계를 후일에 정복지 일부에 적용했다.

17] 디오클레티아누스(Diocletianus : 284~305)가 혼란기 내란을 평정하고, 즉위와 더불어 제국을 동방(아프리카)과 지금의 유고·헝가리·오스트리아에 해당하는 Illyria Italia 및 Gallia(지금의 서구) 등 4도로 구분하여 2조의 정·부제(正副帝)로 통치하게 하고 자신은 상위의 정제(正帝)로서 전제군주로 군림했다.

(Constantinople)로 옮겨졌다. 대제는 전제정치를 동양적 관료제의 중앙집 권으로 강화했다. 상공업에서는 상호부조를 목적으로 동직조합(同職組合 : collegium)이 하향식으로 강제되었다. 그러나 이는 대토지 소유자 또는 상업 자본의 이용대상으로 억압되었으며 조세는 담당책임을 강화했다. 직업과 신 분의 고정화로 사회적 안정을 기도하고. 동시에 기독교를 공인하였다(313년 에 반포한 Milano 칙령) 이 모든 것이 쓰러져 가는 제국을 다시 세우고자 한 것 이었다. 그러나 그 뒤 테오도시우스(Theodosius)제(346~395) 사후에 제국은 두 아들에게 동서로 분획되었으며 다시 통일을 보지 못하였다.

정치의 이 같은 혼란, 전제에의 경사(傾斜)가 노예경제의 파열을 반영한 것임은 두말할 필요가 없다.

위대한 로마가 동양(내지 중국)적 전제정치를 모방한 것은 야릇한 일이지 만 이는 허물어져 가는 노예제 기반과 이에 대응한 정치적·사회적 혼란의 산물이었음이 분명하다. 노예제 경제는 이미 공화정 말기에 그 허약성이 드 러나고 있었으며, 세계 국가적 발전의 제정기(帝政期)는 그 모순의 격화·발로 의 시기이기도 했다. '이미 공화국의 말기 이래 로마의 지배는 피정복 속령 을 고려함이 없는 착취 위에 서있었다. 제정은 이 착취를 그만두지 않고 반 대로 제도화했다. 제국의 상징에 따라 조세와 부역은 더욱 많아지고 관리는 더욱 파렴치하게 약탈·압박했다……상업으로 발전·유지되어 온 것은 관리 억압으로 멸망해 버렸다……전반적 궁핍, 교역·수공업·기예의 후퇴, 인구감 소, 도시 쇠멸, 농경의 보다 낮은 단계에의 후퇴 등이 로마의 세계 지배의 마 지막 결말이었다.'는 말과 같이, 공화정 말기에 이미 로마는 그 체질이 격화 한 여러 모순으로 생명의 위협을 받고 있었다. 판도가 극대화하고 침략전이 한계에 이르러 제국이 완전 수세로 들어가자 노예보급은 두절되게 되었다. 이는 곧 노예제 존립의 외재적 조건을 상실하게 하여 존속을 불능하게 하였 다. 노예는 품귀가 불가피하게 되었다. 이는 노예가격을 비싸게 하여 라티푼디움(Latifundium) 경제는 이제야 잉여를 낳을 수 없게 되었다.

노예제 대경영은 부득불 이를 지양한 새로운 경영형태로 개편해야 했으며, '소농경이 다시 유일한 수지맞는 형태로 되었다. 대토지는 차츰 작은 분할지로 분할되어 일정액을 지불하는 세습소작인……에 대여…… 작은 분할경지는 주로 콜로누스(Colonus)에 대여되었다. 이에 대하여 콜로누스는 매년 일정액을 지불하고, 그 토지에 묶여 분할지와 함께 팔릴 수 있게 되었다. 그들은 물론 노예가 아니었다. 그러나 자유도 없고 자유인과 통혼도 안 되었다……그들은 중세 농노의 선험자였다.'

이러한 콜로나투스(Colonatus)제는 원래부터 이집트 등에 편재한 동양적인 것이었으나, 노예제 최성기에 있어서도 로마와 멀리 떨어져 국가권력의 지배가 비교적 약했던 아프리카, 아시아 등 속주에 약간 발견되었다. 그러나 이것이 이탈리아 본국에 급진전하게 된 것은 3세기 말 경부터였다. 사회 불안, 정정 혼란, 노예품귀와 더불어 앞서 말한 동양풍이 정치적으로 전제군주정, 경제적으로 농업 부문의 콜로나투스(Colonatus)제 상공업 부문의 직업·신분 고정화 등이 도입되어 이것이 급진전하게 되었다.

그러나 제정 말기에 이른 지중해 주변의 부와 생산력은 오로지 사치와 낭비, 정쟁과 혼란, 자본의 공전에 소모·고갈되면서 군역과 노동을 기피하는 풍조에서 동양적 전제정에 신음하는 인민대중을 포용할 수 없이 그 노후한 경제사회를 갱생할 힘을 잃고 있었다. 그리하여 마침내 서로마 제국은 476년 만족(蠻族)이라 일컬었으나, 소박하고 씩씩한 신흥 게르만족의 용병대장 오도아케르(Odoacer)의 칼에 쓰러졌다. 동로마제국은 이후 로마적 요소를 탈피하고 중세적 체제로 약 1천년(1453년 Osman Turkey에 의하여 멸망했다)여의 명(命)을 가질 수 있었으나 위대한 로마는 이미 멸망하고 말았다.

제3장 중세 유럽과 전형적 봉건제

논쟁의 미식(未熄)에도 불구하고 아시아적, 고전고대적 '일선행 여러 형태의 게르만적 형태는 일단 토지 소유의 계기적 발전 단계가 아니고, 본원적 소유가 이 같이 다계적으로 병존한 병렬적 여러 유형이라 해두었다.' 다만 아시아적 형태는 사적 토지 소유의 소경영적 생산 양식 발생 이전에 동양적 전제국가라는 계급사회에 이행한 데에 비하여 고대적 및 게르만적 형태는 그 이후에 비로소 계급사회를 형성하여 각각 아시아적 코스, 서유럽적 코스를 이룬 유형 상의 차이가 있었을 따름이었다는 것이다. 그리고 전자는 국가적 봉건제, 후자는 노예제와 봉건제로 나아간 것이었으나, 노예제·봉건제 등 서로 다른 길로 나아가게 된 것은 계급사회 이행 직전의 소규모 생산이 그리스·로마와 게르만족에서 본질적으로 서로 달랐기 때문이다.

이는 이미 (제2장 및 제3의 서두) 정리한 바와 같이 소경영적 생산 양식을 다 같은 발전 기점으로 하면서, 아시아의 토지 소유 결여와 그리스·로마의 사적 소유와 분리된 국가적 소유(사적 소유)의 대립·힐항(詰抗)에 비하여 게르만의 경우에는 소규모 공동체적 소유가 처음에는 공동체원의 개인적 소유, 후에는 사적 소유의 부속물로 나타난 질적 차가 있었기 때문이다. 즉 게르만적 소규모 생산 하에서도 자유지 소유자적 소농민은 재산으로서의 토지를 상실키도 한다. 그러나 여기서는 특유한 공동체 제도가 있기 때문에 소농민 경영 자체는 유지되고, 농민은 점유자로서 한때 자기의 것이었던 토지를 계속하여 이용할 수 있었다. 다시 말하면 소농민의 가족적 개별 경영을 파괴할 수는 없었기 때문에 소유를 상실해도 점유가 필요했다. 그리고 이 토지 소유의 점유화 과정에서 성립한 대토지 소유가 봉건제였으며, '봉건적 토지 소유는 독자의 경작(경지)제도를 가진 게르만 공동체의 존속을 전제로 형성[1]된 것이었다.

1] 福富正美, "앞의 책" p.261

제3장 중세 유럽과 전형적 봉건제

제1절 조기 봉건제의 기본적 사회관계

1. 봉건적 사회관계의 특징

(1) 봉건적 토지 소유의 특징

위에서 본 바와 같이 봉건적 토지 소유(또는 고전고대의 노예제 토지 소유)는 본원적 소유의 게르만적 형태(또는 고전고대적 형태)가 대토지 소유로 발전한 경영형태이다. 따라서 봉건적 토지 소유 관계를 알기 위해서는 그 전제인 본 원적 소유의 게르만적 형태를 상기해야 하나, 이는 경지가 경작자의 사유에 속한 반면 삼림·목지·황무지 등은 아직 공유인 새 공동체[2]이다. 그리고 이 때의 '공유지는 개인적 소유의 보완으로만 나타난다[3]'는 것이 그 특징이었다.

본원적 소유의 게르만적 형태가 가진 '이 특징이 서유럽 봉건제 하의 기 본적 생산 관계로서의 봉건적 토지 소유의 내용에 반영되지 않을 수 없었다. 즉 봉건적 생산 양식의 경제적 토대는 소경영(소농민 경영과 독립 수공업 경영)이다. 그러나 소경영이 경제적 토대인 발전 단계의 생산 양식 하에서는 노동하는 자는 항상 객관적 생산 조건으로서의 토지에서 완전 분리하여서

2] 平島 역 "앞의 책" p,112
3] 平島 역 "앞의 책" p,21

는 존재할 수 없다. 봉건적 토지 소유도 농민=공동체원의 토지 상실로 발생한 것이며, 농민이 지금까지 자기의 영유지에서 가진 소유권이 봉건적 수탈과정을 통하여 타인인 봉건 영주의 손에 넘어갔다. 그러나 이 경우 토지 소유자인 봉건 영주는 자기 소유 명의의 토지를 농민에게 나누어 준다. 그 반면, 농민을 인격적으로 소유할 수 있었다. 토지 소유권을 상실한 농민은 객관적 생산 조건으로서의 토지와 완전 분리되어서는 생존할 수 없는 것이기 때문에, 자기 인격이 봉건 영주에게 소유되어 농노화하면서까지라도 기본적 생산 조건인 토지와의 결연을 토지점유의 형태로 확보해야 하는 것이다. 그리하여 봉건적 토지 소유는 단순한 토지 소유의 독점이 아닌 직접 생산자의 인신에 대한 특정 모든 개인의 소유로 가능하게 한 경제적 내용의 토지 소유로서 직접적 지배예속의 관계로 나타나지 않을 수 없었다.[4]

이에 게르만적 형태라는 강고하고 온화한 공동체는 봉건적 형태라는 수탈의 대립적 형태로 전화했으며, '게르만적 형태와 봉건적 형태는 토지 소유에서나 공동체에서나, 후자는 전자의 적대적 형태 전화였던 것으로서 엄연히 구별되어야 하는 것'[5]이었다.

이와 같이 봉건적 생산 양식의 경제적 토대로서의 소농민 경영은 게르만적 소규모 경영에서 가진 개인적 소유의 토지재산을 피탈·상실한 점유자이다. 즉 소유권은 상실해도 게르만 고유의 노동과정에 대응한 구래(舊來)의 독자적 경작제도(주 (16))에 의한 게르만적 공동체 제도는 존속하여, 이를 전제로 농민은 종전의 자기 토지를 소유자 아닌 점유자로서 계속 허용하면서 소농민 경영 자체는 유지되고 있었다.

이같이 소농민이 토지를 보유하여 자영하는 것이야말로 노예제와 다른 특징이지만, 농민을 자기 경영으로 온존(溫存)하는 것은 봉건적 토지 소유자

4] 福富正美, "앞의 책" p.260

5] 栗原百壽, "앞의 책" p.54. 이런 점에 비추어 보더라도 봉건적 형태=게르만적 형태라는 大塚理論은 무리한 느낌이다.

에게 노동력을 보장하여 지주 경영의 전제조건으로 삼아야 했기 때문이다. 다시 말하면 게르만적 소규모 생산의 독자적 경작 경지제도에 규정되어 봉건적 토지 소유 자체가 직접 생산자의 소경영을 경제적으로 공동체와 결부하게 하면서 자립한 개별 가족경영으로서 그 안에 통일해야하는 것이기 때문이다. 그리하여 소농민 경영은 소경영적 생산 양식에서 소토지를 점유하고, 가족적 개별 경영을 하는 존재로서 '그들 자신의 생산 수단을 점유하고 자기의 노동실현과 자기의 생활수단 생산을 위해서는 필요한 대상적 노동조건도 점유[6]하여, 자기 자신의 생활유지를 위한 십분의 자기 경영을 하는 것이었다. 이러한 의미에서 이들 농민은 노예보다 향상된 지위였으나 그만큼 이에 대한 대가가 없을 수 없었다. '직접 생산자 농민을 토지와 토지의 영주에 묶인[7] 것이었으며, 농민은 영주가 인격을 소유하는 대상이 되었다.

즉 '직접적 생산자가 그 자신에게 필요한 생산 수단이나 노동 조건의 점유자(Besitzer)라는 모든 형태에서는 소유관계는 동시에 지배예속의 관계로 나타나지 않을 수 없었으며, 이에 따라 직접 생산자는 비자유인(Unfreier)으로 나타나지 않을 수 없다. …… 즉 토지의 부속물로서 토지에 묶이게 되어야 했다.[8] 이러한 의미에서 노예와 구별하여 농노라 하며, '영주의 생산 수단에 대한 소유와 생산자 농노에 대한 불완전 소유(beschränktes Eigentum)가 생산 관계의 기초[9]를 이루어 이를 농노제(Leibeigenschaft)라 부르는 것이다.

그러나 토지의 이 같은 봉건적 소유 내지 점유관계 형성에는 그 나름의

6] 福富正美, "앞의 책" p.262

7] 平島 역 "앞의 책" p.53

8] 小林良正, 《西ヨーロッパ 封建制の展開》 p.54, 56, 86. 이 같은 특권의 기원은 로마의 황제령지나 교회령에 왕의 관리가 직권으로 출입하는 것을 금한 불입특권. 출입할 수 없기 때문에 조세공과가 면제되는 불수(不輸) 특권 등 공권면제(Immunität immunité)의 특권을 가진 것과 아울러 재판권 같은 일부 공적 권력의 특권을 가진 데에 출발. 프랑크 왕국에서 기원 7,8세기 경에 로마의 이러한 제도를 적용하여 영주가 주민에 대한 조세 징수권을 가지게 한 동시, 이를 뒷받침하기 위하여 사법재판권을 가지게 했다는 것이다.

9] 小林良正, 《西ヨーロッパ 封建制の展開》 p.56.

질서가 있었다. 즉 최고의 소유자는 부족장인 국왕이다. 최고의 영주로서의 국왕은 하급의 대소영주(Grundherr Lord)인 성직자(교회)·제후(귀족)·기사 등에게 토지를 하봉(下封 : fief, Lehen)·소유하게 한다. 왕은 직신(直臣)에게, 직신은 배신(陪臣)에게, 배신은 하급자에게 하봉하는 피라밋적 중첩을 이룬다. 반면 이들 영주는 각자의 상위 영주에 대하여 충성을 서약한 주종제(Vasallität)의 신분관계를 맺는다. 상위의 하위에 대한 토지 하봉(下封)은 이 신분 관계의 대가이므로 은대제(恩貸制 : Benefizialwesen)라 하여 이들 물적 관계로 영주는 토지를 소유한다. 그러나 영주에의 이 같은 토지 채여(采與)는, 동시에 국왕이 가진 모든 지배권을 영주에게 위양(委讓)하여, 영주는 실질적으로 국왕과 같은 특권적 지배자로 군림한다.[10] 인신 지배권을 비롯한 공권 면제(Immunität) 등과 같으며, 이로써 토지에 대한 관념도 단순한 재산이 아닌 공적 권력 보지(保持)의 수단으로 삼아졌으며, 그럴수록 토지욕은 더해지고 토지는 권력층에 집중할 수 있었다. 이러한 권력적 토지 소유 아래 직접 생산농민은 토지를 분유지(分有地 : peasant holding, Bauerbesitz)로서 분할점유 소작하면서, 이에 묶여 영주와의 예속관계에서 소유되어야 했다. 소작의 대가는 지대(地代)였으며, 그 가장 조악한 형태가 노동 지대였다. 이러한 질서를 대표하는 구성체가 장원(manor, scigneuri, Grundherrschaft)이었으며 장원을 구심체로 국왕을 비롯한 영주와 농민 간에 일련의 여사(如斯)한 통일적 계제 질서(階梯秩序 : Hierarchy)가 봉건제(feudalism, Lehenwesen)의 특징을 이루었다.

즉 봉건제는 지배계급으로서의 대소 토지 소유의 대소 영주와 피지배계급으로서의 소농민의 예속적 토지점유라는 봉건적 토지 소유 관계를 토대로 구축되어야 했으며, 전자의 왕권적 지배와 후자의 농노적 피지배와의 대립관계가 그 기조를 이루었다. 다시 말하면 이들 농노가 국왕을 정점으로 하는 종신적 토지 귀족의 영주적 연합 밑에서 직접 생산을 담당하며, 사회

10] 小林良正, 《西ヨーロッパ封建制の展開》 p.86.

의 저변을 이루는 피라밋적 대립의 계제(階梯) 질서가 곧 봉건제의 특징이었다.

(2) 봉건적 지배 관계의 특징

무릇 경제활동의 사회적 모든 관계(생산 관계)에 기초가 되는 것은 생산 수단의 소유 관계이며, 자본제 이전의 모든 단계에서는 토지 소유 관계에서 사회적 모든 관계가 규정되었다. 이러한 의미에서 봉건적 생산 관계는 봉건적 토지 소유를 토대로 한 것이었으며, 그만큼 이의 경제적 기초는 봉건적 토지 소유의 경제적 내용인 봉건 지대에 집약되고 있었다.

봉건 영주는 주종관계 하에 놓여 있는 농노에 대한 경제외적 강제(ausserökonomisher zwang)를 그 근거로 지대를 수탈했으며, 노동 지대(Arbeitsrenten)가 그 전형적 형태였다. 영주의 직영지(salland, Herrenland, terra selica, terra indominiata, demesne, réserve)와 농노의 분유지(bauernland, land in villeinage)로 구성된 봉건적 토지 소유에서 농노는 자기의 분유지(託營地)에서의 노동으로 생계를 유지하는 한편, 전 잉여노동을 영주 경영의 영토직영지에서 자기의 생산용구로 부역노동(Fronarbeit)한 것을 말한다. 이로써 직영지 경작이 가능하고 영주 경제가 존속할 수 있었으며, 주 3~4일의 주부역(week work, opera, Wochendienst)이 그 본원적 형태였다. 이것만 해도 가히 노예제에 비유할 수 있을 만큼 가혹한 것이었으나 강제는 이에 그친 것이 아니었다. 정규의 주부역 이외에 도로·교량의 건설 관리, 영주 저택의 건축 보수, 물자수송 기타의 작업을 위한 임시부역(boon work, Bittarbeit)이 적지 않았다. 뿐만 아니라 곡물·가축·난류·양모·직물·피혁·봉밀 등 각종의 특산물 공납을 강요했는가 하면, 인두세(capitation tax, Kopfzins)를 비롯한 결혼세(merchetum, merchet, formariage bedemund)·상속세(heriotum, heriot, Todeshand, Besthaupt) 등등의 인신적 공세(貢稅 : persönliche Abgaben) 및 영주 재판권에 대한 납금, 교회에 대한 10분의 1세(Zehnt, dime, tithe) 등을 공납해야 했고, 영주는 제분소·양조장·제빵소·수차·교량·도로 등을 독점 설비하여 농노로부터 이의 사용료를 강제 징수했다. 이러한 특권(Bonnrecht) 의식이 나아가 농노의 딸에 대한 초야권까지도 가진 영주가 있었다는 것이다. 이 같은 불불(不拂)의 강제노동 내지 강제공납은 비록 농노의 신분은 분여지를 경작하는 경제적 독립 가계로서 노예보다는 향상된 것이고, 자기 경영에 대해서는 창의와 이해의 관심을 가지게 하는 것이기는 했으나, 생산은 좀처럼 발전할 수 없는 모든 잉여의 수탈로 나타나는 것이 문제였다. 그리고 이러한 수탈로 영주는 영내의 자급자족을 명예로 타지역과 경제교역을 원치 않은 자연경제에 의존할 수도 있었던 것이다.

이 같은 강제를 가능하게 한 것이 농민에 대한 경제외적 강제의 봉건적 법질서였다. 즉 봉건제의 기초인 봉건적 토지 소유는 경제외적 강제와 불가분의 관계를 가진 것이었으며, 먼저 농민을 토지에 묶은 인격적 종속의 인신지배권(Leibherrschaft)으로 나타났다. 농민은 실로 토지 외 영주간 이동과 함께 신원도 종속 이동하는 토지의 부속물로 되어 있는 '불완전 소유물'로 된 것과 같다. 이들을 농노라 하는 것도 고대노예가 주인의 완전소유물인 것과 달리 영지 점유의 대가로 토지에 묶인 채 영주의 불완전 소유물로 예속된 존재였기 때문이다. 영내의 수공업도 불완전 소유물임에는 다를 바 없었다. 영주는 실로 이러한 질서를 유지하기 위하여서는 사법재판권 치안경찰권 등의 경제외적 강제권을 가져야 했으며, 이는 특히 영주의 큰 재정 수입원을 이루기도 했다.

경제외적 강제는 이와 같이 봉건적 토지 소유와 불가분의 관계로 나타난 것이다. 즉 경제외적 강제는 봉건적 토지 소유자인 영주가 지대를 착출하기 위한 특수방법이었다는 데에 그 중요한 의의가 있는 것이다. 다시 말하면 이는 봉건적 토지 소유가 그 전제였으며, 이를 전제로 농노의 잉여노동을 실현하기 위한 필요조건이 경제외적 강제였다. 따라서 이는 발생의 전제가 노동 지대 실현의 봉건적 생산이었다는 의미에서 그 자체가 하나의 봉건적 생산 관계였던 것이다. 그러나 그 실천과정이 직접 생산자인 농노에 대한 인격적 예속, 행정적·사법적 지배로 구현되어 봉건적 국가 형태 자체가 이를 기초로 그 위에 형성되어 있었다는 의미에서는 정치적 상부구조와 직접적 관계를 이룬 것이기도 했다. 즉 경제외적 강제에 의한 수준을 기초로 군주·제후·귀족이 입체적으로 중첩하여 히에라르키(hierarchy)적 계급관계로 농노에 군림하는 지배체제를 이루고 있었으며, 이것이 곧 봉건국가의 기본형태 이외에 다른 아무것도 아닌 것이었다.

이상 (1) (2)의 봉건적 생산 모든 관계는 봉건적 토지 소유, 이의 기초를 이룬 소생산 농민의 불완전 소유, 이것을 통한 경제외적 강제로 간추려진다. 그러나 이는 모순이 많은 것이었다. 토지 소유자의 농노에 대한 전 잉여노동 수탈과 인격적 지배의 상호 대립, 이에 의한 지배자의 비생산적 소비와 직접 생산자의 잉여생산 저지는 모순이 아닐 수 없었다. 이를 기본적 모순으로 상공업의 발생에 따른 도시의 성립은 가상(加上)하여 농촌과 도시의 대립(농촌 토지 소유자와 도시 시민층)으로 나타났다. 동시에 도시 내부에서도 봉건적 편성의 수공업은 사장(師匠)과 장인(匠人)·수습장인의 대립으로 나타났다. 이러한 모순대립이 봉건경제의 생산력 발전과 더불어 봉건제 자체를 동요하게 했으며(후술(3)), 다음 봉건적 사회관계의 성립과정을 먼저 알아보는 것이 순서이다.

2. 봉건적 사회관계의 성립

(1) 봉건적 토지 소유의 성립

그러면 봉건제의 이 같은 사회관계는 어떻게 하여 발생할 수 있었던가? 만약에 어떤 종족이 다른 종족을 정복하면 '정복된 종족, 즉 억압된 종족으로 하여금 재산을 상실하게 하고 그 종족 자체를……자기의 것이라는 관계를 맺는다.'[11] 그리하여 '만약 인간 자신이 토지의 부속물로서 토지와 함께 정복되게 되면 사람은 생산 조건의 하나로서 일괄 정복되게 된다. 그리하여 노예제나 봉건제가 발생한다.' 바야흐로 고대 도시국가의 침략전쟁은 그리스·로마에서 귀족을 강화한 동시, 다른 한편에서는 분할지 자유농민을 궁핍하게 하여 토지를 상실하게 했다. 몰락농민은 그들의 토지를 집중한 대토지 소유귀족에게 채무노예로 전화하고, 식민전쟁과 상업발전으로 노예 노동은 더욱 확대되어 소농민 생산의 소경영적 생산 양식은 노예 노동에 의한 대규모 경영의 라티푼디움(Latifundium)으로 추전(推轉)·대체되었다. 게르만인은 로마 정복을 계기로 농민 소유의 광대한 미분할지는 국왕과 그 신하인 신흥 호족의 영지로 되어 자유소농민은 토지를 상실했다. 이 몰락농민은 토지를 집중한 대토지 소유 귀족에게 종속하게 되어 소경영적 생산 양식은 봉건제로 대체되었다.

이와 같이 노예제나 봉건제는 소생산 농민의 토지 상실과 이를 집중한 대토지 소유자에의 농민종속으로 생성되었다. 그런 의미에서 '고전고대적 생산 양식 및 봉건적 생산 양식에의 발전기점은 소농민 경영과 독립 수공업 경영'[12]이었다. 즉 '소경영적 생산 양식과 독립 수공업 경영은 일부는 봉건적 생산 양식의 기초…… 일부는 고전적 공동체의 경제적 기초를 이룬

11] 平島 역 "앞의 책" p.37
12] 福富正美 "앞의 책" p.253

것'[13]이다.

그러면 왜 같은 소경영적 생산 양식(자유로운 소농민적 소규모 생산)을 출발점으로 하면서, 그리스·로마의 그것은 노예제로, 게르만의 그것은 봉건제로 발전했는가?

이는 같은 소경영적 생산 양식이면서도 노예제 봉건제 등 계급사회에 이행·발전하기 직전단계의 소규모 생산이 그리스·로마와 게르만에서 본질적으로 다른 것이었기 때문이다. 본원적 소유의 고전고대적 및 게르만적 형태는, 아시아적 형태가 사적 소유 발생 이전에 동양적 전제국가라는 계급사회에 이행한 데에 반하여, 사적 소유가 발생한 후에 계급사회를 형성한 서유럽적 코스를 취하여 아시아적 코스와 구별된다. 그러나 같은 서유럽적 코스임에도 그리스·로마와 게르만은 계급사회(봉건제 노예제) 형성 직전단계의 소규모 경영이 본질적으로 서로 다른 것이었기 때문에, 소규모 경영의 붕괴과정에서 하나는 노예제, 다른 하나는 봉건제로 발전했던 것이다.

즉 이와 같은 의미의 게르만적 형태의 소규모 경영은 그 독자적 경작 경지제도[14]에 규정되어(제1장 제2절의 2에 기술) 공동체에서 분리·자립한 후에도 공동체와의 경제적 결합관계를 지닌 채 공동체 안에 통일되어 있었다. 게르만적 형태와 이와 같은 사적 소유(아닌 개인적 소유)는 그리스·로마의 사적 소유가 공유지(사적 소유에 대립 저항하는 도시국가의 국가 재산의 국가적 소유)의 이용에서 축출되어 이용의 권리가 박탈되고 서로가 대립·저항한 것과 본질적으로 다른 것이었다. 이러한 대립 힐항(詰抗)과 권력자에 의한 공유지 침탈이 그리스·로마에서는 소경영의 토지 및 자영 상실과 대토지 소유로 추진되어 처음에는 가내 노예·부채 노예, 다음에는 구매 노예·전쟁 포로 등의 노예 노동에 의한 직접적 대경영의 라티푼디움(Latifundium)을 형성하기에 이르렀

13] 福富正美 "앞의 책" p.252

14] 개방 경지제 하에서의 공동체원의 경지 혼재, 공동체적 규제의 경작 강제, 3포식 휴경지의 공동 방목, 삼림·목지·황무지의 공동 소유에 의한 개별 경영의 보완.

다.

그러나 게르만족에서는 공유지와 개인적 소유의 관계가 위와 같은 것이었기 때문에, 공유지는 오히려 처음에는 공동체 성원의 개인적 소유의 뒤에는 사적 소유의 공동체적 부속물로서 공동체 안에 통일되어 개별 경영을 보완하는 것으로 나타났다. 이러한 '게르만적 소자유농민이야말로 농노제를 전형으로 하는 봉건적 생산 양식의 성립기반이 되고 출발점'[15]이 되었던 것이며, 독특한 경지제도 하에서 공유지를 이용하면서 독립 자영을 누리는 한, 사유지의 상실은 소작에 나아가지 않을 수 없는 것이었다. 그리하여 게르만의 땅에서의 농업 공동체는 '타키투스 이후에는 찾아볼 수 없게 되었다. 끊임없는 전쟁과 이주로 게르만 여러 종족이 이탈리아(Italya), 구르 주(Ghor : 아프가니스탄), 스페인(Spain) 등을 정복하러 왔을 때에는 그 언제인가 사멸……변사(變死)……그러나 그 천수(天壽)는……중세의 모든 유위변전(有爲變轉)을 거치면서 잔존……이 농업 공동체는 여기서 생겨난 새 공동체 위에 그 흔적을 명백히 각인……경지는 경작자의 사유에 속하나 삼림·목지·황무지는 의연 공유인 이 새 공동체는 게르만 인에 의하여 모든 피정복지에 도입되었다. 자기의 원형에서 이어받은 모든 특질로 말미암아, 이 공동체는 전 중세를 통하여 자유와 인민생활의 중심이 되었다'[16]는 것이다.

즉 게르만적 형태의 농업 공동체(경지는 개별적 소유이나 삼림·목지 등은 공유)는 여기서 생겨난 새 공동체(경지는 사유이나 삼림·목지 등은 공유의 사적 소유단계) 위에 그 흔적을 각인하였으나, '사적 토지 소유가 발생하면 그 순간부터 대토지 소유는 시간 문제'로서 자유 소토지 소유자의 토지 상실과 특수 유력층의 토지 집중으로 대토지 소유가 형성된다. 그러나 게르만의 경우에는 위와 같은 소경영적 생산 양식의 그리스·로마와 다른 특질로 인하여 '공동체 성원 농민의 토지 상실……지분지 소유권의 영주 취득에도……농민은

15] 栗原百壽, "앞의 책" p.56

16] 平島 역 "앞의 책" p.112

객관적 생산 조건인 토지에서 완전 분리돼서는 생존할 수 없기 때문에, 토지 소유권자인 영주는 자기의 소유지를 농민에게 나누어 경작하게 한다. 그러나 농민으로 하여금 기본적 생산 조건=토지를 점유하게 하는 반면, 영주는 농민을 인격적으로 소유함으로써 봉건적 토지 소유는 발생[17]한 것이었으며, '농업 공동체의 원형을 이어받은 새 공동체의 특징은 전 중세를 통한 생활의 근거'가 될 수 있었던 것이다.

서구의 역사에 비추어보면 제정 말기의 로마에서도 이러한 형태의 소유가 형성되고 있었다는 것이다. 그 당시 라티푼디움(Latifundium) 경제는 성립 조건을 상실하여, 대소유지는 작은 분할지(Parzellen)로 세분되어 '소농경(Kleinkultur)이 다시 유일한 수지맞는 형태로……콜로니(Coloni)에 대여된 것이 일반적이었다. 그러나 매년 일정액을 지불하는 동시, 토지에 묶여 분할과 함께 매매도 되게 되었다. 그들은 물론 노예는 아니었다. 그러나 자유도 없고 자유인과 통혼도 할 수 없었다. 그들끼리의 혼인도 완전 유효한 것이 아니었으며, 노예의 혼인과 같이 단순한 동침(contubernium, blosse Beischläferei)으로 간주될 따름이었다. 그들은 중세 농노의 선험자였다[18]는 것과 같이 라티푼디움(Latifundium)은 소규모 생산으로 분할되고 분할지 농민은 '자신의 생산 수단인 노동 모든 조건을 점유……동시에 지배·예속의 관계에서…… 토지의 부속물로 얽어맴'으로, 노예보다는 향상되었으나 중세 농노적 신분에 그쳐야 했던 것이다.

이러한 토지 소유 형태(Kolonat, Colonus)의 농노적 농민층(Kolonen, Coloni)은 제정 말기의 경제적·사회적 불안으로 더욱 촉진되었으며[19], 바야흐로 벽

17] 福富正美, "앞의 책" p.260

18] 栗原百壽, "앞의 책" p.49

19] 자유농민이 사회적 혼란과 불안에 즈음하여 생명과 재산을 지키기 위해 유력자(귀족)에 보호를 구하는 대가로 자기의 자유지(Allod)를 기진(寄進)하고, 다시 이를 은대(恩貸)적으로 청원차지(請願借地 : Precaria)하는 Beneficium이나 해방노예가 옛 주인을 보호자로 노역·전역에 종사하는 부용민(附庸民)제도(cleentes)는 토지 집중을 촉진하고 은대적

제3장 중세 유럽과 전형적 봉건제

에 부딪친 노예제의 탈출구 역할을 했다. 이를 중세 농노의 선구라고도 말하는 것이다. '콜로누스(소작인 : Colonus)는 그것이 설령 사회경제적 성격에서 아무리 농노와 같다 해도 중세 농노의 계보에 직접적인 것은 아니었다.······ 콜로니(Coloni)와 중세 농노 사이에는 자유 프랑크 인의 농민이 서 있었으며, 이들 게르만적 자유농민의 허물어진 운명, 그 자유농민이 일정 조건 하에서 대립물인 예속민에 전화한 것이 중세 농노의 계보'[20]였다. 즉 미분할시 및 자유 소토지가 국왕의 은대(恩貸)로 국왕 및 귀족·호족에 집중하여 봉건적 토지 소유가 형성되고, 그것을 기초로 하여 봉건적 지배체계가 확립해야 했으며, 이의 전형적 추진을 본 것이 게르만 일족인 프랑크족의 갈리아(Gallia) 침입에서였다.

(2) 고전장원의 성립

동구 삼림지대가 본고장인 게르만족은 일찍부터 보다 좋은 땅을 찾아 남하 이동하고 있었다. 이미 B.C. 1세기 경에 로마경의 변경에까지 침입하고, 서게르만족의 하나인 프랑크족은 3세기에 갈리아(Gallia : 지금의 France, Belgium)로 침입·이동했다. 이와 더불어 이들 게르만이 접촉한 것은 로마의 푼두스(Fundus)[21]였으며 그들의 사적 소유는 촉진되어 결국 공유지도 침탈하여 가며 '대토지 소유는 시간 문제'로서 토지 소유의 불평등 빈부의 차는 대립관계가 격화되어 갔다. 로마와의 융합으로 게르만은 공동체도 지연관계가 우세해져 마르크 공동체(Mark, Markgenossenschaft, 촌락 공동체 Dorfgenossenschaft)로 개편되어 갔다.

그러나 한편, A.D. 375년에는 동방의 훈족(Hunnen)이 서유럽을 침공한

예종을 촉진했다.

20] 栗原百壽, "앞의 책" p.51

21] 로마 시민은 공유지 ager publicus를 능력에 따라 사적으로 선점할 수 있었으며, 이것이 차츰 완전한 사유로 되어 기존의 사유지 ager privatus에 이것이 가해진 것이 Fundus.

압력에 못 이겨 게르만은 대거 서쪽 점령 이동을 개시하였다. 이것이 민족 대이동(Völkerwanderung)[22]으로서 마치 미국의 개척운동과도 방불한 것이었으나 이들, 특히 프랑크족이 당면한 과제는 무엇이었던가?

'씨족 조직의 국가 모든 기관 전화가 급박……피정복 영역의 내적 외적 확보를 위해서는 권력 강화가 필요……정복 민족의 대표자에 의한 군수제(軍帥制)는 왕제(王制)로 전화……국왕이 된 프랑크 국왕이 행한 첫 일은 프랑크 민족이 전투로 얻은 로마의 국유지 및 미분할지를 왕령화하여 종신(從臣 : Gefolge)들에게……처음에는 증여, 후에는 은대지(Benefizium)로 대여하는 것'[23]이었다. 이것이 곧 봉건제의 싹이었고, 게르만의 로마 정복을 계기로 게르만 인의 자유 씨족 조직은 국가 조직으로 전화하고, 광대한 지역은 국왕 및 그 신하인 신흥 호족의 영지화하여 봉건적 지배체제의 기초가 굳어졌다. 그러나 이는 동시에 자유 게르만 농민의 농노에의 전락을 따르게 하였다. 그리하여 봉건적 토지 소유는 봉건적 지배체계를 확립하게 되고 이로써 봉건제는 구축될 수 있었다.

즉 갈리아(Gallia)에서는 이미 토지 집중 종사(從土 : Gefolgschaft, comitatus) 제 등 선험적 요인[24]이 있었으며, 소지(素地) 위에 겹친 것이 정복민인 게르

137

22] 동게르만(Wandalen, Goten. Burgunden. Langobarden 등 부족)은 이동의 주류로서 급격히 Italya. aollia. Spain. Provans. Africa 등 원거리에 이동 정착했으나, 미개 후진적이었기 때문에 로마 문명을 그대로 계승하고 후일에 slavs. Latain과 혼리(混離)하여 그 순수한 본성을 상실.

서게르만(Markomanuen. Alamawnen. Sueben. Kimbern. Teutonen, Angeln. Sachsen. Friesen. Franken. Bajuwaren, Thüringer, 등 부족)은 일찍부터 로마 령의 근린에서 고전문화를 섭취. 소화하면서, 로마의 장원에 서서히 침입하여 그 본성을 잃지 않고 높은 문화를 습득. 현 영국·네덜란드·독일의 조(祖).

북게르만(Dänen. Schweben. Norweger, Isländer 등 부족)은 노르만으로서 후일의 노르웨이, 스웨덴, 덴마크. 9세기 경에 남하했기 때문에 제3차 민족 대이동이라는 것이다(增田四朗, 《西洋中世世界の成立》 p.78–9).

23] 栗原百壽, "앞의 책" p.57

24] Gallia에서는 로마군의 점령(B.C. 58~51)과 함께 Latifundium이 전파, 후에는 Colonat로 분해하여 A.D. 1세기 경에는 후일의 소작인인 fermiers와 같이 차지료(借地料)를 화폐로 지불하고 인신적으로도 자유였다. 그러나 3세기에 이르러 인격이 토지에 묶이고 지대

만 자유농민의 농노에의 예종화(隷從化)였으며, '자유의 프랑크 소토지 소
유농민은 영원의 내란……정복전쟁으로……피폐……궁핍화……그 선험자
인 로마의 콜로누스(Colonus)와 같은 상태로 전락했다. 전쟁과 약탈로 몰락되
어 신흥 귀족이나 교회의 보호 안에 들어가야 했다 ……그러나 그들은 그
보호를 비싸게 사야 했다. 갈리아(Gallia)의 농민과 같이 소유지를 보호자에
게 양도하고 다시 이를 청원차지(請願借地 : Precaria)해야 했다. ……대가는 노
역 및 조세납부였으며, 일단 이 형태로 종속되자 그들은 차츰 인격적 자유
를 잃고 농노화[25]하였다.

그리하여 이들은 영주(Grundherren, lords, seigneurs)가 되고 농노가 되어 장
원(moror, seigneuri, Villa, Grundherrschaft)[26]을 지배 관계의 표징으로 봉건제
(feudalism, Feudaliswas Lehenwesen, féodalie)가 구축되었으며, 대영주는 수십 수
백 장원을 소유하기도 했다.

감안컨대 481년 클로비스(Clovis) 왕이 창건한 프랑크 왕국[27]의 메로빙
거(Merowinger) 왕조(481~751)는 정복과 더불어 구 로마제 영지·무주지(無主
地)·몰수지(沒收地) 등을 모두 왕령화했다. 그러나 왕은 소유지의 일부를 궁
정경제로 남겨 둘 뿐, 대부분은 공신·교회·귀족·호족 등을 회유하여 정변

도 현물화하였다는 것이다.

25] 栗原百壽, "앞의 책" p.59~60
　　자유 소생산 농민도 관리·재판관·고리대의 압박에서 자신을 지키기 위하여 유력
　한 보호자(Patron)에게 자유지 Allod를 기진(寄進)하고, 다시 이것의 용역을 보유하는
　(Perecaria) 비호민(庇護民 : Patricinium)이 된 종사제(從士制)가 많아서 4세기에 왕은
　이를 금지했으나 무효였다는 것.

26] 영국의 manor, 일본의 장(莊)·장(庄)은 개개의 소령(所領)을 뜻하는 현실적 용어였으
　나, 독일의 Grundherrochaft, 프랑스의 Seigneurie 등은 영주소령의 지배 관계 내지 경영관
　계를 표시하는 학술어로서 당시에 사용된 말이 아니었던 것.

27] Frank 왕국은 843년 동서 양 Frank 및 이탈리아의 3지방으로 분열. 870년에 동Frank
　는 독일, 서Frank는 프랑스의 고국으로서의 영역이 확정되었다. 독일은 962년 신성 로마
　제국으로 통일될 때까지는 Franken. Saxon 등 6부족의 분국이 분립하였다. 때문에 통일
　된 단일의 국호도 없었으며, Deutchland라는 국호는 19세기에 처음 사용, 프랑스는 987
　년 서Frank 왕을 추방하고 건국.

내홍(內訌)과 사회 불안의 협조자로 왕권 신장에 이용코자 이들에게 봉여했다. 그리고 채여지(采與地)에 대해서는 공권면제(immunität, immunicé)의 특권을 부여했다. 토지는 이제야 단순한 재산 아닌 권력의 상징으로 되었다. 그럴수록 성속(聖俗) 제후들은 또 자유민을 압박하여 토지를 늘려갔다. 6세기 초의 내란기에는 특히 토지 기진(寄進)이 성행[28]하여 토지의 집중 대토지화는 극에 달했다. 이 왕조는 말기에 이르러 병제 개혁[29], 교회령의 국유화[30], 직업군인의 출현[31], 자유농민의 농노화[32] 등을 단행하여 봉건화가 촉진됐다. 왕국 후기의 카롤링거(Karolinger 조) 카얄(Karl) 742~844 대제(768~814)에 이르러 판도는 더욱 확대(Rhein 우안(右岸)에 이르기까지 Sachsen, Langobarden, Bayern을 병합)되고 봉건화도 강화되었다. 왕조의 전반(前半)은 국가 통일의 시기로서 앞의 왕조보다도 봉건화는 저조했으나 후반부터는 보다 높은 차원에서 이를 완성했다. 즉 넓은 판도에서 전통이 서로 다른 여러 부족을 통치하기 위해 국왕은 집권적 체제를 수립해야 했다. 그리고 이를 위하여 전국에 공백(公伯 : duces, Herzoge)·주백(州伯 : Graf)·사교(司敎 : Bischop)·순찰사(Missi) 등의 지방관을 배치하고, 이들을 통솔하는 수단으로 국왕 전대이래(前代以來) 일반화되어 있는 사적 주종관계도 이를 공적인 국가질서 안에 편입하여, 국왕에서 성속 제후 및 그 하급에 이르는 피라미드적 종사제의 봉건제가 공법적·국가적으로 완성·승화하고, 왕은 관리·군인만이 아니라 성

28] 자유민 사이에는 정정 혼란, 사회 불안, 경제 부담, 군역의무, 재판상 압박을 피하고자 토지를 유력 영주에게 위탁하여 다시 청원차지(precelia)하는 탁신(託身)행위(commendation Mannschaft)가 성행했다.

29] 아랍(Sarasen)의 침입에 대비하여 궁제(宮宰)였던 Karl Martall이 723년 병제를 기마병력 기반으로 개편하고, 군사력을 위해 종신(從臣)들에게 많은 토지를 Beneficium(은대) 형식으로 공여.

30] 종신(從臣)에 대한 Beneficium 증대로. 말마암아 영지가 고갈함에 따라서 베네퓌키움의 자원으로 이를 단행.

31] 후일의 기사(ritter. Knight)가 된 기마병력의 중핵인 중급토지 소유자 중심의 병제 개혁으로, 이들의 지위가 향상하고 종전의 기본병력이었던 농민의 지위는 하강.

32] 주31 참조

제3장 중세 유럽과 전형적 봉건제

속 제후에 이르기까지 종사적(從士的) 충성을 서약하게 했다.

반면, 토지 하봉(下封)에는 지행(知行)의 은대제(恩貸制 : Beneficium)를 철저히 하는[33] 한편, 이를 세습화하고 교회령도 국유화하여 이를 봉토(feudum, feod, Lehen)로 했다. 이로써 자유농민(Allodisten)은 로마의 콜로니(Coloni)와 같은 신분으로 추락했으며, 속출하는 대토지 소유(장원)에 예종(隷從)한 농노로 되었다. 이들은 가옥과 농업생산용구를 가지고 소토지를 섬유하여 자기 경영을 하는 것이나, 토지에 묶여 인격이 영주에게 소유된 예종적 존재로 되었다. 그리고 토지점유의 댓가인 토지사용료는 노동 지대(Arbeitrente)가 주된 것이었다. 봉건 초기의 이 노동 지대 단계를 고전장원(classical manor, Grossgrundherrschaft, Villikation)이라 하고 농민을 농노(serf, villein, Leibeigene)라 하여 이것이 발전한 후일의 지대(地代)장원(Rentengrundherrschaft)과 이의 예농(Hörige)과도 구별한다.

때문에 이러한 고전장원은 게르만의 로마 정복을 계기로 형성되면서 전형적인 완성을 본 것은 위와 같은 카롤링거(Karolinger) 왕조의 기원 8,9세기였다고 보고 있다. 때문에 이 시기를 서구 봉건제 성립기로 보는 것이나 이는 대체로 서 프랑크(후일의 프랑스)에 해당한 것이다. 즉 잡다한 여러 부족의 넓고 전통이 다른 이 왕국에서는 봉건제 형성의 시기가 달랐던 것이다. 동프랑크(후일의 독일)는 신성로마제국으로 통일된 후에도(10세기 중엽) 종족 분국의 자생적 정치형태가 강하여 봉건적 신분제가 고정화하였는가 하면, 이탈리아는 프랑크 왕국에서 분립한 지역이었으나 남부·북부의 이질적 여러 요인, 비잔틴 영향 하의 여러 도시 발전으로 봉건제 형성에 일률적인 것이 없었던 것과 같다.

반면 영국(Britania)은 앵글·색슨(Angles·Saxons)이 5세기 중엽에 선주(先住)의 켈트족(Celts, Kelten)을 정복했다(A.D. 43년에 로마군이 점령했으나 5세기

33] Beneficium(恩貸地) 수령자(Benefigiare)는 토지와 함께 이에 속한 농민도 획득하여 부역(Frondienst)과 지대(Grundzins)를 강요.

에 철군, 반면 Angles·Saxons이 대륙에서 침입, Celts는 잉글랜드의 서부 Wales의 북부 Scottland에 이주). 이어 9세기에는 잉글랜드 왕국을 건설했으며, 이 때부터 대토지 소유가 발달했다. 그러나 여기서는 씨족제 붕괴가 늦었던 만큼 8세기 덴(Dänen) 인의 침공으로 봉건화가 진척되었다 해도 완성한 것은 아니었다. 1066년 노르만 정복(Norman Conquest : Norman은 911년 프랑스의 Normandi를 정복하고 이어 노르만디 공 William이 영국을 침공·정복)으로 비로소 봉건제를 대륙에서 수입·완성했다는 것이다.

3. 봉건제 농공(農工)의 재생산(再生産) 구조

(1) 장원과 농업의 경영 구조

봉건적 토지 소유가 게르만적 토지 소유의 전화였던 것과 같이, 봉건농업의 재생산구조도 게르만의 그것과 같은 것이었다. 다만 게르만의 자유 소토지 소유가 봉건적 대토지 소유로 전화함에 따라, 자유로운 소생산 농민이 대토지 소유자에 예종되어 평등 원리가 대립적 관계로 바뀐 것이 다를 뿐이었다.

즉 '농업 공동체가……새 공동체에 그 흔적을 명백히 남기고, 이것이 게르만 인에 의하여 모든 피정복지에 도입……이 특질로 말미암아 이 공동체는 전 중세를 통하여 자유와 인민생활의 중심이 되었다'는 말과 같이, 게르만 인은 정복지에서 비록 소유지를 상실하고 예종의 신분이 되기는 했으나, 소규모 생산은 농업 공동체 단계의 공동체적 특질을 그대로 지키고 있었던 것이다.

이 때 특질이란 농민 상호간 또는 농민·영주 간의 위치·수리상(水利上)의 평등 조건을 보장하기 위한 혼재 경지제(Gemengelage) 경운(耕耘)·파종(播種)·수확(收穫) 등의 통일을 위한 경작 강제(Flurzwang) 및 이를 내용으로 개방 경지제(openfield system)하에서 경지를 춘파(春播)·추파(秋播)·휴경으로 3등분한 전원윤재식(田園輪栽式) 또는 3포농법(三圃農法 : dreifield system)을 말한다. 3포식 자체는 아직 기술 수준이 저위(低位)·조방(粗放)한 데에 대응한 방식이기도 했으나, 이 같은 게르만석 형태의 농업 공동체가 가진 평등 원리의 공동체적 규제가 그대로 '도입'되어 봉건적 농업의 재생산 구조를 형성했던 것이다.

다만 소자유 토지 소유에 의한 소경영적 생산 양식의 게르만적 농업이 대토지 소유에 의한 예종적 소규모 생산의 봉건적 농업으로 전화했다는 소유관계의 변화가 있었기 때문에 분배관계가 기본적으로 달라졌을 뿐이다. 즉 토지 소유자에 대한 댓가 지불이었으며 처음에 이는 직영지(demense, Salland)가 농노의 탁영지(Zinsland)와 지조(地條 : strip, Streifen : 면적은 로마의 Jugera에 흡사하여 1 Morgen=1 acre)로 혼재하여 농노(Gemengelage)가 이를 부역으로 경영하는 노동 지대로 나타났다.

그리고 지대수수(地代收受)와 영주 경영을 대표한 것이 장원이었다. 성곽의 장원청(manor house, curtis, Pronhof)을 가지고 영주의 거소(居所)를 겸했다. 운영은 영주와 동거하는 장사(莊司 : bailib, Villicus, Ministerial)가 맡았다. 그들의 횡포는 영주가 농민에게 부과한 것 이상을 징수하여 축재하고 마침내는 몰락영주를 추방하고 자신이 영주로 되기도 했다. 농노 기타 부자유민(각종 수공업자)은 성곽 주변에서 마르크(Mark) 공동체의 촌락을 형성하고 있었다.[34] 그 주변이 경지고 경지의 주변이 삼림·목지 등이다. 농민은 사유

34] 촌민(村民) 전부가 농노는 아니었다. 농노를 기본계층으로 하여 이 밖에 자유농민(Allod소유자), Colon(토지에 묶였으나 인격적으로 자유), 반자유민(laeti, liti, Halbfreie : 포로에게 약간의 토지를 나눠줘 지대와 부역을 과하고 토지에 묶였으나 인신의 자유를 준 농민), 노예(Sevri : 약간의 토지와 더불어 생계하게 한 소작노예 tenant slaves, 관정노예, 가정노예 등), 오두막살이 농민(cottarii. Cottars. Cottagers, Kötter. Kossäte : 소경(小經)

의 가옥 및 부속지(Heredium)와 더불어 경지를 3포농법의 공동규제 아래 경작했다. 이 경지가 농민에게 분할된 분유지(탁영지 : Zinsland)였으며 삼림·목지·황무지 따위는 공유지(Allmende)였다. 공유지 특히 목지는 매우 중요한 존재였다. 가축의 축력(畜力)·분비(糞肥)·유(乳)·육(肉)은 낮은 생산력 단계의 농민 경제에 중요한 것으로서, 방목 경영이 아직 전 농업경영에서 지배적인 중요 부분이었기 때문이다. 휴경지와 수확 후의 경지는 모두 방목장이되었다. 공유지는 이와 같이 로마의 그것이 침탈 대상이 된 것과는 달리, 여전히 개별 경영을 보완하는 것으로 되어 있었다. 농민 경영의 단위인 후퍼(Hufe)제[35]도 여전히 도습되고 있었으며, 다만 공유지가 농민의 낮은 생산력을 보완하는 동시에, 낮은 생산력으로 인한 가난과 영주의 압박에 대항하여 생존권을 확보하는 수단으로 되었다는 것이 영주가 없었던 그 옛날과 다른 현상이었다.

농업의 이러한 재생산구조는 '게르만 민족이 정주한 곳에서는 어디서든지 지배적인 농업경영제도'[36]를 이루고 있었던 것이다. 그리고 농노제 하의 영지는 이 같은 농업과 수공업이 원생적으로 합일하여 그나마의 자급자족을 이루고 있었다. 즉 타영지의 다른 세계와 경제적 과부족을 교류하는 것

에서 근소한 토지를 경작하나 이로써는 생계가 어려워 임(賃)노동·수공업을 겸한 소농), 수공업직인(靴工·鞍工·무기공·양조인·요리사·제빵공 등등)

35] 가부장적 대가족 시대에는 이에 알맞은 단위면적이 hibe(Grosshufe. 120 Morgen)였으나 소가족 분해에 따라 −가족 유지에 충분한 표준적 농민생활이 될 수 있는 면적인 30 Morgen(Morgen= acre)을 1 Hufe, 이의 보호농(保有農)이 완전 촌민(Volltdbauer)으로서 그 나름의 공민권을 보유하게 한 것. 지미(地味)에 따라서는 20, 40 모르겐도 불무(不無). 농민층 분해과정에서는 반보유농(半保有農 : Halhufner). 1/4 보유농(Viettelhufner)도 출현, 이에 따라 권리·의무도 상이했다.

장원의 규모도 Karolinger기에는 왕령을 예외로 해도 큰 곳은 15,000 Hufe. 1,000~2,000 Hufe가 중간, 작은 곳은 200~300 Hufe로 각양. 소령(所領)은 귀족령이 한곳에 집중적인 데에 반하여 교회령은 각지 교도의 기진(寄進)으로 분산소령이 일반적이었다.

36] Merowinger기에 Antrustiones(왕의 측근에서 특별한 보호를 받는 일단), Leudes(토지 기타 경제적 결부를 중심으로 각지의 주군 또는 분국(分國)의 왕에게 충성을 계약하는 종자군(從者群)) 등 주종제(Vasallität)를 뜻하는 제도 출현.

은, 오히려 영주의 불명예로 생각하여 봉쇄적인 현물경제(Natuowirtschaft)에 만족하고 있었다. 부역경제의 이 같은 자연 경제적 성격은 둘째 기술의 저 위 경직성(硬直性)이 불가피했다. 현물 경제적 미비 내지 경영적 미급(未及)은 농노의 공납·궁핍으로 대치하여 기술향상이 저해·억압되는 것이었기 때문 이다. 그리고 셋째 농노를 분여지로 생활하게 하면서 이에 묶여 인격적으로 예속하게 하고, 넷째 이를 위하여 경제외적 강제를 법제화함으로써 자연경 제와 조방(粗放)한 저기(低技) 기술의 부역경제는 성립할 수 있었던 것이다.

그러나 이러한 조건하에서는 농업은 직접생산농민에 대한 전 잉여노동의 수탈로, 도시 수공업은 빈약한 생산 수단에 의한 소규모 경영이 분산하여, 분업과 협업의 진전이 없는 정체로 농공(農工)은 모두 '누습(陋習)이 존중되 고 전통이 힘을 가질 뿐' 생산력 발전의 계기가 될 수 없었다. 중세 초를 암 흑사회라 하는 것도 이에 연유한 것이며, 기독교라는 신의 세계를 제외하고 는 다른 물질문명의 전개는 불모의 땅이 되지 않을 수 없었기 때문이다.

때문에 새 문명의 여명은 오직 생산력의 발전과 이를 위한 부역경제의 후 퇴에서밖에 기대될 수 없는 것이었다.

(2) 상공업 및 도시의 부활과 그 기본 성격

전술한 대로 '봉건적 생산 양식의 기초는 소농민 경영과 독립 수공업 경 영'이 즉 봉건제 하에서는 농업과 수공업이 원생적으로 합일하여 이것이 경 제적 기초를 이루었다. 그러면 원래 '교통(交通)도 교환도 없는 현물경제'의 조기 봉건제에서 수공업이나 상업은 어떻게 발생하였는가? 그리고 농업과 상공업은 상호규제의 어떠한 작용에서 일정한 발전 단계에 이르러 봉건제 자체를 발전하게 한 동시 마침내는 이를 변모·붕괴하게 했던 것인가?

먼저 수공업(Handwerk) 경영을 보면 이는 영주 수공업과 촌락 수공업의 두 방향에서 개시될 수 있었다. 영주는 장원청 안에 수공업 시설을 갖추어,

가내 노예·농노 부역 등으로 수공업품을 만들거나 또는 농노의 제품을 직접 공납하게 하여 수요를 충족해야만 하였다. 반면, 농민 경제도 봉쇄적 가내 경제(geschlossene Hauswirtschaft)에서는 자가 생산이 원칙인 것이나 생산력이 발전함에 따라 자가 생산이 어렵고 불편한 것이 많아지게 된다. 예컨대 채광·야금(冶金)·건축 등과 같으며, 이에 따라 임작업(賃作業 : Lohnwerk)의 주문 생산이 생기고 이는 나아가 가격 작업(Preiswerk)으로 발전한다.[37] 프랑크 왕국에서는 10~11세기에 이 단계에 이르렀다는 것이며, 이에 이르면 수공업자는 경제적으로 독립할 수 있게 되고, 생산력은 농경에서 수공업이 분리하는 2차의 사회적 분업 성립으로 발전한다. 그리하여 주문 이상의 추가적 생산능력에 의한 잉여 생산물이 농노의 분여지에서 직접 교환으로 교환된다.

그러나 이 같은 직접 교환이 촌락 내 장원 내에서 빈번하게 이루어지면, 농민과 수공업자는 영주의 성하(城下 : Burg) 수도원 또는 대촌락 근처 등 일정한 곳에서 교환을 실현하는 장이 성립한다. 이 소규모의 지방시장이 매주 일정일에 열리는 주시(週市 : Wochenmarkt)이며, 이 시장이 중세의 도시(Stadt)로서 10~11세기에 각처에서 족생(簇生)했다. 그리하여 곳곳에 지방시장이 생겨나면, 먼 거리의 생산자와 소비자를 연결하는 상인의 개재(介在)가 필요하게 된다. 상인의 출현, 독립은 3차의 사회적 분업 성립으로서 생산력은 한층 더 발전하게 되는 것이나, 이에 따라 성립하는 것이 지방 상업이었다.

그러나 이러한 지방 상업은 농촌이 아직 전체적으로서는 현물 경제적 고립성에 정체하고 있었기 때문에, 조기 봉건제 단계에서는 쉽게 발전할 수 없는 지지부진이 불가피했다. 대중적 수급의 지방시장의 지방상업보다는 오히

37] 어려운 작업은 촌락 공동체가 특정 농가로 하여금 이에 전념하게 하는 반면, 식량 기타 생계를 보장하는 방식이 Demiurg. 이는 처음 수요 측이 원료를 공급하여 수공업자가 가공하는 임작업(賃作業)의 주문생산에서 차츰 수공업자가 자기 원료로 주문품을 가공하여 일정 가격에 판매하는 가격 작업으로 진전했던 것.

려 원격지 시장의 원격지 통상(long distance trade. Fernhandel)이 보다 더 발전할 수 있었다. 인접한 부족 내지 장원은 대체로 생산 조건이 같고 따라서 생산물의 종류도 같기 마련이다. 반면 원격의 부족이나 장원 사이에는 이러한 생산 조건, 생산물이 서로 다르기 때문에 원격지 상업이야말로 지배층의 편의품, 특히 사치욕을 충족시킬 수 있는 수단이었다. 서구 상업에서 원격지 통상이 가장 오래되고 전형적인 상업으로 전개되어(고대 상업 참조) 왔으며[38], 조기 봉건제 단계에서도 동방(Orient)과 북방을 연결하는 원격지 상업이 보다 더 활발(活撥)했다. 동방 상품은 지중해를 중심으로 일단 이탈리아의 여러 도시를 거쳐 내륙에 교역되는 것이나, 상파뉴(Champagne : 오늘날의 파리 지방) 지방의 세시(歲市)가 가장 유명하고, 기타 내륙 여러 도시에서 북해, 발트해(Baltic Sea)에까지 이른 탓이었다. 감안컨대, 후에 원격지 통상이 부활하는 것은 영주 및 상인의 큰 염원이었으며, 십자군 원정은 이를 관철하는 계기가 되었다. 즉 십자군 원정(1차 1096~1099, 2차 이후 1270년까지 7회 거듭)은 표면상으로는 회교도에게 유린된 성지 탈환이 명분이었다. 그러나 사실상으로는 회교도에 억압된 지중해 무역의 유럽인에의 회복이라는 이탈리아 상인의 숙원과 영주 재정(財政)을 위한 동방제국의 재보(財寶) 획득이라는 영주의 의도로서, 이를 계기로 11세기에 상업은 부활할 수 있었다(renaissence du commerce). 이후 원격지 상업은 고대의 전통을 이어서 사치적 상품에서부터

38] 북방무역에서는 사실상 해적이었던 바이킹이 일찍부터 북해·발트 해에 진출(Viking은 8세기 이후 이동을 개시한 북 게르만족인 노르만족 중 서 노르만. 이들은 9세기 말 침구(侵寇)가 끝난 후는 완전히 상인화, 동 노르만족의 Waräger가 스웨덴 인), 다시 지중해에 이르기까지 북방물산의 상업활동이 활발.

동방무역은 지중해를 중심으로 레반트 지방(Levante : Greece, Turkey. Egypt)을 경유하여 고대에 왕성. 상품은 유럽인이 동방에서 향료, 특히 은화와 같이 결혼지참금 대신으로 가져 간다는 후추·견(絹)·육계(肉桂)·상아·면화·건포도 등을 수입, 그 대가로 노예·철·모직물 등을 북방에 수출하고 노예·봉밀·모피 등을 수입했다. 특히 노예는 슬래브 인이라는 말이 Sklave(노예)에서 나왔다 할 만큼 Slav 인의 거주지가 최대 공급지였는데, 여기서 수입하여 동방의 회교 지배층에 재수출하는 무역이 10~11세기에 성행했다는 것이다.

차츰 식량같은 대중적 상품, 자연 생산물에서 모직물·금속제품 같은 공업
제품으로 변천 전진하여, 중세 상업은 남북을 연결하는 각지에 대규모의 세
시(歲市)를 형성해 가면서 전성(全盛)으로 향하게 되었다.

그래서 원격지간의 상품을 부등가(不等價)로 교환하여서 이윤을 착출하
는 상품취급자본(Warenhandlungskapital)이 생겨난다. 이에 따라서 현물경
제로 역전하면서 자취를 감춘(9세기 초) 로마의 솔리더스(Solidus) 금화 대
신 은화에 의한 새 화폐제도가 카롤링거(Karolinger)기에 완성되었다. 이로
써 화폐경제도 부활된[39] 것이나 이와 더불어 상품거래에는 예비금으로 축
장화폐(蓄藏貨幣)를 보유하게 된다. 특히 원격지 상업에서 각국의 다른 돈
을 교환하는 환전상에서 그러하게 되었으며, 이렇게 운용되는 돈이 화폐취
급자본(Geldhandlungskapital)이다. 전자와 아울러 상인(업)자본(Handelskapital,
training-commercial-capital)이라 하며 이의 발전, 특수적으로는 화폐취급자본
의 발전과 결부하여 발전한 것이 고리대 자본이었다. 즉 영주·국왕을 비롯
하여 소농민·수공업자·소상인 등의 화폐부족에, 상인의 축적화폐가 고리
로 흡착함으로써 고리대 자본(Wucherkapital)은 성립할 수 있었다.

그리하여 이 두 '상인 자본과 고리대 자본은 쌍생의 형제……자본의 전
기적 여러 형태에 속한', 자본제 생산 양식에 선행한 이른바 전기적 자본으
로서 전근대적 형태로 나타났다. 자본의 여러 형태와 본질이 다른, 즉 자본

39] 12세기 말에 이르러 화폐제도는 혼란의 극(국가가 통일 아닌 정치적 분산으로 제후
회교가 주화특권(鑄貨特權)을 남용했기 때문). 1192년 제도개혁을 위해 Venezia에서
Grossus 은화(종전의 denarius은 12배 가치, 구래(舊來)의 Soldius 금화에 상당)가 발행되
어 Solidus와 같은 단순한 계산화폐 아닌 현실통화로 유통. Karolinger시대 이후 북이탈리
아 여러 도시에 보급. 영국에서는 12세기 말 Sterling이, 독일에서는 1230년에 Heller가
발행. 프랑스에서는 1266년에 이탈리아를 본받아 Gros tournois 발행. 이어 Gros parisis를
발행하여 전 유럽에 보급. 금화는 11세기 이래 Bizantine과 Arabia의 금화가 처음은 이탈
리아, 다음은 알프스를 넘어 유럽 내륙에 전파. 그러나 대부분이 퇴장되고 유럽의 금화로
서 널리 유통된 것은 1252년 Firenze에서 주조된 fiorino d'oro가 최초. 이어 1284년에는
Venezia에서도 Zechin(ducat)이라는 금화를, 프랑스에서는 Gros tournois와 거의 같은 때에
denierd'ore라는 금화, 독일에서는 1330년 이후 Gulden 금화를. 영국에서는 1344년 금화
Floring을 주조했다.

제3장 중세 유럽과 전형적 봉건제

제 사회에서는 상업자본은 산업자본으로부터 생산 상품을 가치 이하로 구입하여, 시장에서 가치대로 판매함으로써 차액의 상업 이윤을 얻는다. 따라서 이는 가치 법칙 기초 위에 등가교환으로 교환을 수행하게 하여, 생산물의 가치를 실현케[40]하는 산업자본의 불가결한 기능을 담당한다. 그러나 전기적 자본은 사회적 생산이 미발전하여 생산과 유통이 미분리인 단계에서 생산자간의 잉여 생산물을 부등가(不等價) 교환으로 매개하여 상업 이윤을 얻는 것이었다. 따라서 이는 모험(冒險)·상략(商略)·정치특권·상업독점 등 경제외적 여러 계기를 통하여 실현되는 것이었으며, 그만큼 상업자본(생산적 경제발전에는 역행), 고리대 자본(생산력의 발전 아닌 마비)은 봉건제를 자기의 전제로서 보존코자 했다.

전기적 자본의 이 같은 보수적 특성이 중세 상공업을 지배하여 그 기본선을 이루었다. 그러나 그나마도 중세 말의 자본제적 경사(傾斜)에 어떻게 작용했는가는 제5장 제3절로 미루고, 다음 이것이 상공업과 어떻게 결부되어 그 기본 성격을 이루게 했던 것인가가 중요하다.

먼저 지적할 수 있는 것은 이 조기 봉건제 단계의 경제사회는 아직 전체적으로는 현물경제가 지배적이었다는 것이다. 때문에 상공업 내지 도시도 봉건제와 현물경제에 규제된 그 나름의 기본 성격을 벗어나기 어려웠다. 즉 수공업은 비록 주문 생산에서 시장 생산이 되었다 해도 자기 가족과 함께 1,2인의 장인(Journey, Geselle) 및 수습장인(apprentice, Lenring)과 더불어 자가(自家)를 직장으로 하는 사장(師匠 : master, Meister)이 이윤보다는 생계를 위한 생업으로 단순상품 생산(einfache Warenproduktion)을 경영한다. 그리고 시장 상대에서 상인이 개재(介在)하고 특히 원격지 시장상대에서 상인 개입이 필연화하면 수공업자는 부득불 시장을 지배하는 경제력을 가진 상인의 상업

40] 상품의 가치는 그 생산에 투하된 사회적 필요 노동시간으로 결정된다는 법칙이 가치법칙(wertgesetz). 이를 실현하는 곳이 시장인 것이나, 같은 가치를 가진 두 상품이 교환되는 것이 등가교환.

자본에 지배되어야 하는 것이기도 했다. 이 같은 기본 성격은 13세기에 이르러 마침내 객주제(Putting out systena, Verlagsystem=織元 drapier, Tucher, 모직물의 경우 Clothier)로 반영 진전했던 것이나, 수공업의 경영적·기술적 수준이 낮았으므로 상업도 기술적 기반은 미비한 것이 그 기본 성격이었다.[41] 영주의 자의에 일임되어 있는 도로는 각기 교통이 불능할 만큼 열악하여 해상·하천의 이용이 고작이었다.

그러나 이 역시 지중해 방면에서는 노예가 조력(漕力)인 가리선(橈船 : galley, Galeere, galére), 북해·발트해에서는 범선(cogge kogge)이 주된 수단이었다. 상인은 이를 이용하여 상대(商隊 : Karawane)를 지어 도중의 위험을 피해 가며 통상(通商)했다.

도시도 그 나름의 기본 성격 안에 있어야 했다. 즉 상공인이 모여들어 성립한 핵심 도시는 농촌이 농업의 자리(sitz)인 데에 대하여 상업과 수공업의 자리를 이루었다.

그러나 이들 상공인은 주위의 농촌 잉여농산물이 생존 내지 교환 대상으로 확보되지 아니하면 안 되는 것이었다. 때문에 이 농촌 지역을 도시의 강제구역(banlieu, Bannmeile)으로 편입해야 했다.

그러면서도 도시민은 자가 소비의 채소·가축을 위한 소경지 또는 연료를

41] 13세기 말 경의 Italy 및 Flaudern 여러 도시의 직유(織維)공업에서는 이미 양모 길드가 상인 길드로부터 분리하여, 그 성원인 직원(織元)은 (1)상인 길드에서 원료인 양모를 매입 (2) 이를 자기 소유의 일터에서 가난한 일용노동자를 고용하여 소모(梳毛)·쇄모(刷毛 : 長短의 반모(半毛)를 선별한 다음 긴 양모를 소모 combing하여 방적(紡績)한 것이 방모사(紡毛絲 : woollen yarn)) 등 준비공정을 마친 다음, (3) 교외 농가에 가계부업으로 이를 전대(轉貸)하여 직적(織績) (4) 모사(毛絲)는 직기(織機)와 함께 직포공(織布工)에게 이를 전대(轉貸)하여 열악한 공임으로 하청 직포(織布) (5) 끝으로 역시 시내의 염색공·완성공이 이를 하청하여 완제품화하는 것이 모직의 공정. 이러한 직원(織元 : clothier)의 경영형태가 객주제. 직원의 객주제 지배는 중세도시적 길드제와 결부하여 길드 규제의 강력한 경제외적 규제가 그 지주였음이 물론이다. 때문에 이는 길드제가 파쇄(破碎)됨과 함께 파쇄되어야 했으며, 독일·프랑스 또는 영국에서도 산견(散見)된 직원(織元) 지배의 객주제(轉貸客主)는 14세기 경에 붕괴(오쓰카 히사오(大塚久雄) 저 《歐洲經濟史》 p.100~103). 객주제는 15세기 말~16세기에 걸쳐 부활(제2절 3의 (2)주 참조).

제3장 중세 유럽과 전형적 봉건제

위한 공유지를 가지고 직포기(織布機)도 가졌던 것이나, 따라서 도시라 해도 농촌도시 또는 반도시(半都市) 등으로 일컬어지는 것이다. 이러한 도시의 시민에 대하여 영주는 농노보다는 비교적 자유로운 신분적 자유를 향유하게 했다. 이는 도시를 번영하게 하여 시장세, 원격지 상인의 통과세를 징수하는 영주의 도시권 확보가 그 의도였음은 물론이다.

이와 같이 중세 초의 도시는 농촌을 전제로 존립할 수 있는 것이었으나, 상호간 '정치적으로는 농촌이 도시를 착취'한(정치적 권력이 토지와 결부됐기 때문) 반면 독점가격 형성, 상인 기만(欺瞞), 고리대부 등으로 '경제적으로는 도시가 농촌을 착취'[42]한다는 대립적 성격의 것이기도 했다.

도시의 이 같은 정치적 피지배가 도시민의 경제적 실력 증대와 더불어 상공업자의 상인조합(gilda mercatoria) 결성과 자치권(Autonomie) 획득으로 나서게 하여 이후의 발전을 보게 되었다(이에 관해서는 제2절 1의 (2)에 후속).

42] 小林良正, 《⋯⋯封建制の展開》 p.115

제2절 봉건적 생산 양식의 발전 동요

1. 농공(農工) 생산력의 발전과 모순 발생

(1) 제철법 개선과 농업 생산력의 발전

위와 같이 봉건적 생산구조에서 상공업이 부활하고 도시가 발생하면 이는 농업 생산력 내지 시장 상대의 상업적 농업의 발전을 농촌 외부에서 촉진하게 된다.

그리하여 농업·농촌이 발전하면 이는 다시 도시 및 상공업을 발전하게 하여 서로가 상호규제적인 존재였다. 그러나 기본적인 것은 농업이었다. 때문에 농업 생산력의 발전을 먼저 살펴보아야 하겠으나, 봉건제 하에서는 직접 생산자 농노의 모든 잉여노동은 영주 직영지의 부역노동에 제공되고, 때로는 탁영지(託營地)의 필요 노동부분마저 잠식되는 것이라 했다.

그렇다면 농업 생산력은 발전의 여지가 없다. 그러나 그럼에도 불구하고 생산력 발전은 조금이나마 여지가 있었다. 탁영지 경영이 그것이었으며 직영지의 강제 부불노동(不拂勞動)에 비하면 탁영지의 자기 자신을 위한 자유로운 노동은 직접 자신의 이해와 관계하는 것이었으므로 근면과 창의가 발휘되는 것이다. 즉 '직접 생산자 자신이 자유로이 할 수 있는 노동의 생산성은 가변량이었으며, 그의 경험이 쌓여짐에 따라 발전하지 않을 수 없는 것이다. 그가 익힌 새 욕망, 그의 생산물에 대한 시장의 확대, 그의 이 노동부분을 자유로이 할 수 있는 보장의 증대도 그의 노동력을 보다 높은 긴장에 박차를 가한다. ……이 노동력의 사용은 동시에 결코 농경에 한정된 것이 아니고 농촌 가내공업을 포함한다[1]는 것과 같으며, 이러한 자유노동의 발전에 의한 생산성 증진이야말로 봉건 초기의 생산력 발전, 이에 따른 봉건제 발전의 기동력이 되었던 것이다.

경제발전의 이 같은 가능성은 동시에 '농노가 동산 소유를 축적할 수 있게 하고, 이에 따라 농노는 도시 시민으로서의 생활을 동경하여 영주의 손에서 도시에로 도망을 감행하고 농노간의 등급도 형성'[2]하는 변화를 일으키게 했다는 것이다.

그리하여 농노 자신의 자유 소생산이 발전하고 농노의 동산과 기능의 축적은, 도시 도망을 쉽게 함으로써 이는 도시의 형성과 발전을 촉진하는 동시에 반대로 농노제를 동요하게 한 것이다.

이러한 상호 규제적 작용으로 농노제는 생산물 지대의 예농제(隷農制)로 전진해야 했던 것이나, 수공업의 발전은 농업의 개량을 촉진하여 이는 한층 더 농노 자신의 자유 소생산을 발전하게 했다.

농법(農法)은 일찍이 타키투스 시대에는 곡초(穀草)농업(가축 사료를 위한 목초농업 Feldgraswirtschaft와 식량을 위한 경작농업 Ackerwirtschaft의 교체에서 전자가 우위)이었으나, 그 후 곡물 우선의 경종(耕種)농업(Felderwirtschaft), 2포농업을 거쳐 A.D. 8,9세기에는 3포농법(Dreifelderwirtschaft)이 확립되었다는 것이다(대륙 아닌 영국에서는 12~13세기). 게르만의 이 농법이 중세를 통해 이어져 지금도 그 흔적이 남아있는 것이나, 2포에서 3포의 도입은 그만큼 농업기술이 발전한 새로운 단계를 뜻한 것이다.

3포농법은 옛 게르만 특유의 경작제도를 이어받은 것임은 물론인 것이나 (제1장 제2절 주(17) 참조) 이는 농구의 개량에 조응한 것이다. 가장 중요한 쟁

1] 栗原百壽, "앞의 책" p.78
2] 栗原百壽, "앞의 책" p.78

기 (plough)가 목제에서 금속제·철제로 개량된 것과 같다. 게르만 여러 종족 사이에는 이미 A.D. 4세기 경에 철제 보습의 유륜(有輪) 쟁기가 사용되었고, 로마 속령에서는 무륜 쟁기가 사용되었다는 것으로 전해지고 있다. 그리하여 이 유륜 쟁기는 중세 유럽의 봉건적 농업의 기술 수준을 나타내는 한 지표로서 중요한 것이었다. 기타 써레·2륜하차(荷車)·낫(鎌 sense, Sichel)·투곡봉(投穀棒)·절구 등 농구(農具)가 있고 가축분(家畜糞)이 비료로 사용되었다.

그러나 보다 중요한 것은 철의 용해와 가공법의 개량이었다. 즉 14세기 이전의 제철은 나화(裸火)로 광석을 용해하는 원시적 방법에 의존하고 있었다. 그리고 송풍용 풀무도 수동식의 매우 유치한 것이었으며, 이를 수력(水力)의 수차 이용으로 개선한 것이 14세기였다. 이에 원시적인 습수송풍용광법(濕水送風熔鑛法)은 차츰 근대적인 용광법에 가까운 개량이 이루어질 수 있었으며, 15세기 전반에는 용광로도 비로소 나타날 수 있었다. 수차는 이미 9~10세기 경 제분에 사용되었으나 이 때에 이르러 제련(製鍊)에 사용되고 광석 분쇄에도 수차가 추(槌)를 작동하게 하여 제철 능률을 비약하게 한 때문이다. 그리하여 철이 다량 공급될 수 있었으며, 이 제철 기술의 발전은 또 철 자체에도 가단성(可鍛性)의 철괴로부터 가용성(可熔性)의 양질의 철괴인 선철이 생산될 수 있었다.

이 같은 양질 철의 다량 공급은 농구를 금속제에서 철제로 급진전하게 함은 물론, 이를 기점으로 철제 농구를 하층의 농노에까지 일반화할 수 있게 한 것이 보다 중요하며, 이로써 농업 생산력은 급속히 발전할 수 있었다. 철제 농구의 보급은, 노동 능률을 삼림·황무지의 개간에도 발휘하게 하여, 이의 경지화는 3포농법을 더욱 확장할 수 있게 하여, 종전의 곡초 농법 화전식(삼림지대)같은 이동 경작의 수고를 덜고 3포식 경포종농업(耕圃種農業)을 발전하게 했다. 이 같은 변화는 작목편성에도 개량이 촉진되었으며, 경종 농업에서는 귀리[燕麥]·대맥·소맥·쌀보리[稞麥] 등 맥류와 야채가 재배되고,

제3장 중세 유럽과 전형적 봉건제

경포(耕圃) 밖에서는 과수·포도 내지 아마(亞麻)같은 공업원료 작물이 발전했다. 축산 부문에서도 소·돼지가 아울러 양이 원모(原毛)를 위해, 말이 영주의 군역(軍役)과 농경의 견인력을 위해 많이 사육되었다.

(2) 상공업과 도시의 발전

다음 상공업 내지 도시는 이후(1절 3의 (2) 참조) 어떻게 발전하였는가 살펴보자.

상공업자가 영주의 도시권에 대항코자 시민조합(gilda mecatoria)을 결성하기에 이른 것은 앞서 말한 바이다. 그리고 이들 시민(Bürger)은 실력이 충실해짐과 더불어 도시권에서 해방되어 자치권(Autonomis)을 얻고자 영주와 투쟁 또는 매수로 맞섰다. 콤뮨운동(commune, communio)이 이것이며 11세 기에 발단(Italy, France, Netherland)하여 자치의 특허장을 가진 자치도시가 속출했다. 이제야 이들 도시민은 인신적 자유를 획득하여 '농노도 도시로 도망하여 1년 1일이 되면 자유로 되어 도시의 공기는 자유를 낳는다'는 자유와 자치의 도시가 되었다.

자치도시의 이들 시민(bourgeois Bürger)이 생산 양식의 발전적인 큰 변혁 끝에 근대 부르주아지(bourgeoisie)로 장성한 것이나 제후귀족이 시민과 협력하여 국왕의 악정으로부터 민주정치의 단서를 전취(戰取)한 것이 유명한 대헌장(Magna carta)이였다. 농민을 포함한 국민 전체는 아니었으나 왕권에 대하여 과세·재판 기타의 권리 확보와 baron(봉건귀족)의 봉건적 특권을 63조에 걸쳐 재확인한 것이다.[3]

한편, 수공업자(당시 도시 인구 중 가장 많은 비중)는 일찍부터(이탈리아는 10세기에 발단, 11세기 보급, 프랑스는 12세기, 독일은 13세기에 발단) 동직조합(同職組合)

3] 왕이 이를 무시하자 각주에서 귀족 대표 2명, 특권도시 대표 2명씩을 소집하여 협의(1265)했다. 이것이 영국의회(Parliament)의 시초. 그 후 1376년 의회는 이해가 다른 귀족·상급승려·지주 및 신흥시민의 상원·하원으로 분리.

인 춘프트(Zunft : craft gild)를 조직하고 있었다. 이들의 업(業)은 비록 이윤보다는 생계를 위한 욕망 충기(充起)의 수단이기는 했으나, 대내적인 평등원칙과 대외적인 봉쇄원칙의 춘프트 강제(Zunftzwang)[4]를 조합원에 강요하면서 생존 유지와 수공업 발전을 기했던 것이다. 이 같은 춘프트 강제의 대외적 독점을 위한 봉쇄원칙의 봉쇄적 도시경제는 흡사 고전 장원의 현물경제와 비슷한 것이었다. 평등원칙도 농촌의 후페(Hufe)제도와 같은 것이었으며, 이러한 의미에서 춘프트 강제는 결국 농촌의 Mark 공동체 제도를 도시의 제2조에 적용한 것이라고 말해진다. 그리고 그 봉쇄성도 마침내 수공업 정비의 하나의 요인이 되고만 것이었으나, 수공업은 춘프트 아래 일단 그 나름의 현저한 발전을 이룰 수 있었다. 즉 수공업의 업종은 영세하나 다양해지는 수평적 분업으로 분화하는가 하면, 이는 다시 종전에 1인의 수공업자가 처리한 공정을 많은 공정으로 분할하는 수직적 분업으로 분립하게 되는 분업(=생산력)의 발전으로 전진할 수 있었다.

그러나 앞에서 기술한(제1절 3의 (2)) 바와 같이 수공업은 상업자본의 지배하에 있는 것이 그 기본 성격이었다. 자치도시의 여러 정책도 시장을 지배하는 금권·경제력을 가진 상인층에 유리한 것이 많을 수밖에 없었다. 이에 수공업자는 영주를 비롯하여 도시귀족과도 맞서야 했으며, 12세기 이후에 춘프트 전쟁이 전개되었다.

그리고 수공업은 목공·피혁가공·야금(冶金)·섬유 등이 주된 부분으로

4] 사장(師匠)은 자기 집을 일터로 하여 장인(journey, Geselle) 수습장인(apprentice, Lehring)과 더불어 생산. 수습장인이 일정 기간 수업하면 장인이 되고 장인은 일정 연한 수업 후 1년 정도의 지방편역 수업과 시험 합격으로 사장(師匠) 자격 획득, 가입비를 내고 길드에 가입했다. 이 밖에 원료 공동구입, 각 사장에 대한 생산량·생산 수단·비치수준의 신분에 따른 제한, 상호간의 배신·경쟁 금지, 적정 가격 유지, 최저·최고의 노임 준수 등 대내적 평등의 원칙으로 생업을 보장했다. 또 비조합원에 대한 영업금지, 길드의 종교적 행사, 제전(祭典)에의 비길드원의 참가 불허 등 대외적 독점의 원칙으로 외부인의 길드 이익 침해를 방지하는 등 일반시민과 농민에 대해서도 입시세(入市稅)·거래세·관세·도량형세·도로 및 교량세 등을 강요.

발전을 거듭했다.[5] 섬유부문에서 모직·면직·견직 등은 원료 구입, 제품판매가 원격지 상인 대상이므로 도시에 집중했으나, 마직은 농촌에 집중하는 경향이었고 14세기 초부터 이는 기술 개선이 현저해졌다. 종전의 권사간(捲絲竿 : spinnrocken)이 수압방차로 개선된 것을 비롯하여 16세기에는 족답장치(足踏裝置)를 하고 직기도 수평형이 보급되었다.

방차(紡車 : spinnrad) 도입은 이같이 현저한 기술 개선의 하나였으나 수력 이용 역시 그러한 것이었다. 이는 이미 9~10세기 경에 영국·독일·프랑스 등지에서 인력 대신 수차 이용으로 제분을 하기에 이르렀다. 이어 12세기 경부터는 수공업 부문에도 적용되어서 축융(縮絨)·송풍·쇄광(碎鑛)·단련(鍛鍊) 등의 공정에 이용되고 13~14세기에 걸쳐서는 제재공업·광산배수에 이용되어 생산력의 비약적 발전에 기여했다. 이리하여 수공업은 수력 이용과 더불어 입지가 도시에서 수리가 편리한 농촌으로 분산됨으로써 발전의 소지를 얻은 농촌의 모직물 가내공업은 특히 중세 경제에 중요한 의의가 있었던 것은 후술(제5장)하는 바와 같다.

이와 함께 14세기의 제철법 개량은 15세기 경에 이르러 공작기계로서 선반·볼 밀(ball mill)·나사 제작기·연마기 등을 출현하게 했다. 이러한 발명과 그 발명의 소지는 마침내 나침반·화약·인쇄·시계 등의 발명과 개선을 할 수 있게 했다. 13세기 초 키(舵)의 개량에 이어 나침반의 채용은 항해에 결정적인 역량을 발휘하게 했으며, 조선업도 제철의 개선 보급과 이들 공작기계의 출현으로 획기적인 개선을 볼 수 있었다. 이로써 통상은 발전의 기초

5] 대장간 수공업은 최초의 독립 수공업. 14~15세기의 독일에서는 45업종으로 분화, 무기 제조 수공업이 기술적 첨단. 이에 관련된 광산업은 14세기에 농민 부업에서 독립하기 시작하여 15세기에 독자직 산업부문화히어 모든 기술 개선.

　모직물은 플랑드르(Flandre. Flanders. Flandern)에선 로마의 점령 전부터 성행하여 이탈리아까지 수출. Frank시대에는 프리스랜드 직물(palliafresconica)로 명성 높고 Wikinger 침입으로 일시 타격, 10세기 이후 재흥하여 원료는 영국에서 수입했으나 12세기는 전 Flandre은 직포공과 축융공(縮絨工) 나라로 되어 그 모직물이 북(北)은 Novgorod. 남(南)은 이탈리아를 경유하여 Levant 지방까지 진출.

가 착착 확립된 셈이었다.

그러나 수공업은 상업자본의 지배를 벗어날 수는 없었다. 13세기에 단서를 잡은 객주제(Verlagssystem)의 변천하는 지배 관계와 함께 변천해야 했던 것이나, 경제적 실력자인 상인은 지중해·북해·발트해 또는 내륙을 거점으로 많은 자본을 축적할 수 있었다.

즉 이탈리아 상인의 지중해를 무대로 한 동방무역은 13세기 이후 내륙 교통의 발달(St. Gotthard 고갯길 통상)로 유럽과의 통상이 본격화했다. 이들은 각 자치도시에 상관(商館 : Fondaco)을 세워 거점으로 했다. 북해에서는 일찍부터 노르만인이 플랑드르(Flandre)의 모직물을 중심으로 무역이 활발했다. 그러나 북부 독일의 여러 도시에는 이들에 대항하여 한자(Hansa, Hanse) 동맹을 체결하여 내륙서부의 공업지대와 동부의 농업지대를 지배하고 서쪽은 브르쥬(Bruges), 북쪽은 런던, 동쪽은 노브고로드(Novgorod : Leneglood)에 이르기까지 북해의 상권을 지배했다.

한사(Hansa)는 런던에 스틸야드(Steelyard : Stahof)를 설립하여 이를 교역의 거점으로 활약했으나 런던 상인은 14세기 중엽에 그들의 길드인 머천트 스테이플러스(merchant staplers)를 결성하여 양모를 대종(大宗)으로 이의 수출을 독점(국내에서 10, 대륙에서는 2개의 도시를 Staple로 이를 통해서만 수출)했다. 그 중에서도 상파뉴(Champagne : 지금의 Paris)의 연시(年市)가 가장 유명했으나 상업의 발달은 화폐제도의 발달[6]이 필수적이었다. 이는 또 금융업의 발전[7] 내지 화폐 주조용 은광 개발[8]이 촉진되지 않을 수 없었다.

6] 제1절 주 (45) 참조
7] 금융업은 처음 이탈리아 금융업자가 활약 기독교 교리의 이자금지와 관계없는 유태인이 13세기 이후 유럽 금융업에 활약했다, 15세기 말 독일의 호상(豪商) Jakob Fugger가 소직물 수공업자를 객주제로 지배하기 시작, 상업·고리대로 번영, 제권(帝權)의 재정 궁핍에 편승하여 은광 담보로 폭리를 취하여 이탈리아 업자를 구축, 지배권 확립.
8] 광산도 상공자본이 지배, 고리대는 국왕·제후에게 대금하여 광산특권 획득. 은광은 특히 남부 독일에 풍부하여 그 경제력이 15세기 이후의 독일을 유럽의 정상에 앉게 했으나 그 개발은 상업·고리대 자본.

조기 봉건제는 이와 같이 그 안정적 현물경제에도 불구하고 안정의 전통은 한편으로는 안정, 다른 한편으로는 변질로 나타났다. 그리고 이는 오직 상업의 작용임을 알 수 있으며, '그러한 세계에 이제야 상인이 나타남으로써 이에 의하여 이 세계의 변혁은 시작되었다.'[9] 그리고 이 변혁은 16세기 상업혁명으로 결정적인 양상을 나타냈으나, 상공업의 이 같은 발전에 따른 시민계급의 중세(中世) 타파와 근대 여명의 정신운동이 문예진흥이라는 커다란 물결이었다. 상공업의 발달과 더불어 중세에 접어드는 14세기 초 시민계급은 중세의 속박에서 인간을 해방하여 개성의 자유로운 발휘를 구하고자 휴머니즘 정신을 앙양시켰다. 북이탈리아 여러 도시 중심의 이 정신운동이 근대사회의 자유주의·개인주의·민주주의 사상에 원류를 이루어, 16세기에 이르는 동안 서구 여러 나라에 파급하여 근대를 여는 정신혁명·사상혁명을 이루었다. 이것이 15세기 말 지리상의 발견과도 결부된 것이었으나, 이 때부터의 변천은 후술(3의 (2) 및 제5장 제1절)키로 하고, 다음 농·상·공의 생산력 발전이 우선 조기 봉건제의 모순을 어떻게 확대하여 이를 어떻게 변모하게 했던 것인가 살펴보기로 한다.

(3) 봉건제 여러 모순의 확대와 농민 일규(一揆)

농업 및 상공업의 위와 같은 생산력 발전은 농촌 내부에서 또는 농촌 외부에서 조기 봉건제의 기초를 동요하게 한 것이었다. 즉 생산력의 발전은 그 전단계의 생산력에 대응하여 형성된 노예제적 사회 여러 관계와 모순을 일으키게 되어 농노제는 동요하지 않을 수 없는 것이었다.

부연하면 봉건제에서는 '생산 과정의 개인적 성격과 봉건적 대토지 소유와의 모순'[10]은 처음부터 고유의 경제적 기본 모순으로 되어 있었다. 다만 초기 단계에서는 생산력 수준이 낮은 것이었기 때문에, 이에 대응한 인격적

9] 小林良正, "앞의 책" 《……封建制の展開》 p.139
10] 福富正美, "앞의 책" p392

예종(隷從)의 경제외적 강제에 의한 봉건적 토지 소유의 생산 관계와 생산력도 그 나름의 통일을 이루고 있었을 따름이다. 그리하여 이것은 생산력의 발전과 더불어 파괴되는 것이었으며, 무엇보다 농노제 하에서도 직접 생산자 농노는 그 자신의 생산자 수단을 점유하여 자기의 생활수단을 생산하는 경제적 자립의 소경영 농민이었다. 그리고 이들의 소경영은 비록 전 잉여노동이 토지 소유자인 영주에게 제공되기는 해도 자기의 분유지에서는 생산성을 높일 수 있는 것이었다. 영주의 직영지 아닌 자기의 탁영지에서는 자기 자신을 위해 노동은 경험이 쌓이고 새로운 욕망이 불어남과 더불어 긴장도를 높일 수 있고 또 높여야 하는 것이었다. 그리하여 분유지에서 생산된 필요 노동부분 이상의 초과분은 시장매매로 생계를 향상할 수 있는 것이었다. 이 같은 자극이야말로 직접 생산자 농노의 소경영이 발전할 수 있는 원동력이 되었던 것이다.

그리고 이러한 의미의 소농민 경영의 발전은 농민 자신이 일체의 노동 여러 조건을 자유롭게 사유함으로써 모든 정력을 발휘하여 한층 더 발전하고 번영할 수 있는 것이었다. 때문에 농노는 자기의 봉건적 토지 소유를 자유로운 토지 소유로 개편코자 함이 물론이었다. 그러나 토지 소유자인 영주는 반대로 농노 압박이 불가피했다. 농노의 부불(不拂) 부역노동은 비능률인가 하면 영주 경제의 늘어나는 욕망은, 만약에 경작면적이나 부역노동의 양이 일정하다면 농노의 잉여노동부분을 수탈하는 노동 지대 내지 공납을 강화하지 않고서는 충족할 수 없기 때문이다.

그리하여 인격적 예종(隷從)의 봉건적 토지 소유에 의한 봉건적 생산 관계와 농노적 자영의 봉건적 개별 소경영에 의한 봉건적 생산력의 자기모순은 농노적 생산 양식에는 포용 통일될 수 없다, 새로운 생산력에 대응한 새로운 생산 관계에의 변용이 불가피하게 함이었다. 이 같은 변용을 위한 농노 해방운동이 농민투쟁(manumission)의 이 농민 일규(一揆 : peasant revolt)였으며, 노동 지대(勞動地代)는 차츰 생산물지대·화폐지대로 진화한 것이었다.

농민 일규가 빨랐던 프랑스에서는 일찍이 14세기부터 화폐·상품경제의 발전에 따라서 고전장원이 밀집한 지방(Seine, Marne 양하(兩河) 이북의 Islede France, Picardie, Champagne 일대)에서는 부역(corée)도 생산물지대(champart), 화폐지대(cens)로 전화하기 시작했다. 그러나 이 농노 해방도 실은 백년전쟁 (1337~1453)의 재정난이 막중한 해방금을 받고 매도한 것이었다. 농민 부담금은 가중되고 흑사병의 맹위(1348)는 농촌인구를 더욱 격감케했다. 국왕은 대칙령으로 노임 고등(高騰)을 억제하고 영주는 부역복귀를 기도하여 직계 상속인이 없는 농민재산을 몰수하는 등 봉건반동이 심했다. 그래서 농촌은 황폐와 불행의 연속이고, 생존을 위한 본능은 자케리(Jacquerie)의 일규 (1358)로 폭발했다. '모든 귀족을 절멸'한다는 구호의 일규는, 그것이 아무리 절실한 요구일지라도 무조직·무계획의 단순한 본능적 반사의 폭동인 한 실패가 불가피했다.

사정은 영국에서도 같은 것이었다. 여기서도 도시 및 화폐상품경제의 발전에 따라 14세기에 접어들자 노동 지대는 화폐대납(commutation)으로 전화하기 시작했다. 그러나 역시 백년전쟁에 후속한 장미전쟁(1445~85) 및 흑사병 유행(1347~50)은 농촌을 황폐하게 하고 인구를 격감시켰다. 이는 영주 재정을 곤궁하게 하여 이들은 노동자 조례(1361), 인두세 징수(1377) 등 봉건반동(feudal reaction)으로 대처했다. 농민 및 시민의 궁핍 중압은 일규로 폭발했다. 그들은 '아담이 밭을 갈고 이브가 베를 짤 때 도대체 그 누가 귀족이었느냐'고 구호를 외치면서, 일규는 삽시간에 고전장원 밀집지대인 동남부를 휩쓸었다(1381). 그리고 영주는 그 첫째의 농노제 폐지요구를 비롯한 4개항 요구조건(둘째 폭동참가자 관용, 셋째 상거래의 전국적 자유, 넷째 지대를 에이커 당 4펜스로 고정시킴)을 받아들이는 양, 일단 농민을 회유한 다음, 지휘자 테일러 (Watt Taylor)를 귀족의 면전에서 처형했다. 이로써 일규는 끝이 났다(1382).

그러나 서남 독일에서는 이것이 보다 더 치열했다. 즉 여기서는 15세기에 이르러서도 고전장원이 강인하게 잔존했다. 그러나 14세기 이래 도시는 급속히 발흥했다. 영주는 도시의 부유와 사치를 외면할 수 없었으며, 이를 위한 화폐는 농민에 대한 강압으로 착출할 수밖에 없었다. 부역·연공 강화, 농민지 수탈, Mark의 공유지 사유화 등 봉건반동을 자행했다. 그러나 소농민 경제는 반대로 상품 생산과 더불어 사회적 기반을 얻고 자주성이 강해져만 가고 있었다. 상호간 양극에서 대립해야 했으며 영주의 횡포와 부패에 대하여 농민은 특히 성계(聖界) 영주를 가리켜 악마의 비병(備兵)이며 세이턴(Satan)은 그 수령이라 저주했다. 그러면서 일터나 교회에서 또는 술집에서 영국 농민이 외치던 구호를 되새기면서 시기가 오기를 기다렸다. 이에 활력소를 던진 것이 1517년 루터(Martin Luter)의 종교개혁이었다. 루터는 이어 농민봉기에도 앞장섰다. 그의 지도와 뮌쩌(Thomas Münzer)의 지휘로 폭발한 것이 1525년의 농민전쟁(Bauernkrieg)이었다. 농노제 폐지를 비롯한 12개항의 요구조건과 더불어 도시 서민도 합세하여 도처에 승리를 거두었다. 그러나 루터는 폭력에는 동조하지 않았다. 그의 이탈과 익년의 뮌처(Münzer) 피체 처형과 더불어 일규는 진압된 것이 서남 독일의 경우였다.

이와 같이 농민 일규는 모두 실패작이었다. 그리고 이를 계기로 영국과 같이 재빨리 농노를 해방하느냐, 또는 프랑스와 같이 해방의 템포를 빨리하느냐, 아니면 서남 독일과 같이 농민 강압에 나서느냐 서로 다른 것이었다.[11]

그러나 일규는 한결같이 봉건반동이 직접적인 계기였고 이는 도시 및 상

11] 영국에서는 무력의 승리에도 불구하고 영주적 질서 유지에는 치명적. 그 후 1세기 안에 일규의 요구는 거의 완전 실현. 농노는 국왕의 지배만 받는 자유 신분으로 해방, 농노제는 현물지대를 거치지 않고 15세기 초에는 화폐지대가 지배적으로 선진. 농노는 분할지 소유, 관습 보유농, 정기소작으로 전진.
프랑스 역시 이로써 농노 해방의 템포가 불가불 촉진. 그러나 독일만은 16세기에 이르러 도시 및 신개지 동독에의 농민 도망도 일단락되어 영주는 영내의 치안강화·지배체제 확립 등의 봉건반동을 강화.

품·화폐경제의 발달에 규제된 것이었다. 실로 농촌과 도시는 상호 규제적으로 발전 변모한 것이 봉건경제였으며, 그러한 의미에서 '중세의 역사는 농촌을 좌(座)로 출발하여 그 후에는 농촌과 도시의 대립에서 발전'[12]한 도시와 농촌의 모순이 중요한 일면을 이루었다.

즉 봉건적 생산 양식의 모순은 이러한 농업의 자기 발전에 의한 농업 내부의 내생적 자기모순에 그친 것이 아니었다. 농민적 소경영과 같은 봉건지배하의 도시 수공업의 소경영에도 같은 모순이 없을 수 없었다. 도시의 수공업에 대한 춘프트 강제와 같은 것이었고 춘프트 강제는 상품 생산과 더불어 수공업의 생산력이 발전함에 따라 질곡(桎梏)의 모순이 아닐 수 없었다. 도시자체도 농촌과의 관계는 모순이었으며, 영주의 도시권에 대한 도시의 자유, 또는 농촌의 자연경제에 대한 도시의 상품경제의 대립도 모순이었다.

전자는 자치도시의 특허장 획득으로 진전했으며 후자는 도시 및 상공업의 발전이 농업 생산력을 농업 외부에서 시장생산의 상업적 농업으로 발전하게 했다. 그러나 '상업 및 상업자본의 발전은 도처에서 생산의 방향을 교환가치로 향해 발전하게 한다……사용 가치로 향해 있는……생산 모든 조직에 대하여 크건 작건 해체적으로 작용'[13]한 것이었으며, '도시의 발달은 필연적으로 상품경제를 촉진하여 자연경제를 파괴……생산물지대의 예농제도 농노제와 같이 자연경제를 전제로 이에 입각한 것이었던 한, 필연적으로 상품경제와 모순이고 따라서 도시와 대립한 것'[14]이었다.

이러한 모순의 대립에서 영주는 농촌 주변을 '강제구역'으로 편입함으로써, 존립할 수 있는 '농촌도시'로서의 도시를 영주적 지배의 도시권으로 지배했다. 그런 의미에서 '정치적으로는 농촌이 도시를 착취'하는 것이었으나, 반면 도시는 독점가격형성 수공업조합(Zunft)제도, 도시상인의 기만과 고리

12] 小林良正, "앞의 책" p.105

13] 栗原百壽, "앞의 책" p.105.

14] 栗原百壽, "앞의 책" p.80.

대 등으로 '경제적으로는 도시가 농촌을 착취'하여 피차간 모순의 대립을 이루고 있었다.

따라서 이러한 상호규정적인 봉건 초기의 여러 모순은 개인적 소경영의 생산력 발전에 따라 봉건적 대토지 소유가 해체되는 과정에서 그 '경제적 기본 모순'이 해소됨으로써 해소될 수 있는 것이었고 노동 지대의 생산물지대 전화가 첫 단계로 성취되었다. 즉 농노적 부역경제의 노동 지대에 의한 영주 경영은 생산물지대의 예농제(Hörige)에 의하여 패퇴되었다. 이로써 직영지와 탁영지는 구별이 없고 직접 생산자가 자기책임으로 전경지를 경작하게 되었다. 이리하여 농노제적 대경작은 소멸하고 소경영적 생산 양식을 특징으로 하는 봉건적 소농민 경영은 본격적인 자세로 완성되었다.

이러한 의미에서 생산물지대는 '봉건제의 가장 전형적이고 가장 완성된 형태의 단계'[15]를 고한 것이었고, 여기서는 필요노동부분만이 아니라 불불(不拂)의 잉여노동 부분에 대해서도 노동상의 창의성 기타 생산성의 향상이 작용할 수 있었다. 생산력은 보다 더 발전할 수 있었으며 이 개별적 생산성의 증대는 서로의 경제적 차등을 낳게 하여, 예농(隷農)은 계층 분해가 촉진되었다. 그러나 이 같은 생산력의 새로운 발전적 계기는 그 창의적 생산력이 이제는 다시 소경영적 생산 양식의 소농민 생산 자체와 대립하는 새로운 모순을 이루어야 했다. 모순은 예종과 속박에 대한 소농민 생산에 대한 이중적 모순으로 전개되었으며, 이러한 이중의 모순은 이후의 농업 및 상업(상인자본)의 발전이 상호 규제적으로 진행됨에 따라 심화되는 것이었다. 즉 생산물지대가 화폐지대로 전화해도 화폐지대는 결국 농민 경영이 도시 시장과 항구적으로 결부하기 시작한 한 지표로서, 이에 따라 생산물지대가 그 형태를 바꾼 것에 불과한 것이기 때문[16]에 모순은 심화하기만 했다. 따라서 지대의 본질에는 하등 다름이 없는 것이었으며, 그렇기 때문에 '경제적 기본

15] 栗原百壽, "앞의 책" p.80~81.
16] 福富正美, "앞의 책" p.390

모순'은 자본주의적 생산 양식에의 전화와 더불어 해소되어야만 했던 봉건적 생산 양식 고유의 모순이었던 것이다.

2. 농노 해방과 순수장원의 성립

(1) 고전장원의 동요와 순수장원의 성립

농노 해방(affranchissement, manuamission, Bauernbefreiung)이란 곧 노동 지대에서 생산물(현물)지대 내지 화폐지대에의 전화를 뜻한다. 그리고 이는 농업 생산력의 발전에 근거한다. 즉 부역경제하에서도 농노 분유지에서의 자기를 위한 자유노동은 근면과 창의로 생산성을 높일 수 있었다. 이에 '봉건 사회 발전의 일체의 근거가 배태(胚胎)'[17]되고 있었으며, 농노의 영세한 분유지 생산력 발전과 이에 따른 가내공업 발전은 차츰 영주 경영을 압도한다. 동시에 이는 도시 수공업을 독립·발흥하게 하여 마침내는 농촌과 도시의 대립으로 나타난다. 이는 조기 봉건제의 생산력과 사회관계의 통일을 파괴하는 모순으로서 상품·화폐경제의 발전과 더불어 격화한다.

즉 상품·화폐경제의 발전 내지 이에 따른 도시의 발전은 영주의 자연경제를 침식하는 동시, 분유지의 생산력 발전으로 기능이 향상되고 동산을 축적한 농노로 하여금 도시 도망을 촉진한다. 영주의 대경영은 압박되는 것이나, 교환경제의 발달이 영주의 욕망을 확대하면 할수록 영주는 농노의 잉여노동에 대한 욕망 확대로 반사한다. 그러나 이는 농노의 저항과 대립을 가속할 뿐이었다.

여기서 소위 고전장원의 위기(봉건 위기 : crisis of feudalism, crise féodale)가 노출된 것이며, 부역노동은 영주로서도 유리한 노동이 될 수 없는 것이었다. 때문에 만약 '농노의 생산성 발전이 그 보유지에서 자기의 필요 생산물은

17] 栗原百壽, "앞의 책" p.77

물론, 영주에게 지대로 바칠 수 있는 잉여 생산물을 생산할 수만 있다면 서로가 불리한 노동 지대는 생산물지대(Produktenrente)로 전화할 수 있었던 것이다.' 그리하여 생산물(현물)지대가 성립하면 직접 생산자는 일정량의 현물을 지대로 납부한 잔여의 초과분을 완전히 자기 소유로 할 수 있었다. 동시에 종전의 직영지 부역도 없으므로 자기의 전 노동시간을 자유로이 사용할 수 있게 되어, 노동을 강화하면 할수록 부는 축적되어 농노의 자유소생산은 더욱 발전하게 된다. 이는 영주의 직영지를 추가 경작함으로써 Hufe는 확대된 것이었으나, 생산물지대의 단계에서는 이리하여 '봉건제의 특징인 소경영적 생산 양식이⋯⋯본격적인 자세로 완성되어⋯⋯이는 봉건제의 가장 전형적이고 가장 완성된 형태'[18]로 나타나게 되었다.

그러나 '봉건제의 완성'에도 불구하고 여기서는 노동 지대(부역경제)의 영주 내지 그 대리인의 직접적 감시나 강제 대신, 법적 규제에 따라 자기 책임으로 잉여노동을 한다. 즉 전단계의 강제노동이 자기보유지의 자유노동으로 전화한 것이다. 때문에 이는 곧 인신적 자유의 전개에 큰 전진을 의미하여 이것이 다름 아닌 농노 해방의 과정이었다. 따라서 이 단계에서는 전단계의 부역경제에 의한 농노지배를 대표하는 고전장원(Villikationsverfassung)도 단순한 지대수수의 기구로 변모하여, 이를 순수장원(reine Grundherrschaft Rentengrundherrschaft)이라 하고, 직접 생산자도 농노 아닌 예농(Hörige)이라 하여 서로를 구별한다.

이의 높은 단계 전화형태가 화폐지대였으며 이는 생산물지대 하의 도시 및 상품경제 발전이 더욱 진행함으로써 가능한 것이었다. 즉 '작건 크건 국민적 규모로 진행하는 생산물지대가 화폐지대로 전화하는 것은 상업·도시공업·상품 생산일반, 이에 따른 화폐유통의 보다 현저한 발전이 전제였다. 이는 또 모든 생산물의 시장가격이 그 가치에 접근하여 판매되는 것이 전

18] 栗原百壽, "앞의 책" p.79

제'[19]였으며, 모든 생산물이 대개 그 가치대로 판매되는 것이어야 했다.

그러나 이 높은 단계의 화폐지대도 결국은 생산 여러 조건 소유자에 지불되는 불불 잉여노동의 정상한 형태의 하나로서, '생산물지대가 그 형태를 바꾼 봉건 지대의 한 형태에 불과한' 것임은 앞서 말한 바와 같다. 이것이 차츰 발전함에 따라 여러 과도적 중간 형태를 거쳐 가면서 봉건 지대의 본질은 지양되고 자본제에 이행한 것이다. 따라서 이는 봉건 지대의 마지막 형태였던 동시 해소의 형태였으며 곧 자본의 원시적 축적 시기였다(제5장).

(2) 프·영의 고전장원 해체와 농노 해방

먼저 프랑스에서는 대략 12~16세기가 농노 해방의 시기에 해당한다. 12세기 경에 이미 고전장원(Villikation) 해방 과정에서 노동 지대는 생산물지대(champart, champi, pars, terrage, agrier)로 본격적인 해체를 개시했다. 10세기 경에는 로마의 콜로누스(Colonus)와 대차(大差) 없었던 프랑스의 농노(serv)가 신분적으로는 일단 자유의 예농(Hörige, homes de corps)으로 해방이 되었다. 그러나 그들은 아직 농노 신분에서 완전 해방된 것은 아니었다. 영주는 농노 신분규정으로서의 망몰트(mainmorte : 농노 사망시 그의 보유지를 영주에 귀속하게 한 법규정)를 농민에 매취(買取)하게 한 토지이전세를 물게 했다든가 또는 결혼세(formariage)·인두세(taille)를 부과하는 등의 인신적 부과(賦課)지대가 잔존했던 것과 같다. 다만 그것이 관습적으로 일정액이었다는 것과 결혼도 배상으로 자유였다는 것이 농노와 다른 것이었다. 따라서 이 메머타블(mainmortable)을 반자유민이라 하는 것이나, 이것이 13세기 후반 내지 14세기에 걸쳐서는 화폐지대 상스(cens : 면역세(免役稅))에의 전화도 진행되어 비로소 인격적 자유농민(Vilains Francs)이 될 수 있었다.

그러나 메머타블(mainmortable)의 빌렌(Vilains)에의 전화도 결코 단순한 것

19] 栗原百壽, "앞의 책" p.83

만은 아니었다. 빌렌(Vilains)은 토지 묶임이 완화되고 상속세와 결혼세로 토지의 완전처분권, 결혼 자유를 가지고 일정한 연공(年貢)과 인두세로 족한 도시 중산서민(bourgeoisie)과 같은 자유농민이 되기는 했다. 그러나 이는 상당한 해방금으로 비로소 얻어질 수 있었다. 국왕은 빌렌(Vilains)에의 전화를 위해 1315~18년의 농노 해방 포고에서 '모든 사람은 자연법에 따라 자유(Franc)로운 자로 출생······우리나라는 프랑크(Francs) 왕국이라 명명······ 사물은 바른 명칭에 상응한 것이 바람직하므로 예속 상태는 자유의 형태로 회복해야 한다'고 천부인권(天賦人權)을 선언했다. 당시의 정세로서는 혁기적인 천부인권의 선언이었다. 그러나 이는 결코 무상일 수 없었다. 해방 신분금 징수로 재정 궁핍에 대처코자 한 것이 그 저의였으며 상당한 배상금으로 비로소 자유신분의 빌렌(Vilains)이 될 수 있었다. 그리고 제후도 이를 본받고 나아가 백년전쟁·흑사병 유행 등이 지배층을 봉건반동에 나서게 하고, 이에 농민은 일규로 대항하면서 봉건 해체는 촉진되었다. 그리하여 14~16세기에는 빌렌(Vilains)의 일반화로 프랑스 봉건적 토지 소유의 해체=독립 자영 농민층(laboureurs, yeomanry)의 성립과정은 경과되었다.[20]

이들 해방농민은 봉건 지대를 지불하면서도 보유지를 세습상속하고 매매·증여·임대 등 자기 토지와 같은 기능을 행사할 수 있는 사실상의 토지 소유와 같은 특징적인 것이었다. 따라서 이 농민 보유지(tenure paysanne, Bauernstelle)를 농민적 토지 소유(Propriété paysanne)[21]라 하는 것이나, 이러한 소규모 경영과 아울러 영주 본영지 및 시민층의 소유지도 영국(자본가적 경영에 대여)이나 동부 독일(직접적인 지주 경영)과는 달리 농민에 분할 대여되었다. 이러한 비생산적 소유자의 소유지를 경작하는 경작 농민은 일정량의 생산

제3장 중세 유럽과 전형적 봉건제

20] 高橋幸八郎 《市民革命の構造》 pp.34~36, 113. 近藤康男 《農業政策》 上 pp. 163~5. 그러나 지역적 편차는 있었으며 북서부 및 납부의 일부에서는 화폐지대의 성립에 따라서 영국의 자작농(yeoman) 같은 독립 자영 농민층 laboureurs이 광범하게 성립했으나, 중부 동부 등에서는 생산물지대가 미해체.

21] 高橋幸八郎 "앞의 책" p.38

물 내지 화폐로 규정된 보통소작(fermage) 또는 생산물의 일정 비율(1/2 또는 1/3)로 지정된 분익(分益 : 折半)소작(métayage, mezzadria : 지주는 농구·가축·비료·타맥장 등 근소한 자본도 대여하고 농사 감독도 하여 생산물을 반분함)으로 나타난다. 이것이 곧 기생산(寄生産) 지주[22]였으나 이러한 농민은 구래(舊來)의 농민적 토지 소유가 봉건적 지대의 봉건제를 완전히 벗어나지 못한 데에 반하여, 단순한 차지 소작인(locataires)으로 나타날 수 있었던 것이 서로 다른 것이었다. 그러나 그 비중은 농민적 토지 소유가 압도적이었으며 이것이 프랑스를 소농지 소유국으로 규정하고 중자균분상속법(衆子均分相續法)은 이를 더욱 세분화했다. 그리고 농민적 토지 소유도 16세기 말 부르봉(Bourbon) 절대왕정 하에서 다시 생산물지대로 역전하는 봉건반동이 이루어졌다. 이것이 기본형태[23]가 되어 대혁명에 이른 것이며 가난한 농민은 공동체적 권리

22] 보통소작은 북부, 분익(分益)소작은 중부·서부·남부에서 지배적이었음. 전자는 지주 권한 침해를 우려하여 국왕이 오랫동안 금지키도 했던 것. 농민적 토지 소유가 대체로 전 국토의 22~70%(高橋幸八郎 저 "앞의 책" pp.38~39).

분익소작이 일반적이었으며, 이는 결국 16세기 이래의 갖가지 전쟁·중과세·기근(飢饉) 등으로 농민층의 분해가 시작되고, 공유지 약탈, 중상중의 정책 등으로 농민의 궁핍이 가중함에 따라, 봉건착취는 전대자본(前貸資本)의 이자청구라는 새로운 형식으로 탈바꿈한 것에 불과하다. 즉 매[鞭]에 의한 봉건적 강압 아닌 굶주림에 편승한 경제적 강압으로 농민을 복종하게 하는 봉건적 외피를 벗은 봉건적 수단이 곧 이 분익소작이라 할 수 있다 (近顧康男 《農業政策》 p.167). 그럼에도 불구하고 농민은 그들의 굶주림으로 인하여 부득불 cens보다 불리한 이 길을 택해야 했던 것. 균분상속법은 분익소작을 더욱 세분화하여 프랑스 농업을 영세한 분익소작으로 오랫동안 고정하게 했던 것.

봉건 지대 아닌 단순한 차지소작도 이러한 표현과 같이 부담이 무거웠던 것으로 이를 기생지주제라 하며(자본주의적 노동시장이 성립하지 않은 상인 자본의 단계에서) 농민적 토지 소유를 상실한 농민이 임(賃)노동을 할 길이 없어서 의연 경작 농민으로서 일단 상실한 농민적 소유지를 고리대적 조건으로 다시 경작하지 않을 수 없게 된 것(栗原百壽 "앞의 책" p.154). 이는 소상품 생산(=小bourgeois적 생산 관계)의 발전에 따라 이들 bourgeois(상인·고리대 자본=전기적 자본)가 봉건적 토지 소유제의 봉건 영주에게 흡착하여(전기적 자본의 봉선직 토지 소유 잠식) 이 같은 고리대적 토지를 승인하게 한 동시, 상실한 농민적 소유지가 이들에게 집중함으로써 성립할 수 있었던 새로운 형태의 봉건적 지주제(봉건적 토지 소유의 재편성)·봉건적 토지 소유에 흡착하여 이에 대립한 새로운 토지 소유로서는 반봉건적(栗原百壽, "앞의 책" p.152 이하 및 오쓰카 히사오(大塚久雄) 《歐洲經濟史濟史》 pp.179)이었다.

23] 高橋幸八郎 "앞의 책" p.35

24]에 의존하면서 겨우 생계유지를 할 따름이었다. 결국 이러한 절대왕정체제(ancien régime)의 봉건 지대 내지 봉건적 여러 부과지대에서 완전한 자유·자주의 농민적 토지 소유에의 전화는 대혁명을 기다려야 했다.

이런 의미의 절대왕정체제(ancien régime) 하의 상태는 후술(제5장)키로 하고, 다음 영국의 경우를 보면 여기서는 프랑스와 매우 대조적이었다. 노동지대는 생산물지대를 거치지 않고 바로 화폐지대로 이행하고, 농민적 토지소유는 재빨리 자본가적 경영으로 상승한 것을 말한다.

감안컨대 영국의 봉건제는 11세기 후반에 완성된 매우 늦은 것이었다.[25] 그리고 고전장원의 해체도 프랑스보다는 1세기가 늦은 13세기 경부터였다. 즉 11세기부터 영국에서는 노동 지대의 고전장원(Villikation)이 형성되기 시작했다. 그러나 잉글랜드(England)의 남동부에서는 5세기에 로마군이 철군하고 앵글로 색슨(Anglo Saxon)이 침공한 후에도 자유인(Georls)이 많았다. 이들은 8세기 대낸(Dänen) 인 침공 후 봉건제가 진행되는 과정에서도 잔존하여 봉건화는 그만큼 부진했다. 그 후 노르만인 침입으로 봉건화가 완성되었으나 이 때에도 그들은 토지 소유권을 가진 채 영주(토지 소유자)에 근소한 화폐지대 또는 현물지대와 때로는 약간의 부역에 응하는 종속관계를 가지는 자유농민(Geneats)으로 변모하여 많이 잔존했다. 갈리아(Gallia)와 같이 로마화의 길을 걸은 남동부에서 대영주(Barons)의 고전장원이 밀집하면서도 제넷(Geneats)가 많이 잔존할진대, 로마의 지배를 받지 않고 켈트(Celts) 사회

24] 공동지 또는 개방 경지제에 따른 수확 후의 경지·휴경지 또는 종획(綜劃)하지 않은 방목지에의 공동 방목권, 삼림·원야 공동지에서의 용익권 또는 이삭줍기(glanage) 등.

25] 서게르만의 Anglo Saxon이 449년 Britania 침입. 선주민의 Celts는 England 서부 Wales 내지 북부 Scottland에 이주. 로마에 직접 지배되지 않는 이곳에서 Celt 사회의 씨족제(Clan System)는 원형이 오래 보전, 씨족제의 분해가 늦었으므로 8세 Dänen의 침공으로 봉건제가 진행됐으나, 자유농민(자유이나 토지 긴박)은 지대—현물 내지 화폐 및 때에 따른 근소한 부역 등 영주적 지배에 종속한 전래의 Allod 소유자와는 다른 자유소작인 socmen, socage tenants이 많고 봉건제는 부진, 1066년 노르만 정복(911년 프랑스 노르망디를 침공—점거한 노르만의 Willian the Conqueror가 정복)과 더불어 봉건화 완성.

의 씨족제를 보전할 수 있었던 북서부의 중심 영주 지대에서는 더욱 그러했다. 즉 여기서는 비장원적 소령(所領)도 많았고, 또 자유소작인 또는 오두막살이 농민(cottiers, Bordarii) 등이 많았으며 전국적으로 자유농민은 많이 잔존하였다.[26]

그러나 전형적인 촌민(村民)은 역시 매너(manor) 조직의 중심이었던 농노이었다. 이들은 주부역(週賦役 : week hour)의 노동 지대와 임시부역(precariae, boonwork) 및 모든 공납을 부담해야 했다. 또 토지에 묶여 영주에 복종해야 했으며 이들을 중심으로 영국의 고전장원은 11세기에 성립할 수 있었다.

그러나 영국에서는 농노제 성립 당시부터 농노는 대륙과는 다른 존재였다. 부역·공납 및 토지 묶임에도 불구하고 '봉건적 토지 소유는 농민의 전 잉여노동력을 흡수하지 못했다. 농민에게 보다 많은 초과분을 남길 수 있는 정도……예컨대 주 3일의 표준적 주 부역도 그 내용·밀도 등에 강도 차가 있으므로, 농노의 필요노동 부분을 넘는 초과분에도 차이가 난다……그 결과 상품 생산자로서의 모든 조건을 대륙농민보다 많이 구비·성숙……이러한 양적 차가 마침내 질적 전화[27]를 낳게 한 것이다.

즉 여기서는 노르만 지배 이후 생활이 안정되고 그 결과 인구 증가와 노임저하로 자유소작인(Liberi bomines 및 socmen)이 증가했으며, 이들은 앞서 말한 농노 부역의 낮은 강도와 아울러 농업 내부에서 높은 생산력을 과시할 수 있는 것이었다. 생산력의 이 같은 수준에서 영주가 '주부역(週賦役)의 필요성을 느끼지 않을 때가 있고, 또 오히려 화폐로 필요한 노동을 고용

26] 小林良三 《西ヨーロッパ封建制の展開》 pp. 34~36, p.181.
　　Socmen은 토지 묶임이나 농노와 같은 종속관계 없이 생산물 또는 화폐지대의 소작계약, 이 밖에 재산처분 나처 이동 자유의 민이 순지 유민(liberi homines). 이를 Socmen 및 liberi homines가 자유소작인. Cottiers는 1,2에이커의 작은 토지로 오두막살이를 하며 manor에 대해서 주 1일 정도의 근소한 노역뿐, 영주나 농노에 고용 노동도 겸한 농노보다도 사회적으로 낮은 위치. 이들은 대략 Cottiers 1/3, 농노 1/3, 기타 자유소작인(liberi bomine 및 socmen)과 노예(servi)가 1/3 (近藤康男 《農業政策 [上)》 pp.123-127).
27] 高橋幸八郎, "앞의 책" p.108

하는 것이 편리하게 되자 13세기 초에 이르러 농노로 하여금 자유소작농과 같은 신분은 아니나, 노동 지대를 화폐지대로 대납하게 한 커뮤테이션(commutation)이 널리 보급[28]되어 보편화하게 되었던 것이다.

농노는 각종 부과지대를 화폐로 환산 합계하여 지불하면 되는 것이었다. 이에 매너(manor : Villikation)는 분해과정에 들어선 것이었고, 상품·화폐경제의 발전으로 남동부 배런(Barons : 귀족)의 왕왕 부역을 강화하는 봉건반동에 나서기도 했으나, 매너(manor)는 중소 영주 및 자유농민의 상업적 농업(13세기 경부터 임노동의 목양(牧羊)도 출현)을 전개하며 해체되기 시작했다. 즉 봉건반동다운 '봉건반동의 현물지대에의 복귀 없이'[29] 커뮤테이션(commutation)은 진행되었고, 1349년의 흑사병, 1381년의 테일러(Taylor) 일규 등이 이에 박차를 가했다. 영주는 본령이 직영지를 농노에게 정기 대여한 농민적 소작농보다 앞선 정기소작(계약에 의한 차지농업, leasehold, Zeitpacht)이 14세기에 나타나 15세기에는 현저하게 되었다. 한편 커뮤테이션(commutation) 과정에 성립하여 영국 농민층의 대다수를 점유한 관습 보유농(Customary tenants. 그 대부분이 등본(謄本) 보유농 Copyholder)[30]도 15,6세기에 이르기까지 저액화폐지대로 고정되어 사실상 봉건 지대에서 해방되었다.

이들 위에, 앞서 말한 리베리 호민(liberi homines), 소키즈(socage) 등 자유소작인이 있고, 그 상층에서 부유한 독립 자영 농민층(yeomanry)가 분출하여, 표준적 보유 면적인 버게이트(Virgate)=후퍼(Hufe)도 분해하는 농민층 분해를 이루면서, 16세기 이후 3분할제(토지 소유자, 농업자본가, 임노동자(賃勞動者))가 확립되면서 자본주의적 발전에 선두를 달렸던 것이다.(제5장 제2절).

28] 近藤康男, "앞의 책" p.129

29] 高橋幸八郎, "앞의 책" p.108

30] 謄本保有農(장원재판소에 관습권에 따라 토지 보유를 등록하고, 그 영주로 평수에 대한 권리·의무 보유) 및 임의보유농(tenants at will : 등본이 없이 영주와의 묵계로 차지하는 불안한 영세농) 등이 관습 보유농.

(3) 식민의 동부 독일과 재판 봉건제

위에서 본 바와 같이 농노 해방과 더불어 성립된 것이 분할지적 토지 소유(Parzelleneigentum)였다. 그리고 이것이 일찍부터 농민의 상품 생산적 모든 조건이 성숙한 영국에서는 재빠른 양극 분해로 상승 농민이 하강 농민을 임노동(賃勞動)으로 고용하여 자본가적 경영이 발전했다. 반면 프랑스에서는 농노가 신분적 해방에 의하여 자유를 얻고, 또 농민의 토지 수탈도 없기는 했으나 양극 분해가 불투명하여 토지 부족의 빈농을 많이 안은 소토지 소유농민으로 고정화했다. 독일에서도 서부는 영국이나 프랑스와 같은 고전장원(Villikation)의 그룬트헤르샤프트(Grundherrschaft)가 13,4세기 경부터는 예농제(생산물 내지 화폐지대)로 해체되기 시작했다. 같은 서독이면서도 봉건화가 빨리 완성된 남부에선 그룬트헤르샤프트가 소장원으로 분열하여 봉건 지배가 계승되기는 했다. 그러나 이에 반하여 상품화폐경제가 일찍 발전한 북부 서독에서는, 영국 못지않은 바른 해체를 이루어 대체로 15,6세기의 서독은 영주적 지배 관계가 약화하고 농민은 분할지적 토지 소유농민이 될 수 있었다.

그러나 엘베강 동쪽의 동부 독일(Prussia)은 사정이 달랐다. 원래 이곳은 삼림지대로서 10세기까지만 해도 이 지역은 미개의 지역이었다. 12세기 이래 비로소 동부 식민[31]으로 개척하여 독일 영토가 된 곳이다. 그리고(1701년

---

[31] 10세기 이래 서구 기주지대(旣住地帶) 인구는 증가 일로. 농민 보유지 세분화, 지가 상승, 농민은 도시 도망, 개량된 철제도구로 미주지 개간 정주. 그 규모는 북의 발틱해에서 남의 Sicily에 이르기까지 중부 Alps 라인강 산맥에 걸쳐 독일, 오스트리아, 스위스의 많은 삼림·황무지를 농용지화. 영국·프랑스를 비롯 스페인·이탈리아 등 각국의 새로운 토지 개척·식민운동에서도 그것이 가장 활발했던 곳이 독일의 저지대. 저지대에서는 수도원·군주·귀족 등 영주층이 농민과 더불어 관개수리단체 조직 배수간척, Braband, 유구노의 삼림에는 관개하고 Planders의 해인 및 내륙의 슐트 강, Meuse 강 유역 Zeeland. Holland 에서는 해안의 제방구축. 이에 큰 역할을 한 것이 시토파 수도원(Cisterican Order)의 교단. 독일에서는 이들을 초청하여 12세기 초 이래 엘베 강 하류 개척, 그 후 Brandenburg, Mecklenburg. Thuringen, Saxonia, Lausitz. Beemen 등지 진출, 동독 식민의 선구. 독일 기사단은 그 후 동Prussia. livland. litouen. Finland 등지 식민으로 진출하고 12세기 이후에 는 Rhein Saar 모든 지방 및 Poland에서 Austria와 Hungary 경역까지 이르러 마치 미국의

에 이곳에서 프러시아 왕국이 탄생) 식민 당초 약 3,4세기 간 14,5세기까지만 해도 이곳은 본국의 서독과 같이 농민의 자유를 허용했다. 영주들의 욕망 증대는 농민의 인신관계보다 급부(給付)관계가 더 중요했기 때문이다. 그러나 15세기 중엽에 이르러 이곳은 다시 농노제로 환원하여 재판 봉건제라고 규탄 받는 농장 영주제(Gutsherrschaft ; Gutswirtshaft)로 진행하였다. 다른 나라가 고전장원(Villikation)을 해체하고 화폐지대가 성립함으로써, 농민적 토지 보유의 분할지 농민으로 성장하는 근대적 변모를 이루는 때에, 이곳 동독에서는 새삼스럽게 고전장원에 복귀한 셈이었다.

이는 유럽 경제사의 다른 한 측면이 아닐 수 없었으며, 여기서도 식민 당시엔 본국 서독에서 고전장원이 생산물지대 내지 화폐지대의 예농제(Hörige)·순수장원(reine Grundherrschaft)으로 해체되는 데에 호응하여 이를 본받았다. 즉 군주가 처음 이곳에 식민할 때에는 불안정한 국경을 경비하는 군사적 이유에서 개척 식민자로 하여금 봉건적 은대제(Lehenswesen)로 결합한 전사(戰士) 조직을 하게 했다. 그리고 그 대가로서 토지를 면조지(免租地 : Settingshufe)로 소유하게 하여 기사영주가 성립했다. 이러한 청부식민(Lokator)은 군주도 그의 관료로 하여금 직할지에서 이루어졌다. 따라서 식민지 일대는 봉건적 토지 소유만이 있을 뿐 토지 소유농민은 있을 수 없었다. 그 결과 농민은 지대 지불의무를 갖게 되었다. 영주에 대한 지대, 교회에 대한 10분 1세(Zehnt), 군주에 대한 공조부역(貢租賦役) 등이었다. 그러나 영주는 농민이 이러한 부과조(賦課租 : Abgabe)를 지불하기 위한 그들의 존재가 유리한 것이었다. 때문에 이들을 식민에 유인코자 농민에 대해서는 토지 보유를 통한 물적 예속을 요구할 뿐, 인격적으로는 상당한 자유를 부여하고 토지의 세습적 보유권과 약간의 행정적 자치권도 인정했다.[32]

서점(西漸)운동을 방불했다는 것. 이로써 10세기까지만 해도 미개의 변경이었던 동부 독일은 최상의 농업 중심 지방과 경쟁할 수 있는 농업지대로 변모.

32] 高橋幸八郎, "앞의 책" p. 117

그러나 이 같은 영주 농민 관계에서도 영주에게는 하나의 특권이 있었다. 영주의 재판권이 그것이었다. 재판권은 사법권만이 아니라 행정권도 겸한 것으로서 그중 경찰권은 특히 중요한 것이었다. 이 특권은 곧 과료형태(科料形態)의 영주 재정 수입원이 됐을 뿐 아니라, 공적 부역(축성·교량 등)의 근원을 이루기도 했다. 더욱이 이는 노동력 부족에 대처해서는 농민을 토지에 묶이는 강력한 수단이 되기도 했다. 이러한 영주의 토지 소유권에 결부한 재판권의 예민성(隸民性 : Untertänigkeit : ① 영주에 대한 충성·존경·복종 ② 토지 긴박 ③ 허가 결혼 ④ 허가에 의한 시민적 직업 수득(修得) ⑤ 영주 요구에 따른 농민 자녀의 복비(僕婢) 봉사) 등 이 같은 경제외적 강제가 자행되었는데 이것이 15세기의 전란기를 통하여 세습예농제 상태를 창출함으로써 그룬트헤르샤프트(농장영주제)라는 독특한 제도가 확립된 것이다.

즉 14세기 내지 15세기에 도시는 급속한 융성을 이루었다. 도시의 많은 사치품이 소박한 농촌 영주의 잠을 깨웠다. 그러나 이를 구입할 수 있는 화폐는 농민에게서만 얻어진다. 이에 농민에 대한 새로운 압박이 가해지고 과료(科料)·부역이 높아지며, 자유농민을 예농에, 예농을 농노로 반전하며 공동 Mark지를 영유지로 구입하고 열심성이 새로이 촉진되었다. 이 같은 정세 아래 15세기 중엽에 이르러서는 이미 화폐지대의 농민부과세가 일반화했다. 그런데 이 시기에 왕왕 화폐 가치의 하락은 고정 화폐지대의 영주 수입을 격감하게 했다. 이러한 봉건적 토지 소유의 위기에 대처해서는 영주가 지대를 인상하는 것이 상례인 것이나, 여기서는 오랫동안 고정되어 있는 지대를 인상하지 않고 재판권의 발동으로 부역을 강화하기에 이르렀다. 그리고 이 부역이 오히려 본래의 지대를 앞질러 사실상의 지대를 구성하기에 이르렀으나 이에 겹친 것이 전란(Huss당 전쟁 : 1420~31) 및 돌림병(흑사병)에 의한 국토 황폐였다. 이것이 더욱 위기를 가중했다.

직접 피해자인 농민은 도시로 도망하여 영주는 강제수단 이외에 농민노동력을 확보할 수 없게 되었다. 도시 도망 증가는 특히 정기(定期) 소작의 본영지 경영을 불능하게 하여, 영주는 재판권에 의한 토지 긴박 강화, 공적 부역의 사적 전용 등으로 본영지를 직접 경영할 수밖에 없었다. 더구나 곡물가격의 등귀는 곡물의 시장거래에 의한 이익을 약속하는 것이었다. 이것이 영주를 본영지 경영에 나서게 한 동시, 본국의 농민 일규(1525)는 그들의 가슴을 서늘하게 했다. 영주는 어차피 농민 지배를 강화해야 했으며, 독립적 농민 경영의 노동력을 부역으로 영주 자기 경영에 확보코자 했다. 이로써 비록 재판권에 의한 예민성은 있더라도 오랫동안 고정되어 있는 가벼운 부담의 생산물 내지 화폐지대는 사실상의 노동 지대인 부역으로 대치되어 고전 장원(Villikation)은 농장 영주제(Gutsherrschaft)로 재현되었다. 그리하여 전래의 3포제를 중심으로 견고한 폐쇄적 공동체를 형성하고 있었던 식민 동독은 영주의 자기 경영에는 부역 또는 임노동을 동원하고 각층 농민[33]의 농민 보유지는 영소작(永小作 : Erbpächter : 생산물지대 또는 화폐지대의 물적 부담과 아울러 영주의 자기 경영에 경작부역을 하는 것이나 토지 보유권은 소유권과 거의 같은 특전 농민), Lassiten(또는 Lassbauer : 부역·공납이 영주의 자의로 행해지는 열악한 보유권자이나 인신적 예속성은 비교적 적은 농민. 소농층의 대부분이 이에 속한 것) 또는 정기소작(Zeitpächtner : 정기계약의 소작이라는 점에서는 영국의 그것과 같으나, 여기서는 지대의 기축이 봉건 지대로서의 부역)으로 대여하는 독특한 부역경제에 되돌아갔다.

이와 같이 동독의 봉건적 토지 소유는 영주의 자기 경영과 농민 경영이 병존했다. 그러나 농민 경영에는 반드시 자기 경영을 위한 부역이 따랐으며 마침내는 자기 경영지(Gutshof, Ackerwerk)를 확대하여 수익욕을 충족한 것

33] 완전 Hufner로서 역축(役畜)을 갖고 경작하는 자가 농민(Bauer). 그 하층인 공동체의 경지대(Flur)에는 경지가 없고 마을 밖에 약간의 경지를 가지나 공동체의 문제에는 참여하지도 못하는 소농층(Kleine Leute : 완전 Hufner의 반이하를 경작하는 가난한 농민인 Kossathen-Gärtner. Häusler. Käthner 등은 Kossäthen의 지방적 명칭). 이 밖에 군주에 대해서만 소액의 토지세를 바치는 자가 자유농민(Kölmer). 소민층(小民層) 외에 Instleute, Losleute, Einlieger 등이 임노동자.

이었다. 즉 12,3세기 식민 당시만 해도 자기 경영지는 공동체의 외곽에만 있었을 뿐이다. 이것이 흑사병 유행과 전역(戰役) 등으로 농촌이 황폐하여져 감에 따라 주인이 없는 땅으로 된 농민지의 몰수, 농민지의 수탈금 공동체 내부에 침식하여 갔다. 때로는 공동지를 위장경영(Koppelwirtshaft)하기도했으며, 특히 30년 전쟁(1618~1648) 후에 그 경향은 심해져서 18세기 초까지 활발했다. 최량(最良)의 경지와 목초지와 삼림의 많은 부분이 그렇게 하여 영주의 분농장(分農場 : Verwerk)[34]으로 편입됐다. 또 이 자기 경영을 부역의 강화(16세기 말에 주 2일이 17세기 초에 주 3일) 및 임노동으로 경영하게 되었으며, 토지지배권(Grundherrschaft)과 결합한 인신 지배권(Leibherrschaft)이 그 기초였다. 이러한 예민성(隸民性)을 근거로 부역노동 내지 임노동을 지배하는 특수한 자본가적 자기 경영과 함께, 임대도 하는 지주적 농장영주(영주 경영·지주 경영)가 지배적 형태로 된 것이 농장 영주제(Gutsherrschaft였다. 따라서 이는 영국의 자본가적 경영이 농민층의 분해의 상승 농민에 의하여 상향적으로 이루어진 것과는 달리 토지 귀족이 하향적으로 자본가적 경영을 한 것으로서, 이른바 자본주의적 농업 발전의 두 길(영국형과 Prussia형)중의 하나를 이룬 특수한 것이었다. 그리고 이것이 마침내 이후 독일사회의 자본주의적 발전구조를 다른 서구 여러 나라와는 달리 완만하게 한 중요한 요인으로 되었다(제5장 제2절 2의 (2)참조)

34] 자기 경영지(Gutshof)가 경영상 분할되거나 또는 그 수가 증가했을 때에 이를 자기 경영지와 구별하여 분농장(分農場 : Verwerk)이라 했으나, 후일에 가서는 자기 경영은 모두 이를 분농장이라고한 것이 일반화.

3. 예농제(隷農制)의 과도적 여러 변화

(1) 분할지 소유와 상공업의 봉건제 부정적 발전

이상 봉건제는 초기의 노동 지대가 생산물지대로 추전(推轉)함으로써 고전장원은 예농제의 순수장원으로 변질되고 화폐지대는 예농제의 '마지막 해소의 단계'로서, 이 때에 농노 해방과 봉건 해체가 진행된 것으로 정리해 보았다.

그러면 이는 경제사적으로 어떠한 단계적 의의를 가진 것이었는가? 봉건제는 위기를 맞이하여 근대사회 성립을 고한 것임은 두말할 필요가 없으며, '화폐지대는 그것이 좀 더 발전하면……토지의 자유로운 농민 소유(분할지소유)에의 전화가 이루어지든가 또는 자본주의적 생산 양식의 형태……로 되지 않을 수 없었다.'[35] 즉 봉건적 생산 양식은 자본주의적 생산 양식(자본제지대)에 추전해야만 했다.

그러나 이 같은 전화(轉化)는 결코 '한꺼번에 직선적으로 이루어진 것이 아니었다. 여러 중간 여러 형태(과도적·반봉건적·전자본주의적 지대 여러 형태)를 거쳐 점진적으로 이루어진 동시……이에 선행하여 농업 외(세계 시장 상업 및 제조업)의 자본주의적 생산이 일정한 고도 발전을 이룬 것이 전제조건[36]이었다.

그런 의미의 '중간적·과도적 지대(地代) 형태로서는 분익제도(metayage), 영주 경영(Gutsherrschaft의 Gutswirtchaft), 분할지 소유(Parzelleneigentum) 등

35] 栗原百壽 "앞의 책" p.84.

경제발전의 일반법칙을 규명하는 경제사에서 지대 내지 그 원천의 토지 소유를 중심 과제로 하는 것은 편견이라 할지 모르나, 봉건제에서는 사회가 농업을 기초로 하여 성립하고 그것이 오히려 봉건사회의 전부였다. 농촌이 도시를 지배하였으며, 농업의 가장 중요한 전제조건인 토지 소유관계는 전자본주의적 모든 사회의 일체를 지배한 경제력이었다는 것을 상기하면 편견 아닌 타당성이 인정되고도 남는 일이다.

36] 栗原百壽 "앞의 책" p.87.

을 들 수 있으나, 분할지 소유는 봉건적 토지 소유에서 자본주의적 토지 소유에 전화하는 과도적 토지 소유의 가장 기본적 형태'[37]였다. 즉 봉건 제의 특징은 소경영적 생산 양식이었고 이는 생산물지대의 예농제 성립으로 완성될 수 있었다. 그러나 이와 더불어 봉건적 토지 소유는 변모를 일으켰다. 봉건 지대의 수취(收取) 규정으로 소유권은 비록 영주의 상급소유권(Obereigentum) 하에 있더라도 예농의 토지 보유는 차츰 그 세습성을 확립하고, 사실상 자기토지와 같이 향유(享有)·처리(유증(遺贈)·증여·매매 내지 대차)할 수 있는 하급소유권(Unterigentum)을 갖게 된 것이다(농민은 옛날과는 달리 상품 생산자로서 화폐지대를 지불하고, 일정한 수속을 거쳐 보유지를 매매할 수 있는 실질적 소유가 성립했으나, 봉건적 토지 소유자는 농민을 등록 보유농 또는 관습 보유농으로 지배하여 토지 보유는 토지 소유에 접근). 이 같은 현실관계에서 '전 잉여노동을 자유로이 사용할 수 있는 자유 소생산'이 보장되고 있는 동시, 인격적으로도 일단 자유농민이 되어 봉건적 토지 소유는 농민적 토지 소유(propriété paysanne)로 변모한 것과 같다. 이로써 생산물지대는 확보될 수 있었으나 더욱이 화폐지대와 더불어 이의 정액 고정과 계속되는 화폐 가치의 하락에 겹친 농업생산성의 향상은 사실상 봉건 지대의 본질을 상실하게 한 것이었다.

이러한 봉건적 토지 소유의 하급소유권에서 실절적인 자유 소유와 자기 경영의 하급소유권을 가진 농민적 토지 소유(사실상 소유자적 자격의 하급소유권을 가졌으나 영주 토지 소유에 이르지 않았기 때문에 경영에서는 차지소작인 fermier, 절반 소작인 metayer 등 정기차지 경영자 locataire인 것이 그 자격)가 곧 분할지적 토지 소유이다. 그리고 이들 분할지(영세과소)농민이 독립 자영 농민이라 말해지고 있다.[38] '고전적 고대의 최량(最良)의 시대……또는 근대적 여러 민족 하에서는……영국의 자작농(yeoman), 스웨덴의 농민신분, 프랑스 및 서독의 농민……등과 같으며 자영 농민의 자유 소유는 소경영으로서는 가장 정상적인

37] 栗原百壽 "앞의 책" p.132.
38] 高橋幸八郎 《市民革命の構造》 p.42, 224

토지 소유 형태'[39]였다.

왜냐하면 '토지 소유는 이 자영 양식의 완전한 발전에 대하여 마치 도구 소유가 수공업 경영의 자유 발전에 필요한 것처럼 필요하고 여기서는 인격적 자립의 발전에 대한 기초가 형성된다. 그리고 이는 농업 발전 자체에 관해서도 하나의 필요한 경과점'[40]인 것이었기 때문이다. 사실 영국의 농노 해방 과정에서는 이 분할소유의 독립 자영 농민층(yeomanry)이 15,6세기에 전면적 성립을 보았다. 그리고 이러한 농민 해방에서 그들의 소경영은 일방 임노동자로 하강 몰락하는가 하면, 반면에 자본가적 차지농업으로 상승 성장하는 농민 분해를 이뤘다. 이에 상승일로의 자작농(yeoman)은 토지를 집적하고 특히 매너(manor)의 영지를 매수(이들이 gentleman 또는 gentry이다)하여 근대적 토지 소유의 대농업을 자본제적으로 경영하는 하향적 발전을 이루었다. 이 과정의 16~18세기 사이에 자작농(yeoman) 자신은 소멸해 버린 것이나, 프랑스의 분익농(分益農)은 불투명한 농노 해방으로 대혁명에 의한 완전자유의 분할지 소유가 성취될 때까지 고정이었다. 그러나 동독의 재판 봉건제는 당초의 농민적 토지 소유에서 농민을 추방하면서도 영주 경영의 하향적인 자본제적 발전을 이룰 수 있었다.

영국·프랑스·독일의 경우 농민 해방과 자영 농민의 성장과정은 이와 같이 약간의 뉘앙스는 없는바 아니었다. 그러나 결국 '자유·자영의 소생산적 분할지 소유는 농민 해방의 가장 정상적·고전적 도달점'[41]인 동시, 이의 번영은 '새로운 근대적 방향에서 농민 분해가 가장 순조롭게 개시되는 출발

39] 표현상으로는 자유 소유의 자영 농민이 분할지 소유의 분할지 농민, 또는 독립 자영 농민. 그러나 그 전형이라 볼 수 있는 영국의 15,6세기 독자 자영 농민인 yeoman도 그 대부분의 토지 소유 형태는 영주 상급 소유지를 정기소작·종신소작·임의소작 등으로 보유하는 하급 소유자이나, 경미한 부담과 인격적 자유의 자영 농민으로서 실질적으로는 소유자.

40] 栗原百壽 "앞의 책" p. 132

41] 栗原百壽 "앞의 책" p. 130

점[42]이기도 했던 것이다. 그러한 의미에서 '분할지 소유는 봉건적 토지 소유의 예농에서 자본주의적 토지 소유의 근대적 임노동에 전화하는 과정의 가장 전형적·기본적인 형태'로서 이를 과도적(중간적·반봉건적 및 전자본주의적) 형태로 봉건제 소경영은 부정되고 자본제 대농업으로 전진한 것이었다.

이러한 봉건적 여러 제도에서의 해방(농민 해방) 및 소경영적 노동 여러 조건의 소유 내지 점유에서의 해방(농민 분해)이라는 두 측면에서 자본주의적 축적의 여러 전제가 축적된 과정이 곧 자본의 원시적 축적(또는 본원적 축적 이는 산업자본 확립에 선행한 자본주의 성립의 전사적(前史的) 과도기로서 전기적인 자본의 단계)단계였다. 이를 과도기로 그 가장 정상적 소유 형태인 분할지 소유의 소경영이 자본제의 대농업으로 전진한 것이었다. 그러나 자본주의적 생활양식에의 전화는 앞서 말한 바와 같이 농업 내부의 분할지 농민의 계층 분해가 이루어지는 동시, 둘째 이에 선행하여 농업외부에서 '세계 시장·상업 및 제조업의 자본주의적 발전이 일정한 고도 발전을 이룬 것이 전제조건이었다'. 곧 '봉건제의 자본제 이행은 봉건적 생산 양식 자체의 생산력과 생산 관계의 모순에 따른 필연적 자기 발전인 것이나 이는 또 상인 자본 및 고리대 자본의 발전으로 매개됨으로써 비로소 현실적[43]인 것으로 될 수 있었다.

즉 원래 전기적 자본으로서의 고리대 자본 및 '상인 자본을 생산 자체에 대해서는 어차피 외재적인 것이었으며, 외부에서 발전적인 환경과 조건을 마련해 주는 것에 불과했다. 때문에 이는 그 쌍생아격인 고리대 자본과 함께 봉건적 생산 양식의 자본주의적 생산 양식에의 전화를 위한 조건을 창출하여 간 것이었으며, 그것만으로써는 아직 현실적으로 자본주의적 생산 양식을 성립하게 하기에는 불충분[44]한 것이었다. 고리대 자본에 관해서이는 '구생산 양식을 변혁하지 않고 오히려 이를 자신의 전제로서 보수(保

42] 栗原百壽 "앞의 책" p. 131
43] 栗原百壽 "앞의 책" p. 112.
44] 栗原百壽 "앞의 책" p. 109.

守)[45]…… 궁핍화……마비……하게 하는 기생충이었다.

상인 자본·고리대 자본은 모두 이와 같이 보수적이며 변혁적이 아니고, 주어진 생산 양식에 외부적으로 기생할 따름이었다. 이의 축적된 '독립의 화폐재산도 봉건적 토지 소유자에게 흡착하여 그 소유를 파괴할 수 있으나 생산 자체에는 개입하지 않기 때문에……경영적 생산 양식을 변혁할 수는 없는 것이었다. 그러한 한 결국 영주적 토지 소유를 파괴……그 자신이 소경영에 기생하는 새로은 반봉건적·기생적 토지 소유에 전화'[46]할 따름이었고, 소유 형태의 이런 확고한 기초와 끊임없는 동일형태의 재생산 위에 정치도 편성되어 있었던 것이다.

그러나 상인 자본·고리대 자본은 이것만이 전부가 아닌 것이었다. '일정한 조건하에서는 변혁적으로 작용……필연적으로, 그리고 현실적으로 산업 자본을 성립하게 했다'[47]는 것은 후술(제5장 제3절에 상술)한 바와 같으나, 무릇 상인·고리대 자본의 낭비적 호족, 토지 소유자 및 소생산자(수공업자 포함)에의 흡착이 이들의 토지 소유 및 소생산을 파멸하면서 대화폐자본을 형성·축적하고, 노동 조건을 점취했다. 이에 봉건 영주와 소생산이 파멸된 한편 노동 조건은 자본에 집중, 새로운 생산 양식 형성의 한 수단이 마련된다.

상인·고리대 자본의 이러한 발전도 고대세계에서는 언제나 노예경영을 결과했다. 이에 반하여 근대세계에서는 자본주의적 생산 양식에 이르게 했다. 상호간 다른 결과로 나타난 것이었으며 이는 그것이 존립한 생산 양식의 강고성(强固性)내지 내부 편성의 차에 의존한 것이었다. 즉 상업 내지 고리대 자체의 성격 아닌 그의 존립기반으로서의 생산 양식 자체의 성격에 의존한 것이었으며 이것이 곧 생산력의 발전수준 여하에 달렸었다. 분할지 농민의 생산력이 생산 수단의 분산적 소유 및 소규모 생산이라는 테두리에는 포

45] 栗原百壽 "앞의 책" p. 99.

46] 栗原百壽 "앞의 책" p. 102.

47] 栗原百壽 "앞의 책" p. 100.

용될 수 없이 발전하고, 전기적 자본은 봉건적 생산 양식의 이 내재적 모순을 발전적으로 촉진한다. 이러한 촉진작용을 매개로 소경영의 봉건적 생산 양식은 대규모의 자본제 생산 양식에 전화하게 한 것이었다. 즉 '농업의 소상품 생산화와 공업의 소경영적 발전이 촉진됨으로써 일정단계에 이르러서는 불가피하게 대농업과 매뉴팩처(manufacture)에 비약코자 하는 정열이 양성[48]되었으며, 16세기 이래의 상인 자본의 세계 시장적 발전이 이러한 변혁을 개시하게 하여, 자본의 원시축적(전기적 자본)은 바야흐로 상인 자본의 지배를 특징으로 나타날 수 있었던 것이다(제5장 제3절에 후속).

(2) 농촌 공업의 발흥과 도시 길드의 쇠퇴 대립

예농제 하의 생산력 발전은 위와 같이 농업 내부의 분할지 소유, 농업 외부의 전기적 자본이 서로 봉건제를 부정하는 국면의 상호규제적인 관계에서 이루어 갔다. 이 같은 변화와 아울러 또 하나 간과할 수 없는 변화로서 농촌 공업의 발흥과 도시 길드의 쇠퇴와 개편을 들 수 있다. 즉 예농제 하의 생산력 발전은 인구 증가와 더불어 마침내 농촌과 도시에서 시장 상대의 소상품 생산(소경영 : Klein Gewerbe)을 광범하게 발전하게 했다. 도시의 길드 규제가 강한 동안은 도시의 상공업은 이를 자기 보위의 수단으로 발전할 수 있었다. 반면, 농촌의 가내수공업은 도시 길드의 영향을 받으면서도 길드 규제가 없는 자유 아래 지방적인 특산물 생산[49]으로 13,4세기 경에 특히 편직물이 상류계급 상대로 많이 발전했다. 15세기 이후 길드가 최성기를 마치고 쇠퇴하여 감에 따라 가내공업은 일반화하고 농촌 공업은 급속한 발전을 볼 수 있었으나, 그 중에서도 모직물(원래는 편직물이었으나 보다 대중적인 상품 모

48] 栗原百壽 "앞의 책" p. 95.

49] 특수기술에 의한 생산물을 그 지방의 특산물로서만 그쳐야 했던 것. 13,4세기 이래 독일 Vendich의 유리 제조, 이탈리아의 Bologna. Firenze Zenova 및 프랑스의 Paris. Lyon 또는 독일의 Köln 등지에서의 편직물, 독일 Zolingen의 칼·무기, Nürnberg의 금속제품, Konstanz의 리넨 직물 Legensburg의 모직물, Flanders 지방의 모직물 등 특정의 가내공업.

직물로 대체된 셈)은 가장 중요한 농촌 가내공업이 되었다.

그리고 유럽에서는 일찍이 두 지역(이탈리아의 Firenze 중심 도시와 농촌 및 Flanders 중심의 낮은 지대의 국가, 특히 Flanders 도시)에서 성왕을 이루었다. 그러나 이들 지역의 모직업은 목양 조건이 양호한 영국에서 원모를 수입·가공한 것이었으므로, 13세기에 이르러 영국이 플랜더스(Flanders) 모직업 발전에 충격을 받고 차츰 양모직수출을 제한·금지함과 더불어 쇠퇴가 불가피했다. 한편, 영국은 모직공업을 가장 가치 있고 나라를 부강하게 하는 최고의 산업이라 생각하여 플랜더스(Flanders)의 모직기술을 도입하고 스스로 개발을 장려했다. 그리하여 14세기 말 내지 15세기에는 플랜더스(Flanders)의 모직업이 쇠망한 반면, 영국에서는 농민적 상품 생산의 발전과 함께 그 기초를 굳히는 반전을 이루었다.[50] 그러나 모직업의 이 같은 발흥도 특히 도시 아닌 농촌에서 이루어졌다. 농촌에서는 도시와 같은 길드 규제가 없었으므로 자유로운 생산·매매를 할 수 있었기 때문이었으나 농촌 공업의 이러한 발흥은 그것이 곧 도시 길드의 상대적 쇠퇴를 불가피하게 했다.

즉 길드는 그것이 조직될 당시만 해도 상공업의 낮은 기술, 약한 재력 및 봉쇄사회의 좁은 시장에 대비한 자기보위의 수단이 될 수 있었다. 그러나 생산력이 발전하여 감에 따라 길드의 엄격한 규제[51]는 생산력의 자유로운

50] 1331년 Edward 3세는 Flanders의 모직공에 대해 영국에 거주하면 영국인과 같은 정치적 권리와 자유를 줄 것이라 하여 수습장인·복비(僕婢)까지 영국 거주를 권유, 이에 호응하여 Flanders의 많은 직공·염색공·축융공(縮絨工) 등이 영국으로 이주, 이들도 외래자의 영국 체류를 거부하는 원칙의 배타적 길드 도시 아닌 자유롭고 원모도 값이 싼 농촌에 이주, 특히 길드 규칙에 구속되어 사장(師匠) 승진이 어려운 장인이 자유로운 활동을 할 수 있는 농촌에 도피하여 농촌 모직업이 발흥.

51] 이미 12,3세기에 발명된 방차(紡車), 직포장치도 길드의 신 생산 수단 도입금지규제로 사용 불능. 어떤 길드의 기술 발명도 그 길드의 비법으로 독점하여 다른 도시 공개불허, 이를 어기면 사형도 불사했다는 것. 생산 수단 이출(移出), 장사(匠師) 이주도 불허. 때문에 어떤 지방의 특수원료 특수기술도 그 지방의 특산물 생산이 고작. 후일에는 길드 재정 팽창으로 가입금 부당징수, 기술 향상을 위한 사장(師匠) 시험작품의 정실(情實) 매매. 사장은 길드 이익의 독점을 위해 장인의 사장 승격까지 방해하자 장인은 장인조합 (Journeyman Association : 15세기 중엽에 공인을 얻은 영국노동조합의 원형)을 결성하

신장을 저해하는 모순의 속박적 장애물이 될 수밖에 없었다. 이에 발전이 촉구되는 공업은 이러한 속박적 생산 관계가 없는 자유로운 농촌을 탈출구로 농촌에 도피·이동하는 것이 현명했다. 이 같은 도시에서의 인구 유출이 사가(史家)의 이른바 도시 탈출(Urban exodus)이다. 부득불 길드는 쇠망하고 따라서 그 집합체인 도시도 몰락의 운명이었으나, 그럴수록 농촌은 이와 반비례로 번영할 수 있었던 것이다.

그러나 도시와 농촌의 이 같은 영고성쇠(榮枯盛衰)는 서로의 대립을 불가피하게 했다. 도시는 농촌에 대항하는 수단을 강구해야 했으며, 15세기 중엽의 영국은 길드 이외의 농촌 공업은 불법일 뿐 아니라 모직업의 기술 수준을 떨어트려 그 명성을 손상한다는 구실로 농촌 모직업을 제지하는 입법 조치[52]를 취했다. 그럼에도 불구하고 기반이 굳혀진 농촌 모직업은 이들 법령도 공문서처럼 노동과정의 분화, 생산 형태의 전환을 거쳐 가며 발전의 길을 걸을 수 있었다. 이에 전임객주제(외업제도 : Verlags system, putting out system)의 직원(織元 : clothier : 길드의 사장(師匠)이며 상인적 업무를 하던 사장이 상인으로 되든지 또는 반대로 상인이 사장의 지위를 얻는 두 코스로 생성)도 재출현할 수 있었다.[53]

고 15,6세기부터 노동시간단축 임금인상 등 대사장투쟁을 확대. 16,7세기의 길드는 자기모순을 감출 수 없이 역사적 사명을 다한 양 비참한 모습을 노출(그러나 그 깊은 잔재는 19세기 초의 공업 해방에서 비로소 완전 불식). 秦玄龍 《一般ㅋ-ㅁㅂ經濟史》, p.88 이하.

52] 직포공조례(Weaver's Act)는 종전의 법령을 1555년에 전국적 입법으로 통일하여 농촌 모직업의 그 이상의 확산과 직기 수습장인의 실적을 금지한 법령.

장인조례(또는 수습장인법 : 1563 . Statute of Artificers)는 최저 7년의 수습장인 기간을 강요하는 등으로 신규개업의 자격을 엄중 제한하고 수습장인 자격도 엄중 규제하여 농촌자제의 유입 방지를 기도. 이 두 조례야말로 전국독점정책의 표현.

53] 14세기를 중심으로 붕괴한 전단계 객주제는 봉건 위기의 15세기 말 내지 16세기 영국·덴마크·프랑스 등에서 새롭고 대규모적인 형태로 만연하여 절대왕정의 경제기구에서 중요역할 수행, 즉 모직물 공업이 원격지 상공업에 편입됨과 더불어, 본래의 사장들은 상인화(또는 상인들이 사장지위 획득)하여 소사장(사장이 되지 못하고 被雇장인으로 고정된 층) 또는 농촌의 단순한 가내공업 등 소생산자에게 원료 기타를 전대(前貸 : 방직의 전공정에 걸쳐 양모·모사 등 원료 및 공임을 전대) 가공하게 한 후에 제품을 자기수중에

이 같은 객주제 지배는 곧 상인 자본의 공업 지배라는 중세상공업의 기본 성격을 벗어나지 못한 것을 뜻한다. 그러나 이로써 영국의 농촌 모직업은 객주제 직원(織元)에 예속하는 임직층(賃織層)과 자신이 독립업자로서 모든 공정을 담당하여 자직 판매하는 소직원층(小織元層 : small clothier)의 계속(階屬) 분화를 일으킨다. 그리고 후자인 상인제조업자(merchant manufacture)는 그들의 생산력과 자본으로 도시 길드 및 봉건적 토지 소유에 대항할 수 있었다. 이들의 축적한 부가 이른바 민부(民富 : Commonwealth, Volksreichtum)로서 농촌은 바야흐로 황금시대를 맞이할 수 있었으며, 여기서 매뉴팩처 기(期)가 전개되었다고도 말해지고 있다(제5장 제3절의 1).

농촌 공업의 이 같은 번영에 대항코자 한 것이 길드 상인의 지방적 독점 특허회사 설립이라는 조직개편이었다. 즉 상인은 농촌 모직업의 발달이 국내의 좁은 시장에서 원격지 시장을 대상으로 해야 하게 되자 이의 원료확보와 제품 조언과정에 독점적으로 개입코자 거대자본의 지방적 독점회사를 조직했다. 모직업의 발전으로 양모 수출보다 모직물 수출이 중요하게 되자 전자를 위한 왕년의 머천트스테플러스(Merchant Staplers) 조합 대신에 길드 상인은 후자를 위한 모험상인조합(Merchant Adventurers)에 규합하여 모직물 수출독점권의 국왕의 특허를 얻었다. 이것이 가장 강력한 독점체였으며, 16세기 후반에는 북해와 지중해의 무역을 대상으로 여러 회사(실질적으로는 조합)가 설립되었다. 같은 시기에 런던의 12종 유력상인의 상인적 사장(師匠)은 그들이 지배하는 생산적 사장을 평조합원(free man), 자신이 특권조합원(livery)으로서 거대한 특권조합인 동업조합(livery company)을 조직했다. 이어

집중하여 한꺼번에 매매하는 지배조직이 전대객주제, 방직의 전공정을 담당한 업주를 직원(織元 : clothier)이라 하여 객주 상인도 직원 직포공과 구별, 그 가운데서 가족 노동 중심으로 수습장인 2~3인과 직기 4~5대를 가진 소자본 직원(소직원, small clothier)이 영국에서는 16세기 경에 분출, 이는 모두 시민혁명기의 상향적 발전으로 붕괴(오쓰카 히사오(大塚久雄) 《歐洲經濟史》 p.106, 145). 따라서 직원은 ① 고용주인 동시 노동하는 자로서 ② 도제(徒弟)도 있고 ③ 농업을 겸하여 부족 없는 생활(오쓰카 히사오(大塚久雄) "앞의 책" p.26. 高橋幸八郎 《市民革命の 構造》 p.135, 140, 168)

한자(Hansa) 상인도 런던에서 추방(Hansa 상인의 런던의 거주지인 steelyard 기능을 박탈하고 1552년에는 이를 추방)했다. 길드는 이와 같이 특권조합으로 변질하여 회사(company)제가 새로이 등장하고 지방공업독점 특히 지방거래 독점이 형성되었다. 국왕도 재정수입을 위해 이 독점을 특허 비호했다. 국왕의 비호 아래 특권조합원(livery)은 경제력이 약한 상인 및 지방 상인을 지배·종속케하면서 그 여세로 토지를 매입하고 장원을 매수하여 젠트리(gentry)가 되고 상인귀족층이 되어 현실의 실권자로서 봉건귀족과도 통혼·융합하는 특권 신분의 새 계급이 되었다.

그러나 이러한 독점특권도 결국은 농촌에서 왕성한 소직원(小織元) 지배를 위한 길드의 재편성에 불과했음을 알 수 있다. 즉 거대상인은 부농이나 소직원 등의 자본주의적 생산의 한계가 좁은, 이른바 소인국적(小人國的) 자본가(lilliputian capitalist)의 농민적 상품경제를 한계로 그 안에서 이를 길드적으로 재편, 지배코자 한 것이 지방거래독점의 회사(company)제 특권조합이었다.

그러나 이미 14세기 이래 번영을 개시한 농촌 공업은 15세기의 황금시대의 농촌의 승리, 도시의 쇠퇴가 결정적으로 심각하게 되었다. 이들 지방거래독점회사들도 '허무한 최후'를 마친 것이 그 운명이었으며, 실로 봉건적 생산 양식이 자본제 생산 양식으로 이행하는 과정에서 이들 '상인이 직접 생산을 제악(制握)하는 길은 그것이 역사적으로 작용하면 할수록……구 생산 양식의 변혁을 가져오지 않고 오히려 이를 보수하여 그 전제로 보존……어디서나 현실적 자본제 생산 양식의 방해가 되며 자본제 생산 양식의 발전과 함께 몰락[54]해야만 했던 것이다. 반면 농촌의 소직원은 농업적 자연경제와 중세도시공업의 춘프트적으로 묶였던 수공업에 대립하여 생활자가 상인 및 자본가로 되었던 것이며, 이들의 이러한 길이 현실적으로 봉건적 생산 양식

54] 栗原百壽, "앞의 책" p.107

에서 자본가적 생산 양식으로 이행하는 혁명적 길[55]로 될 수 있었던 것이다.

(3) 정치기구 개편과 절대왕제 성립

감안컨대 중세 말기에 접어든 14,5세기는 위와 같이 크게 술렁이는 시기였다. 전화(戰禍)·흑사병·기근이 이 시기를 위협하고 따라서 인구의 증가는 정체했다. 무역도 산업도 정체하여 이탈리아에서는 대금융업자의 도산이 속출하고 상파뉴(Champagne)의 세시(歲市)는 14세기 초에 이미 쇠멸했다. 농민이나 수공업자는 생산자로서 생활을 위해 농민 일규, 춘프트 투쟁을 벌였다.

바야흐로 이 두 세기는 불안과 궁핍의 암흑시대로 표현되는 것이며, 봉건 위기가 기본 원인이었다. 이 때에 접어들자 상업·화폐경제의 발전은 상업·고리대 자본이 영주 재정을 파악하게 하여 영주를 점점 궁핍의 화폐욕에 몰아넣었다. 영주는 이에 견디지 못해 봉건반동을 강화했으나 농민도 수공업자도 투쟁으로 맞섰다. 종전의 영주적 토지 소유 내지 도시구조에 의한 착취형태는 한계에 이르렀으며, 이 같은 봉건 위기의 모순을 타개코자 한 것이 공연한 상쟁의 전역과 궁핍·불안으로 나타났던 것이다. 이에 상업·고리대 자본은 몰락하는 봉건 영주 대신 존립의 새 보호자로 맞이한 것이 통일군주였다. 상업·고리대 자본은 봉건 영주의 대립 상쟁으로 태어난 통일군주에 자기의 발전가능성을 발견하여 이와 결탁코자 분산적 정치기구를 군주의 대권 아래 집중 개편한 것이 절대왕제였고, 대권을 업고 활동영역을 외연(外延)적으로 확대하고자 한 것이 15세기 말의 지리상의 2대 발견이었으며 그 새로운 수탈 형태가 국내외 독점특권이었다. 이는 제5장으로 미루고 우선 절대왕제의 본질을 살펴보자.

55] 栗原百壽, "앞의 책" p.107

15세기의 전환기에 접어든 영국 경제는 민부(民富)라는 농민적 상품 경제가 전국적으로 충만하고 17세기에는 농촌 공업의 승리가 확연했다. 이에 따라 하급귀족인 농촌의 젠트리(gentry : 작위가 없는 영국의 귀족계급)와 도시의 특권조합원(livery) 등 신흥시민계급(bourgeoisie, Bürgertum)이 사회의 지배적 경제력을 가진 지배계급으로서 특권 신분을 형성했다. 반면 봉건제 대귀족은 이를 시민계급의 화폐자본에 침식되어 후퇴·와해해야 했으나 백년전쟁(1337~1453)·장미전쟁(1455~85) 등은 정치적으로 그들의 몰락을 자초했다. 영불상쟁의 백년전쟁은 아직 프랑스에 많은 영지를 가진 영국이 양모 주요 수출시장인 플랑드르(Flandre) 지방을 확보코자 한 것을 배경으로 영국이 왕위계승 문제로 도전한 것이었다. 결과는 16세의 어린 소녀 쟌 다르크(Jeanne d'Arc)가 오를레앙(Orléans) 포위의 위기에서 프랑스를 구출함으로써 프랑스의 승리로 끝이 나고, 프랑스 왕은 대륙에서의 영국 소유령을 탈취하여 그 대부분을 왕령으로 할 수 있었다. 그러나 양국의 봉건 제후 기사의 세력이 이렇게 크게 쇠퇴한 반면, 중앙집권적 군주권은 강화되는 것이었다. 이에 이은 영국의 장미전쟁은 이미 백년전쟁부터 시작된 랭커스터(Lancaster)가와 요크(York)가의 왕위계승문제에 귀족들이 개입하여 홍백의 장미 문장으로 나뉘어 혈투한 내란이었다. 사태는 요크(York)가의 지류인 튜더(Tudor)가의 왕위계승(Henry 7세)으로 해결되었으나, 이로써 귀족은 자멸의 길을 밟고야 말았다.

이에 헨리 7세의 전제정치는 절대주의의 기초를 굳혀 갔다. 즉 전승한 튜더(Tudor)는 왕위에 오르자 곧 봉건 가신단의 폐지를 선언하고 중앙정부로서 추밀원(Privy Council)을 설치하여 대귀족 아닌 젠트리(gentry)와 특권조합원(livery) 중 유능한 자를 등용하여 이를 구성하게 했다. 동시에 추밀원문관(樞密顧問官)은 최고사법기관인 성실원(星室院 : Court of Star Chamber)도 구성하여(1487) 대귀족의 군사력과 봉건특권을 박탈하고 관료정부를 확립하여 국왕이 모든 책임을 지게 했다. 다음의 헨리 8세는 종교개혁을 단행하여 교회도 관료화했다. 국왕으로부터 독립하여 로마 법왕 지배하에 있는 교회를 왕에 직속하게 한(영국 국교회 Auglicun Church의 확립. 이른바 영국의 종교개혁) 동시 1536년과 39년에 578개의 수도원을 해산하여 약 18,000의 승려를 추방해 버렸다. 여기서 몰수한 토지는 귀족·젠트리·신하 등 기타에게 하사 또는 매각했다. 이로써 국왕은 세속적·종교적으로 중세의 국왕처럼 교회에 철주(掣肘)됨이 없는 유일한 최고 지배자로서 '왕은 곧 법'이라는 존재가 되었다.

이와 같이 영국의 경우 '대귀족을 배제하여 농촌의 젠트리(gentry)와 도시의 특권조합원(livery)을 계급적 기초로 통일적 관료정치[56]를 구축한 것'이 절대왕제였다. 즉 절대왕제는 대귀족의 몰락만으로 성립이 족한 것이 아니었다. 대귀족의 몰락에 반하여 젠트리(gentry)·특권조합원(livery) 등 하급 귀족의 새로운 경제력이 새로운 지배계급으로 등장하여 봉건적 정치기구의 영주적 지방분권이 이들에 의하여 중앙 집권적 기구로 개편될 것이 요구될 때 비로소 가능한 것이었다.

현실적으로 대귀족들이 이와 같이 자멸의 헛된 고역을 치르는 동안 영국의 농민적 상품경제는 파도와 같은 민부(民富)의 충만으로 구질서를 와해에 이끄는 변화를 일으키고 있었다. 이 과정에서 젠트리(gentry)·특권조합원(livery)은 새로운 경제력의 새로운 계급으로 성장하고 있었다. 그러나 이들 신흥의 하급귀족계급은 당시의 아직 얕은 생산력 수준으로서는 '근본적으로 구매와 판매의 차액 이윤에 의존해야 했으며, 이를 위해서는 상업자본의 상호경쟁을 배제하고 자본이 매개하는 양극을 미발달한 채 누려 둘 필요가 있었다. 즉 상업자본은 국내시장을 독점할 뿐만 아니라, 국외에서도 단순한 시장이 아닌 정치적 강제력을 발휘할 수 있는 식민지로서의 무역독점을

56] 掘江英一, "앞의 책" p.97, 98.

확보하는 것이 가장 유리한 조건으로 중상(重商)주의의 기반을 굳혀야 했다.[57]

그러나 국내독점·무역독점이라는 강제력은 개별 상업자본의 역량만으로써는 불가능한 일이었다. 통일군주가 국내외 일정지역에 대한 일정한 상행위의 특권을 개별 자본에 칙허(勅許) 보호하는 강력한 정치력과 더불어 비로소 가능한 것이었다. 그리고 이러한 정치력의 통일군주 출현을 위해서는 개별영주가 향유한 봉건특권의 경제외적 강제를 왕권에 환원 집중해야 했다. 즉 지방분권의 분산적 정치권력을 통일군주의 중앙집권적 대권(prerogative) 아래 통일을 해야만 했다. 이로써 독점특권을 행사하여 효율적으로 목적을 달성할 수 있는 것이었으나 반면 왕권은 경제적 권력이 이를 하급귀족에 옮겨진 한 이들에 대한 독점특권의 칙허(勅許)로 이들의 독점 이윤의 일부를 국가재정의 일부로 헌납하게 하는 것이 불가피하고 필요한 대응책이었다. 그리하여 절대왕제는 성립하고 종전의 지방독점(지방거래 독점, 지방공업 독점)은 절대왕제에 상응한 전국적 독점의 국내독점과 무역독점으로 형태를 바꾸었다[58]. 이로써 초기독점(early monopoly)이라는 새로운 독점형태 단계에 접어들었다. 그러나 독점특권의 상업자본은 국내 소비대중과 국외 생산자를 강탈했다. 봉건제하 대귀족의 지주계급이 지대로 농민 대중을 강탈한 것과 같이 종획(綜劃 : enclosure)의 강행 등으로 농민을 강탈하고 식민지 지배로 타국민을 강탈했다. 외국 생산자의 강탈을 위해서는 국가권력을 독점회사로 하

57] 河野健二, "앞의 책" p.181.

58] 국내독점 : 신기술을 발명하거나 또는 외국에서 신기술을 이식하는 자에게는 국왕이 특허권을 줌으로써 이를 독점하게 하여 영국의 신흥 공업 장려를 기도. 광산 독점·유리[硝子] 독점이 현저한 예. 이 특허 독점 위에 거대한 특권 매뉴팩처가 구축되었던 것. 주(54)의 직포공조례·장인조례는 전국녹섬 성책이 구현된 것.

　무역독점 : 이를 위해서는 중요한 것만 해도 Russia회사(1553), Africa회사(1553), Merchant Adventurers 조합의 북구무역독점(1564), Spain회사(1577), Eastland회사(1578), Levant회사(1581), Venis회사(1583), Gini회사(1588), 동인도회사(1600), London회사(1606), Plymouth회사(1606), New Foundland회사(1610)등이 우후죽순같이 생겼으며, 이들 회사에 그 지역의 무역·독점을 특허.

여금 외국주권을 침해하는 정치·군사의 특권까지 자행하게 하는 등 국내외 독점특권을 보장했다.

이것이 곧 동양 및 신대륙에서의 서구 구 식민지(사유 식민지) 개설의 출범인 것은 다 잘 아는 사실인 것이다. 때문에 초기 독점의 국내외 독점특권은 '민부(民富)에 대항하여 이를 억압하는 반민주적 권력'[59]의 지배이고 외국주권을 무시한 강탈행위였다. 그럼에도 불구하고 경제적 실력관계의 변화에 따라 '왕권은 민부(民富)에 대항하는 젠트리(gentry)와 특권조합원(livery)을 계급적 기초로 이에 의거하여 성립'[60]하고 특권 신분은 왕권의 보호를 영리의 기초로 이에 의거하지 않을 수 없었기 때문에 이러한 '폭력적 수탈이 지배적 양상'[61]으로 나타나지 않을 수 없었다. 그러한 의미에서 '왕권과 정상(政商)이 서로 이권 거래를 위해 결탁한 것이 절대주의(absolutism, Absolutismus)'[62]였다고 말한다.

절대주의는 이와 같은 것을 본질로 군주는 왕실재정과 관료유지를 위해 상업자본은 본래의 생리에서 무한한 화폐욕을 충족해야 했다. 즉 금·은의 화폐욕 충족이야말로 생산물 수준이 낮은 당시로서는 부국강병의 수단으로 믿어졌으며, 중상주의가 그 정책적 지주로 되어야 했다. 그리고 중상주의는 독점과 식민을 내용으로 초기 독점을 형성했으며, 여기서 근대적 부의 자본이 축적될 수 있었다. 이것이 전기적 자본(Vorkapital)으로서 자본주의 생성의 전사(前史)를 장식한 본원적(원시적) 축적이 진행된 것이다.

절대주의의 이와 같은 성격은 영국이 아니라 해서 다를 바 아니었다. 프랑스에서도 백년전쟁과 함께 봉건제후·기사의 세력은 쇠퇴했다. 그러나 전쟁 승리의 평화 조약으로 국력은 회복되었다. 이에 따라 대상인이 활약하고

59] 掘江英一, "앞의 책" p.97
60] 河野健二, "앞의 책" p.133
61] 河野健二, "앞의 책" p.181
62] 掘江英一, "앞의 책" p.134

국고도 유복해졌다. 이 여세로 국왕은 자주 제후의 영지를 몰수하고 중앙집 권에 나섰다. 그러나 봉건제는 봉건반동으로 해체가 늦어졌다. 도시도 동불 (東佛) 특히 마르세유(Marseille)에서는 지중해 무역의 요충으로서 일찍이 번 영하여 13세기에는 플랑드르(Flandre) 모직물 수출과 동방 향료 수입으로 번성의 극에 달했다. 그러나 동세기 말 이래 십자군 실패와 제노바(Genova) 의 융흥에 눌려 쇠퇴의 길을 밟았다. 이에 상파뉴(Champagne) 연시(年市)의 쇠퇴가 겹쳐 상공업은 국제적 발전을 볼 수 없게 되고 말았다. 뿐만 아니라 [63] 정치적으로는 좀처럼 3부회(etats généraux : 승려와 귀족 및 도시민을 제3신분으 로 1302년에 구성된 신분제 의회. 프랑스 의회의 효시)의 신분간 융합이 이루어지지 않았다. 때문에 절대주의 형성도 늦어져야 했으며 3부회(etats généraux)의 허 (虛)에 편승하여 왕은 1484년 이후 70년간 이의 소집이 없이 왕권을 강화 하고 절대왕정의 시대를 열어 갔다.

그러나 이의 확립은 위와 같은 경제적·정치적 혼란으로 인하여 독·프의 30년전쟁(1616~48), 대 이스파니아전쟁(1701~13) 후로 미루어져야 했던 것이 었다.

한편 이베리아 반도의 포루투갈(12세기 중엽 동 왕국 성립과 Hispania(1479년 왕국 성립)는 일찍이 중앙집권에 나서 15세기 말에는 이슬람 세력을 완전 추 방하고 그 여세로 해외에 웅비할 수 있는 선진적인 것이었다. 즉 빠른 해상 진출로 해상 제패에 의한 활발한 상업활동이 나라들로 하여금 지리상의 2 대 발견을 얻게 하고, 그 결과 열강에 앞질러 상업자본의 발달을 보면서 16 세기 초에는 절대주의를 확립할 수 있었다. 반면 네덜란드는 17세기에 스페 인을 누르고 활발한 상업식민국이 됨으로써 당시의 후진국이었던 독일은 18세기 말에 각각 절대주의를 확립할 수 있었다.

그러나 절대왕제는 성립시기의 이 같은 조만(早晩)이 문제가 아니었다. 이

63] 반면 Paris가 번영하여 1255년에는 소르본느 대학 창립.

는 봉건 해체의 상품·화폐경제의 발달과 조만(早晩)을 같이한 것이었으나, 이보다는 국가권력으로 특권을 보호하고 특권은 국가보증의 독점으로 수탈을 자행한 그 기본 성격이 문제였던 것이다. 즉 이 같은 기본 성격으로 인하여 '절대왕제는 젠트리(gentry)와 특권조합원(livery)으로 계급적 기초로 이에 의거하여 봉건권력을 왕권에 집중, 재편성한 것에 불과했다. 농촌 공업의 발흥과 민부(民富)의 충만이라는 새로운 생산력도 봉건적 특권의 생산 관계를 완전 해소하지 못하고, 대권에 결정된 국가권력과 정치적·경제적 실권자인 신흥특권 신분이 민부의 진전에 대항하여 이를 억압하는 반민주적 권력 체계가 곧 절대왕제[64]였다. 때문에 이는 민주주의의 구현과 더불어 해소되어야 했던 과도적인 것으로서, 서구사회에서는 16~18세기의 3백 년간에 절대왕정의 중상(重商)주의가 적극 추진되면서 대권과 독점을 배격한 민주개혁의 시민혁명이 이를 타파했던 것이다.

64] 堀江英一, "앞의 책" p.97

제4장 중세유럽의 말기봉건제

제1절 중상주의와 자본의 원시축적

1. 해상발견과 상업혁명

(1) 중세 말의 상업 침체와 해상 발견

이상 앞에서 살펴본 바와 같이 14·15세기를 전후한 중세사회는 말기를 고하는 변화의 연속이었다. 지대의 금납화(金納化)에 따른 영주 재정의 궁핍에 전화(戰禍 : 백년전쟁·장미전쟁)와 돌림병(1347~50년의 흑사병 유행)과 기근이 겹쳐 농촌은 황폐했다. 농촌인구는 격감하고 그럴수록 영주 경영은 지탱이 어려워졌다. 이에 영주는 봉건반동에 나서는가 하면 농민은 생존을 위한 본능이 끊임없는 농민 일규로 폭발했다. 바야흐로 봉건제는 영주적 위기(crise seigneuriale)를 맞이한 것이었다. 도시도 권력을 독점한 상업자본의 압박에 수공업자가 농민 일규와 같은 춘프트 투쟁으로 반발했다.

실로 이 2세기는 불안과 궁핍의 암흑시대였으며 봉건제는 한계에 이르렀다. 그러나 이는 동시에 상업·고리대 자본의 한계를 의미한 것이기도 했다. 봉건 영주의 몰락은 상업·고리대 자본이 흡착 기생하는 기반의 상실이었기 때문이다. 사실 격량의 이 시기에는 무역도 산업도 정체했다. 이탈리아에서는 대금융업자의 도산이 속출하고 샹파뉴(Champagne)의 세시(歲市)도 14세기에는 쇠멸의 운명이었다. 상업자본은 이러한 침체상태를 타파하고 새로운 발전을 향해야했으며 '그러기 위해서는 강력한 정치권력과 결부하여 주로 유럽과 그 주변에 한정된 활동영역을 외연적으로 확대하는 수밖에 없었다. 가격 차를 추구하는 상업자본은 경제의 내적 구조를 재편성하는 힘으로 작용함이 없이 기존의 생산 양식에 기생하여 이를 한없이 궁핍화해 가면서 끊임없이 착취원을 새로 추가해야만 했다.'[1] 그리고 그 정치권력이 통일 군주의 절대왕제로 구현되었다는 것은 기술한 바이다. 즉 상업자본은 국내 독점과 아울러 외연적 국외시장 확대를 위해 끊임없는 모험과 탐험으로 신시장을 탐색, 독점해야 했다.

상업자본의 이러한 숙원은 더욱이 아라비아인의 동방상품 독점[2], 오스만 터키(Osmanli, Osman Turks)의 통상 방해[3], 지중해의 많은 항구를 경유하는 통상의 많은 중간 착취가 이를 재촉하여 포르투갈이 신천지 개척에 선두를 달렸다. 스페인(Hispania)과 아울러 이베리아 반도에서 이슬람교도의 세력을 구축하여 건국한 이 나라들은 그 지리적 위치가 해외 진출에 호적했다. 동시에 양국은 정치적 안정과 중앙집권화에 노력을 기울이고 포르투갈은 특히 원래가 북쪽과 동쪽이 산맥으로 포위되어 있으면서 양항(良港)이 많은 곳이었다. 이에 15세기 전반부터 타국 선박을 정복할 수 있는 함대를 건조해 가면서 해상에 진출하여 헨리 왕(1394~1460)은 항해왕(Henry the Navigator)이라 불릴 만큼 항해탐험을 장려 원조했다. 그리하여 그는 열심히 대서양안의 섬, 아프리카의 동북해안에 진출 탐험했으며, 1486년에는 디아즈(B. Diaz)가 아프리카 최남단에 이르러 이를 희망봉(Cape of Good Hope)이라 명명했다. 이어 왕명으로 바스쿠 다 가마(Vasco da Gama)는 희망봉을 우회

1] 河野健二, "앞의 책" p.129

2] 서구인이 Saracens라 부른 Arabs은 일찍이 중세 상업부활에서 동양 특산의 향미료를 수입한 주인공, Saracen상인이 대상(caravan)으로 이탈리아에 반입하면 이탈리아 상인이 이를 유럽에 판매.

3] 오스만 터키는 14세기 이래 발흥하여 서남아시아에서 이집트 방면을 영유하고 근동(近東) 루트를 제압하여 이를 통과하는 물자에 중과세.

하여 1498년에 인도의 캘커타에 도달했다. 이로써 동방에의 직접 무역로가 확정되었으며, 그 후에는 카브랄(Cabral)이 브라질을 발견하여 포르투갈이 신세계에서 일대 제국을 형성하는 기초를 제공했다. 스페인 역시 같은 해상 진출에 뒤지지 않았다. 1492년 콜럼부스의 신대륙 발견이 그것이었다.

콜럼부스는 이탈리아인이었으나 스페인 왕실의 원조로 동방무역의 신천지를 개척코자 대서양을 서쪽으로 항해하여 이른 곳이 신대륙 연안이었다. 이것이 대서양 횡단의 시초였으며 처음 발을 댄 곳이 산살바도르(San Salvador) 섬이었으나 그는 토스카넬리(Toscanelli)의 지구 구체설(1474)을 믿고 이 일대를 동인도제도[4]라 생각하여 신대륙임은 미처 알지 못했다. 때문에 토착민을 인디언이라 불러 오늘에 이르고 있으며, 이어 몇 차례의 항해로 서인도제도(동인도제도의 서편 외곽에 있는 섬들이라 생각하여 서인도제도라 함)[5], 파나마(Panama), 오리노코(Orinoco) 하구 등을 탐색했다. 이 같은 위업에도 불구하고 신대륙 존재를 알 수 없는 당시의 서구인은 이것이 오히려 동인도에 이르는 도상의 거대한 장해물이라 생각하여 실망이 컸다는 것이다. 그런가하면 자신도 끝내 신대륙임을 모르고 바스쿠 다 가마(Vasco da Gama)가 재도항(再渡航, 1524)과 함께 인도 총독이 된 것과는 달리 부하의 참소와 불신으로 본국에서 보답 없는 불우의 여생을 보냈다는 것이다.

그러나 이로써 스페인인은 멕시코, 페루 등지에서 금은의 우수한 광산을 발견하여 이것이 번영의 기초가 될 수 있었다. 뿐만 아니라 그의 서항(西航)은 당시의 탐험가를 자극하여 제노바(Zenova)의 카봇토(John Caboto)는 영국 왕실의 칙허로 북미동안을 탐험하고(1497), 1498년에는 피렌체(Firenze)의 베스푸치(Amerigo Vespucci)가 남미북안에 도달했다. 이어 1501년의 재도선(再渡船)에서 그는 콜럼부스의 탐험지가 인도가 아닌 신대륙임을 확인했다

4] 동인도라 함은 인도양 아라비아 페르샤 인도대륙 및 동방의 여러 지역을 통칭한 명칭.
5] 서인도라 함은 남북아메리카의 동쪽 대서양의 열도에 해당하는 곳으로서 Antilles열도 Baharnas제도로 구성.

는 것이다.

이어 탐험은 계속되어 1519년 포르투갈인 마젤란(Magellan)은 아메리카에서 더 서항하여 그의 이름을 딴 마젤란 해협의 남미 양단을 거쳐 태평양(Pacific Ocean : 조용한 바다라는 뜻으로서 마젤란이 명명함)에 진출했다. 이어 동인도를 목표로 서진을 계속하여 필리핀에 도착하여 토착민과의 교전으로 그는 전사했다. 그러나 부하는 아프리카 항로를 거쳐 3년만인 1522년에 스페인에 귀환하여 최초의 세계 일주 항해를 하고 지구가 둥글다는 것을 몸소체험했다는 것이다.

이러한 지리상의 발견은 물론 필요한 과학기술의 발전[6]이 있어야 했으나이로써 일응 종지부를 찍고 상업자본의 숙원은 결실 충족될 수 있었다. '지리상의 발견……세계 시장의 돌연한 확장, 순환상품의 수배화(數倍化), 유럽국민 간의 아시아 생산물과 아메리카 재보(財寶)를 제약(制握)하고자 하는경쟁, 식민체제는 본질적으로 생산의 봉건적 제한 파쇄에 공헌했다.'[7] 즉포르투갈은 동인도제도와 남미를 영유한 일대 해상제국이 되었다. 동방무역도 이탈리아에서 패권을 빼앗았으며 인도 서해안의 고아(Goa), 페르샤만국의 호르무즈 해협(Ormuz), 말라카(Malacca) 등을 점령하였다. 그리고 이를근거지로 중국의 옥문을 획득하고 일본에서도 개항장(平戶 1541)을 얻었다.[8]이 밖에 아프리카 대륙의 연안 및 신대륙의 브라질도 영유했다. 그러나 신시장은 고아(Goa)를 최대 근거지로 한 동인도 교외의 향미료(후추) 무역이었으

6] 르네상스에서 성장한 과학적 탐구는 14~5세기에 구면삼각법, 천문학의 발달로 지도, 해도, 천체관측 성행. 1474년 Toscanelli가 지구 구체설을 주장하여 콜럼버스가 이를 믿어신대륙 빌견에 공헌. 대범선은 이미 13세기 경에 건조되었으나 정교한 나침반(처음 중국에서 발명하여 사라센 상인이 전달. 14세기 초 이탈리아인이 개량 이후 항해용으로 개량사용) 사용과 더불어 대양항해가 발전.

7] 栗原百壽, "앞의 책" p.106

8] 해외 진출이 이렇게 빠른 관계로 우리들에게도 보탄(botan), 컵(cope), 카네킹(Canequin),사라사(Saracas), 우동, 소로방, 빵, 나사(羅紗) 등 많은 말들이 전래.

며 포르투갈은 선구적 동양진출로 너무나 엄청난 큰 이익[9]을 얻을 수 있었다.

한때 신성로마제국의 황제를 겸했을 만큼 국력이 신장했던 스페인도 1510년 경에 멕시코만 동쪽의 중요한 섬들을 영유했다. 1519년에는 멕시코를 점령하여 신 스페인(Nova Hispania)을 건설했다. 이어 페루(1532), 칠레(1539)를 정복하고 1531~34년에는 잉카족의 정복에 나섰다. 그리하여 남미의 동부·남부·북부 등 각지에서 계략을 꾸며 1542년 경까지는 포르투갈의 브라질 점령을 제외한 서인도제도, 플로리다, 멕시코, 캘리포니아 및 남미 연안 지역을 점령했다.

이와 같이 포르투갈이 동양의 선험적 개척자로 나선데 반하여 스페인은 신대륙 개척에 선구가 되었다. 동양에서도 필리핀을 점령하고 내륙에서는 당시 상업 및 산업의 중심지였던 네덜란드(북부가 Holland 남부가 Belgium)를 영유하였다. 이렇게 영토를 넓힌 스페인은 남미의 우수한 광산(멕시코의 Zacatecas 금광, 페루의 Potosi 금광)을 원주민의 부역 노동과 흑인 수입으로 값이 싸게 대량 개발하여 금·은 특히 은을 이른바 은선대(銀船隊 : silver fleet)로 본국에 운반했다. 포르투갈의 중상주의가 동방의 나라들과의 향료 무역을 독점하여 무역을 중심으로 전개된 것과는 달리 전형적인 배금주의의 스페인은 금·은의 국외 유출을 금지하고 남미에서 이를 대량 유입함으로써 16세기에는 세계 최강국으로서 콜럼부스는 이 나라에 공전의 번영을 누릴 수 있게 했다.

그러나 포르투갈도 이스파니아도 국내산업 내지 무역정책의 허(虛)가 이의 번영을 영속할 수는 없게 했다. 여기서 유럽 경제의 영고성쇠가 피비린내

9] 어느 정도였는가 하면 인도에서 3~5 듀칼에 구입한 1첸트넬(50kg)의 호초(胡椒)가 Lisbon에서 10배의 40듀칼에 매각되며 연 10~15톤을 수입, 더욱이 포르투갈인이 인도에 판 물건은 고화(古靴) 일정 300듀칼, 스페인 외투 1,000듀칼, 포도주 200듀칼 등등, 실로 강도적이었다. 포르투갈인의 수입품은 호초(胡椒)외에 아프리카 서해안의 상아·면화·사탕·고무·노예·카나리제도의 사탕 기타 보석·진주·향수·상질의 직물 등.

나게 교체해야 했으나, 이를 추구(2에 후속)하기에 앞서 해상 발견이 걸어온 상업경제의 변혁과정을 먼저 알아야 하겠다.

(2) 포르투갈, 스페인의 해상 선제(先制)

포르투갈과 스페인의 해상발견으로 개시된 위와 같은 동인도무역, 신대륙 무역 및 이의 유기적 결합은 이후 유럽의 상업 질서와 항해 기술, 나아가 사회경제에 중대한 변혁의 발전을 겪지 않을 수 없게 했다. 이와 더불어 그것으로 확대되어 세계 시장이 형성되었기 때문이며, 이른바 상업혁명(commercial revolution)이라 말해지고 있다.

즉 우선 기술적 측면에서 보더라도 신항로는 종전과 비교할 수 없는 대양 횡단의 장거리 항로이다. 때문에 이를 위해서는 항해·조선의 기술이 더욱 개발되어야 했음이 물론이다.[10] 그리고 이의 개발은 과학문명에 또 하나의 새로운 활력소가 될 수 있었으니, 이로써 상업은 보다 다양한 상품을 보다 많이 가져올 수 있게 되었다. 종전의 상업이 은이나 호초(胡椒)를 주된 교역 대상으로 한 것은 이들 상품이 화폐로서 또는 기호에서 특수한 가치를 가졌기 때문이기도 했으나, 당시의 항해·육운이 중량에 비하여 비싼 상품을 택해야 했던 저수준이었기 때문이다. 이러한 애로를 타개한 것이 항해·조선의 새 기술이었으며 이로써 상업은 대규모였다. 그리고 이에 따라 신대륙의 커피·연초·사탕, 인도의 목면(木綿) 등 비교적 값이 싼 물품이 거래대상으로 중산계급에 보급될 수 있었다. 그리하여 상업은 이제야 봉건특권층의 사치품만이 아닌 대중적 신수요를 개척하여 대상 영역이 확대됨으로써 한층 더 발전할 수 있었다. 중세 말의 상업은 바야흐로 침체 상태만이 아니라 규모와 성격에서도 혁명의 선풍(旋風)을 불게 한 셈이었다.

10] 인도로 가는 포르투갈 상선대는 1왕복에 1년 반 내지 2년, 신대륙으로 향하는 스페인의 galleon선(무역선)은 1년에 2회 정도의 출항, 해적 재해에 대비해서는 무장한 선단결성 필요(스페인 선단은 15.6척에서 50척). 이러한 불편이 조선과 항해 기술(나침반·관측기·육분의(六分儀)·망원경·해도 등) 및 등대 항만 시설 등의 발전 촉진.

그러나 변혁은 이에 그칠 수 없었다. 상업혁명은 보다 중요한 결과를 가져오게 했으며, 신대륙에서 막대한 귀금속 특히 은이 유입된 데에 기인하여 가격혁명(price revolution)이라 부를 만큼 물가 등귀를 일으킨 것을 말한다. 즉 중세를 통한 동방제국의 향료 수입은 금·은 특히 은이 유럽의 대상(代償) 수출품이었다. 때문에 봉건지배층은 동방물산의 사치 수요가 늘면 늘수록 금은[화폐]에 대한 욕망이 늘어나는 것이었다. 이를 풍부하게 확보하는 것이 동방물산을 흡족하게 수입하는 수단인 것이나, 나아가서는 부국강병의 경제적 지배권을 쥐는 열쇠도 여기에 있는 것이 명백하게 되었다. 이에 제국은 금·은 확보에 수단과 방법을 가리지 않았으며 특히 스페인과 같은 배금주의를 취할 수도 있었다. 그리고 당시 중세 말의 귀금속은 남독일에서 풍부한 광산 발굴로 세계 총생산의 반이 넘는 은을 생산할 수 있었으며 푸거(Fugger)가를 비롯한 독일 상인들이 이를 경영하여 거부가 될 수 있었다. 이에 종전의 이탈리아 상인 내지 유태 상인의 금융적 지배권이 쇠망하고 말기에는 독일 상인에 대체되었다.

그러나 신대륙의 금·은 채굴과 더불어 사정은 또 달라졌다. 남미 멕시코 페루의 우수한 은광은 유럽 제국에 흡사 실버 러쉬(silver rush)와 같은 개발 선풍을 불러 일으켜 대량의 은이 유럽에 유입하게 되었다. 대량의 공급증가 자체가 은가격을 하락으로 이끄는 것이었으나 생산 과정에서도 원주민의 부역노동과 수입흑인으로 생산비를 줄여 대량 생산함으로써 금·은 특히 은의 가치는 폭락이 불가피했다. 이에 남독일의 광산업은 타산이 안 맞고 17세기 초에는 완전 몰락의 운명이었다. 동시에 귀금속의 이러한 가치 하락은 이를 소재로 한 유럽의 화폐 가치를 폭락하게 하여 물가폭등이라는 중대한 반작용을 일으켰다. 1530년 경부터 가치가 떨어지기 시작한 금·은은 1세기 내지 1세기 반 사이에 화폐 가치의 1/4정도 하락과 일반 물가의 3배 이상을

초래했다는 것이다.[11]

가격혁명은 이렇게 하여 진행되었으며, 이것이 정액지대에 의존하는 봉건 영주의 재정에 혼란을 일으켜 농민 해방의 봉건 해체를 촉진한 것임은 기술한 바이다. 그러나 가격 혁명의 여파는 투기나 환거래의 호조건을 조성하여 16세기 이래 브루제(Bruges) 대신 귀금속의 국제거래 중심지가 된 앙베르 (Anvers : Antwerp)에서는 해상보험도 아울러 성행하고, 이런 것이 곧 17,8세기의 주식거래소·근대적 은행이 설치되는 선행조건을 이루었던 것이다.

2. 상업자본의 식민지 쟁패전과 자본의 원시축적

(1) 네덜란드의 승리와 프랑스의 후진성

포르투갈은 전술한 바와 같이 동방의 향료무역을 선험적으로 선점하여 일약 선진적 발전을 누릴 수 있었다. 그러나 이는 오래 유지될 수 없었다. 한 마디로 근대국가로서의 면모를 갖추지 않았기 때문이다. 즉 무역은 합리적 전담 조성보다 오히려 강력한 함대의 해군력으로 타국 선박의 나포·파괴 또는 토착민의 압박 등 비합법적 실력행사에 의지한 것이었으며, 그만큼 무역의 실권은 왕실이 독점하고 있었던 것과 같다. 왕실 재정의 가장 좋은 수단이었기 때문이나 이는 결국 상업의 자유 활동을 저해하여 마침내 주도권이 네덜란드에 탈취되는 결과를 자초한 셈이었다.[12]

11] 河野健二, "앞의 책" p.147

12] 강력한 해군력으로 해상 및 무역에서 실권을 장악하자, 이의 독점을 위하여 동방 회항에 관한 지식·기술 혜도 등을 일체 비밀화. 그러나 무역은 동방에 국한하였으며 그것도 향료를 리스본(Lisbon)까지만 운반하면 그 후는 스페인 기타 상인이 내륙에 운반. 동시에 특권상인도 반드시 국왕의 선박을 이용하게 함으로써 무역은 사실상 국가사업으로 되어 있었던 것. 그러나 이러한 국가사업도 자금은 거의 남독·이탈리아의 자본에 의존하고 있었는가 하면, 국내산업은 수출품이나 국내 소비를 충족할 수 있게 발전하지 못하였기 때문에 무역의 건실한 발전은 기대될 수 없는 일이었던 것.

스페인도 상업은 16세기 말을 고비로 급속 몰락하고 그 번영은 포르투갈과 같이 오래 유지될 수 없었다. 한때 세계 최강을 자랑했던 이 나라도 이때부터 인구는 격감하고 수공업과 도시는 쇠망하여 걸인과 부랑인이 국민적 재액(災厄)으로 범람하는 나라로 되고 말았다.

한마디로 스페인 역시 강고한 봉건 존속이 국내산업의 기초를 배양 아닌 강압으로 파괴에 이끌었기 때문이다. 즉 여기서는 일찍이 통일군주제를 구현하고 왕실은 신대륙 무역을 완전 통제하여 은을 독점코자 했다. 그러나 정치의 실권은 의연 교회와 세속영주의 봉건지배 하에 있었다. 이들 지배층은 신대륙 무역에서 재보(財寶)가 외래 유태인의 상업·고리대 자본에 집중하는 것을 저지코자 이들을 압박, 추방했다(15세기 말). 농업이나 수공업에서도 많은 외래자(Moor인 즉 회교도)를 추방(17세기 초)했다. 뿐만 아니라, 계속되는 초기 봉건적 착취의 증과세는 신대륙 무역의 운영을 좌우하는 모직물 생산을 압박했다. 더욱이 양모 생산은 목양업조합(Mesta)이 독점하고 이의 횡포가 농지를 황폐하게 했다. 신대륙 식민에서도 봉건제 이식(移植)이 원주민 인디언을 가혹하게 착취하여 이들의 감소를 흑인 수입으로 대치하는 정도였다.[13]

스페인의 이러한 정치적 후진성과 경제적 무능력에 개입한 것이 네덜란드·영국·프랑스·제노바 등이었다. 이에 성쇠는 다시 교체되어야 했으며, 네덜란드나 영국은 일찍이 16세기부터 밀무역 해적의 사나포(私拏浦 : privateer)로 스페인의 상업 독점에 도전했었다. 네덜란드는 정치적으로도 1581년에

13] 유태인의 상업 고리대 자본 및 회교도(유럽인은 이들을 무어인이라함)의 농업, 수공업이 스페인 번영의 주역. 그러나 강고한 봉건 지배 권력은 이들 상인 제조업자의 대두가 두려워 이를 압박하고 군주의 보호도 자치권도 없이 마침내는 추방하고야 만 것. 뿐만 아니라 초기 봉건적 지배는 16세기 이래 증세를 거듭하면서 상업·수공업의 자유로운 발전을 억압한 것이 스페인의 일반정책.

한편 왕실이 재정원으로 특별 보호한 양모길드인 Mesta는 왕권과 결탁하여 농지를 희생으로 방목, 농작물도 양의 통로에서는 양이 먹어치워도 어쩔 수 없었으며, 비옥한 땅도 황폐화가 많았다는 것.

스페인의 지배에서 독립을 선언하고 영국 해군은 1581년에 스페인의 무적 함대(Invincible Armada)를 격파했다.

그리하여 스페인의 해상지배력, 따라서 독점상권은 급격하게 쇠망하고 네덜란드·영국의 두각이 17세기에는 네덜란드로 하여금 세계 상권에서 주도권을 잡게 했다. 즉 네덜란드는 일찍부터 스페인의 세비아(Seville), 신대륙의 스페인령에서 밀무역을 하고 동인도에도 진출하였으나, 상업의 자유 활동을 허용하고 국내 산업을 보호하는 것이 포르투갈, 스페인과 다른 정책이었다. 다시 말하면, 해상실력 또는 밀무역만으로 만족한 것이 아니었으며, 네덜란드·영국에서는 일찍이 농촌 모직업이 발달하고 있었다(2에 상술). 그리고 모직물은 이제야 세계 무역의 중심 상품이 되었다. 왜냐하면 모직물은 신대륙에서 가장 수요가 많은 상품으로서 이를 많이 공급하는 것이 해적이나 밀무역[14]같은 것과는 달리 합법·합리적으로 은을 확보하는 수단이 되었기 때문이다. 때문에 모직물 생산을 선제한 나라가 세계 무역을 선제하고 모직물품 가내공업 여하가 국제상업전의 승패를 가려주는 지위를 차지했다. 이러한 위치의 국내 모직물산업이 스페인에서는 국민적 산업의 기초를 얻지 못하였으나 네덜란드·영국에서는 보호와 발전을 볼 수 있었기 때문에 국제 상업전에서 스페인을 물리칠 수 있었던 것이다.

한편 무역독점을 보호하기 위해서도 1602년에는 전 세기 90년 대에 설립한 동인도무역의 많은 선험회사들을 통합한 (합동)동인도회사(East India Company)를 설립했다. 이 회사는 나라의 군사력을 배경으로 한 강력한 독점력으로 아시아 각지에서의 격전으로 옥문을 제외한 포르투갈의 세력 거

14] 스페인은 은의 국외 유출을 사형으로 금지했으나, 신대륙의 모직물 수요가 급증함에 따라 일단 스페인에 집중한 은이 그 대가로 유럽 각국에 유출(스페인은 Flandre. Brava 등지에서 Anvers에 대량 수집하여 이를 다시 신대륙에 수출했기 때문)되는 것이 경제적으로 불가피. 뿐만 아니라 선적화물 안에 숨긴다든지 뇌물로 매수하는 등으로 은선대가 서인도에서 가져온 은은 한 달이면 전부 국외에 유출되고 말았다는 것. 때문에 Anvers의 상권도 네덜란드인이 차츰 독일인·이탈리아인에 대치하여 우세를 차지.

의 전부를 구축하고 많은 식민지를 개설하였다. 1597년 자바(Java)를 해상 지배의 중심지로 삼아 여기에 상관(商館)을 개설하고 바타비아(Batavia)시에 정청(政廳)을 두어 믈러카즈(Moluccas)군도(향료제도)의 향료를 주로 거래했다. 1604년에는 포르투갈 식민지인 믈러카즈 군도, 스마트라를 착취했다. 이어 암보이나(Amboyna, 1615), 실론(Sylon, 1658), 셀레베스(Celebes, 1660) 및 인도에서의 포르투갈 식민지도 탈취했으며 영국과 대항하여 말레이 반도, 동인도제도의 대부분, 대만까지도 지배하게 되었다. 1621년에 설립된 서인도회사는 무역보다 오히려 군사를 주목적으로, 신대륙에서 포르투갈, 스페인의 식민지를 침략하여 포르투갈이 독립을 상실할 당시 남미 브라질의 대부분을 점령하였다. 그리고 북미에서도 맨하튼 섬의 일부에 식민한 다음 1629년에 이 섬을 매입하여 신네덜란드(New Nederland)라 하여 오늘의 뉴욕(New York)의 기초를 세웠다.

그러나 네덜란드의 번영도 길지는 않았다. 역시 상업은 신대륙에서 얻은 은을 수출하여 동방의 사치품을 수입하는 중개무역이 기초였으며, 본국 산업의 발전이 건전하지 못했기 때문이다. 즉 국내 산업을 보호하여 일찍이 모직업이 발달하기는 했으나 이는 영국 양모의 수입 가공에 불과했다. 그뿐 아니라 동인도회사의 원주민에 대한 가혹한 수탈행위[15]는 식민지의 산업마저 기초를 파괴하고야 말았으며, 마침내 17세기 말에 이르러 회사는 경영난에 빠져야 했던 것이다.

네덜란드가 이렇게 국제상업전(戰)의 독무대를 점하고 있는 동안, 프랑스 역시 16세기 말 경부터 해상발전을 서둘렀다. 절대왕정은 정치의 중점을 강력한 무역 식민회사 건설(신프랑스회사 아메리카제도회사 상·크리스토프 회사 등)

15] 원주민에 대해서는 상업 항해 활동을 금지. 생산물을 염가로 독점하고 판매가격을 비싸게 하기 위하여 커피 재배를 바타비아 지방에 한정하여 타지방은 이를 근절.

이 같은 생산제한과 아울러 플랜테이션(plantation : 재배식민제) 일반에 볼 수 있는 가혹한 수탈행위를 자행하였을 뿐만 아니라 회사에 유해한 존재라고 생각되는 원주민을 무참하게 이용 절멸해 버리는 횡포를 서슴지 않았다.

에 두고 이를 위하여 해군력을 강화(50척의 가리함선 건조)하여 스페인의 은선대를 습격하기도 하고 네덜란드와 맞서기도 했다. 그리고 루이 14세의 재상 콜베르(Colbert)는 중상주의 체제를 완성하고 1644년의 동인도회사를 비롯하여 약 2~30년 사이에 19개의 무역 식민회사를 설립했다. 동인도회사는 희망봉에서 동쪽 마젤란 해협까지의 동인도와 남해지역 전부를 50년간 독점 통상할 수 있는 특권을 가졌을 뿐 아니라 이 영내에서는 토지 점령, 광산채굴, 노예 획득 그리고 재판, 군대보유, 외교관 임명의 특권까지 가진 식민자로 군림하게 했다. 또한 신대륙에 있어서도 1541년 200명의 이주자를 캐나다에 보냈다. 여기서 시작된 식민은 그 후 많은 특허회사에 의하여 서인도에서 영토를 확대하고, 1682년에는 미시시피 강 부근의 점유를 선언하여 캐나다 호에 이르기까지의 이 지역을 국왕 루이 14세의 이름에 따라 루이지애나(Louisiana)라 명명하였다.

이와 같이 콜베르는 중상주의가 그의 이름을 딴 콜베르티슴(Colbertisme)이라고 통용될 만큼 중상주의(Mercantilism) 확립에 전력을 다했다. 그는 실로 동인도회사가 아시아를, 서인도회사가 미대륙을, 북방회사가 북구일대를, 레반트회사가 근동(近東)을 정복하게 함으로써 일대 식민통상제국을 건설하여 전 세계를 정복 지배코자 한 구상에 가득 차 있었다.

그러나 상권은 좀처럼 네덜란드에 맞서서 이를 격퇴할 수 없었다. 그 과욕이 1672년 네덜란드와의 전쟁으로 나타난 것이었으나, 이는 오히려 양국 국력만 소모하고 영국이 패권확립에 어부지리를 취하는 결과가 되고 말았다. 뿐만 아니라 프랑스의 중상주의는 루이 14세에 이르러 겨우 통일정책으로 체계를 갖출 만큼 매우 늦은 것이었다. 그리고 이 때에 이르러서도 일반 국민은 상업을 국민성에 반하는 것이라 생각하여 상업자본의 자립적 발전은 매우 늦은 것이었다.

그렇기 때문에 그 많은 특허회사도 상인 특히 모험상인이나 항해업자의 자발적인 진출 아닌 봉건 지대 수취자·관료·고리대 자본으로 하여금 왕권이 하향적·인위적으로 설립·운영하게 한 것들이었다. 그러한 한 이는 봉건적 생산 관계를 전제로 지탱이 가능한 것이었다. 네덜란드나 영국에서 봉건제가 붕괴되고 국민적 산업이 발전함과 더불어 산업주의가 발전할 수 있었던 것과는 반대로, 프랑스에서는 오히려 봉건제 후퇴와 더불어 좌절해야 했던 것이 그 운명이었던 것이다.

(2) 합리적 정책기조와 영국의 마지막 승리

그리하여 유럽 산업혁명은 농촌의 모직물 가내공업이 국민적 산업으로 가장 잘 발전하고 국민적 상인층이 외국 상인과 대항하여 이를 물리치면서 잘 성장할 수 있었던 영국이 마지막 승리를 거둘 수 있었다. 그리하여 17세기 중엽의 영국은 바야흐로 세계의 7해 해상권을 장악한 나라가 되었다.

즉 16세기 이전의 영국은 아직 유럽에서 하나의 후진국에 불과했다. 부는 네덜란드가, 인구는 프랑스가, 군사력은 스페인이, 식민해외무역은 포르투갈이 각각 우세했다. 튜더족(Tudors, 1485~1603)은 지배권을 통일코자 종전의 법령을 강화하여 국내 산업 보호, 원료 수입 장려·금은 수출 금지·상선대 건조·해군력 정비 등에 힘썼으며 중상주의 정책에 길들여졌으나 아직 영국은 대양에 눈을 돌리지 않았다. 신대륙에 있어서도 헨리 7세의 원조로 이탈리아인 카봇토(Giovanni Caboto)가 콜럼부스 다음 가는 제2의 아메리카 발견이라 일컬어지는 북미의 라브라돌(Labrador)을 발견하였으나, 신대륙 경영에는 관심이 없이 스페인의 독점과 식민에 일임하고 있었다.

이에 눈을 돌리게 된 것은 여왕 엘리자베스(1558~1603)의 치세부터였다. 이 때에 이르러 일련의 경제 입법으로 전통의 보호주의를 강화하고 그 후 스튜어트 왕조(Stuarts : 1603~1649)에서 영국의 상업식민정책은 활발한 발전을 보기에 이르렀다. 1578년에 비로소 여왕 엘리자베스는 길버트(H. Gilbert)

경에게 북미 식민의 특허를 주고 84년에는 롤레이(W. Raleigh)가 버지니아 식민에 노력하였다.

그러나 영국에서도 중상주의 실천의 기수는 역시 동인도회사였다. 여왕은 런던 상인의 청원에 따라 1600년에 희망봉에서 마젤란 해협에 이르는 사이(인도 대륙 및 동방지역, 인도양, 아라비아, 페르시아)에서 우호국이 영유하지 않은 모든 나라와 섬 및 항구와의 무역을 이 회사에 특허했다. 그리고 무역의 주된 대상도 네덜란드의 동인도회사와 같이 향료였던 것이나 후일에 와서는 인도의 면제품 수입이 가장 큰 이익으로 될 수 있었다. 한편 신대륙에 있어서도 위와 같은 개인 식민은 그 역량이 불충분하다는 것을 알고 회사조직으로 대처했다. 플리마우스 회사(Plymouth Co.)가 북방, 런던회사가 남방의 식민 개척을 위하여 1606년에 설립되고, 1629년에는 매사추세츠만(灣) 회사가 특허를 얻었다. 이어 1664년에는 네덜란드령인 신네덜란드(맨하탄 섬)을 탈취하고 왕제 요크공의 이름을 따서 뉴욕(New York)이라 개칭하여 이를 왕령 식민지로 발전시켰다.

그리하여 영국은 17세기 말에 이르기까지 북미 북부지방 일대에 식민지를 완성하고 연초·소맥·고어(鹽魚) 등을 본국에 독점 수출하여 영국 부국에 커다란 공헌을 할 수 있었다. 그리고 마침내는 마지막 승자로서 7해를 휩쓸게 되었으나 이는 결코 우연의 산물이 아니었다. 모직 가내공업을 국민적 산업으로 육성하기 위해서는 양모 수출을 금지하고 수입은 무시로 하였는가 하면, 외국 어선의 어획물에 대해서는 2배의 관세를 붙였다. 왕국해군정비 상선대 건조는 이미 스페인의 무적함대를 격파할 만 했으며 수차례에 걸친 항해조례 제정[16]은 영국 해운업을 세계적으로 비약하게 하는 기반을 조정

16] 크롬웰(O. Cromwell)은 네덜란드의 중계무역에 쐐기를 박고자 1651년에(1차) 항해조례(Navigation Act : 영국 상품수입의 선박과 원산국선박에 의한 독점을 규정)를 제정. 1660년에는 2차 항해조례를 제정하여 전 영국 식민지 상품의 영국선박수입을 강제하고 그 후 63년에는 통상진흥법(Act for Encouragement of Trade)을 제정하여 대륙상품의 영국 식민지 수출은 모두 일단 영국에 기항한 후 영국배에 바꾸어 싣게 함으로써 외국선박

하여 주었다.

이와 같이 17세기 중엽의 크롬웰 시민혁명 이후 영국은 특히 전통의 산업보호주의를 더욱 강화하면서 상업자본을 보호하고 중상주의(Mercantilism)를 합리적으로 운영한 것이 다른 곳에서 볼 수 없는 특징이었다. 이로써 중상주의는 출발은 늦었으나(16세기가 포르투갈, 스페인의 시대, 17세기가 네덜란드의 시대) 네덜란드와의 치열한 경쟁도 18세기 30년 대에는 이의 지배권을 물리치고 마지막 승자가 될 수 있었다.

한편 중상주의의 기본 과제인 금은의 획득에 있어서도 영국은 이를 위해서는 수단과 방법을 가리지 않는 단순한 배금주의 일변도에 만족하지 않았다. 금은의 확보를 위해 폭력적 군사력으로 나포의 해적행위를 하고 토착민을 강탈하는 것은 불건전한 것임을 깨달을 수 있었다. 이에 백년전쟁 이후 16세기 중엽 엘리자베스 시대 전까지는 전형적인 상업주의의 스페인과 길[軌]을 같이 하였으나 17세기 20년 대부터는 중금주의(Bullionism)에 대한 비판이 새로운 정책방향을 취하게 했다. 더욱이 금은의 해외유출을 전면 금지하는 것은 수입대가 지불을 구속하여, 상업의 자유활동을 저해하는 것임도 인식할 수 있었던 것이 영국이었다. 하물며 독점상업자본이 목적 달성을 위해서는 자기 존립의 기반인 국내 모직업의 수탈을 자행하는 모순에도 모직업이 국민적 산업으로 가장 잘 발전한 곳이 영국이므로 인식이 가장 빠를 수 있었다.

이에 중상주의의 모순은 비판과 공격의 대상이 되지 않을 수 없었다. 상업을 근소한 사람에만 제한하는 것은 신민의 자연권과 자유에 위배되는 것이라 하여 크롬웰이 시민혁명에서 반독점운동이라는 전초전을 이루었다. [17] 거래와 그 댓가 지불을 구속하는 것보다는 수출입의 균형과 외국무역의 차

에의 적제를 일체 거부.

[17] 이 압력이 엘리자베스 말기부터 의회투쟁으로 계속되어 결국 독점 철폐의 독점대조례(Great Statute of Monopoly, 1624)로 결실.

액을 국가재력의 기준으로 삼아야 한다는 이론(영국 동인도회사의 중역 Thomas Man이 대표)은 1663년에 왕권으로 하여금 정화수출(正貨輸出)을 인정하게 했다.

그리하여 17세기 영국의 중상주의(Mercantilism)은 무역차액주의(Balance of Trade)라는 제2단계에 접어들어 이를 대표적 정책으로 항해와 식민을 추진했다. 그러나 이 역시 독점상업자본의 지배를 배제한 것은 아니었다. 독점상업자본과 왕권이 결탁하여 산업적 이해보다는 유통과정의 독점에 의한 양도이윤의 착출에 최대 관심을 기울이는 것임에는 본질이 중금주의(重金主義)와 다름없는 것이다. 때문에 민부(民富)의 농촌 직원과 같은 신흥의 상인층 산업가의 공격 대상이 될 수 있었던 것도 중금주의와 다를 바 없이 크롬웰 혁명에서 청산되어야 했던 것이다. 즉 이들의 민주적 공격은 청교도혁명을 계기로 영국의 중상주의 정책을 제3단계의 산업보호주의(Protectionism)에 나서게 하였으며 산업을 보호하기 위한 유통과정=무역조건의 결제가 그 내용이었다. 이에 따라 국내 산업의 발전이 촉진되는 것은 두말할 필요가 없는 것이며, '산업보호를 우위로 상업·무역은 이의 후견인 역할을 하게 하는 산업자본의 유통부문 장악·지배는 성립기의 산업자본에 불가결한 것'[18]이었다.

이로써 자본제적 발전도 영국에서 빠를 수 있었던 것이나, 중상주의(Mercantilism)의 이러한 합리적 운영으로 국력이 다져지고 있는 반면, 경쟁국인 네덜란드는 국력이 쇠운(衰運)에 기울어지고 해군력도 영국이 앞서게 되었다. 이에 영국은 1793년의 네덜란드·프랑스 전쟁을 계기로 1795년에 수마트라(Sumatra)의 네덜란드령을 모두 탈취했다. 1811년에는 자바(Java), 이듬해에는 보르네오(Borneo)의 반저르마신(Bandjermasin)을 영국령으로 삼

18] 河野健二, "앞의 책" p. 179
　　그렇기 때문에 막스 베버는 절대주의 하의 배금주의 무역차액주의를 봉건적 중상주의라 하고 시민혁명 이후의 중상주의를 국민적 중상주의라 구분.

았다. 이에 앞서 인도에서는 토불(土佛)과의 충돌, 영국인 살해 등을 구실로 이미 1690년에 동인도회사가 무갈(Mughal) 제국의 항복을 받고, 이어 프랑스의 세력도 구축하여 영토를 확장하고 상사(商事)와 아울러 영토 지배자로 군림했다. 그리하여 국제 상업전에서 영국의 중상주의가 마지막 승리를 얻게 되었다.

제2절 농지제도의 전진과 농업혁명

1. 영국의 선진적 농업혁명과 근대적 토지제도

(1) 16세기의 종획(綜劃)운동과 농업혁명

상업의 위와 같은 혁명적 발전이 농업 외부에서 봉건적 지주소유의 해체를 촉진했음은 전술한 바와 같다. 즉 상업·화폐경제의 발전에 따른 지대의 금납화로 단순한 지대 수취자가 된 영주 계급은 계속되는 화폐 가치하락(물가 등귀)으로 농민 경제에 압도되면서 위기에 처해졌다. 영주계급은 불가불 소유지의 매각으로 대처코자 했으나, 이는 영주자신에 의한 봉건적 생산 양식의 파쇄인 반면 농민은 토지 보유에서 명실상부 완전한 토지 소유의 분할지 농민이 될 수 있었다.

뿐만 아니라 영주가 위기를 극복하는 수단으로 취해진 또 하나의 방식으로 종획운동(enclosure movement)을 들 수 있다. 이것은 전래의 개방경지 기타 공동체 규제 하에 분산해 있는 농민 보유지를 울타리 [垣] 를 쳐서 한 농장으로 집중사유화해 버린 다음 여기서 추방된 농민을 임노동자로 하여 이윤 추구의 상업적 경영에 나선 것을 말한다.

이런 의미의 엔클로저(enclosure)는 농촌 공업의 발흥에 따라 일찍부터 자작농(yeoman) 등이 경영 규모를 확장하여 임노동으로 경영하는 소규모의 상향식의 농민적 종획(small enclosure)에서 첫 출발을 볼 수 있었다. 그러나 신대륙 발견에 따른 모직물 수요는 목양업을 절호의 산업으로 등장하게 했다. 이에 영주들은 경영이 노동 조방(粗放)적일 뿐만 아니라 가격도 유리한 목양을 농경의 대체 작목으로 전환해야 했다. 그리고 이를 위한 대규모 목양 종획의 하향식 영주적 종획이 젠트리(gentry)라고 통칭되는[1] 지주층 중심으로 16세기의 영국 농촌을 소란하게 했다. 그리고 이로써 봉건적 관계는 해소되고 중소 영주는 자본주의적 생산 관계의 새 계급으로 전신(轉身 : 프러시아 형)할 수 있었다. 때문에 이를 제1차 농업혁명이라고 하며 젠트리(gentry)는 양의 발굽이 사지(砂地)를 황금으로 바꾸는 황금시대를 맞이하게 되었다.

그러나 농민적 민부(民富)는 파괴되었다. 거의 무상으로 토지를 빼앗기고 추방되어야만했던 농민일가에게는 종획이 너무나 큰 비극이 아닐 수 없었다. 해당 지역의 마을은 해체되고 가옥은 파괴되었다. 농민은 전래의 정든 땅과 가옥·가축을 잃고 딴 곳으로 떠나야만 했다. 그들은 토지와 인간을 강제로 결박한 봉건제에서 해방되는 동시 일절의 생산 수단 소유에서도 단절 해방되어 빈털털이가 되고 말았다. 그리고 대량으로 쏟아져 나오는 이들은 임노동의 기회를 얻지 못하면 걸식이나 도적질 밖에 연명의 길은 없었으며, 결국은 유랑인이 되기가 고작이었다. 모어(Thomas More)의 이상향(Utopia, 1517년)이 바로 이 사회를 양이 사람을 잡아먹는다고 비판하여 이러한 참상이 없는 이상사회를 묘사한 것임은 너무나 유명하다. 자본의 원시축적 과정에서 가혹한 토지 수탈이 빚어낸 이러한 무산자 배출에 대하여 국왕은 구빈법(救貧法 : poor low)으로 대처했다. 그러나 이는 구빈(救貧)이라는

1] gentry라 함은 대략 기사층(knight)으로서 직영지를 부역이 아닌 임노동으로 경영하는 비장원적 소영의 영주였던 중소 영주의 후손, 농민층 분해 과정에서 상승한 부농이 장원의 소령(小領)을 매입하여 지주층이 된 자, 또는 시민층에서 성장한 대상인이 상업자본의 좁은 한계로 인하여 장원을 매수하여 지주가 된 자 등 일련의 특권 신분을 통칭한 것. 보다 보편적으로는 광범한 토지를 임대 또는 임노동으로 경영하여 부유한 생활을 하는 특권 신분을 가진 자들로서 시민층 출신으로서는 도시상인만이 아니라 변호사·의사 기타 지식인까지 포함되어 있었으며 시골의 country gentleman을 esquire라고도 했던 것.

이름에도 불구하고 노동을 강제하는 피의 입법(Blutgesetzgebung)이라 했을 만큼 가혹한 것이었다. 엘리자베스 여왕 치세 하의 법령도 그러했다.[2]

자본의 원시축적기에 몰락한 농민을 다스리는 구빈법(救貧法)은 가혹한 것이었다. 농민적 종획이 상향적·평화적인데 반하여 지주적(봉건적) 종획은 때때로 한 부락을 송두리 채 추방하는 참경을 서슴지 않는 폭력적인 것이었다. 때문에 농민은 토지를 사수하고자 무기를 갖고 영주의 종획을 파괴하는 일규로 대항했다.[3] 국왕도 사회 불안·세원(稅源)·군인보충 등을 우려하여 종획 금지령을 연발했다(1489년의 법령을 비롯하여 1514, 1528, 1533, 1548, 1595, 1607의 법령). 그러나 조직력이 없는 본능만으로 시작한 농민의 일규는 언제나 패배해야 했다. 경제적 정치적 실권자가 젠트리(gentry), 특권조합원(livery)이었던 만큼 왕권도 이들의 종획을 막을 수 있는 실력자가 될 수 없었다. 농민 일규나 금지법령도 오히려 시대에 역행하는 것으로서 무위에 그치지 않을 수 없었다.

왜냐하면 종획이야말로 그 참상에도 불구하고 영국 농업을 봉건적인 낡은 생산 관계에서 자본주의적인 새로운 생산 관계로 전환하게 하는 새 역사 창조의 혁명적 과정이었기 때문이다. 즉 엔클로저(enclosure)는 공유지를 종획함으로써 여기서는 공동체적 규제가 없어지게 되었다. 종획지에는 국왕의

2] 노동능력이 있는 자에 대해서는 자선적 시여(施與) 금지와 아울러 각종의 형벌로 노동 강요, 여왕 치하의 1576년 법률은 지방단체가 양모·마 등 원료로 빈민 취업하게 하고 불응자는 교치원(矯治院 : house of correction)에 보내 형벌용기구로 교치. 1597년의 부랑자 취체령은 부랑자는 1개월 구속. 심한 자는 6개월 구금과 매질을 규정. 재범은 투옥 낙인 이비삭절(耳鼻削切). 1601년의 구빈법(救貧法)은 정부가 구빈세로 구빈을 제도화하고 노동거부의 빈민은 교치원(矯治院) 또는 감옥 송치. 1722년에는 수산신법(授産新法)을 제정하고 모든 빈민은 노역장(Workhouse)에 수용. 불응자는 구호책임이 없다고 함 그 후 1782, 1843년의 개정에 이어 몇 차례 개정 끝에 1948년의 사회보장제도로 발전. 프랑스에서는 1571년의 무앙. 법령, 1656년의 칙령이 영국의 poor law에 해당.

3] Lincolnshire를 중심한 은총(恩寵)의 순례라고 불려진 1536년의 일규, 1540년의 Tack Cate의 일규, 1549년의 Robert Kett의 난을 비롯, 1608년의 Midland의 일규 등.

간섭[4]도 3포농법의 공동체적 규제도 적용될 수 없었거니와 상승 농민도 영주지 수매(收買)로 등록보유내지 관습보유가 자유보유에로 완전 해방될 수 있었다. 이제야 토지는 완전사유의 새 모습을 갖추게 되었으며 추방된 부랑인은 상대적 규제 인구로서 종획경영의 임노동에 고용될 수 있었다.

이제야 농업은 토지의 자본주의적 소유와 경영의 3분제(지주·농업자본가·농업노동자의 분리) 아래 자본주의적 상승의 대도(大道)에 나서게 되었다. 물론 영국 농촌은 그 전부가 엔클로저(enclosure)에 휩쓸린 것은 아니었다. 지역차[5]가 심하기는 했으나 그럼에도 불구하고 농민은 농민적 종획으로서 대차지농(大借地農 : tenant farmer)의 자본가적 상승을 하고 젠트리(gentry) 등은 소자본가층을 형성하여 그 규모와 면적은 확대되어 갔다. 반면 한때 농민의 황금시대를 대표했던 독립 자영 농민층(yeomanry)은 이 종획 확대에 따른 계층 분해로 소멸의 길을 밟아야 했고, 그 민부(民富)는 자본가적 부의 형성에 압도되어야 했다.

그러나 이 같은 종획도 전체로서는 아직 근소한 것이었다. 전래의 개방 경지제에 획기적인 변화를 가져오지도 못했으며, 18세기의 종획운동(다음의 (2))에 이르러 비로소 본래적 의미의 자본제 농업혁명이 수행될 수 있었다.

그럼에도 불구하고 16세기의 그것이 양적으로는 비록 근소해도 그 본질이 자본제적 농업개혁으로서 역사의 새 단계를 이루었기 때문에 이를 제1차 농업혁명(agricultural revolution)이라 한다. 농업의 이 같은 변화는 동시적·병렬적으로 공업부문에서도 분산 매뉴팩처가 자생적으로 형성 발전하여(제5강 제3절 1) 결국 영국 사회는 부와 전진에 앞장을 서게 되었다.

4] 종획 이전에는 영주지에 대해서도 후계자가 미성년인 때는 국왕이 후견재판소를 통한 보호권(wardship)을 행사하는 동시 후견세를 징수, 말하자면 제한된 사유.

5] 영주 세력이 강하고 직영지가 많은 지역(예컨대 Midland)에서는 영주적 종획. 봉건제가 약한 기타 지역에서는 농민적 종획이 진행되었으나, 그 수는 비록 종획이 성행한 지역에서도 경지의 1/5에 불과했고 북부 지방같은 데에서는 종획이 없이 종전의 개방 경지제와 3포농법이 지배적이고 여전히 자작농(yeoman)이 농민의 주력.

(2) 농업기술 혁신과 자본제 농업확립의 18세기 종획운동

16세기의 1차 종획은 위와 같이 영국 농촌에 혁명적인 파문을 일으켰다. 그러나 그럼에도 불구하고 '실제에 종획된 면적은 매우 근소하여 전래의 개방 경지제에 기본적인 변화를 일으킨 것은 아니었다.'[6]고 말할 만큼 아직 공동체적 규제하의 자작농(yeoman)이 지배적인 것으로서 이들의 소상품 생산이 주력을 이루고 있었다.

그러나 상공업의 발달에 따른 신흥도시의 발흥과 인구 증가는 곡물수요를 많게 했다. 18세기 중엽의 산업혁명, 말엽의 나폴레옹 전쟁(1792~1814) 등은 이에 더욱 박차를 가했다. 이 같은 추세가 겨우 18세기 중에 과맥(稞麥)에서 소맥(小麥)으로 상식(常食)이 향상된 영국 서민의 식생활을 위협하고 곡물증산을 절실하게 했다.[7] 그리고 이를 위해서는 생산성 증대의 신농법이 도입되어야 했으나, 이를 위한 당시의 노폭(Norfolk) 농법이라는 농업 기술 혁신의 신농법은 대규모 경영을 전제로 비로소 가능한 것이었다. 대농장이야말로 노폭 농법의 정신(A. Young)이었으며, 2차 종획운동은 바로 이 대규모 경영으로 인하여 진전할 수 있었던 것이다.

즉 잉글랜드 지방의 동부 해안에 속한 노폭(Norfolk) 주(남부의 Suffolk 주와 아울러 동부 영국)[8]는 원래 자유민이 많은 곳으로서 농노 해방이 빠른 곳이었다. 따라서 농민층 분해도 빨리 진행하여 농민적 종획도 빨리 추진될 수 있

6] 小松芳喬 《英國資本主義の步み》. p.68. 전 국토의 1/3은 공유지(飯沼二郞 《農業革命》 p.129)

7] 18세기 후반경까지는 곡물수출국 그러나 왕정복고(1660)로 지주계급의 세력이 증대하자 곡물가가 일정수준 이하일 때는 수입에 과세를 하여 고가격 유지를 입법화, 1689년에는 다시 항구적인 곡물수출장려금 제도 제정으로 곡물의 고가격 획책 1791에는 고율의 수입관세로 수입 억제의 고가격을 입법화. 산업혁병으로 1801년 1,500민 인구는 1841년에 2,700만으로 팽창(小松芳喬, "앞의 책" p.262)

8] 이 지방은 지리적으로도 영·독·프 3국의 접경지로서 교역상 중요한 위치에 있었으므로 중세 상업의 부활과 북구로부터의 재화의 집산지로 급속히 발전하고 모직수공업이 선진적으로 발달한 동시. 도시의 발전도 북 이탈리아를 능가할 만큼 진전하여 봉건제 해체를 가속화한 곳.

었으나 이 지방에 종획과 신농법을 도입하게 한 직접 영향은 인접대안의 플랑드르(Flandre)에서 개발된 신농법이라 한다, 이 플랑드르 삼각주 역시 12세기를 전후한 가장 빠른 시기에 농노 해방을 맞이하고 당시의 식민개간운동에 주역으로서 활발한 활동을 했다. 봉건제는 마침내 14세기에는 완전해체를 본 것이나 이러한 과정에서 농민적 종획 또는 개간 정착으로 규모를 확대하여 이들 삼각주 농민은 협소한 농지를 고도로 이용코자 새로운 농법의 창조에 힘썼다. 그 결과 14세기에 윤재식(輪栽式)을 완성하고 16세기에는 전 지역에 이를 보급할 수 있었다. 그리고 이것이야 말로 조방적(粗放的)적인 옛 3포식에 비해 근채류(根菜類)로 지력(地力)을 유지하고 농민이 3포식의 경작 강제에서 해방되어 자유로이 창의를 발휘할 수 있는 획기적인 신농법이었다.[9] 이러한 집약경영의 농경은 농업생산성을 비약적으로 높일 수 있었으며 이 농법이 대안(對岸)의 영국에 전파된 것이 노폭(Norfolk) 농법이었다.

즉 3포식의 불합리성과 곡물—근채(根菜)—목초의 윤재식 플랑드르(Flandre) 농법의 합리성을 깨달은 영국의 선험자들은 17세기에 이를 도입하여 많은 영국적인 개량을 가하면서[10] 18세기 초에는 노폭 농법이 전 영국

9] 13세기에 순무(turnip)를 재배하기 시작하고 14세기 말에는 휴경지에 clover를 도입하여 순무-clover-곡물의 윤재식을 완성. 휴경지에 사료 작물의 근채류(根菜類)를 간작(間作)하는 것은 지력(地力) 유지에 신기원인 동시 곡물과 사료작물의 근대적 윤작경영을 이행한 셈.

10] Jethro Tull(1674~1740)이 선험자. 당시의 영국은 Flanders 지방의 재배목초 보급에 관심. 특히 적(赤) clover가 중요하나 종자는 수입으로 고가. 순무(蕪)는 18세기에도 사료 아닌 소채(蔬菜). 이를 보급코자 Tull은 자기의 토양설에 따라 흙을 미세하게 쇄토(碎土)하고 자기 고안의 조파기(條播機)로 비싼 종자를 실수없이 재배하는 Tull농법 성취.

이어 Charles Townshend(1674~1738)는 사질(砂質)의 황무지에 이회토(泥灰土)를 사용하여 순무 재배에 성공. 이에 양을 방목하거나 사료로 하여 구비로 비옥화. 이로써 곡물·근채류·목초(clover) 윤재식 성공.

그러나 이들은 모두 일종의 비법. 대규모 농장과 충분한 자력으로서만 가능. 이를 실용에 이끈 것이 Thomas William Coke(1752~1842). 조파기(條播機)의 개량과 산업혁명에 의한 이의 보급 가능으로 순무를 완전한 작물로 재배 급속 보급. 이 과정이 곧 농업혁명 과정이다.

이들이 모두 실천가인데 반하여 Arthur Young(1741~1820)은 저술가로서 노폭 농법이

에 급속히 보급될 수 있었다. 사료생산과 더불어 이 시기에는 가축의 품종 개량이 성행했으나[11] 노폭 농법이야말로 최고의 농법으로서 그 생산성은 물론 높은 것이기만 했다.[12] 그러나 일국의 농업이 개방경지의 소농상태에 머물고 있는 한 훌륭한 농업자라도 잘못된 이웃 사람의 농경에 구속을 받지 않을 수 없다. 즉 소농은 결코 노폭에서 이루어진 대업적을 받아들일 수 없는 것이며 대농장이야말로 노폭 농법의 전제였던 것이다. 때문에 이의 보급을 필생의 사업으로 했던 영(A. Young : 1741~1820)은 대농화(大農化)를 위한 소농 구축의 종획집단화를 열심히 주장했다. 비약적 생산력의 기술혁신을 채용코자 한 대농기업자(tenant farmer), 목양업자(grazier) 특히 이들에게 토지를 대량 임대코자한 지주들도 농장 규모를 확대코자 했다.

이것이 종획을 필연적으로 했으며, 18세기 종획은 지주층의 주도와 보호 아래 이들이 요구하는 토지 개혁으로 진행되었다. 그런 의미에서 지주적 농업혁명으로 추진되어 1709년의 종획법에 의하여 정부와 의회는 이를 장려 촉진했다. 즉 16세기의 종획이 폭력적·비합법적 목양 엔클로저(enclosure)이었는데 반하여, 여기서는 그 주역인 대지주들이 관계자의 동의로 평화리에 이를 추진한 농경 엔클로저(enclosure)였던 것이 다르다. 만약에 합의가 이루어지지 않으면 개별적 종획을 의회에 청원하게 했다(1760년 내지 1845년 사이에 4,000의 개별종획법이 의회 통과, 1845년의 일반 enclosure법의 시대는 종결). 때문에 이를 의회 엔클로저(enclosure)라 하는 것이며 정부는 종획 추진에 노력하여

최고의 농법임을 연구하고 이를 선전 보급한 사람. 개방경지제 하의 소농을 종획으로 대규모화하여 신농법을 채용하는 것을 이상적 경영 형태라고 하고 이곳에로 전환하기 위해 소농 구축을 통한 집단화를 주장. 대농론자로서 노폭 농법 보급에 공헌.

11] 윤작 보급이 가축 사료를 충분하게 하여 사양(飼養) 증가, 품종 개량 촉진, 18세기 초가 이에 해당. Leicestershie의 Robert Bakewell이 초기의 개량가. 육량(肉量)이 많은 소·양의 신품종을 개량한 그의 비법을 배우려 많은 사람이 왕방(往訪). 유명한 Shorthorn 소는 Charles Colling이 그의 방법에 따라 개량한 것.

12] 소맥 생산량은 지조(地租) 100파운드 이하의 소농장이 27붓셀인데 노폭 농법을 채용할 수 있는 300파운드 이상의 대농장은 34붓셀인 것과 같이 대농장의 생산력이 훨씬 우위(A. Young, 남부 여행기에서)

1760년 내지 1840년 사이에 종획은 급진전하고 농촌공동체의 거점인 공유지도 18세기에는 완전히 종획 사유화되었다.

이로써 영국 주의 반 이상이 대경영의 능률을 발휘할 수 있게 되고, 영국 농업은 유럽 최고를 자랑하게 되었다. 그리고 그 높은 생산력은 급격한 인구 증가에도 불구하고 소맥 수요의 90%를 자급할 수 있는 것이었다.

그러나 이 같은 대규모 종획으로 농민도 보다 대규모적으로 추방되어야 했음이 물론이다. 오두막살이(cottager), 잠입농(squatler, 무적농민) 등의 하층 농민은 종획에 따른 관습적인 방목권 경작권의 상실을 소면적의 토지 또는 약간의 대금으로 보상키는 했다. 그러나 이는 생계에 족한 것이 되지 못하여 부득불 생의 원천을 다른 곳에서 구해야 했다. 등본(謄本) 보유농(copyholder)이나 자작농(yeoman) 하층의 소농층도 미흡한 보상으로 몰락의 운명이었다. 이들은 종획의 울타리를 치고 농로·배수 또는 사무 추진·농사 개량의 많은 비용을 지변(支辨)할 능력이 없기 때문이었다. 반면 이 능력이 있는 자작농(yeoman) 상승은 적극적으로 종획에 참여함으로써 대농기업가 또는 목양업자로 상승할 수 있었던 동시에, 때로는 토지를 처분하여 매뉴팩처 공업경영에 나서기도 했다. 즉 자작농(yeoman)은 그 대부분이 한때 민부의 주축이며 영국사회의 지주격이었으나 이제야 종획의 직접 피해자로서 농업혁명을 항거하는 투쟁에 앞장서야 했다. 그러나 이 역시 대세를 이겨낼 수 없어 그들은 임노동자로 전락 소멸해야 했다.

이러한 농민층 분해과정에서 이들 임노동자의 대량 공급 원천이 마련됨으로써 후일의 산업혁명도 용이하게 진행될 수 있었다는 것이나 이로써 영국 농업은 자본제를 확립할 수 있었던 역사적 중요과정이었다. 18세기의 엔클로저(enclosure)도 비록 하층농민의 가혹한 몰락을 통한 농민 분해과정에서 추진된 것이기는 하나, 이로써 상승 독립 자영 농민층(yeomanry) 또는 대지주의 토지를 대규모로 차지 경영하는 자본가적 차지농업자(capitalist farmer)는 종획운동으로 근대적 토지 소유제를 확립할 수 있었다. 봉건적 토지 소유는 완전한 사유제와 지주(landlords)·농업자본가(tenant farmers, capitalist farmer)·농업노동자(agricultural labourers)의 분리에 의한 3분할제의 자본주의적 생산 관계가 확립되어 영국 농업을 근대적 혁명의 선두를 달리게 하였던 것이다.

그러나 농업혁명의 위대한 과업도 실행에는 많은 자본을 요했을 뿐만 아니라, 자본가적 생산 양식의 성립은 필연 곡물의 일정한 높은 가격으로서만이 유지될 수 있는 것이었다. 그럼에도 불구하고 대프랑스 전쟁이 끝나고 같은 해에 수출자유를 허가하여 곡물가는 급락하게 되었다. 이에 1815년에는 곡물이 전시 가격의 일정 수준 이상일 때만 수입을 하게 한 곡물법(Corn Law)을 제정하여 대토지 소유자를 보호코자 했으나, 생산성의 증대는 기어코 곡물가를 하락하게 했다. 곡물법은 사문화하고 자기보위를 위한 장기소작계약의 차지농은 타격이 컸다. 동시에 산업혁명으로 대두한 소비자 상공업자는 이 법의 반대투쟁을 계속했다. 마침내 곡물법(Corn Law)는 폐기(1849)되어야 했으나, 이러한 저곡물가 추세는 종전과 같은 경지확대·경영개량을 어렵게 하여 지주 차지농은 새로운 대처방식을 모색해야 했단 것이 그 후의 경과였다.

2. 후진적 토지제도와 경제의 낙후

(1) 동독의 농업개혁과 융커(Junker)경영의 불투명한 자본주의화

농장 영주제(Gutsherrschaft)는 예농제(隸農制)를 재현한 재판 봉건제임에도 불구하고, 그것이 성립한 당시로서는 국토 황폐와 농민 도산(逃散)에 대처하면서 농업 생산력을 발휘할 수 있었다고 하는 어느 정도의 역사적 의의

도 없는 바는 아니었다. 그러나 예농제에 의한 인격적 부자유, 열악한 보유권, 과중한 부역부담 등은 농민의 생산의욕과 농업 생산력을 높일 수 없게 하는 것이었다. 뿐만 아니라 농민의 인격적·경제적 타락은 국왕의 입장으로서는 정강(精强)한 군대를 양성하는 길도 아니었거니와 국고 수입을 늘릴 수 있는 길도 아니었다.

수공업도 16세기 후반부터는 쉴레진(Schlesien)에서 마직물 무역이 발흥하여 농촌 공업으로서 기초가 좁혀졌다. 그러나 재판 봉건제의 지주(Gutsherr)는 그것 역시 자기의 상업적 이익대상으로 지배해야 했으며, 그러기 위해서는 마직업도 농노제에 편입한 것이었다.

때문에 국왕은 생산력을 증강하는 합리적 수단의 하나로 농민의 지위향상을 기도해야 했으며, 프러시아(Prussia)의 절대왕제 성립과 더불어 18세기 초부터는 일련의 농민보호정책으로 농민 해방의 막이 오를 수 있었던 것이다. 국왕은 왕영지에서 먼저 인격적 자유 부여, 부역과 복비봉사(僕婢奉仕)의 폐지, 세습 보유권 확보 및 토지 소유권 부여 등 농민 보호를 솔선하여 대체로 18세기 말까지는 농민 해방을 완료했다.[13]

그러나 국왕이 천부인권을 밝히면서 왕영지에서 솔선한 이러한 조치도 그 표면에는 국고 수입을 위한 해방금 징수가 있었는가 하면, 사영지 영주들은 왕명에 반발하여 이를 따르지를 않았다. 이에 슈타인(Karl Von Stein), 하르덴베르크(Frbr von Hardenberg) 양대 재상이 인간 해방으로 생산력을 증진

13] 1723년 왕영지에서 예농의 딸이 결혼할 때 해방금을 지참하지 않도록 규정한 특허장을 발포하여 예민성 폐지 기도. 1763년 왕의 관리에 먼저 예농자제의 복비봉사(僕婢奉事) 강제를 폐지하게 하고 이어 1767년에는 이를 일반화하여 인격적 자유화 획책. 1779년 및 1790년 두 차례 조처로 왕영지 농민의 자녀 내지 형제에 농지 보유의 세습상속권 확립. 부역은 일찍이 1721년에 일수를 정량화. 1752년에는 내용도 정량화하여 폐지에 단서를 잡은 다음 1767년에는 왕영지 분농장의 전일적 경영형태인 조소작제(組小作制 : Generalpacht)를 고율의 소작료이기는 하나 영소작(Erbpacht)의 화폐지대 형태로 변경하여 부역폐지, 토지 소유권에 관해서는 전체 아닌 일부의 주에서이기는 하나 부역 폐지와 결부하여 1799년에 소유권을 부여함으로써 농민 해방과 독자 자영 농민 창출의 마지막 통로를 설정.

제4장 중세유럽의 말기봉건제

하여 강병·증세를 기하고자 이른바 슈타인 하르덴베르크(Stein-Hardenberg)
의 농업개혁을 단행(1807~1821)했다.

즉 19세기 초의 국제적 농업 생산력 수준은 이미 높은 단계의 발전을 이
루고 있었다. 산업혁명의 기술 개발이 농업분야에서도 새 기술을 등장하
게 했다(탈곡기, 심경기(深耕機)). 그런가하면 경영 조직에서도 영국은 이미 오
래전부터 노폭(Norfolk) 농업인 윤재식에로 전환하여 지방유지와 아울러 축
산개발도 현저하게 진행되고 있었다. 동부 프러시아(Prussia)에 있어서도 테
어(Albrecht Thaer : 1752~1828) 같은 농학자는 일찍부터 영국에 본받은 합리
적 경영을 주장해 왔다.[14] 그러나 프러시아에서는 이 같은 농업개혁도 저
지되고 있었다. 프러시아는 의연 공동체적 규제가 강하고 3포농법과 무거
운 부역부담의 봉건제를 재현한 재판 봉건제 아래 정체하고 있었다. 이러한
Crutsher=농민관계야말로 농법개혁을 저해하고 프러시아를 가장 뒤떨어진
사회에 정체하게 한 요인이었으며 이를 절감하게 한 것이 대프랑스전의 패배
였다. 대혁명의 물결이 지나간 프랑스와의 전쟁이 굴욕의 틸시트(Tilsit) 화약
(和約)으로 끝나자 프러시아는 그들이 패한 점은 다름 아닌 프랑스의 자유
농민에 패한 것이라 생각했다는 데에서이다.

이에 프러시아는 압박농민의 인간 해방과 자유농민 창설로 재건의 길을
찾고 영국과 같은 농법개혁을 시급한 과제로 삼아 마침내 1807년 10월에
단행한 것이 재상 슈타인(Stein)의 10월칙령(Oktoberedikt)[15] 발포(發布)였다.

14] Thaer는 그의 저서 《영국 농업》에서 영국에 본받아 3포제를 폐기하고 휴경지에 방목
아닌 적(赤)클로우버 같은 인위적 목초 재배로 지력을 유지하는 윤재식 개량 곡초식으로
경영을 집약화하고 기계를 도입하여 농업을 이윤 추구의 기업으로 성장하게 하는 합리적
경영에의 전환을 주장.
　이러한 의미의 지력 유지 추구가 1840년에 이르러 리이비히(Justus von Liebig :
1803~73)로 하여금 화학비료 개발 성취.

15] 1조 : 부동산의 소유 및 담보자유. 2조 : 직업선택 자유. 4조 : 토지의 분할 양도 자유.
5조 : 사영지의 세습소작 자유. 6조 : 다수 농민 보유지를 하나로 통합하거나 분동장에
합병하는 것의 허용. 8.9조 : 채읍지(采邑地), 불분할 세습령의 폐지 및 매입 자유. 10조 :
출생·결혼·상속·계약 등에 의한 예농 관계 발생금지. 11조 : 토지를 세습적으로 소유 보

이로써 농민 해방과 농업개혁은 단서를 잡고 보완의 조치도 후속했다.[16] 그러나 예농제의 근거인 부역 영주 재판권은 아직 폐기되지 않았다. 따라서 칙령 1,2조의 귀족·시민·농민 사이의 토지 소유·직업 이동 자유에도 불구하고 신분적 차별이 폐기되지 않았거니와 토지의 보유권과 소유권 제한에 관해서도 아무런 규정이 없었다. 칙령이 이와 같이 지주(Gutsherr)적 농민관계를 완전 해소하지 못한 것은 영주가 부역에 의한 분농장 경영으로 왕국 내의 소왕국을 이룬 것과 같이 절대왕정 자체도 존립의 근거는 같은 것이었기 때문이다. 그러나 칙령의 정신으로서는 부당한 토지이동은 이를 방치할 수 없기 때문에 국왕은 이를 제한한 보정조치를 취했다(1808년 칙령 6조의 보완). 이에 반발한 것이 대토지 소유자였으며 그들은 이를 10월칙령의 소유지 자유처분권을 침해하는 것이라 하여 강력한 반대투쟁을 전개했다. 이 압력에 슈타인(Stein)은 실각하고 재상 하르덴베르크(Hardenberg)가 등장하여 타협책을 강구한 것이 1811년의 조정령(Regulierungedikt)[17]이었다.

이로써 농민은 자작농적 토지 소유의 계기를 얻게 되었다. 동시에 영주도 농민을 유상 해방하는 한편 농지확대의 기초가 굳혀졌다. 그러나 그럼에도 불구하고 영주의 반발로 이를 수정했는가 하면 다시 농민 해방 훈령·공유지 분할령 등으로 조정령을 보완해 가면서(1821년)[18] 토지의 농민 소유와 농

유하는 신하와 그 처자의 예민성 폐지. 12조 : 1810년의 성 martin제(11월 11일)에는 전국에 걸쳐 예농제를 폐지할 것 등.
16] 칙령은 처음 Dreusen주만을 대상으로 했으나 슈타인(Stein)의 주장으로 전국적 법률로 공포. 국왕은 1809년 4월에 10월칙령으로 농민의 토지 묶임·복비봉사(僕婢奉仕)·해방 금지불이 폐기되었음을 공지.
17] 조정령은 Prussia 전역에 걸쳐 농민 보유지에 대한 완전하고 자유로운 세습적 소유권을 확보하게 하고 지주(Gutsherr)적 농민관계에서 발생하는 부역과 공조(貢租)를 해제한 반면 그 댓가로 농민은 세습적 소유지의 1/3, 비세습적 보유지는 1/2을 영주에 양보하도록 규정.
18] 조정령에도 불구하고 영주는 이를 소유권의 침해라 하여 맹렬히 반대, 1816년 5월 국왕은 역책보유 농민과 같은 조정능력이 있는 일부의 농민에게만 토지 소유권을 부여하는 후퇴·수정의 선언 발포.
그러나 그 후 1821년 6월에 농민 해방 훈령으로 부역 공조(貢租)의 평가 상각(償却)

업개혁을 우선 일단락 할 수 있었던 것이다.

그러나 초조와 난항의 이러한 농업개혁도 일견 지주적 개혁이었음을 알 수 있다. 따라서 그 후의 농업이 전개하는 과정도 이 선상에서 추진되어야 했다. 농장 영주제(Gutsherrschaft)의 지주(Gutsherr)는 융커(Junker : Junk Herr, Young lord)로 변질하여 융커(Junker)경영이라는 새로운 경영양식에 전화한 것과 같다. 그리고 이로써 프러시아 농업은 일단 그 나름의 합리적 경영에 나설 수 있게 되었다. 그러나 반면 가난한 농민은 독립 자영 농민으로 성장할 수 없이 융커(Junker) 일용노동자로 전락해야 했다. 개혁입법의 사령지(私領地) 농민 해방에도 불구하고 그 과실을 얻은 것은 대토지 소유자였으며 이러한 의미에서 이는 지주적 개혁에 그친 것이었다.

즉 농민은 토지조정으로 인하여 융커(Junker)화하는 지주(Gutsherr)에 지불해야 하는 상각지대(償却地代) 기타 배상의 무거운 부담을 지고 있었다. 부역도 사실상의 폐지는 상당한 배상[19]이 따랐으며 이는 농민의 부채를 더욱 가중시켰다. 농민은 토지의 매매 양도, 공유지의 분할을 규정한 조정금에도 불구하고 부득불 토지를 상실하게 된다. 더욱이 비조정 농민이나 그 이하의 빈농을 농지합병, 16·7세기 영국을 능가한 농민 추방으로 농지를 포기해야 했다. 조정령외 토지 소유권 자유는 대토지 소유자만이 이를 향유하고 농민지를 집중·종획할 수 있는 것이었고, 일부 소수의 농민이 이에 참여하여 자영 농민으로 상승할 수 있었다. 반면 대다수 농민이 몰락하는 가혹한 농민층 분해가 농업개혁의 과실이었다.

그리하여 토지를 집적한 귀족 대토지 소유자는 국가의 보호를 받으면서

을 규정하여 잔존한 많은 부역이 화폐지대로 전환·폐지. 동시에 공유지 분할령으로 종전의 공동체적 규제에 의한 경시·초지·임지(林地)·목지(牧地) 등의 공동허용권을 폐지하고 원칙적으로 한사람 또는 몇 사람의 토지 소유자가 분할을 제의하면 그들의 소유로 통일하는 한편 분할지에는 농로 개설을 비롯한 경지 정리와 교환 분합(分合)을 함으로써 종전의 혼재 경지제나 경작 강제의 3포제를 청산.

19] 1821년의 농민 해방 훈령(주 (8))으로 부역을 금납화한 대신 수확시의 노동급부 같은 보조봉사의 실질적인 부역 형태가 존속하여 1830년에 상당한 배상금으로 이를 폐지.

토지를 더욱 집중했다. 그러나 이의 경영은 조정령으로 농민의 부역과 역축 (役畜)에 의지할 수 없기 때문에, 자신의 농구와 노동 설비로 몰락 농민의 일용노동에 의존할 수밖에 없었다. 이들 몰락농민을 잔존한 특권 및 국가보호[20]로 근대적 임노동이 아닌 전래의 Instleute, Lassiten (제2장 제2절 2의 (3) 참조) 등과 같은 지주(Gutsherr)적 복비(僕婢)의 예속성을 지난 형태로 이들의 평노동에 의존했다. 반면 농민은 자유로운 토지 소유와 농업생산을 전면적으로 실현할 수 없었다. 때문에 이들 융커(Junker)경영은 비록 3포제를 폐지하고 합리적 경영과 이윤 추구[21]의 농기업가로 성장하면서 자본가적 경영을 지향하여 그 나름의 발전이 급진전하기는 했다.

그러나 이는 근대 자본제의 자유임노동(자본주의 생산 양식의 기본요인)이 아닌 예종(隷從)적 노동으로서 결국 '지주(Gutsherr) 경영의 자본주의적 의장(擬裝)에 불과했다.'[22] 농민은 오랫동안 융커(Junker) 하에서 고된 생활을 해야 했으며 농업은 기술이나 기계의 본격적 채용이 저지되어 자본주의적 발전의 합리화내지 근대화도 완만하지 않을 수 없었다. 이에 농민 해방도 1848년의 3월 혁명(민주 시민혁명)이 좌절하여 1850년의 상각조정법과 지대은행 설치로 보유지의 사유권을 확립함으로써 완성될 수 있는 매우 높은 것이었다.

이상과 같이 바야흐로 독일의 농업개혁도 영국과 같은 근대자본주의적 개혁이기는 했다. 그러나 후자의 농민적 역량에 의한 상향식의 개혁과는 달리 전자는 관료입법에 의한 하향식의 개혁이었다. 때문에 이의 진행은 불투

20] 영주 재판권·경찰권은 각각 1848년 1827년에 비로소 폐지. 19세기 10년 대의 곡물가 하락·20년 대의 경제 불황으로 인한 귀족 대토지 소유자의 채무를 지불연기하게 하고 그들의 금융기관인 지주금융조합(Landschaft)을 창설. 이 자금은 그들이 독점하여 본래의 목적인 농업경영개선보다 부채정리·토지수매에 이용하여 농민지를 더욱 집중.

21] 2륜 쟁기·인공비료의 도입, 3포제 폐지와 곡초식 윤재 채용. 영국에서 도입한 메리노양(羊) 사양으로 기술과 개선. 이익이 많은 화주(火酒)·맥주(麥酒) 양조 및 첨채(甜菜 : 사탕무우) 재배 제당 등 농촌 공업도 지도.

22] 奏 玄龍 《一般크-ㅁッパ經濟史》 p.255.

명하고 완만하여 융커(Junker) 경영은 영주적 잔재를 지닌 채 1차 대전 후까지도 정부의 보호 아래 정치적·경제적 실권을 장악(Junker 잔재는 2차 대전 후의 개혁으로 비로소 일소)하고 있었다. 아직 농업을 정치적 기초산업으로 융커(Junker)의 일부는 매뉴팩처 경영에 나설 수도 있었으나 농업의 사회관계가 이렇게 후진적이었던 만큼 공업부문 역시 19세기까지 '지주(Gutsherr)적 강력규제를 배경으로 이와 결부한 객주제 상업자본의 전면적 파악 아래……자주적 매뉴팩처=산업자본의 자유로운 분출 형성이 미연에 압살되어 온……농노제적 농촌 공업이 서구와 구별되는 특질'[23]이었으며, 지주(Gutsherr)주의로 특권 매뉴팩처가 명멸할 따름이었다. 그리하여 독일사회는 전체적으로 후진이 불가피했다.

(2) 프랑스의 대혁명과 소농고정의 자본제적 발전 제약

프랑스의 농업은 농노 해방 과정에서도 '매[鞭]에 의한 봉건 강압이 굶주림에 편승한 경제적 강압……봉건적 외피를 벗은 봉건적 수단'[24]이라 표현되는 분익소작(métayage)으로 탈바꿈했다. 농노 해방과 농민적 토지 소유의 성립에도 불구하고 비생산적 토지 소유자는 분익절반소작 또는 보통소작(fermae)으로 농지를 세분하여 농민의 '경제적 강압'은 여전했다. 이에 겹친 것이 16세기 말 부르봉(Bourbon) 절대왕정의 봉건반동이었다. 겨우 성립한 화폐지대를 다시 부역 또는 생산물 지대로 역전하였으며 억제할 수 없는 재정 궁핍의 수탈욕은 농촌 공업도 징세대상에 편입코자 전국의 모든 수공업자에 대하여 쥬랑드(Jurande : 프랑스의 길드제 수공업)라는 춘프트(Zunft : 수공업조합) 조직을 명했다.[25]

23] 高橋幸八郎 《近代資本主義の成立》 p.221.
24] 近藤康男 《農業政策》 p.167
25] 수공업조합(Zunft)을 국가기관화하여 농촌 수공업에 직접통제를 가함으로써 모든 수공업자를 징세대상에 편입하여 절대왕제의 재정적 기초를 세우고자 한 것. 그 일환으로 루이 14세(Louis 14) 치하의 재정총감 콜베르(J. B. Colbert)는 Jurande 중심의 산업규제체

이로써 프랑스농업은 소농 고정의 전통이 확립되어 농민은 영국의 자작농(yeoman)과 같이 중산적 생산자 층으로 상승하여 나아가 자본주의적 차지 관계로 발전하는 것이 저지되었다. 사실 프랑스에서도 15·16세기에는 독립 자영 농민(laboureur)이 분출하여 이들 중에는 임노동에 의한 소상품 생산으로 이윤을 추구하는 자본가적 차지농에 상승하는 자도 속출했다. 그러나 이들 역시 봉건반동을 계기로 17세기에 이르러서는 직접경작보다 분익 소작에 기생하는 것이 유리하여 지주적 토지 소유자로 반전했다. 이들 기생 지주는 영주들과 결탁하여 매점한 영주 생산물을 가난한 농민에 고가로 판매하는 동시 고리대도 겸했다. 이른바 농촌상인(laboureur-marchand)으로 불린 층으로 변모했으며 독립 자영 농민이 이렇게 변질하여 농촌을 지배하는 한 프랑스 농촌은 분익소작의 예농제 하에서 소경영의 빈곤이 영구화할 수밖에 없었다. 바야흐로 영국이 순조로운 농노 해방으로 자작농(yeoman)이 자본가적 성장(상향식)이 빠르고 동독이 농업개혁으로 비록 융커(Junker)경영이라는 자본주의화(하향식)의 불투명한 형태였기는 하지만, 그래도 이른바 자본주의적 발전의 두 개의 길이 트인데 반하여 프랑스는 봉건반동으로 분익소작의 예농적 소규모 경영이 자본제적 분해를 저지하고 있었던 것이 대조적인 특징이었다.

계를 구축하고 이를 기초로 절대주의적 중상주의 정책의 입장에서 특권(집중) 매뉴팩처(manufactures privilégiés)를 창설 육성코자 기도.

그러나 이 매뉴팩처 기업가들은 공적 부담의 면제를 얻고 왕의 특권에 속하는 권리 상업적 특권, 국고보조 및 왕위 매뉴팩처 지정과 귀족 서임 같은 칭호 수여 등 특권을 왕실에서 매수하여 중상주의적 대외경쟁 또는 왕실 귀족의 사치품 수요 충족에 솔선. 그 경영 형태는 농촌 가내공업 도시직물업 등 소생산자 층을 전대객주제(前貸客主制 : putting out system)로 생산과 유통을 모두 지배하는 방식. 더욱이 부랑자·걸식자·실업자·고아 내지 범죄인 등을 수용하여 노동을 강제하는 이른바 구빈원 매뉴팩처에 이르러서는 물론 그 지배 수탈의 도가 더욱 가혹. Jurande제=Zunft제와 매뉴팩처제는 결국 절대주의체제에 총괄되면서 광범한 존재의 소생산자 대중에 대한 봉건제의 경계외적 독점과 특권의 수탈 기구를 형성한 것으로서 농민은 봉건적 수탈과 자본가적 수탈의 2중고에 신음해야 했던 셈. 高橋幸八郎 編 《近代資本主義成立史論》 p.249

이와 같이 부르봉 절대왕정은 농촌 공업의 확산에 대항하는 특권도시의 시장독점을 위하여 농업에서 독립 자영 농민층의 그 이상의 성장을 억제하고, 공업에서 쥬랑드(Jurande)를 기초로 봉건적 독점 지배기구인 특권(집중) 매뉴팩처를 형성한 산업규제(réglementation) 체계를 확립했다. 이것이 대혁명 전의 절대왕정체제(ancien régime)였으며, 그렇기 때문에 이는 소생산자 층이 광범하게 성장하여 이들이 대혁명으로 대항함과 더불어 그 기구는 결정적으로 파기되어야 했다.

즉 '공업에서 쥬랑드(Jurande)제와 특권 매뉴팩처(제5장 제3절 1을 참조), 농업에서 예농제를 타파하여 소생산자 층의 독립과 상승을 기도해야 했던 것이 대혁명의 과제[26]였던 것이다.' 농공소생산자는 유혈사태로 이를 전취(戰取)했다.

절대왕정체제 하의 상공업은 특권과 독점을 폐지하여 산업과 노동의 자유를 요구하고 농업은 봉건 지대 지불 의무로부터 농민을 해방하여 참된 자유 소토지 소유제 확립을 요구했다. 부르주아(중산적 생산자 층) 농민이 이러한 독립과 자유를 요구하여 구제도를 타도하고 이를 전취한 것이 대혁명이었다. 때문에 이를 시민혁명(bourgeoi revolution)이라 하는 것이며 1789년의 일이었다.

부연하면 대혁명 전야의 프랑스 사회는 봉건적 특권의 수탈과 압박[27] 그리고 흉작으로 폭동이 곳곳에서 연발[28]하였다. 이러한 상황에서 국왕은

26] 高橋幸八郎 編 《近代資本主義成立史論》 p.249

27] 분익소작(分益小作)은 수확의 절반내지 1/3의 가혹한 현물지대를 비롯하여 국왕에 대한 조세로서 타이유(taille), 갸벨(소금세 : gabelles), 인두세(capitation). 20분지 1세 (vingtiéme) 포도주세(Aides) 등을 공납. 이는 60명 내지 80명의 조세 청부인이 징수를 대행하여 매우 자의적일 수도 있었던 것. 이 밖에 교회에 대해서는 10분지 1세(Dime)를 바쳐야 했고 또한 영주에 대해서는 제분장, 제빵장 등의 사용세, 통행세 및 근소한 부역(corvée)도 감당해야 했던 한편, 성실·유순·복종의 봉건적 인격의무도 강요되어 바야흐로 예농의 위치 그대로였고 동시에 중산적 생산자 층(Bourgeoisie) 역시 왕권적 독점과 특권의 산업규제에 그들의 산업과 노동의 자유스런 활동은 억압되고 있었던 것이다.

28] 1779년의 흉작을 계기로 농촌과 도시에서는 기근폭동, 토지대장 소각, 지주특권폐기

1789년 5월에 3신분[29]이 3부회를 소집(1614년 이래 처음으로 참조)하였으나 6월에도 3신분만이 분리하여 국민의회를 구성했다. 이는 다시 헌법제정을 위한 헌법의회라 개칭하여 민권 조정에 나섰으나 민중은 각처에서 소란을 일으키고 7월 14일에는 마침내 파리(Paris)의 천민이 바스티유(Bastille) 감옥을 습격, 파괴하기에 이르렀다. 프랑스대혁명은 이렇게 하여 폭발했다.

이에 자극되어 농민소요(grande peur)는 전국적으로 확산되어 갔다. 특권신분의 귀족은 사태를 중시하여 봉건제도를 완전 폐기한다고 선언하고, 권리를 무상으로 폐기했다. 그러나 지대 특히 화폐지대(cens)나 물납연공(物納年貢 : Champart) 같은 것은 유상으로 매취(買取)하게 하여 권리와 의무를 법률로 규정했다.[30] 그리하여 혁명은 농민의 봉건적 의무를 타파한 반면, 영주의 봉건적 토지 소유에 대해서는 매취하지 않으면 해방되지 못하게 하여 영주권의 무상폐기는 결국 자유계약에 의한 매취로 대체되었다. 이는 곧 영주권의 재확인에 불과 했으며 소유권은 신성하기 때문에 영주권은 배상되어야 한다는 부르즈와(중산층)적·지주적 방식에 그쳐야 했다.

대혁명의 초기농업개혁은 이와 같이 일련의 법률혁명을 거치면서 영주적 개혁체계를 전개하고 말았다. 혁명과정에서 봉건적 토지 귀족이 근대적 개장(改裝)을 한 것이 그 과실이었으며 지주·중산층(bourgeois)이 하층농민을

등을 요구하는 폭동이 연발.

29] 대혁명 전의 절대왕정체제(ancien régime) 하 프랑스 사회는 제1신분인 승려, 제2신분인 귀족, 제3신분인 일반서민의 세 계급으로 구성. 그러나 1·2신분은 전 인구의 5%에 불과했으며, 이들이 95%(농민 90%)의 제3신분을 봉건적으로 수탈하면서 베르사이유(Versailles) 궁정에서 사치와 낭비를 일삼고 있었던 것.

30] 농민소요가 전국적으로 퍼져가자 특권 신분의 귀족은 사태를 중시하여 1789년 8월 4일 밤 국민의회는 봉건제도를 완전 폐기한다고 선언하고, 농노 신분 영주 재판권 기타 특권 및 교회 10분의 1세와 특권기업가의 특별면세권 같은 봉건적 권리를 무상으로 폐기. 그러나 지대 특히 화폐지대(cens) 물납연공(Champart) 같은 것은 유상으로 매취하게 하여 권리와 의무를 법률로 규정. 이어 1790년 5월에는 매취방식을 규정하여 화폐형태 현물형태에 따라 연지대의 20배 또는 25배를 농민과 영주가 개별적인 임의계약으로 매취하게 규정.(高橋幸八郎《市民革命の構造》 p.46.)

배반한 것으로 결실되고 말았다.

이에 하층농민의 불만과 분노는 또 각양의 농민봉기로 나타났다. 마침내 1792년 8월에는 왕정을 폐지하고 영주적 토지 소유를 원칙적으로 부정한 법령이 발포되기에 이르렀다. 그러나 익년 5월에는 또다시 민중이 의회를 포위하고 쿠데타에 의하여 자코방당(Jacobins)으로 하여금 부르즈와 당인 지롱드당(Girondins)을 의회에서 추방하게 하였다. 그리고 7월에는 법령으로 일체의 봉건적 영주제적 부과세의 무상 폐기, 국가 재산의 민중적 분할, 영주가 탈취한 공유지의 반환 등을 규명하였다. 이로써 봉건제는 종국적으로 파쇄되고 농민은 해방되어 참된 자유와 독립의 토지 소유농민이 될 수 있었으며, 분할지 농민(Parzellenbauern)은 이렇게 하여 전취(戰取) 창출될 수 있었다.

그러자 1804년에는 나폴레옹이 제위에 올랐다. 그는 제위에 오르자 농민이 원하는바 토지 소유제를 나폴레옹 법전(1804)으로 확고히 조문화했다.[31] 이로써 이른바 나폴레옹적 소유 형태(Napoleonische Eigentumsformen)의 분할지 소유제가 확정 전개되었다. 농민은 귀족제가 부활하면 그들의 새로운 재산이 다시 몰수되리라고 생각하여 자기들을 보호해 주는 나폴레옹의 강력한 절대왕권적 독재를 반항 아닌 출군(出軍)으로 협력 지지함으로써 보나파르트주의(Bonapartism)을 확립하게 했다. 그리고 이는 농민이 구제도외 봉건 압박과 공동체 규제를 벗어나 비록 소규모의 분할지나마 이를 자기역량에 따라 원하는 작물을 자유로이 경작할 수 있게 하는 것이었으므로 이에 따른 농민의 의욕과 창의는 의당 새로운 생산력 발휘를 약속하는 것이기도 했다.[32]

31] 그는 제위에 오르기 전의 제1통령시대에 이미 신흥시민계급의 정신인 자유평등주의에 따라 농민에 대해서도 농민의 토지로 된 프랑스의 토지를 농민 사신이 자유로이 이용하여 약동하는 소유욕을 만족시킬 수 있도록 이에 필요한 조건을 확립코자 했으며, 그 집대성이 나폴레옹법전(1804년)이다.

32] 혁명과정에서 모든 교회 승려 및 도망 귀족의 토지재산을 국가가 수용하여 다시 매각한, 즉 유재산(有財産) 매각에 의한 봉건적 소유지의 몰수, 재분배는 구래의 대토지 소유자에게는 타격이 될지언정 농민에게는 새로이 토지를 확대할 수 있는 기회가 되어 이들의

'나폴레옹적 소유 형태=분할지 소유는 이렇게 하여 그것이 확립된 19세기 초에는 프랑스 농민의 해방과 부유를 위한 불가결의 조건으로 등장하였다. 그러나 동세기가 경과하는 가운데서 사정은 달라졌던 것이며, 이는 오히려 농민의 누진적 악화와 누증적 부채를 조성하여 농민을 빈궁의 노예로 만드는 법칙으로 나타났던 것이다.'[33] 왜냐하면 나폴레옹적 토지 소유도 혁명 후에 추진되는 농민층 분해의 방향과 규모를 영국이나 동독과는 다르게 했기 때문이다. 이것은 농업에서의 자본주의적 분해를 저지하여 분할지 농민의 보다 자유롭고 보다 급속한 자본주의적 발전을 저해하는 조건으로 되었기 때문이다.

프랑스혁명이 농노 해방=토지혁명을 기축으로 중산적(bourgeoisie) 발전선상에서 이루어진 시민혁명이었음에도 불구하고, 소농유지라는 독특한 기본선에서 농민을 토지재분배과정에 참여하게 하여 경작 및 곡물거래의 자유를 선언했다. 그리고 종획(Cloture)도 인정하고 국유 재산 매각에도 참여하게 했으며, 경작 강제도 법적 효력을 상실하고 공유지의 많은 부분이 소멸할 만큼 농업의 자본주의적 진전을 저해하는 요인은 없어졌다. 그러나 가난한 농민은 토지 부족의 전통으로 자력이 없었기 때문에 종획도 국유 재산 매각에도 그 혜택을 입을 수가 없었다. 이에 배제된 빈농은 오히려 공동체적 규제와 공동 방목권·삼림·평야·공유지의 이용권 또는 이삭줍기 등의 관행을 생활수단으로 이에 의존하여 농촌에 체류해야만 했다. 혁명은 그 자유 입법에도 불구하고 농민이 가난으로 인하여 공동체적 권리에 매달려야 했던 만큼, 이는 오히려 소농유지의 지주로서 폐기가 어려웠다.[34]

결국 나폴레옹적 소유라는 자유 독립의 토지 소유도 종전의 보수적인 구

생산력은 이러한 의미에서도 새로운 발전을 가져올 수 있었던 것.

33] 高橋幸八郎 《市民革命の構造》 p.220

34] 공동체 규제는 서부나 남부에서는 비교적 약한 것이기도 했으나, 동북부에서는 매우 강인.

관행과 분할지에 고집하는 일종의 농민층 스스로의 반동적 자기보존 운동이 유효했을 따름이다. 그러나 그러한 한 프랑스 농업일반은 공동체적 규제 아래 중세기 생산기술에 정체하여 농업혁명은 수행 될 수 없었으며 '분할지소유의 이러한 상태가 19세기를 경과하는 동안 프랑스 농촌에는 봉건 영주 대신 도시의 고리대가, 봉건의무 대신 저당권이, 귀족적 토지 소유 대신 시민적 자본이 농민의 어깨를 누름으로써 소경영의 분할지 농민은 자신의 건전한 성장이 억제되고 있었다'[35] 대혁명에 의한 프랑스 산업의 분할지 소유는 봉건제를 불식한 농민적 요구로서 전 국토에 착근(着根)하여 충분히 그 영양소를 흡취할 수 있는 것이었음에도 불구하고 자본제적(근대적) 분해는 저지되어[36] 영국 농업의 재빠른 3분제 자본주의화, 프러시아의 융커(Junker) 경영이라는 그 나름의 자본주의화와는 달리 농업의 급속한 자본주의적 발전을 이루지 못했다.

프랑스 농업의 이러한 구조적 특질이 이를 선행조건으로 한 프랑스 경제 사회 자체의 후진적 구조를 규정했음은 두말할 필요가 없다(후속 : 제6장 제1절 2에).

3. 아메리카의 토지제도와 자본제 농업의 급진전

(1) 봉건적 식민지시대의 토지제도와 농업의 지역적 분화·발전

아메리카 신대륙의 발견은 서구에 상업혁명을 일으키고 자본의 원시적 축적을 촉진했다. 그만큼 봉건 해체에 결정적인 역할을 했던 것이나, 다음

35] 高橋幸八郎 《市民革命の 構造》, p.221.

36] 부농 등 일부층에 의한 그나마의 종획지도 영(A. Young)의 표현을 빌리면 거의 90%를 비종획지와 같은 부농에 의존하여 영국과 같은 진보적 농법과 과학적 관리에 지나지 않았다는 것. 이는 실로 불가사의한 일이라는 것. 차지는 7/8이 분익소작이라는 것은 다소 과장이라 해도 2/3~3/4이 분익소작인 것이 거의 확실(高橋幸八郎 《市民革命の 構造》, p.39).

신대륙 자체의 경제적 발전이 세계경제에 미친 영향도 너무나 큰 것이었다.

때문에 이를 구명해야 하는 것이나 이러한 존재 가치의 아메리카도 발견 후 약 100년 동안은 누구도 돌보지 않은 곳이었다. 백인 이주는 거의 없고 광산 개발과 모험 통상이 고작이었으며 1620년 유명한 필그림 파더스(Pilgrim Fathers : 102인의 청교도)가 뉴잉글랜드(New England)에 상륙한 때부터 본격적인 이주의 식민이 개시된 곳이다.[37] 그러나 비옥한 지미(地味)의 광대무변한 이 대륙에서는 토지문제가 따르지 않았다. 동시에 미지의 이 신개지에는 개척자가 이식한 봉건 전의 역사도 미약한 것이기만 했다. 이러한 자연적·역사적 조건이 이 땅의 농경 개시 300년 만에 농민적 역량으로 농업의 자본주의적 혁명을 완수하고 공업은 이를 국내시장의 기초로 용이하게 발전하여 마침내는 세계의 농장, 최대의 자본주의 국가로 군림하게 했던 것이다.

즉 필그림 파더스(Pilgrim Fathers)가 식민지 건설에 성공한 이후 이에 자극되어 많은 백인이 이주하여 플랜테이션(plantation) 대농장을 경영할 수 있었다. 특권회사나 귀족 내지 특정 유력자는 이민을 모집하여 신천지 개척에 나섰다.[38] 그러나 식민지는 전자의 자활식민(charter colony) 보다 후자의 영주

37] 스페인의 광산 개발, 프랑스의 모피무역이 고작. 영국도 처음에는 런던회사(속칭 The Virginia Company). Plymouth회사 등 특권회사가 무역과 광산 개발을 주목적으로 1607년에 국토의 특허장을 얻어 일정토지의 소유와 식민을 했으나 실패. 모험상인의 Merchant Adventurers도 같은 토지 소유로 식민. 그러나 이러한 자치식민(charter colony)은 모두 실패. 종교상의 이유로 102인의 청교도(Pilgrim Fathers)가 Mayflower호로 난항 끝에 항로를 잘못 잡아 목적지의 Virginia 아닌 New England 해안에 상륙. 이들은 12월의 엄동에 부녀·유아 등 일행의 반을 잃는 고초를 겪으면서도 신대지에 살겠다는 굳은 결심으로 농경정착 이후 식민은 본격화.

38] Pilgrim Fathers의 성공 후 1629년에 The Massachusetts Bay Co.를 중심으로 다른 청교도(Puritans) 일군이 집결 이주. 1640년 경까지는 약 2만의 청교도가 이민. 이들은 Plantation(단일 식재로서 열대 식민지에서 주로 모국인의 자본을 수입노동력 또는 원주민 노동력으로 수출농산물 재배에 투입한 자본제적 대경영. 때문에 고용형태가 근대적 임노동일 수 없는 것이나 이것이 남미에서는 그 역사적 조건에서 흑인노예제를 형성)을 경영하면서 1636년에는 보스턴에 최초의 대학인 하버드 대학 설립.

지배권을 가진 사영지 식민지(proprietary colony)이 일반적이었다. 국왕으로부터 사영지를 얻은 귀족 등 특권자는 본국의 봉건제를 본받아 면역(免役)지대(quit rent : 이주자의 가족 수에 따라 토지를 나누어 주는 인두세, 이 대상(代償)으로 지대를 물납(物納))와 영주 권한을 자행하는 군소 하급장원으로 일반화했다.

다만 북부의 뉴잉글랜드 식민이 예외였으며, 여기서는 이주자가 자작농(yeoman)을 비롯한 수공업장인·상인 등 중견층이 본국의 종교적·정치적 압박 또는 경제적 불만을 피하여 이상향을 만들고자 한 사람들이었다. 때문에 그들은 남부·중부의 귀족·독점 상인·금융업자 등의 특권 회사가 본국의 봉건제를 도입하여 이윤 추구에 여념이 없는 것을 증오했다. 이들은 민주주의를 동경하여 공동체인 타운 제도(town system)를 형성했으며, 여기서는 입식초(入植初)부터 봉건제가 없었다. 그러나 남부·중부의 식민은 이의 모집에 참여한 자들이 주로 본국의 엔클로저(enclosure) 운동에서 추방된 농민·부랑자로 죄인이 된 자, 정치범 또는 도항 여비를 모집자가 부담한 자 등이었다. 이들에게는 연기봉공(年期奉公) 기간 동안은 농구·종자·의식 및 토지를 공급하나 그 신분은 노예와 같이 결혼도 못하고 쇠고랑을 찬 채 도망을 기도하면 태형으로 다스렸다. 바로 토지 묶임의 봉건농노 그것이었으며, 남부가 전형적[39]이었다. 중부의 파트론 시스템(Patroon System)[40]도 그러한

39] 예컨대 Baltimore경의 사영지인 남부의 Maryland에서는 여비 없는 도항자에 약 20파운드를 빌려 주는 대신 본인과 처 및 복비(僕婢)에 100에이커씩, 16세 이하의 자녀에는 50에이커씩의 토지를 나누어 주는 인두세로 매년 20파운드의 소맥을 지대로 물납(物納). 1676년 이전에 이미 농노경작의 평균 3,000에이커 면적을 가진 장원이 60이나 되었다는 것.

40] 중부 대서양 허드슨 협곡지방인 뉴욕은 처음 네덜란드서인도회사가 뉴암스테르담이란 이름으로 식민. 맨허턴은 인디안에서 24$로 매수. 회사의 대주주들은 광대한 토지를 영구재산으로 소유, 예컨대 암스테르담의 서상 K. V. Rensselaer는 히드슨강 남안에 수십만 에이커의 토지와 장원을 가지고 독립전쟁 후 해체될 무렵에도 3,000명의 소작인을 가진 대토지 소유자. 이들이 영주와 같은 재판권 수차독점권 등 봉건특권을 가진 것이 patroon system. 이들은 그 밑에서 토지 기타 자재를 대여 받는 반면 면역(免役)지대 또는 부역의 무를 지닌 농노로서 토지에 묶임. 1664년 영국함대가 뉴 암스테르담을 점령하여 뉴욕 식민지로 한 후에 근본적 개량이 없이 뉴저지, 펜실베니아(1681) 식민지를 개설해가며 국

것이었으나 이는 농노의 부단한 항쟁과 면역지대(免役地代) 체납으로 유명무실화하여 가며 자유농민이 빨리 성장함으로써 일찍이 봉건적 대토지 소유를 타도하고, 북부와 같은 토지제도로 이행한 것이 남부와 다르다. 이 사실은 아메리카에서는 봉건제가 없었다는 말과 다르며 토지의 독점 소유와 봉건지배가 영본국에서 그대로 이식되어 있었다. 다만 풍부한 토지 조건과 뿌리가 얕은 역사성으로 남부에서도 면역지대가 18세기 초에는 소멸될 수 있는 근거가 미약한 것이었을 뿐이다. 즉 백인 연기농노제는 이들의 도망과 반란을 빈발 격화하고, 이에 값 싼 종신 흑인 노예가 대체되는[41] 동시 값 싼 토지 불하로 사유지가 확대됨으로써 일찍이 봉건제는 해소될 수 있었던 것이다.

그리하여 신대륙은 천부(天賦)의 자연조건을 보고로 동부에서는 흑인노예 노동에 의한 플랜테이션(plantation : 단일 식재의 대농장 경영)[42]의 잎담배 재배, 중부는 소맥 중심의 대맥·과실·축산 등 식량 작물로 무한한 발전에 급진할 수 있었다. 특히 중부에서는 타운 제도(town system)의 공동 소유가 17세기 말 경부터 차츰 타운(Town)의 성원 가족에 100~200에이커의 소토지로 평등 분배되었다. 이들 농민적 토지 소유의 자영 농민층(free holder)이

왕 특허의 영주(landed proprietor)로서 인두권리의 면역지대로 이민에 토지 분배, 그러나 여기서는 농노의 반항과 체납으로 지대가 유명무해화하고 봉건적 대토지 소유와 병유(併有)한 소토지 보유자인 자영 농민이 성장하여 전자를 압도 구축함으로써 북부형의 식민지로 이행.

41] 흑인 노예는 1619년 20명이 네덜란드선으로 수입. 17세기 말 경부터 농노와 대규모 교체되기 시작하여 1700년 28,000, 1750년 236,000으로 격증. 그 가격은 대략 1,300$ 내외.

42] 남부는 엽연초 중심으로 쌀(米 : Carolina)·람(藍) 등을 재배. 면화는 1793년 Wbitney의 조면기(操綿機) 발명 이후에 전개. 그러나 엽연초도 유럽 시장 확대(영본토 수출이 1616년 2만 파운드에서 1630년 150만 파운드, 1775년 8,500만 파운드)와 흑인노예를 기초로 한 Plantation으로 발전.
중부 대서양 연안의 대평원과 Appalachia 산록은 비옥한 평원의 경지와 적당한 우량, 온난한 기후로 남부와 북부에 식량을 공급할 수 있는 농경 목축으로 빵의 식민지(bread colony)라 지칭. 때문에 흑인노예도 가장 노동집약적인 엽연초 재배의 남부와 같지 않고 일부에 그쳤을 뿐.

농민 분해를 이루면서 쉽사리 자본제 경영에 전진할 수 있었다. 반면 기후·토질(土質)이 농업에 부적합한 북부는 자영 농민의 옥수수 재배를 중심으로 차츰 제조공업의 중심지로 되어 갔다.[43] 그러나 독립전쟁에 이르기까지도 농업이 사회적 기초 산업으로서 주민의 90%는 농민이었다. 상업도 본국과의 거래를 비롯한 노예무역이 고작이었으나[44] 중부와 북부의 이러한 자영 농민과 상업자본의 축적이 후일의 번영에 기초를 이루었던 것이다.

그러나 이는 역시 단순한 길인 것만은 아니었으며 식민지 아메리카는 영국 본국의 봉건적 토지 소유와 중상주의 정책이 농업의 자본주의적 발전 상업자본의 축적을 저해하는 질곡(桎梏)으로서 이에 저항 투쟁해야 했다. 즉 본국 중상주의 정책의 식민지 수탈은 일찍이 항해조례(Navigation Acts : 1651년)를 비롯하여 각양의 형태[45]로 본국공업을 보호하고 식민지의 원료 및 소비시장을 독점코자 했다. 이들 법령은 사실상은 실시가 만만치 않고 유명무실한데 마침 7년전쟁의 결과 영국은 대불해외항쟁에서 승리(1763)하자 프랑스에서 얻은 캐나다 및 Allgehney 산맥 이서인 서부의 처리 문제와 전비 청산문제 등으로 항해조례를 조정 엄수하게 했다. 동시에 새로운 법령[46]을 제정하여 수탈을 강화했다.

이에 중부·북부에서는 영국 상품 불매 운동으로 맞섰으나(인지 조례 폐기)

43] 공업은 농민의 자급적 기반을 뒷받침하는 제화·직물·제분·제재·양촉(洋燭) 등이나 본국 공급의 보조적 역할을 하는 목제선박·선박 용구·제철 등이 중견농민의 부업적 가내공업 또는 매뉴팩처 형태로 경영.

44] 상업 역시 각 식민지간의 연안 무역이 있었으나 주요 형태는 식민지 특산물의 본국 공급과 본국 공산품의 수입. 이와 병행하여 중부·북부의 상인은 식량농산물·어류·재목을 서인도제도에 수출한 대가로 사탕·탕밀 등을 수입하여 램주를 가공한 다음 이로써 아프리카의 흑인을 수입하는 3각무역으로 자본을 축적. 노예무역은 특히 북부 상인의 자본 축적에 공헌했을 뿐 아니라 동부 엽연초 plantation(후일에는 면화 plantation) 발전의 원동력이 되었다.

45] 양모품조례 1699, 모자조례 1772, 탕밀조례 1733, 철조례 1756 등.

46] 1764년의 사탕조례, 통화조례(신용권발행금지). 1765년의 인지조례(인지세부과), 숙영조례(식민지 주둔군의 비용부담) 등.

익년에는 도리어 타운센드(Townshend)법[47]으로 수탈 규제를 강화했다. 이역시 강렬한 반항으로 동인도회사 독점의 영국무역 이외는 모두 폐기했다. 그러나 매뉴팩처 경영자·자영 농민·중소상공업자 등 새로이 성장 대두한 시민계급(Bourgeoisie)은 이에 만족할 수 없었다. 본국의 가혹한 식민정책만이 아니라 이와 타협적인 봉건제 대지주, 특권 상업자본 및 관리 승려 등 상층민도 증오배격(憎惡排擊)했다. 그럼에도 불구하고 본국은 1774년에 또 퀘백(Quebec)법을 발포하여 식민지인의 서부진출을 제지하는 한편 반항과 충돌을 강압 처벌코자 했다. 이에 독립전쟁은 불가피하게 되었으며 마침내 조지 워싱턴(George Washington)을 군사령관으로 임전태세에 들어간 것이 1775년이었다.

(2) 봉건제 불식의 독립전쟁과 남북의 대립적 발전

독립전쟁은 이렇게 하여 급진적인 신흥시민계급을 주축으로 도전되어야 했다. 그리고 그 목적이 목적인만큼 훌륭한 시민혁명(bourgeois revolution)이었다. 때문에 남부 플랜테이션(plantation) 소유자는 친영파(loyalist)로서 전쟁에 반대해야 했으나 이들 역시 서부 진출 제지의 본국 정책에 반발하여 독립전의 기치에 동조, 출전했다.

전쟁은 1783년 파리(Paris) 강화회의로 끝이 났으며 독립을 쟁취한 아메리카는 첫째 봉건적 토지 소유관계의 폐기, 둘째 자본주의적 발전의 기초 확립이 유혈 대가의 총결산이었다. 개전의 직접 계기는 위의 수탈적 법 발포에 있었다. 그러나 이 법들의 원류는 봉건적 지배체제에 있었다. 그리고 전쟁은 이를 일괄하고 자본주의 발전의 기초를 다짐했다. 때문에 전쟁의 근대시민개혁(Bourgeois revolution)으로서의 과실은 제대로 큰 것이기만 했다.

부연하면 봉건적 토지 소유관계는 이미 혁명전쟁 중의 대륙회의에서 봉

47] 유리·지류·차 등 필수품의 수입에 과세.

건적 대지주인 친영파(Loyalist)의 소유지를 몰수하여 유상 또는 무상으로 100~200 헥타르씩 분할 지배해 버렸다[48](뉴욕주의 장원들은 1필지 500에이커 이하로 세분하여 분배). 토지를 빼앗긴 이들 친영파가 캐나다로 도망하여 영국령 캐나다를 건설했다. 독립파 대지주의 소령은 몰수를 당했기 때문에 독립전 후에도 봉건적 토지 소유관계의 고율 정기 소작료가 잔존하고 있었으나, 이에 농민이 지대철폐운동(Anti-rent movement)으로 맞서 당국과의 유혈사태 끝에 이를 해체하여 싼값으로 수매함으로써 남북전쟁까지는 지주적 대소유자가 일소되었다. 봉건 유제(遺制)의 폐기는 교회에 대한 10분지 1세의 폐기로도 진행되었으며 중부·남부의 면역(免役)지대는 사실상 명목적인 것이기는 했으나 독립혁명은 이를 완전 폐기해 버렸다. 이로써 봉건유제는 남부의 노예제를 제외하고는 거의 일소되었다. 흔히 아메리카는 봉건제와 무연(無緣)했다고 하나 이와 같이 아메리카 독립혁명의 첫 과제는 봉건제의 불식이었다. 봉건적 토지 소유관계가 그 자연적·역사적 조건[49]으로 인하여 서구제국이 수세기를 통하여 해소한 것과는 달리 불과 150여 년 만에 쉽사리 해소할 수 있었던 것이 다를 뿐이었다.

봉건적 생산 관계의 이러한 불식과 더불어 독립 자영 농민의 창출은 쉽게 촉진될 수 있었다. 이로써 봉건관계가 미약하기는 했으나 이에 억압된 풍부한 잠재생산력은 현재화(顯在化)할 수 있었다. 더욱이 서부와 루이지애나 대평원을 비롯한 대서양에서 태평양에 이르는 영토 확장[50]은 이를 가속화

48] 부동산 분배는 평등을 위해 장자상속제 폐지.

49] 첫째 광막한 신천지에는 자유지가 풍부하여 토지획득이 용이했기 때문에 경제 외적 강제와 토지 묶임의 봉건제관계가 뿌리를 깊이 내릴 수 없었다는 것. 둘째 그나마 면역지대 기타 봉건관계도 1660년 대부터의 동부 뉴저지에서와 같은 폐기 요구. 18세기 초부터의 뉴욕주에서의 반내무생 등 반항일규의 폭동이 주효했던 것.

50] 13개주 독립과 함께 파리조약으로 Allegheny산맥 이서 미시시피강 이동의 서부를 영국에서 얻고, 1803년에는 미시시피강 이서 로키산맥에 이르는 당시의 Louisiana대평원을 프랑스로부터 1,500만불에 구입. 이어 1819년 플로리다 구입. 1884년 텍사스 합병, 오레곤 획득. 1848년에는 대 멕시코전쟁으로 California, Utah, Nevada, Arizona, New Mexico 등 산악지방 이서를 멕시코로부터 탈취함으로써 대서양안에서 태평양안에 이르는 확대

하여 아메리카 농업을 자본주의의 대도(大道)에 돌진할 수 있게 했다. 이와 더불어 개척전선은 동부에서 서부로 이동했다.[51] 1770년에 이미 200만이 넘은 인구에게는 전인미답의 서부내륙이 영원한 낙토(樂土)의 대평원이었다. 뉴잉글랜드를 비롯하여 중부·동부 또는 유럽에서 토지와 신생활을 찾는 농민이 노도와 같이 이곳에 이동했다. 그리하여 루이지애나(Louisiana) 매입 (제퍼슨 대통령, 1803년)과 이 지방의 탐험 이후 1810~60년간 서점(西漸)운동 (westward movement)은 활발하여[52] 바야흐로 19세기 아메리카의 새 역사를 장식할 수 있었다.

그러나 미시시피 동·서 어느 지역도 처음에는 소농민의 정착이 쉬운 것이 아니었다. 토지 불하 조건이 과중했기 때문이다. 이에 소농민은 저항하고 불법 거주자(squatter : 미불하 국유지에 잠입 경작하는 무단토지 점유자)는 점유권 옹호조합(Claim Association)으로 맞서면서 전국개혁협회(National Reform Association)의 요구가 자작농장법(Homestead법 : 1862년 제정)으로 결실되는 과정을 거쳐야 했다.[53] 이주자가 거의 모두 농업 정착임은 두말할 필요가 없

한 영토 확보.

51] 대서양안은 유럽 최초의 frontier(변경)이었으나 이곳은 아메리카의 frontier. 개척자들은 1700년 경까지는 대서양안의 하구에서 100마일선인 Allegheny산맥과 해안평야의 접촉단층 지점인 폭포선(fall line)에 이르면서 항구를 개발하고 하천연안에 대plantation 및 수력 이용의 교통과 공업개발. 이것이 독립전쟁에 이미 Allegheny를 넘어 Kentucky. Tennessee 및 Ohio 상류의 frontier에 진출. 이 곳 Louisiana의 서부내륙은 과연 비옥한 대평원으로서 동부에서 면적과 지력에 한계를 느낀 개척 선구자의 희망의 낙토(樂土).

52] 이 반세기간 인구는 1,724만에서 3,144만으로 급증. 북부와 남부의 비율은 19세기 초의 같은 비율이 1860년에는 북부 2,140만에 비해 남부는 흑인 400만을 합쳐 1,140만에 불과했을 만큼 인구 서진이 현저. 유럽에서만도 1821~30년간은 14만이던 것이 51~60년은 260만으로 격증. 서부 인구는 도시가 16%에 불과했던 만큼 이주자는 모두 농업 정착으로 차츰 독립 자영 농민층을 형성.

53] 정부는 새로 얻은 모든 토지를 일단 국유화하고 불하했으나 토지조령(1785)의 최저 면적과 가격이 과중(640에이커, 에이커 당 1$. 96년에 2$로 인상). 때문에 소농민의 국유지 획득은 어렵고 오히려 투기업자가 대량 매점한 것을 더 비싸게 사거나 임차하는 일이 허다. 강력한 농민항거가 불하조건을 완화(1800년 320에이커, 1804년 160에이커, 1820년 80에이커, 가격 1.25$로 인하)함으로써 토지 획득 용이. 무단점유의 차입금 (squatter)은 발견되면 언제든지 추방되는 존재에서 점유권옹호조합 결성으로 점유지의

으며 이들 독립 자영 농민의 가족 노동에 의한 소경영을 토지 소유제의 지배적 형태로 이후의 아메리카 농업은 자본제로 급진전할 수 있었다. 즉 이들은 비록 소경영이기는 하나 토지는 이를 비교적 용이하게 입수할 수 있는 좋은 조건이었다. 차지(借地)가 그다지 필요치 않은 자작을 하면서 자가 소비적 농업을 시장 판매하는 상업적 농업으로 이윤을 축적하고 규모를 확대하여 쉽사리 자본제적 경영에 상승할 수 있었다. 서진운동은 실로 아메리카형의 자본주의화에 기초를 마련하고 이후 전체적으로는 지역적 분화[54]내지 전문화와 기계화[55]의 선에서 자본주의적 발전이 급진전할 수 있었다. 특히 규모 확대와 노동력 부족은 19세기를 통하여 농기계의 놀랄만한 선진적 개발을 촉진하여 이 나라의 농업으로 하여금 앞으로 전세계를 위협할 수 있는 생산성 향상과 코스트 다운(cost down)의 길을 열었다. 노동력 부족이 각 분야에서 기계문명을 개화하게 했으나 아직 농업이 사회적 기초산업인 데에서 농업의 이러한 자본제적 발전과 지역적 분화의 양산은 마침내 교통개

매매방지와 선매권을 요구. 1830년 국유지선매법 제정으로 목적달성, 토지점유에 관해서는 G. H. Evans의 토지 개혁 운동이 1844년의 전국개혁협회로 결안(結案)하여 토지 없는 이주자에의 국유지 무상분배, 개인 소유의 면적제한, 채무집행에서 이주자에 분배된 택지(Homestead)제외 등 요구운동이 1862년 Homestead법(자작농장법) 제정으로 결실.

54] 남부는 노예 노동의 엽연초 plantation을 중심으로 1793년(Whitney의 조면기 발명으로 plantation은 면화로 중심이 이동) 미작(米作)·소금[鹽] 등 수출용 작물이 주(1791년 엽연초는 460만$ 수출로 전수출의 수위). Allegheny 이서 ohio 및 Mississippi강 이북의 서북주는 옥수수 소맥·연맥·과맥 등 다량의 조방재배와 공업이 발달. New England를 비롯한 동북부 여러 주에서는 자급상의 소맥·옥수수와 야채·과실 등 상업성의 특작물 및 목축·낙농 등의 소규모 집약경영과 아울러 조선을 비롯한 공업과 상업이 발달한 다각적 산업지역 형성.

55] 18세기 초두에 목제 쟁기를 철제로 대체. 1800년에 일속(一束)의 소맥을 한꺼번에 벨 수 있는 cradle이라는 낫[鎌] 발명. 1793년 E. Whitney가 조면기(cotton gin)를 발명하여 흑인 한 사람이 1일 50파운드의 면화를 처리할 수 있게 됨으로써 면작(棉作)이 폭발적으로 확대되어 엽연초 재배를 물리치고 중심작물로 되었다는 것이 중요. 나음 C. H. McCormick은 서부 평원농업에 수확기(reaper)의 필요함을 절감하고 O. Hussey가 발명(1833)한 것을 개량하여 1840년에 주산한 것을 생산·판매. 그가 이주한 시카고는 이후 농기구 제작의 중심지로 되고 이어 조파기(條播機 : drill)·예초기(刈草機)·탈곡기 등 각종 기계가 속속 발명. 그러나 산업혁명으로 과학적 동력이 등장하기 전까지는 말[馬] 이 이들 기계의 견인동력.

발을 급진전하지 않을 수 없게 했다. 1825년부터 운하붐[56]의 운하시대를 거쳐 30년에는 최초의 철도(South Calorina 철도)가 부설된 것과 같다.

그러나 서진 운동과 북부의 위와 같은 발전과 대조적으로 남부에서는 대농장제가 지배적이었다(1860년 500에이커 이상의 대농장 중 4/5가 남부 집중). 휘트니(Whitney)의 조면기(繰綿機) 발명으로 작업 능률이 급증한 면화재배는 영국 산업혁명 과정에서 요구하는 원면(原綿)수요의 급증에 따라 매 10년마다 배증(倍增)하는 폭발적인 확대[57]를 이루었다. 면화는 엽연초를 물리치고 중심작물(다음은 미작(米作)·사탕수수·마 등이며 노예 노동 의존)이 되었다. 노예도 그 3/4은 이에 투입되어 플랜테이션(plantation) 양식의 흑인노예제 면화를 많이 생산했다. 남부사회는 실로 면화를 왕자로 하여 노예와 면화가 경제적 지주였으며 이를 경영하는 소수의 대노예 소유자[58]가 남부의 지배자로 군림할 수 있었다. 과연 면업(綿業)으로 세계의 공장이 된 영국 경제도 원면(原綿)의 4/5를 남부에 의존했을 만큼 남부 면업의 지위는 높았다. 남부의 지도자들은 노예 노동의 면업은 국고의 원천일 뿐만 아니라 세계의 산업마저 남부에 의존한다고 자부하며 노예 노동이 지닌 자체모순이나 인도 문제에 앞서 소유노예 수의 다과(多寡)를 오히려 사회적 권위의 척도로 삼는 것도 무리는 아니었다. 그러나 노예 노동에 의존한 열악한 생산력의 전시대적 사회관계는 이로써 축적한 자본도 그 대부분을 노예 사역에 낭비해야 했으며 이에 의한 번영도 그만큼 근거 없는 것이 아닐 수 없었다. 반면 상공업으

56] Erie호와 대서양을 연결하는 Erie운하는 20년의 세월 끝에 1825년에 완공. 4두마(四頭馬)가 예인하는 부선(浮船)으로 Buffalo~New York 사이를 9일간에 통행하게 하여 수송비가 종전의 1할로 절감. 이에 자극되어 ohio와 동부 도시를 연결하는 많은 운하개설이 운하 붐의 운하시대 전개.

57] 면화생산은 1790년 200만 파운드에서 1860년 19억 파운드로 증가. 수출도 엽연초 1.591만의 10배가 넘고 전국 수출 총액의 과반인 2억불.

58] 1860년 39만의 노예 소유자 중 노예 19인 이하의 소 planter가 87%, 20~49인의 중 planter가 9.3%, 50인 이상의 대 planter는 2.8%였으나 노예의 26%는 대 planter가 집중 소유. 토지도 500에이커 이상의 planter에 전체의 50~70%가 집중.

로 번영한 동북부, 곡물산지로 번영한 서북부는 수륙교통의 발전과 더불어 산업자본주의에의 발전이 현저했다.[59] 이것이 북부라는 경제지역의 형성으로 남북은 정치적으로 대립하는 분수령이 되었으며 남부는 부득불 북부산업자본에의 종속이 불가피했다.[60] 이를 탈피코자 공업진흥·철도 건설·은행·회사제도 개혁·플랜테이션(plantation) 농업의 분화에 나섰으나 자본 부족·북부 공세로 성공할 수 없었다. 농업은 면화재배의 단순 수노동이 기계화의 생산성 증진 내지 생산비 절감 등 기술혁신을 어렵게 하여 그 나름의 번영을 유지하기 위해서는 노예의 가격 및 유지비 인하[61] 또는 비옥한 처녀지 개척으로 대처해야 했다.

그러나 남부 경제의 이러한 상태는 자체의 자본주의화(공업화)만이 아니라 북부 내지 전 아메리카의 자본제 발전에도 장해물이었다. 이는 국내시장 조성·관세문제·국유지 불하 문제[62] 등 모든 국면에서 남부 노예제에 대한 동북부 산업자본, 서부 농민이라는 이해 대립으로 나타났다. 이제야 서로는 화해할 수 없이 강경한 노예제 폐지론자였던 링컨(A. Lincoln)이 대통령에 취임하자 남부 11주는 노예제를 인정하는 헌법을 제정하고 연방조직으로 북부와 분리코자 했다. 그리고 이 반동이 마침내 1861년의 남북전쟁으로 폭발된 것은 누구나 다 잘 아는 일이다(후속 : 제6장 제1절 2의 <2>에).

59] 1860년 대에는 아메리카 전 공장의 75%, 공업투자 자본의 86%, 철강의 대부분이 북부에 집중.
60] 거대한 농산물 수출도 영국 또는 북부 선박에 의존. 소비생활도 대부분을 북부 공산품에 의존함이 물론. 토지나 노예의 매입자금도 상공업 발달이 없는 관계로 금융기관의 발달이 없는 남부로서는 북부은행가에 의존.
61] 1860년 평균 700불, 우수 노예는 1,200~2,000불. 유지비는 평균 1인당 월 20불.
62] 임노동을 배제한 노예제는 자본주의 발전을 저해하고 국내시장 조성 저해. 남부가 노예 가격 및 유지비 인하 또는 그 산품 가격인하를 위해 자유무역을 요청했으나 북부는 국내 산업자본 육성을 위해 보호관세로 국내시장확보 요청. 국유지 불하에서도 남부의 소농민 경영을 압박함과 아울러 값 싼 면화 재배지 확대를 위해 Homestead법안을 극력 반대하고 대단위 불하를 주장한 데에 반하여 북부는 자유농민에 대한 국유지개방의 서부개척으로 국내시장 확보가 긴요.

제3절 자본의 원시축적과 자본제 공업 생산에의 이행(논쟁)

1. 자본의 원시 축적과 시민혁명

(1) 자본주의의 개념 및 성립의 논쟁상대

봉건적 생산 양식은 위와 같이 그 내부 모순의 축적 확대로 독립 자영 농민이 자본적 양극 분해를 이룬 농업혁명 과정에서 해체되어 갔다. 그리고 외부에서 이를 촉진한 것이 상업혁명이었으나 이 과정에서는 공업부문에서도 자본제적 생산이 추진되어 농·공은 동시적·병렬적으로 자본제적 추전(推轉)의 이행이 이루어졌다.

그러나 공업부문의 산업자본 형성과정에 관해서는 그 계보 내지 추진 주체에 관하여 일정한 정설을 얻지 못하고 있는 것이 사학의 현 수준이다. ① 상품=화폐경제의 발달, ② 중산적 생산자 층의 양극 분해에 각각 그 기점을 찾고 있는 것과 같다.

우선 이에 관한 고전적 견해를 보면 '봉건적 생산 양식에서의 이행은 이중으로 이루어진다.……생산자가 상인 및 자본가로 된다. 이는 현실적으로 혁명하는 길……상인이 직접적으로 생산을 파악……이는 자본주의적 생산 양식의 현실적 방해……'[1]라는 것이다. 전자(생산자가 상인 및 자본가로 되는 길)

1] 票原百壽, "앞의 책" p.107.

가 제1의 길[途], 후자(상인이 생산자로 되는 길)가 제2의 길로 통칭되고 있으나 이를 부연하듯 알폰소 돕스(Alfons Dopsch), 앙리 세에(Henri Sée) 또는 루요 브렌타노(Lujo Brentano) 베르너 좀바르트(Wener Sombart) 등 현대의 사회경제사학파[2]는 상품=화폐경제의 발달을 곧 자본주의라 보며 이들은 2의 길에 관한 견해에 속한다(전기적 상업자본-객주제 포함-의 산업 자본-매뉴팩처-에의 범주적 전화) 이른바 통설로서 근대자본주의 형성의 주체적 추진력을 상업 발달에서 구하며, 상업자본→객주제 상업자본→산업자본의 도식으로 설정한다.

이에 반발한 중산적 생산자 층의 양극 분해 과정에서 산업자본의 생성을 설명하는 제1의 길에 관한 견해(소상품 생산-소시민, 농민-의 산업자본-매뉴팩처-에의 범주적 성장)는 상업자본과 산업자본은 서로 대립 대항의 관계였던 것으로 본다. 즉 제1의 길은 매뉴팩처 성립으로 파악되고 제2의 길은 객주제 지배로 파악되나 이 두 조직은 그 사회적 속성이 주체적 계보적으로 다르며 따라서 서로는 대항적이었다는 것이다. 오쓰카 히사오(大塚久雄) 교수는 이를 농촌 직원(農村織元 : Clothier) 대 도시 직원으로 보고 산업자본가의 계보를 전자에 구하여 농촌을 입지로 한 중산적 생산자 층의 양극 분해가 매뉴팩처를 형성하게 함으로써 산업자본은 생성할 수 있었다는 것이다.[3] 교수의 이 같은 견해는 근대산업자본가(공장주 층)의 계보를 독립 자영 농민 층(yeomanry)에 소급한 망투(P. Mantoux)의 테마에 의거하면서 그 원류인 언윈(George Unwin) 또는 히이튼(H. Heaton)[4]과는 뉘앙스를 달리한 유니크한

2] Alfons Dopsch : Naturwirtschaft und Geldwirtschaft in der Weltgeschichte. 1930.

　　Henri Sée : Les origines du capitalisme, moderne collection armond colin.

　　Lujo Brentano : Der wirtschaftende Mensch in der Geschichte 1923.

3] 大塚久雄 增訂版 《近代資本主義の 系譜》 上.

　　大塚久雄, 改訂版 《近代歐洲經濟史序說 其の一. 其の二》

　　大塚久雄 《歐洲經濟史》

4] P. Mantoux : The Industrial Revolution in the Eighteenth Century, bev. ed transl. by M. Verson. p.379

견해로서 이른바 오쓰카 사학(大塚史學)을 구축하고 있다.

그러나 과연 이 같은 제1의 길(매뉴팩처 성립으로 파악)만을 산업자본의 자율적 형성과정, 제2의 길(객주제로 파악)을 상업자본의 생산 지배 형태라 하여 '두 개의 길'을 대립 대항으로만 볼 수 있겠는가? 더욱이 상품=화폐경제의 발달을 곧 자본주의 생성이라 하여 제2의 길에서만 자본제 생산 양식이 형성될 수 있었다고 보아 옳겠는가? 자본주의 생성의 기본 과정을 이렇게 파악할 때 이들로서는 원하건 원치 않건 상품=화폐경제가 발달한 '고대의 자본주의'를 주장하게 된다. 그러나 그렇다면 자본주의는 중세 말에도 있게 된 것으로서 여기서는 경제발전의 단계적 이질성이라는 시대구분도 무시되고 마는 것이다.

따라서 어느 한 길에만 집착하지 않고 상인의 생산 지배도 어떤 경우에는 이의 양적증대(quantitative growth)가 상인을 생산자로 추전(推轉)하게 하는 질적 전환(qualitative change)을 이루게 한다는 것과 같이 '두 개의 길'의 어느 경우에도 자본제 생산 양식을 형성하게 한 것이라고도 해석된다. 돕(Maurice Dobb)의 견해[5]이다. 그러나 가까운 과거임에도 불구하고 사실 해석이 이렇게 구구한 것은 자본주의에 대한 개념규정이 불확실한데 기인한 것으로 본다. 즉 일련의 사회경제사학파 학자들은 상품=화폐경제의 발달을 곧 자본주의라 한다. 이는 중세봉건제가 자급자족의 현물=자연경제를 특징으로 하여 이를 위한 토지 소유(穀)가 부의 기초이고 토지 소유의 규범이 사회적 관계를 규정한 데에 반하여 근대자본제는 상품=화폐경제가 부의 기초로서 상품교환의 경제법칙이 이 사회를 지배하고 있다는데 근거를 둔 개념이다. 막상 불가한 표현이라고만 단정하기 어렵다. 그러나 상품이나 화폐

George Unwin : Studies in Economic History. 1927. Ⅱ.129. ff.

H. Heaton : "Industry and Trade" in Johnson's England. 1933. p.151

5] Maurice Dobb : Studies in the Development of Capitalism. 1946 京大 近代史研究會 篇 《資本主義發展の研究》 Ⅰ,Ⅱ(주 3,4 참조).

의 발달 자체는 근대사회 안의 특징은 아니었다. 자본의 '대홍수 전'의 중세 또는 고대사회에서도 볼 수 있었다. 때문에 이에 집착한 나머지 고대자본주의를 표방하는 모순을 범하게 되는 것이나 이와 약간 차원을 달리한 것이 오쓰카 교수의 자본주의 개념규정이다. 즉 교수에 의하면 '……근대 이전의 생산 양식에 비교하여 보면 근대에 독자적인 생산 양식인 자본주의가 역사적으로 독자적이라는 연유는……①자본주의의 경우 경제생활의 보편적 기반을 이루고 있는 것은 이제야 토지점취를 위한 단위집단인 공동체 같은 것이 아니고 전사회적 규모로까지 발전을 이룬 상품 생산=유통의 관계 ②이에 대응하여 이 기반 위에 구축되어 있는 계급구성의 기본 역시 이제야 그 어떤 형태의 경제외적 강제를 따르는 토지점취 관계 같은 것이 아니다. 자본가가 임금노동자를 고용하여 생산에 종사하게 하는, 경제학적으로 정확하게 표현하면 노동자가 자기의 노동력을 상품으로서 자본가에 판매하는 (즉 노동력의 상품화!), 말하자면 순수한 경제적 관계이다. 이러한 기본적 생산자관계에 의거하여 부단히 생산이 이루어지고 사회 전반의 생활수요가 충족되는 근대 독자(獨自)의 생산 양식이야말로 자본주의라고 일컬어지는 것[6]'이라 하여 ②를 인식한 것과 같다.

그러나 규정 ①의 상품=화폐경제 발달은 앞서 말한 바와 같이 근대자본주의 특유의 것이 아니었다. 고대나 중세 또는 근세의 식민지 플랜테이션 (plantation), 동독의 농장 영주제(Gutsherrschaft), 절대왕제 하의 특권 매뉴팩처, 강제노역장에서도 상품 생산은 현저했다. 때문에 단순한 상품=화폐경제의 발달만으로 자본제 성립을 논단할 수는 없다. 그러나 반면에 이는 자본제 성립을 위하여 하나의 필요한 전담적 출발점이기는 했다. 때문에 상품=화폐경제의 발달은 자본주의 생성의 필요조건이라고는 말해지더라도 이를 충분조건이라고는 말해질 수 없는 것이다.

6] 大塚久雄 《歐洲經濟史》 p.5

이에 '노동력의 상품화'라는 오쓰카 교수의 규정 ②가 검토되어야 하며 감안컨대 같은 상품=화폐경제라 해도 이에 대응한 노동력의 사회적 존재 형태는 명백히 서로 다른 것이다. 고대와 중세는 노예 노동·농노노동이 기본 형태였다. 그러므로 그 생산물은 노예제상품·농노제상품이라고도 말해진다. 그리고 상품의 유통=교환도 생산의 내부 아닌 원격지 상업으로 이루어진 것이다. 자본제사회에서는 상품 내지 화폐를 매개로 생산 과정이 내부에서 수행되어 생산물인 상품의 교환이 내부경제(Max Weber의 Binnenwirtschaft)를 지배하는 것과는 달리 여기서는 내부의 생산 과정 아닌 외부특산의 사치품을 원격지 상업으로 교환하는 판이한 것이었다. 더욱이 노동력의 재생산은 자본제사회에서는 자유임노동이라는 형태로 이것이 자기경제의 내부에서 일반 상품과 같은 교환관계(오쓰카 교수의 노동력의 상품화)로 유지, 재생산된다. 이에 반하여 노예제에서는 매입, 무력 강탈, 봉건제에서는 토지 소유의 규범에 의한 공동체적 규제의 경제외적 강제에 의하여 노동력은 상품교환 관계 아닌 현물 경제적으로 유지 재생산되는 것이다.

이와 같이 같은 상품=화폐유통이라 해도 이를 위한 노동력=노동주체가 자신을 유지, 재생산하는 사회적 방식은 명백히 상이하다. 바야흐로 '생산 양식'이라는 사회적 규정성은 노동력=노동주체의 존재 형태가 그 기초[7]로 아니 될 수 없으며 자본주의 특유의 이 같은 자유 임노동은 농노 해방·농민 분해가 그 원천이었다. 해체과정의 후기봉건제 농노 해방에서 독립 자영농민 내지 단순 상품 생산. 독립 소상품 생산[8]이 발전하더라도 여기서의 노

7] 高橋幸八郎 《封建制から資本主義の移行槪說》 (大塚, 高橋, 松田 編, 西洋經濟史講座 Ⅲ p. 8. 11).

8] 단순상품 생산(자유 독립의 생산자이건 영주지배하의 농노 또는 예농이건 직접 생산자가 법적 또는 사실상 자기 소유의 생산 수단으로 타인 노동 아닌 자기 내지 가족 노동으로 상품 생산) 또는 독립소상품 생산(단순상품 생산의 농민 수공업자가 봉건 영주·지주 또는 전대객주제 상업자본가의 지배에서 독립)에서는 직접 생산자 내지 노동자는 생산 수단소유자이므로 그가 상품으로 전화시키는 것은 노동생산물이며 그의 노동력이 아님. 동시에 생산 수단 소유자이며 원칙적으로 가족 노동의 협업에 입각한 것인만큼 자본가도

동 주체는 생산 수단 소유자였으며 노동은 가족 노동의 협업이 원칙이었다. 따라서 이들은 분할지 소유농민 또는 단순상품 생산자·소상품 생산자로서 자본가도 임노동자도 아니었다. 그러나 이들은 양극 분해과정에서 그 일부 는 무소유로 탈락해야 했으며, 봉건제 하의 '직접 생산자는 토지에 묶여 타 인의 농노·노예인 데서 해방되는 동시……그의 모든 생산 수단과 봉건적 시 설로 주어진 모든 생존보호도 피탈……'[9]되었다(이 과정은 4장 2절의 2.3에 상 세).

즉 농노·노예 등 봉건적 노동주체는 봉건적 종속에서 해방되어 자유 소 토지 소(보)유자가 되는 동시 나아가 이 노동 조건의 소경영적 소(보)유에서 도 해방되어 무소유가 되어야했다. 자유임노동은 이 같은 '2중의 자유(해 방)'에서 알몸이 된 노동력이 그 원류였으며, 무소유의 노동주체는 노동력만 을 소유하여 이의 유지(가족들과의 생활)를 위해서는 마치 일반 상품이 시장 에서 판매되는 것과 같은 교환방식으로 임금을 받고 자본가에 제공되어야 했다. 화폐 형태의 임금이야 말로 임노동자로 하여금 한때 생산무소유자로 서 생활 자료를 자급한 위치에서 이제야 상품시장에서 이를 구입하는 수단 으로 삼게 했다. 자본가는 자유임노동을 생산 과정에 투입하여 그 생산물 을 화폐로 실현하는 것이며 이러한 의미에서 자유임노동은 자본의 구성적 계기로 대상화되어 자본주의적 특징이 갖추어지게 되는 것이다.

그리하여 자본주의적 생산 양식의 형성과정은 봉건적 토지 소유에 대한 자본의 반발이 이의 봉건적 규범(공동체적 규제)을 와해로 이끌면서 자유임노 동에 의한 자체의 규정성을 경제 사회에 관철해 가는 역사 과정이라 말해진 다. 이것이 곧 자본의 원시축적과정이었으며, 봉건제에서 자본제에의 이행은 이 같은 자유임노동의 생성이 기본과정이라는 인식에서 비로소 다기(多岐) 한 이행 과정의 이행논쟁도 이해할 수 있게 된다. 여기서 이 문제를 밝혀 두

임노동자도 아님.
9] 栗原百壽, "앞의 책" p.118

는 이유는 다음의 내용을 이해하는데 꼭 필요하기 때문이다.

(2) 농민 추방과 초기독점의 가혹한 원시축적

중세 말의 유럽 경제사회는 위와 같은 농업혁명·상업혁명이라는 획기적 물결이 휩쓸고 있었다. 농촌에서는 농민의 모직물 공업이 융성하여 소상품 생산의 농촌 공업이 도시공업을 압도하고 도시에서는 상인의 세계적 시장 확대가 상업혁명으로 진전했다.

그러나 이러한 과정은 그것이 곧 봉건적 토지 소유를 기초로 한, 낡은 속박의 봉건적 지배와 수탈의 조건 내지 형태가 기구적으로 해체되는 과정이었다. 동시에 이 과정에서 해방된 직접 생산자는 인격의 자유와 자유 소토지 소유의 소경영적 생산 양식을 창출하였으나 이는 다시 양극 분해로 토지 소유에서 구축되면서 임노동자에 전화하는 과정이기도 했다. 그리하여 봉건적 생산 양식이 자본제적 생산 양식에 변질·이행하는 봉건적 중간 단계를 형성한 광범한 사회적 혁명과정을 이룬 것이 곧 이 과정이었으며, 이를 촉진한 것이 상업혁명이라는 외부작용이었다.

무릇 하나의 생산 양식은 이에 통일된 생산력의 증진으로 발전하여 일정 단계에 이르러 이를 에워싼 사회적 관계와 모순이 확대될 때 변용이 이루어진다. 봉건 중기의 예농적(隸農的) 소생산도 생산력의 발전과 상인 자본의 발달이 상호 규정적으로 봉건적 토지 소유를 철폐하고. 소상품 생산 내지 춘프트적 소경영의 소경영적 생산 양식으로 발전하게 했다. 그러나 생산력의 전진하는 발전은 다시 소경영적 생산 양식 자체와 모순을 일으켜 이를 분해·파괴하는 것이었다. 직접 생산자인 농민이 봉건적 예종관계에서 해방되는 봉건적 사회관계의 분해인 동시 소경영적 생산 양식의 양극 분해로 이들이 생산 수단 소유에서 해방되어 임노동자로 전락하는 '2중의 자유'가 됨을 의미한다.

이 같은 봉건적 예종과 속박의 관계가 분해하는 과정 및 보다 기본적으로는 이의 경과 중에서 직접 생산자가 토지 내지 생산 수단에서 분리되는 소경영적 생산 양식의 분해과정이 자본의 본원적(원시적) 축적(ursprüngliche Akkumulation, primary accumulation) 과정이라는 역사적 과정이었다.

즉 '자본주의적 생산은 상품 생산자들의 수중에 비교적 많은 양의 자본 및 노동력의 현존을 전제로 한다.'[10] 다른 말로써는 '역사상 산업자본이 탄생 성장하기 위해서는…… ① 자본으로서 투하될 수 있는 화폐(자금)가 산업자본가로 될 사람들의 수중에 어떤 형태로든지 최소한 집적되어 있다는 것, ② 토지 기타의 생산 수단을 상실하여 임금노동자로서 노동하는 이외에 생활의 다른 길이 없는 가난한 사람들이 최소한 존재하는 조건이 미리 구비되어 있어야 했다'[11]는 것이다. 이렇듯 자본주의적 생산은 단순한 자금이나 생산 수단의 축적을 의미하는 것이 아니다. 단순한 자본의 축적은 자본주의 이전의 고대사회에서도 이루어진 것이었으나 이는 자본주의적 생산이 아니었다. 자본주의적이기 위해서는 일정한 사회관계로서의 자본=임노동관계가 성립해야 했으며, 중세 말의 '생산자와 생산 수단의 역사적 분리과정'이야말로 이 같은 자본관계가 원생적(原生的)으로 성립하는 과정이었다.

즉 '자본관계는 노동자와 노동의 현실적 조건 소유 사이의 분리를 전제로 한다. 자본주의적 생산이 일단 자신의 발 [足] 로 서게 되면 이는 그 분리를 단순히 유치할 뿐 아니라 부단히 증대하는 단계 위에서 이를 재생산한다.…… 그러나 이른바 본원적 축적(A.Smith의 선행적 축적)은 생산자와 생산 수단의 역사적 분리과정 이외의 아무 것도 아니다. 그것은 자본 및 자본에 대응한 생산 양식의 선사(先史)를 형성한 것이었기 때문에 본원적인 것으로 나타났다'[12]는 것이며, 한마디로 자본주의적 축적의 전제를 이룬 것이 이

10] 栗原百壽, "앞의 책" p.114
11] 大塚久雄 《歐洲經濟史》 p.33
12] 栗原百壽, "앞의 책" p.115

과정이었기 때문에 이를 자본의 원시적(본원적) 축적이라는 것이다.

그러나 자본의 전사(前史)로서의 생산자와 생산 수단의 역사적 분리라는 본원적 축적의 현실적 전개과정은 가혹한 것이었다. 바야흐로 농업혁명이라 불리는 16세기 영국 농업의 종획운동은 '양의 발이 사지(砂地)를 황금으로 만든다'는 말과 같은 경제성의 개혁이었고 자본제적 전진이었다.

그러나 이 개혁도 모어(Sir Thomas More)의 말을 빌리면 '양은 원래는 유순하고 소식의 동물이었으나 이제는 대식이고 난폭해져서 사람까지 잡아 먹는다는 소문입니다……귀족·준귀족(gentleman)·승원장(僧院長)들은…… 경지를 위장(圍墻)하여 목장으로 하고 농가를 부수고 마을을 철거하여 남는 것은 교회뿐……농민은 사기·난폭·압박 등 갖가지 방법으로 추방…… 가련하고. 소박한 사람들, 남·녀·부(夫)·처(妻), 아버지 없는 아들과 과부, 어린이를 안은 비참한 어머니, 이 모두가 정든 집을 떠나 몸 둘 집이 없습니다.……손에 쥔 몇 푼의 돈이 있을 때까지 여기저기를 방황한 뒤에는 도적질을 하다가 사형되거나 아니면 걸식……그러나 걸식으로 떠돌아다니면 부랑인으로 투옥된다.'[13]고 그의 이상향(Utopia)에서 서술한 것이 바로 당시의 정경이었다.

과연 빨리 달리는 말(奔馬)과 같이 진행하여 제지될 수 없는 종획 선풍은 도처에서 가난한 농민을 폭력적으로 추방했다. 살 곳을 잃은 촌민은 부랑인이 되어 거리를 방황하고 굶주림에 도적질을 해야 했다. 편형(鞭刑)·낙인형·절리형(切耳刑) 나아가서는 노예화와 사형으로 부랑과 걸식 도적에 대처했으나, 이 가혹한 형벌도 이를 막을 수 없었다. 유민을 구빈법(poor law)으로 취업에 복귀코자 했으나 이 역시 징역직장(house of correction)이라 불리어질 만큼 삶의 터전이 될 수는 없었다.

이러한 현상의 종획운동은 영국이 자본주의 발달의 선두에 섰던 만큼

13] Sir Thomas More : Utopia. 本多顯彰 역 《ユートピア》 岩波文庫, pp.50~51.

가장 전형적이었다 하겠으나, 대륙 여러 나라에서도 정도의 차가 있을 뿐이었다. 그러나 반면 상인 내지 상업자본의 횡포는 다른 대륙 여러 나라에서 한층 더한 것이었다. 포르투갈, 스페인, 네덜란드, 프랑스, 영국 등의 가혹한 아시아, 아프리카 동방세계 침탈행위는 마침내 이 세계를 정치적·경제적으로 재생 불능의 예속식민정책에 굴복하게 한 것은 1절에서 본 바와 같다.

서구 상업자본의 발달에 따른 '아메리카 금은산지의 발견, 토착민의 근절, 노예화 및 광산에의 매몰, 동인도의 정복과 약탈의 개시, 아프리카의 상업적 흑인 수렵장화는 자본주의적 생산시대의 여명을 고한 것이었다. 이들 목가적 과정은 본원적 축적의 주요 계기였다. 이에 이어 유럽 민족의 상업전쟁이 지구를 무대로 일어났다. 이는······ 영국의 중국에 대한 아편전쟁 등에서 아직 속행되고 있다. 본원적 축적의 계기는 시간적 계열에서 특히 스페인, 네덜란드, 프랑스, 영국으로 배분······영국의 그것은 17세기 말 식민제도, 국채제도, 근대적 조세제도 및 보호제도에서 체계적으로 총괄······그 중 식민제도는 가장 잔학한 폭력에 입각······그러나 이 모든 방법은 봉건적 생산 양식의 자본주의적 생산 양식에의 전화과정을 온실적으로 촉진하여 그 이행을 단축코자 이용한 국가권력 사회의 집중적 조직적 폭력이었다. 폭력은 새로운 한 사회를 잉태한 모든 구사회의 조산자(助産者)이다. 폭력자체가 하나의 경제적 능력이었다'[14]는 것과 같이 역사적 과정으로서의 본원적 축적은 전기적 상인 자본의 세계 시장적 발전 단계에서 계통적으로 수행됨으로써 산업자본의 단계를 준비했던 것이다.

원시적 자본 축적은 이와 같이 폭력=권력을 매개로 촉성·추진된 것이 그 특징이었다. '자본주의적 생산이 자기 자신의 발[足]로 서게 되면' 자기 자신의 전제(노동자와 노동 조건 소유 사이의 분리)를 자기 자신이 끊임없이 재생산한다. 그러나 이는 이미 본원적 축적이 아닌 자본주의적 축적의 일환에

14] 栗原百壽, "앞의 책" pp. 115-116

불과하며, 본원적 축적의 단계에서는 권력=폭력의 매개로 축적은 가능했던 것이 서로 다른 양상이었다.

농촌에서 젠트리(gentry)라 통칭되는 지주층은 이들을 중심으로 종획운동에서 '난폭·사기·압박 등 갖가지 수단으로 농민을 추방'했다. 도시에서 리버리(livery)라는 특권조합원층은 봉건적 특권의 초기독점(early monopoly)을 형성하여 소영업자층을 경제외적 강제로 지배했다. 이 모든 것이 상품경제발전의 결과였으나 폭력은 권력과의 결탁 없이는 불가능한 것이다. 젠트리(gentry), 리버리(livery)는 상품경제의 발전에 따라 농민층·소영업자층의 상품 생산 발전에 대항코자 그들의 봉건적 지배권과 자치적 영업권을 절대왕정의 대권에 반환하여 자신은 그 분기(分岐)로서 정치적·경제적 실권자가 됨으로써 가능한 것이었다. 국왕도 이들을 새로운 계급적 기초로 이들의 경제력에 의존해야 했기 때문에 가혹한 농민 추방의 종획도 제지할 수 없었고, 소수 특권조합원의 정신(廷臣)자본가(capitalist, cortier)는 독점특권으로 이를 보호하는 상호결탁이었다(제4장 제2절 3, 제5장 제1절 제2절 1 참조). 그리고 이것이 농민층 소경영자의 분해를 촉진하여 자본의 원시축적은 진행될 수 있었으며, 공업부문에서 매뉴팩처(manufacture)가 성립할 수 있었던 것도(2항 이하) 이의 한 성과라 할 수 있다.

그러나 폭력의 농민 추방은 고사하고 특권의 초기독점은 그 자체 국민적 산업의 발전을 전제하면서 현실은 오히려 이와 대립하여 독점 이익을 기생적으로 확보해야 했던 것이 모순이었다. 뿐만 아니라 '인민 전체를 수탈하는 것이었다'[15]는 말과 같이 대중으로부터 그들의 산업을 박탈하고 가격 인상과 품질 저하로 국민 전체를 수탈했다. 일반 인민은 물론이거니와 독점으로 생업을 빼앗긴 자, 젠트리(gentry), 특권조합원 등 전 국민의 초기 독점에 대한 반발은 가열되지 않을 수 없었으며, 영국에서는 마침내 엘리자베스 말

15] 堀江英一 《近代ヨーロッパ經濟史》, p.125

기(1571년)에 하원의 독점 반대투쟁인 독점 논쟁으로 전개되었다. 결국 주
권자체가 대립과 모순의 불안한 기초 위에 서 있었던 것이나 국민적 반발의
독점 논쟁은 마침내 1624년 개개 독점을 심리하여 유해한 독점은 폐기하
는 독점조례가 의회를 통과했으나 결국은 독점특권의 법적 근거였던 대권의
왕권 자체에까지 비화했다. 이것이 곧 시민혁명의 필연성이었던 것이다.

(3) 봉건타도의 시민혁명과 민주개혁의 한계

이 같은 원시적 자본 축적기의 실정 하에서 1628년 영국의회의 하원[16]
은 권리청원(Petition of Rights)[17]을 가결했다. 이에 왕권과 의회는 정면으로
대립하였으나 왕은 마침내 의회를 해산하고 의회에서 독립한 이른바 친정을
단행했다. 왕은 대권에 의거하여 의회의 승인이 없이 성실원(星室院)·고등법
원을 통하여 강제로 세금을 징수하고 독점을 난발하며 왕영지를 확대했다.
이는 의회구성원인 젠트리(gentry : 중소 지주층)·리버리(livery : 특권조합원)의
이익에 반한 것으로서 이들과 국왕은 대립하였으며, 이 대립은 마침내 국왕
과 농민·소시민 기타 인민과의 대립으로 발전했다.

여기서 1640년 11월 장기의회(1640~60)가 소집되었으며, 이것이 곧 영국
시민혁명의 출발점을 이루었다. 즉 소집된 장기의회에서 대중의 불만은 폭
발하여 젠트리(gentry)와 리버리(livery)의 하원은 왕정의 지배기구인 성실원
(星室院)과 고등법원을 폐지하고 국왕의 권력은 의회의 제한을 받게 했다. 그

16] 1215년 왕권규제를 위해 봉건귀족이 과세·재판 등 63개조에 걸친 권리를 옹호코자 왕
　에게 제출하여 승인하게 한 대헌장(Magna Charta)을 Henry 3세(1216~72)가 무시한 데
　에 반발하여 귀족은 1265년 각주에서 2명, 특권도시에 2명의 대표를 모아 이를 협의 재
　확인하게 한 것이 의회(Parliament)의 시조, 이어 1376년 의회는 이해가 나쁜 귀족·성급
　승려의 상원과 지주·신흥시민의 하원으로 분리.

17] Charles 1세는 왕권신수설 고지(固持). 의회는 대헌장의 국민기본권을 주장하여 1628
　년 권리청원 제출(① 국민의 신체자유 ②국왕의 증여, 세금, 헌금, 강제정지 ③ 국법을 존
　중하여 국왕이나 군법에 의한 속박에서 해방) 이를 승인한 국·왕은 그 후 11년간 의회정
　지, 청교도탄압. 많은 청교도가 네덜란드와 신대륙 등으로 도피.

러나 국왕은 반격을 가하여 혁명은 내란상태로 되었다. 이에 크롬웰(Oliver Cromwell)과 그의 병사인 농민 특히 자작농(yeoman) 출신(Kett의 일규, Midland 의 일규 등 투쟁의 전통을 이어받은 농민대중)의 철기병이 왕의 군대를 격파하고 혁명을 성공에 이끌었다. 그러나 혁명파는 승리에도 불구하고 내부 분열이 일어났다. 원래 크롬웰과 그의 군대 상부 층은 봉건적 토지 소유와 영주적 종획에 맞서고, 보통선거와 기본인권을 요구하는 병사 반봉건투쟁의 인민과는 달리 봉건적 토지 소유자 측에 가까워 이들과 이해관계가 상반되었다.

때문에 병사는 승리와 함께 대표자(agitator)가 런던의 수평파(levellers : Midland 일규 때에 종획의 울타리를 파괴한 데에 연유한다는 것)와 연락하여 반란을 일으켰다. 이 틈을 타서 국왕은 탈주했다. 크롬웰 파와 수평파는 통일전선을 가다듬어 1649년 찰스 왕을 처형하고 상원을 폐지하여 공화국(Commonwealth)을 수립했다. 그러나 양파의 대립은 혁명의 본질 문제인 듯 수평파는 다시 반란을 일으켰다. 그리고 크롬웰은 이를 강압분쇄(그런 의미에서 대 gentry, livery가 이를 환영)하고 군사독재에 나섰다. 마침내 1653년에는 쿠데타로 의회를 해산시키고 스스로 호민관(Lord Protector)이 되었으나 5년 후 병사(病死)함과 더불어 다시 공화제로 복귀했다. 이어 1660년에는 청교도 중심인 의회파의 장로파(Presbyterians) 의원이 소집되었다. 이들은 의회의 제한을 승인한다는 조건하에 왕제를 인정하여 크롬웰 혁명은 국왕주권을 부르주아(시민계급)주권, 전 인민 주권의 공화국이 아닌 지주 부르주아(bourgeois) 주권의 입헌군주제로 바꾸었다.

따라서 이를 부르주와 혁명이라 하고 종교적으로는 국교도(Anglicans)에 압박된 청교도의 승리였으므로 청교도혁명(Puritan Revolution)이라 하는 것이나 왕정복귀로 영국은 반동기를 맞이하고 말았다. 혁명가는 처벌되고 몰수 매각된 왕령지 사교령(司敎領)은 반환되었다. 혁명기의 법률은 파기되고 비국교도는 관공직·성직에서 추방되었으며 영국교회가 국교로서 복위했다.

국왕은 프랑스에 망명하여 루이 14세의 절대주의를 보고 가톨릭교와 절대
왕제를 부활코자 했다. 이를 제지한 것이 의회의 실력이었으며 토리당(Tory
: 왕당파 전통), 휘그당(Whig : 장로파 전통)이 공동으로 이를 저지하고 신교도인
윌리엄 3세 부처를 국왕으로 맞이했다. 이것이 1688년의 명예혁명(Glorious
Revolution)이었으며, 대중이 직접 관여하지는 않았으나 이듬해에는 권리장전
(Bill of Rights)이 발포되었다. 이로써 의회는 입법권·징세권·군사권만이 아니
라 국왕의 임면권까지도 갖게 되었다. 그리하여 입헌군주제의 법적 근거를
확립하고 국왕은 의회에 종속하게 되었다.

이에 영국의 시민혁명은 일단락한 셈이었다. 그리고 이 지주·부르주아
적 주권 아래 본원적 자본 축적은 체계적으로 추진될 수 있었다. 즉 혁명으
로 국왕의 대권은 박탈되고 하원이 정치권력의 주체로 되었다. 그러나 수평
파의 패배로 하원은 젠트리(gentry)와 리버리(livery)로 구성되었다.[18] 때문에
정책은 이들의 이해선상에서 결정되기 마련이었으며 수평파에 속하는 농민
대중의 봉건적 토지 소유제에 의한 토지 보유를 토지 소유로 개혁코자 하는
요구는 묵살되었다. 반면 젠트리(gentry) 등 지주적 토지 소유는 봉건적 토
지 소유의 위계제(位階制)에서 해방되어 완전한 사유로 전화했다.[19] 이는 곧
자유로운 토지 이용으로 확대되어 마침내 영주의 종획도 종획법(1709)으로
보호·장려하게 되었다. 혁명은 부질없이 지주적 토지 개혁만 독주하게 했으
며, 이에 봉건적 토지 소유자와 농민의 대립은 표면화하지 않을 수 없었다.

뿐만 아니라, 국왕이 그의 대권 사항으로서 측근 기타 정상배(政商輩)에
게만 독점을 특허하여 젠트리(gentry)나 리버리(livery) 일반을 일정 영업에

18) 보통선거를 요구하는 수평파의 패배로 크롬웰은 선거권자를 200파운드 이상의 재산
소유자에 제한. 명예혁명 후 1711년에는 지방이 600파운드, 도시기 300파운드의 연수
익 토지 소유자로 인상. 이로써 절대왕정과 같은 gentry, 특권조합원(livery) 등의 선거권
이면서도 보다 특권적인 특권자층에 선거권이 제한.

19) 1646년에 국왕의 봉건적 토지 소유자에 대한 보호권(Wardship : 영주의 후계자가 미성
년인 때 국왕이 후견하여 후견세를 징수하는 권리) 및 후견재판소를 폐지하고 봉건적 토
지 소유를 위계제(位階制)에서 해방.

서 배제한 초기 독점도 혁명이 해결해야 할 경제문제로서 의회는 독점 논쟁을 해결했다(앞 2항 참조). 젠트리(gentry)와 리버리(livery) 일반이 필요를 인정한 동인도회사 같은 것을 제외하고는 그나마 영국 무역에 공이 컸던 모직물 수출상인조합(merchant adventurers) 조합 같은 것에 대해서도 독점을 박탈했다(1688). 대외적으로 특허무역제도는 해체되고 대내적으로도 독점 아닌 영업 자유(경제적 자유주의)가 창출되었으며, 영국의 무역·식민정책은 젠트리(gentry)와 리버리(livery) 일반의 이해선상에 움직이는 개편이 이루어졌다.

그리하여 영국은 지주 부르주와의 연합정권 아래 이 젠트리(gentry)와 리버리(livery) 일반의 의회중상주의정책이 수행되면서 자본주의 발전의 조건을 준비하는 자본의 본원적 축적도 체계적으로 추진되어 갔다.

반면 같은 시민혁명이면서도 프랑스 대혁명은 영국보다 1세기 반이나 늦었다. 프랑스사회는 봉건반동으로 인하여 오랫동안 완고한 절대왕정과 가렴(苛斂)한 특권 신분의 절대왕정체제(ancien régime)에 머무는 동안 경제적으로 정체해 있어야 했기 때문이다. 그러나 왕권과 특권의 주구(誅求)가 가혹하면 할수록 반목[20]이 폭발하는 강도도 가혹할 수밖에 없었다. 격렬한 민중 반

20] 제1신분(승려) : 맥류(麥類)·포도 등 수확의 1/10을 우선적으로 징수하는 10분의 1세(dine) 특권을 가지고 국왕에 대한 자유헌금 이외에는 면세특권(免稅特權). 100여 명의 고급승려가 수입의 대부분과 행사를 독점하므로 12만여 명의 하급승려도 이를 증오(憎惡)·반목.

제2신분(귀족) : 약 14만 중 약 4천이 궁정귀족으로서 베르사이유 궁전에서 국가예산의 1/4을 연수(年收)로 얻어 환락의 낭비생활. 지방의 토지 귀족(소영주)은 탐욕(貪慾)의 경제적 고통을 농민 압박으로 충족. 상층 부르주와 출신의 신귀족인 법복귀족(noblesse de robe)은 사법관·변호사 등으로서 사법행정의 고등법원을 본거로 파리에서 비상한 세력구축. 반면에 하급 몰락귀족·청년귀족은 신사상(자연법 사상)을 받아들여 구제도에 불만이며 이들과 반목.

제3신분(농민·시민계급) : 많은 봉건적 의무와 조세에 신음하는 농민, 도시의 장인·노동자(약 250만)·소사업자본가 등 하층 부르주와가 그 하층이고 징세청부인·독점 어용상인·대금융업자·특권회사주주 대상인=기업가 등이 상층 부르주와. 이들은 구제도에서 큰 이익을 얻는 것이었으므로 구제도 유지를 바라 하층 부르주와가 이에 대립적이었다. 프랑스의 많은 지식인이 부르주와 출신. 국왕은 그의 의사가 곧 법률. 특권 신분은 입법·행정·사법·군사·외교를 독점. 전국 36개구의 지사는 백지 체포장으로 체포·감금·추방

란, 반혁명에 대한 혁명의 대량처형과 공포정치(terreur)는 영국과는 다른 유혈사태를 빚었는데 이것에 바로 프랑스 대혁명이었다.

잘 아는 바와 같이 그 발단은 1789년 7월 14일 민중의 봉기가 바스티유(Bastille)감옥(억압의 상징인 동시 군사상 중요한 요새)을 공격탈취한 데에서부터였다. 당시 절대왕정체제의 상황에 관해서는 이미 제2절의 (2)에 상기한 바이나 왕권신수설(王權神授說)에 입각한 절대왕정과 특권 신분(제1신분인 승려, 제2신분인 귀족)의 횡포에 대해 시민계급(제3신분인 부르주아)은 귀족적 특권폐지, 경제적 활동자유, 노동, 신교(信敎)·출판의 자유와 법률 앞에서의 평등 및 자유경쟁이 가능한 상태가 절실했다. 이에 봉건적 정치경제기구를 이론적으로 비판 지탄하여 혁명적 기운을 재촉한 것이 부르주아 출신 철학자들의 계몽사상(enlightenment, Aufklärung)[211]이었다.

정치적 동요, 사회적 불안은 바야흐로 시민혁명(bourgeois revolution)을 실천적 과제로 압축했으며 이러한 소용돌이에 대처하여 베르사유 궁전에서는 오랜만에 3신분회의(Etat Généraux)가 열렸다. 그러나 제3시민신분은 1,2 특권 신분과 의견이 같을 수 없었다. 대립 끝에 그들은 1,2신분과 결별하여 독자적으로 국민의회를 구성하고 다시 헌법제정회의라 개칭하여 헌법이 제정될 때까지 해산하지 않기로 서약했다(테니스 코트의 서약). 이에 궁전에서

할 수 있는 권한 소유. 특권계급의 낭비는 구제도의 가장 큰 함정. 나라와 인민의 거머리라는 악명의 징세청부인(전국에서 70~80명)이 징수하는 각종의 악세(惡稅)로도 부족하여 국왕은 차재(借財)·관직매각·복권 등 비상책을 자행하고 국채 40억 리블의 이자 3억 리블은 국고세입의 약 50%에 해당. 국민은 불안, 궁핍은 농민소요(農民騷擾)·도시기아폭동(都市饑餓暴動)이 연중행사. 절대왕제는 존립 불능 상태, 절대왕제의 군사독재에 의한 채무파기냐 혁명에 의한 봉건특권 폐기냐가 남은 문제였던 것.

211] 계몽사상은 빠른 경제발전에 따라 시민혁명을 빨리 수행한 영국에서 인민주권 민주정치의 이론적 기초로서 17세기 말 John Locke(1632~1704), Hume(1711~1776)의 경험론철학으로 형성. 자연법(natural law) 사상은 그 정치이론. 계몽사상은 18세기 중엽 프랑스 철학자에 전파. 유명한 Voltaire(1694~1778), Montesquieu(1689~1755 : 법의 정신, De l'Esprit des Lois), Rousseau(1712~78 : 민약론(民約論, Du contrat social), Diderot(1713~84) 등, 계몽사상가의 반교회적·반전제적 자연과 이성의 사상을 집대성한 것이 백과사전(Encyclopédie : 1766), 이로써 봉건적 정신은 치명적 타격을 不免.

는 외인부대를 집결, 군사적 독재, 국민의회 해산, 국고 채무 파기 등 쿠데타 계략을 꾸미고 있었다. 파리 민중은 분노가 폭발했으며, 바스티유에 'Ola Bastille!'라고 외치며 이를 급습했다. 봉기는 삽시간에 전국 각지에 만연하여 대공포(Grande Peur) 상태가 벌어졌다.[22] 부득불 승려·귀족의원은 특권 포기를 자진 선언(8월 4일)하고 헌법제정회의는 봉건제 철폐와 새 사회의 기본이 넘을 밝힌 인권선언[23](인간 및 시민의 권리선언 : Déclaration des Droits de l'Homme et du Citoyen)을 공포했다.

그러나 이의 공포도 그 실천은 쉬운 것이 아니었다. 헌법 문제를 에워싸고 국왕의 거부권(veto)이 격론(찬성자가 의장의 우측, 반대자가 좌측에 앉는다. 오늘의 좌익 우익이란 말의 연유) 끝에 4년간이 허용되자 왕은 이를 악용하여 인권선언을 거부권을 행사하고 외군(外軍) 이용의 반혁명 쿠데타를 음모했다. 배신에 격분한 민중은 왕궁에 침입하여 왕은 도피했다. 붙들려서 환궁하자 다시 인권선언을 승인(89년 10월)키는 했으나 혁명의 성과는 농민·장인·노동자 등 하층시민 아닌 유산의 상층시민이 거두는 결과가 되고 말았다. 후자가 실질적으로 혁명을 지도하여 그들의 재산권을 보호코자 민중 소요를 방지하는 법률 내지 인권 선언의 취지를 유린하는 집회 자유와 단결권을 말살하는 법률을 공포한 것이다.[24]

22] 각지의 봉기는 귀족 영주의 성곽 방화파괴, 토지대장 기타 기록문서의 소각, 곡물 약탈, 공유지 침입, 귀족영지 매각 요구, 부패 고급관리 호상(豪商)·징세청부인·부농(富農) 습격으로 폭발하여 대공포 Grande Peur 상태에 돌입.

23] 서문과 17조의 본문으로 구성. 인간은 자유·평등의 권리를 가지고 태어났으며 살고 있다. 인간이 출생과 더불어 가지고 있는 동시, 불멸의 권리인 자유·재산·안전 및 압제에 대한 저항의 권리를 유지하는 것이 모든 정치적 조직의 목적. 모든 주권의 원리는 본래 국민 안에 있다. 법률은 일반의지의 표현, 법률은 모든 사람에 평등, 시민은 법률 앞에 평등, 법률에 의하지 않으면 고발·체포·구금될 수 없다. 사상 및 의견의 자유로운 교환은 인간이 가진 가장 귀중한 권리의 하나. 소유권은 침해될 수 없는 신성한 권리 등등.

24] 혼란과 식량난으로 민중은 굶주리고 있는데 부자·매점자·투기자는 식량수송저지 등으로 폭리획책. 이들에 적대하는 민중 소요를 강압코자 의회는 불온한 집회에 발포할 수 있는 계엄령 발포, 소요 선동자의 엄중 취체, 노동자의 단결·태업·소요 금지법령제정 (1791년 6월).

이러한 reaction은 결국 혁명과 반혁명의 혼선[25]을 빚었으나(국왕·왕비의 파리 탈출, 의회의 민중 학살, 상층시민 위주 헌법 제정, 하층민 대표의 Jacobin 당 분열, 국왕의 외군(外軍) 유치, 경제 혼란, 각지의 의용군 조직, 파리 시장의 Paris Commune에 의한 왕제 폐지 청원 등) 마침내 1792년 8월, 파리 민중은 왕궁을 습격·점령했다. 9월에는 입법의회 대신 보통선거의 국민공회를 개최하여 왕제를 폐지하고 봉건적 토지 소유를 무상 폐지했다. 조국의 독립과 국민적 혁명을 사수코자 한 의용군(남프랑스의 의용군이 파리 진격 때에 불렀던 la Marseillaise가 오늘의 국가(國歌))은 외군을 격퇴시키고 국민공회는 국왕을 처형했다(외군과 내통한 배신행위

25] 의회 반동의 틈을 타서 국왕은 외세 원조로 혁명 진압 기도. 1791년 6월 21일 밤 왕비와 함께 변장하여 파리 탈출. 피체(被逮) 귀환. 의회는 왕권 정지 선언. 외국과 내통한 왕의 재판에 대해 다수파 의원은 재판을 반대하고 무죄선언, 급진파의 콜도리에(Cordelier) 클럽은 이에 반발하여 공화제 수립 요구 청원운동 전개, 이 사태의 비무장민을 의회가 발포로 진압(Champ de Mars의 학살). 일반민중과 부유시민층의 의회 대립 격화. 이런 정세에서 1791년 9월 의회는 신헌법을 발포. 이로써 왕은 프랑스의 왕이 아닌 프랑스인의 왕이 되고 그 권능은 축소되었으나, 심한 제한선거제가 그 특징. 즉 25세 이상의 남자로서 3일분 노임에 해당하는 직접세 납부자를 능동적 시민이라 하고 이들 중 10일분 노임해당의 직접세와 200노동일의 재산소유자 100명 중 1인을 선거인으로 선출하여 이들이 고도 재산소유자에서 입법의회의원을 선출. 결국 상층시민인 약 43,000의 선거인만이 정치에 참여하고 300여 만의 하층 수동적 시민은 배제되어 혁명과 반혁명이 대립, 민중은 로베스피에르 등의 좌익 소수당인 Jucobins당이 기초였으나, 이는 상공부르주와 대표의 Girondins당과 보다 급진적인 산악당(Monntaguards)으로 분열(결국 Girondins이 우익, 산악당이 좌익의 Jacobins으로 대립).
이 같은 소용돌이에서 혁명 프랑스는 외국 간섭에 직면, 오스트리아 프로이센황제가 혁명의 자국 파급을 우려하여 구불(救佛)연합전선 획책, Louy 16세는 여전히 왕비와 더불어 외국군주의 무력 지원을 내통, 부유층의 매점과 투기에 의한 식량 결핍 심각. 상업정체 생산 감퇴. 특권 및 유산시민층과 민주적 공화제 요망의 민중과의 대립심화, 그러면서 Girondin 내각은 이 경제적·정치적인 민중의 불만을 외국에 돌리고자 오스트리아·프러시아에 선전포고(1792년 4월). 왕비는 작전계획을 적에 첩보 애국과 의분의 각지 민중은 의용군 조직, 7월 30일 남프랑스 의용군은 la Marseillaise를 고창하며 파리 입성, 민중은 반혁명 거점인 왕제폐지 아니면 혁명수호 불능확신, 파리 시장은 Paris Commune의 이름으로 왕제폐지청원을 의회에 체출. 의회는 이의 처리를 연기, 민중은 지방이용군과 합세·봉기하여 왕궁에 쇄도(殺到). 의회는 왕권정지 재산자격 없는 보통선거에 의한 국민공회소집 국왕 유폐를 의결. 나아가 망명귀족 반동승려의 전재산을 몰수하여 그 토지는 분할매각하고 봉건적 토지 소유권을 무상 폐지할 것을 포고하여 제2의 혁명이 Paris Commune의 실력으로 수행(1792년 8월), 9월에는 의분과 용기로 외군격퇴 국민공회 소집, 전회 일치로 왕제 폐지, 혁명 3년 만에 새 시대 맞이함.

로 1793년 1월에 70표 차로 가결) 이로써 제2의 혁명을 수행한 셈이었으며, 이후 1793년 가을 혁명은 절정에 달했다.

그러나 혁명은 이후에 더욱 치열했다. 혁명세력인 로베스피에르(Robespierre)의 자코방 당(Jacobins)은 지롱드 당(지방 이름을 딴 Girondins은 부유상인을 대표한 우익의 온화한 평화주의 주장)과 산악당(Jacobins로 알려진 Montagnards는 급진적 좌익)으로 분열하여 양당은 경제적 이해관계로 전자의 혁명 저지, 후자의 혁명 완수로 대립했다.[26] 그리고 후자는 민중의 지지에 응하여 속속 민주개혁의 법령을 공포[27]하고 농민 해방으로 자주적 토지 소유의 많은 독립 자영 농민을 창출할 수 있었다. 이로써 농민 해방이라는 혁명 목적에는 일단 접근한 셈이었으며 정치적으로도 헌법을 제정(공화국 제1년의 헌법. 1793. 6)하여 전문에 인권선언을 명시하여[28] 민주공화국을 선포했다. 이에 패배한 지롱드당은 지방을 거점으로 역선동과 반란을 일으켰다. 산악당이 이에 대한 강경책이 반혁명의 혐의자법이었으며, 이의 발동으로 반혁명 혐의자(파리에서 약 2,600명, 지방에서 약 17,000명) 왕비(1793년 10월) 및 지롱드당 간부(1821년 10월)를 길로틴(Guillotine : 단두대)에서 처형함으로써 공포정치(terreur)가 개막되었다.

그러나 로베스피에르 독재의 공포정치(terrorism)도 경제적 위기에는 무능했다. 그들은 루소(J. J. Rousseau)에 따라 대소유를 제한하고 소소유자의 민주공화국을 건설코자 유산의 균등 분할 상속, 빈농의 몰수, 망명자 재산 매

26] 상공 부르즈와를 기초로 부유층이 지지한 Girondins은 자유경제 및 자신이 질서와 상법 옹호자임을 주장하여 민중의 혁명추진 반대, 반혁명세력도 이에 결집. 소시민이 배경인 Jacobins은 혁명수행을 주장. 사회주의적인 토지균분안(loi agraire)은 반대이나 재산권에 대해서는 민중의 요구에 따라 제한 불가피함을 인정.

27] 1793년 6월 이후 산악당의 국민공회는 망명자 재산의 세분, 10년 할부(割賦) 경매, 공유지의 자치체 회수에 의한 평등분할, 봉건 잔재 형태의 일체 부담 무상폐지 등 의결.

28] 35조로서 이는 1789년과는 달리 평등·자유·안전·재산을 천부인권(天賦人權)의 영구적 권리로 인정. 주권은 인민에게만 있고 억압에 대해서는 인민의 저항권 반란을 명기. 동시에 생존권 보장, 노동권 인정, 빈곤자 구제의 사회적 의무화, 평등교육실시 등 규정.

수를 규정했다. 그러나 하층 빈농은 이의 경매에 참여할 수 없었거니와 어려움을 벗어난 것도 아니었다. 때문에 수매 가능한 조건을 요구했으나 자본제적 상층을 바라는 부농은 이를 반대했다. 법령 시행은 사실상 어렵게 되었으며, 농민층의 빈부 분해와 이들의 연대성 파괴에 의한 대립만 촉진되었다. 도시에서는 물가 등귀와 식량 부족, 투기 상인들의 날뜀과 중소기업 마비, 굶주린 노동자의 태업이 정권을 위협했다.

이에 당황한 로베스피에르 독재는 민중탄압(1791년 제정한 노동자의 단결·결사·집회 취체법 재확인), 과격파(Enragés) 체포, 파리 코뮌(Paris commune) 파기 등 민중적 혁명전선을 벗어나야 했다. 부유층의 경제력에는 무력하여 농촌과 도시의 민중적 기대를 배반해 버렸으며 스스로 반동정권이라 하면서 독재와 폭정만 일삼았다. 그러나 경제 상태는 악화일로였으며, 민중은 빵이 부족했으며 농민은 곡물판매를 거부했다. 물가는 폭등하고 암거래와 투기로 유산층만 치부했다. 이제는 유산층이 로베스피에르의 폭정 독재에 반기를 들었으나 폭정은 더욱 난무했다.[29] 그러나 민중의 지지마저 상실한 로베스피에르의 정치적 고립은 대상인·은행가·부패 정치인 등 유산층의 결속 앞에 무력한 것이었다. 1794년 열월(熱月 : 7월) 로베스피에르 파(派 : 22명) 및 파리 코뮌(Paris commune) 원(員 : 90명)이 체포, 처형되고 정권은 유산부유층(有産富裕層)이 장악할 수 있게 되었다.

테르미도르(Thermidor : 열월(熱月) : 프랑스 혁명력(革命曆)의 제11월)의 반동이라는 것이며 이로써 소소유자의 민중적 민주공화정치의 혁명이념은 파기되고 혁명의 시민(bourgeois)혁명으로서의 역사적 성격이 확정될 수 있었다. 그리고 열월파(熱月派)의 분열, 지롱드당과 왕당파의 대두, 로베스피에르 정부

29] 산악당은 중간파의 로베스피에르에 대해 우익의 관대파(寬大派 : 또는 Danton파)와 좌익의 에벨(Hébert)로 분열. 로베스피에르는 Hébert파 2만 투옥. Danton파 수명을 외국첩자로 처형. 혐의자의 범위를 확대하고 재판 판결은 석방이냐 사형이냐로 축소하여 (6월 10일) 이후 로베스피에르 몰락까지 약 40여 일간 1,285명을 처형.

법령의 취소 등으로 바스티유 공격 이래의 운명은 일단 끝이 났으며, 파리 부유가(富裕街)와 국민공회의 습격을 기도한 무장민중도 국민공회가 초청한 포병장교 나폴레옹(Napoléon Bonapart)에 의하여 격퇴되었다(1795년 10월).

이후 프랑스 사회는 기업가·상인·은행가·부농·졸부 등이 새로운 사회적 지배층으로 군림하면서 공장제를 도입하고 자본주의적 경제발전의 소지를 닦아갔던 것이다. 그러나 소시민·노무자·소농은 혁명의 과실에서 소외된 채 나폴레옹의 쿠데타(1799년 11월)를 환영했다. 이어 나폴레옹적 소유형태의 구축은 이 나라의 농업을 소농에 고정하여 농업의 자본주의적 발전을 저지하고 마침내는 경제발전 자체에도 저지적(沮止的) 요인을 이루었다(이에 관해서는 2절 2의 〈2〉 참조바람).

2. 전대객주제(前貸客主制)와 매뉴팩처의 대립적 결합

(1) 객주제 상업자본의 산업자본 추전론(推轉論)

먼저 화폐경제의 발달로 산업자본의 원시적 형성을 설명하고자 하는 ①의 견해이다. 이는 (전기적) 상업자본 및 그 '쌍생아'격인 고리대 자본을 근대산업자본의 원류라 하여 이를 근대자본주의의 역사적 선험이라 한다. 이 견해를 요약하면 '근대자본주의의 전개는……상업발전과 병행……기본적으로도 이와 일치……본질적으로 상업이 경제사회의 구석구석까지 침투해 가는 과정 즉 상업화의 추진과정에 불과……뿐만 아니라 이의 주체적 추진력도 상업……상업자본이……상업화의 진전에 따라 산업부문(생산)에 침입……소생산자를 전대로 예속……(객주제도)……소생산자는 차츰 임노동화……전대인은 이들을 자기 소유의 직장에 집합하여 협업화……매뉴팩처 내지 공장제도 성립……객주제 상업자본은 산업자본에 추전……따라서 산업자본 형성의 사회적 계보는 상업자본→객주제 상업자본→산업자본으로 이 해된다[30]는 것이다. 즉 상품·화폐경제의 발달은 상업자본(및 고리대 자본)을 분출하게 하고 이의 성장은 광범한 소생산자(수공업자 및 장인 등)를 객주제로 매뉴팩처 경영에 포괄하여 그들의 상업자본은 산업자본으로 전화했다는 견해이다.

루요 브렌타노(Lujo Brentano)[31]를 대표로 일반사학을 사회경제사학으로 방법적 수준을 높인 앙리 세에(Henri Sée)[32], 쿠릿셔(J. Kulischer)[33], 알폰스 도프슈(Alfons Dopsch)[34] 또는 리차드 헨리 토니(Richard Henry Tawney)[35] 등 이른바 현대의 사회경제사학파에 속하는 많은 학자들의 견해가 그러하다. 나아가 '마르크스 경제학 외에 타학자 중에서도 이러한 견해가 결코 적지 않다. 예컨대 아메리카의 리오 휴버맨(Leo Huberman) 등은 그 전형'[36]이라는 것이다. 이 말과 같이 현재 많은 학자가 해체 과정의 봉건제에서 산업자본의 형성을 완성적으로 추진한 경제적 지배자로서 실질적인 주역을 수행한 것은 다름 아닌 전기적(상업)자본(자본의 대홍수전적 형태 antediluvianische

30] 大塚久雄 增補版 《近代資本主義の系譜》 上, pp.111~2.

31] 독일 신역사학파 경제학의 거장 Lujo Brentano(Der Wirtschaftende Mensch in der Geschichte, 1923 : 田中善治郎 역 《近世資本主義の起源》은 그 일부)는 역사학파 경제학의 거장인 힐데브란트(Bruno Hildebrand)의 자연경제→화폐경제→신용경제라는 도식의 경제발전 단계설에서 출발하여 신용경제를 화폐경제라는 보다 넓은 개념에 흡수함으로써 전 2단계의 자연경제→화폐경제만을 부각. 슈몰러(Gustav Schmoller), 뷔허(Karl Bücher) 등도 이에 속하며 Bücher는 생산물이 상품으로서 생산자에서 소비자에 이르는 동안 경과하는 과정에 따라 경제 발전의 단계를 설정. 이와 같은 계통인 독일의 역사학파는 유통의 발전을 기준으로 단계 설정, 이들 경제 발전 단계설은 봉쇄적 가내 경제→도시경제→국민경제(공업경영은 가내작업→임작업(賃作業)→수공업→객주제도→공장공업)으로 표시되는 것.

32] H. Sée : Les origines de Capitalsme moderne, Collection Armand Colin(握宗太郎 역, 《近代資本主義の起源》. 創元文庫)

33] J. Kulischer : Allgemeine Wirtschaftsgeschichte, 2Bde, 1929.

34] Alfons Dopsch : Naturalwirtschaft und Geldwirtschaft in der Weltgeschichte. 1930.

35] R. H. Tawney : Religion and the rise of capitalism. 1926. 1937. (山口勇藏 역 《宗敎と資本主義の興隆》 岩波文庫)

36] 大塚久雄 《歐洲經濟史》 p.54

formen des Kapital)이었고 '부유한 독립 자영 농민의 자성적(自成的) 전개에 의한 농업자본가에의 상승 또는 수공업자의 자율적 매뉴팩처 공업자본가에의 상승은 그 존재를 부인할 수는 없다 해도 이는 아직 예외적인 것에 불과[37]했다는 것이다.

이 같은 견해를 좀 더 추적하여 보면 봉건적(전자본주의적) 생산 관계를 형성한 독립 자영 농민=소 춘프트(Zunft)적 수공업자의 사장(師匠) 등은 차츰 소자본가로 전화하여 임노동을 확대하고 마침내는 표면의 자본가로 발전한 것을 부인할 수는 없다. 그러나 이러한 산업적 중산자층의 양극 분해에 의한 근대산업자본의 자성적 발전으로써는 결코 세계 시장적 산업혁명의 상업요구에 응할 수 없는 것이었다. 이는 산업자본 형성의 '달팽이적 진행과정'[38]에 불과했던 것이나 반면 상업자본(및 그 쌍생아격인 고리대 자본)이야말로 돌연한 세계 시장적 요구에 응하면서 그 특유한 자본의 원시축적을 '목가적으로 진행'[39]했다는 것이다. 즉 이 과정을 통하여 상업(및 고리대 자본)의 지배는 봉건적 생산 관계의 해체에 객관적 조건을 창출하면서 스스로 근대자본주의적 생산 관계의 역사적 선구가 될 수 있었다는 것이다.

부연하면 근대산업자본은 이의 완성단계에 이르러서는 전기적 자본(상업자본 및 고리대 자본)을 극복하여 이를 지배하고 있다. 그러나 그 단서적 발생기에 있어서는 전기적 자본이 봉건적 생산자인 농민·수공업자를 묶어 지배하며 봉건적 생산 관계의 생산 과정 자체를 잠식하고 이를 해체에 이끌어간 것이었다. 독립 자영 농민을 붕괴에 이끌고 길드적 수공업자를 객주제 상업자본 또는 자본가적 매뉴팩처의 사실상의 임노동자로 만든다. 그리하여 전기적 자본은 원래 생산 수단과 노동자의 본원적 통일자인 독립 자영 농민 및 길드적 수공업자의 생산 수단을 박탈하여 스스로 생산을 지배한다. 이

37] 田中豊喜 《前期資本主義史論》 p.51
38] 田中豊喜 《前期資本主義史論》 p.49
39] 田中豊喜 《前期資本主義史論》 p.49

에 전기적 자본은 생산 수단의 소유와 임노동의 고용이라는 상업자본 확립의 객관적 조건을 원시적으로 창출한 지배적·구성적 주체가 되었다는 것이다.

바꾸어 말하면 (전기적) 상업자본은 당초에는 유통과정에 기능하여 생산 과정에는 매개적 역할을 한데 불과했다. 그러나 이의 축적과정에서 생산 과정을 잠식함으로써 마침내는 매뉴팩처(manufacture)와 특수한 결합관계를 이룬다. 이로써 (전기적) 상업자본은 '사용 가치생산에 불과했던 봉건적 생산 관계에 매개하여 차츰 이를 해체에 이끌면서 사용 가치와 가치의 통일인 상품 생산을 성립[40]하게 한다. 상품=화폐경제의 발전에 따른 이 같은 매뉴팩처와의 결합으로 생산 과정을 잠식하는 것을 계기로 전기적 자본은 압도적 지배 관계를 확립하여 마침내는 자기부정의 근대산업자본에의 역사적인 발전의 전성(轉成) 대치를 이루었다는 것이다.

그리고 그 경영형태가 다름 아닌 전대객주제(前貸客主制)였으나 이는 하나의 '현상'으로서 너무나 현저한 것이었다. 때문에 매뉴팩처 경영의 중심을 이룬 직장이 그 배후에 은폐되어 공장제도(근대산업 자본주의)의 전 단계를 객주제도[41]로 보고 있다고도 말해지는 것이다. 즉 근대 자본주의 성립의 역사적 범주로서 중산적 생산자 층의 양극 분해로 전개된 매뉴팩처 기를 단서 단계라 보는 견해 서두(①)와는 달리 이를 전대객주제로 파악하고 있다. 실제 문제로서 매뉴팩처를 하나의 존재로서 부정하지는 않더라도 상업자본의 기능을 중시하는 나머지 농촌 공업으로 만연한 중소 매뉴팩처의 존재가치를 망각해 버린다. 오히려 이에 대항하는 특권도시의 낡은 객주제도 및 이와 결합한 절대왕정의 거대한 특권 매뉴팩처[42]를 자본제 형성의 본래의 코

40] 田中豊喜 "앞의 책" pp.53~54

41] 大塚久雄 《歐洲經濟史》 p.144.

42] 상인계급 출신인 매뉴팩처 경영자 '특권매뉴팩처-기업가'는 왕왕 대자본가였다. ……
19세기 대공업의 원형은 그들 중에서 찾지 않으면 안 된다(Henri Sée).

스라 하여[43] 상업자본→객주제상업자본→근대산업자본(수공업 또는 소공업→
객주제도→상업자본주의 또는 특권 매뉴팩처→공장제도)이라는 발전과정을 설정하
는 것이다.

그러나 이 말은 발전도식과 같이 자본의 원시축적과정에서 전기적 자본
이 근대산업자본으로 전성(轉成)하기 위해서는 경제정신의 측면에서 중세와
다른 어떠한 전환이 있어야 했다는 것이다. 즉 토지 소유를 사회적 부의 기
본 형태로 현물=자연경제가 기초였던 봉건사회에서는 욕구 충족이 지배적
경제정신이었다. 따라서 여기서는 화폐가 자본으로 기능코자 하는 영리추
구의 윤리도 생계적 욕구 충족이라는 경제정신의 윤리에 의하여 멸시 내지
부정되고 있었다(이자 제한·이자 금지). 그러나 '화폐의 불임성(不姙性)'도 (전기
적) 상업자본의 원시축적 과정에서는 자본으로서의 화폐의 기능이 발휘될

43] 중소매뉴팩처(본래의 매뉴팩처)가 밑에서부터 성장한 데에 대항하여 절대왕제와 객주
제 상인층이 위에서 대응·구축한 것이 특권. 거대 또는 집중 매뉴팩처. 객주 상인이 절
대왕정과 결탁하여 독점특권의 company제(영국) Juraude조직(프랑스)에 나선 것은 기술
한 바이나 이는 독점 상인층이 상품의 생산 유통을 길드제로 재편성한 그들의 객주제 지
배체계에 불과, 특권 매뉴팩처는 이의 응집점으로 구축되어 면세, 입지, 생산유통의 독점,
금융, 재판, 칭호 수여 등 특권을 가지고 일반 생산 대중의 생산유통을 억압, 서구에서는
12. 3세기 도시에서 싹틈, 15,6세기 절대왕제 시대에 한층 대규모화, 그러나 이는 밑에서
부터의 공업성장을 억압하는 것이었으므로 영국과 같이 중소 매뉴팩처의 발전이 왕성한
곳에서는 엘리자베스 시대 이후 절대주의의 지원에도 불구하고 그 형성은 유약, Newbelly
의 John Winchcombe, Mubmsbelly의 직원 William Stump 등 거대 매뉴팩처도 상향적 세
력으로 몰락, 광산부문을 비롯하여 화약·유리 등 공업에 초기 산업혁명이라 불릴 만큼
왕성했으나, 이 역시 기반은 허약.
　오히려 후진국에서 널리 대규모화, 중소 매뉴팩처의 발전이 상대적으로 약세였기 때문.
프랑스에서는 중상주의의 정점이었던 Colbertism 시대(1661~83)에 전국적으로 형성. 도
시 길드 및 주변 농촌 공업의 객주제 길드 상인 지배에 의한 특권 매뉴팩처가 태반으로서
이 밖에 왕립집중 매뉴팩처(중심부에 상당규모의 집중경영을 형성한 것이 전자와 다르며
사치품·군수품 생산이 주). 구빈원 매뉴팩처(각 특권도시에 구빈원(救貧院)을 조직하게
하고 그곳에 집중작업장을 설치하여 빈민층을 감금, 가혹한 처형규정으로 집중적 작업,
영국의 빈민작업장 workshop과 대비되며 spain 기타 동구 제국에 널리 발전)가 있었으며,
이를 기축으로 한 산업규제 작업이 절대왕정과 그의 경제정책인 중상주의의 지주. 그러나
이는 절대왕정체제(ancien régime)말의 후기 특권 매뉴팩처 단계에 이르러서는 농촌지대
의 자유로운 중소 매뉴팩처의 성장에 눌려 도산이 속출.

수 있는 환경이 조성된다. 이에 따라 상인·고리대업자만이 아니라 봉건적 수공업자 또는 농민까지도 화폐 추구를 위한 영리주의적 경제활동을 하게 된다. 그리고 상품·화폐경제의 발달이 이를 촉진하여 상품·화폐경제가 지배적인 단계에 이르면 경제활동은 이 화폐적 영리추구를 본질로 하게 된다. 모든 경제활동은 화폐→상품→화폐라는 순환과정을 통하여 잉여가치를 생산하는 가치로서의 화폐를 획득하는 데에 응집된다.

이른바 자본주의 정신(spirit of capitalism, Geist des Kapitalismus)이라는 것은 이러한 화폐적 영리 추구욕을 말하는 것이며 화폐경제의 발달로 자본주의의 성립을 설명코자 하는 경우에는 이 정신에 따라 상품=화폐경제가 발달함으로써 상품을 사회적 부의 기본 형태로 하여 자본주의는 생성할 수 있었다는 것이다. 즉 루요 브렌타노(Lujo Brentano)가 '화폐를 위한 화폐적 영리에의 무한한 지향이며 최고선으로서의 화폐추구[44]를 자본주의 정신이라 한 것과 같이 단순한 영리욕(Erwerbsgier : 영리지향 Gewinnstreben)을 자본주의 정신이라 하여 상업이건 고리대이건 또는 생산업이건 화폐자본의 투하로 이윤을 얻으려 하는 영리욕 정신으로 경제활동을 한다면 이는 자본주의적 요소의 한 지표가 된다는 것이다. 따라서 그 기원도 근대에 한해지는 것이 아니다. 전근대(고대·중세)적 상인 자본의 가혹하고 비합리적인 영리욕에까지 소급되어 자본주의의 기원을 이에 구하고 있는 것이다. 베르너 좀바르트(Wener Sombart)는 중세 상업이 부활한 이후 자본주의가 탄생했다 하고,[45] 루요 브렌타노(Lujo Brentano)는 이를 오히려 자본주의의 완전한 성장이라 했다.[46] 또 알폰스 도프슈(Alfons Dopsch)는 고대 및 중세를 자연경제와 화폐

44] 루요 브렌타노(Lujo Brentano) : "앞의 책" 日譯書 p.375

45] Sombart는 제4회 십자군 공격으로 동로마제국의 수도, 콘스탄티노플이 함락하고 라틴 상업민족(Latini)이 라틴제국을 건설한 1204년을 세계사의 선회점, 즉 자본주의 탄생의 해라는 것(Wener Sombart : Die Ordnung des Wirtschaftslebens.2 Aufl. 1927. S. 30).

46] 루요 브렌타노는 근세자본주의는 중세 화폐경제의 부활과 더불어 서양에서 발전한 자본주의를 의미. 자본주의는 마치 Rhenicia. Greece. 프토레따이오스 왕조의 이집트, 또는

내지 자본주의의 병존이라 하고[47] 리차드 헨리 토니(Richard Henry Tawney)
는 중세의 이탈리아에도 자본주의는 존재했다는 등과 같다.[48]

그러나 자본주의 정신을 이렇게 단순한 화폐적 영리추구욕이라 하고 자
본주의의 기원을 이에 따라 고대 또는 중세에서도 구해질 것인가? 자본주
의 정신의 뜻을 근대적인 차원에서 정립한 것이 막스 베버(Max Weber)였다.
즉 베버에 의하면 전근대적 영리욕은 그것이 아무리 가혹 왕성한 것이었다
하더라도 이는 사치와 방종의 탐욕(Abaritia)을 위한 생활태도와 결부한 반
윤리적 반사회적인 것이었다 하여 그만큼 천민적인 것으로서 억압되어야 했
던 것이라 했다. 반면 근대적 생활태도는 직업노동에 헌신적으로 근면하며
사치와 방종을 떠나 신분상응(Standgemäss)의 금욕과 합리성을 추구한다. 같
은 화폐적 영리욕이라 해도 전근대의 그것과는 질이 다른 윤리적·사회적인
것이다.

이러한 생활태도에서 자본주의 정신[49]은 확립될 수 있었다는 것이며 봉
건경제의 반윤리적·반사회적 정신이 근대경제의 합리주의·개인주의로 윤
리의 전환을 이루어야 했다. 즉 이러한 윤리전환에 다른 경영원리가 태생
성장함으로써 이것이 시대의 일관된 통일정신으로 고양 발전함을 자본주
의 정신이라 하고 이에 따라 자본주의는 창출될 수 있었다는 것이다. 그

두 번째 포에니 전쟁 후의 로마에서 발전한 것과 같이 Bisanz제국의 영내에서도 결코 쇠
망하지 않았다. 그리고 또 서양의 자본주의도 Bisanz제국에 존재한 고대사회의 자본주의
(fortbestander Kapitalismus der alten Welt)가 계속하고 전파하여 이탈리아 기타 서양제국
이 발전한 것에 불과 하다는 것(Lujo Brentano : "앞의 책" 日本譯 p.4)

47] Alfons Dopsch : Beiträge zur Sozial und Wirtschaftsgeschichte. S. 85
48] R. H. Tawney "앞의 책" p.84
49] Georg von Below : 자본주의 정신은 화폐가 잉여가치를 생산하는 가치로서 영리의 자
기목적화를 이루지 않으면 안 되는 것이나 이러한 화폐적 영리욕은 이제야 영리욕의 단
순한 양적차이 아닌 질적 차이임이 중요하다는 것 (Problem der Wirtschaftsgeschichte. S.
425)
    Werner Sombart : 자본주의 정신은 화폐적 영리욕의 자기목적화가 내용인 동시 개인주
의 경제적 합리주의에 의하여 그것이 시대의 통일적 원리로서 이른바 영리원리로까지 고
양되어 있어야 한다는 것(Kapitalismus, Handwörterbuch der Soziologie. 1931. S. 258)

리고 이 같은 윤리전환에 직접 계기가 된 것이 다름 아닌 프로테스탄티즘 (Protestantism) 특히 칼비니즘(Calvinism)의 윤리적 직업관이었다는 것이며 이것이야말로 자본주의 정신의 산실이었다는 것이다. 따라서 자본주의에 관해서도 루요 브렌타노(Lujo Brentano) 등이 고대자본주의라 하는 것은 구태여 자본주의라 하겠다면 천민자본주의(Pariakapitalismus)라 해야 하고 19세기 후반 서구의 근대산업자본주의만을 자본주의라 해야 한다는 것이다.[50]

이에 '자본주의 정신 기원의 논쟁'으로서 '고대자본주의논쟁'이 있을 수 있는 것이며, 자본주의적 생산 양식에 관해서는 이행문제와 관련하여 3에서 논급(論及)키로 한다. 그러나 우선 베버의 입론(立論)이 아니더라도 만약에 화폐의 존재 및 이윤 추구의 단순한 영리욕 존재만을 자본주의의 본질처럼 생각하여 고대자본주의를 논하고 중세를 자연경제와 자본주의의 병존처럼 규정한다면 이는 자본주의적 생산 양식을 선행단계의 생산 양식과 구별하지 못하게 되거니와 중세사회는 경제구성의 복잡성으로 그 시대적 통일성도 특징도 없는 단계가 되고 만다. 더욱이 베버의 자본주의 정신이라는 것은 하나의 연구방법으로서는 그 나름의 평가가 되기도 하나 자본주의라는 경제구성의 생성원천을 종교개혁 같은 정신적 측면에서 구한다면 이는 그 기초과정인 물질적 측면을 망각하여 마침내는 경제발전의 역사적 추진력을 규명하지 못하는 주객전도의 혼미에 빠지게 되고 만다는 것이다.

결국 상인 자본의 산업자본 추전(推轉)도 인식되는 국면이 없는바 아닌 것은 2의 (2)에서 보는 바와 같은 것이나 다음 이러한 견해에 대립하여 이를 부정하는 중산적 생산자 층의 양극 분해로서 매뉴팩처기가 전개되어 산업자본이 형성되었다는 서두 ①의 입론(立論)은 어떠한 것인가?

50] Max Weber : Die protestantische Ethik und der Geist des Kapitalismus. Gesammelte Aufsätze zur Religionssoziologie, Bd, 1. 1922. (梶山力 역 : 《プロテスタンティズムの倫理と資本主義の精神》 1938.

(2) 조지 언윈=폴 망투적 테마와 매뉴팩처론

위와 같은 견해에 대립적인 것이 중산적 생산자 층의 양극 분해에 의한 산업자본의 형성이론이다. 그리고 그 선구적 사실분석을 제공한 학자가 조지 언윈(George Unwin), 폴 망투(Paul Joseph Mantoux) 등이며 이를 거점으로 독자적 이론을 구축한 것이 이른바 오쓰카 사학(大塚史學)이다. 우선 언윈, 폴 망투의 견해를 보면 기설한 바와 같이 영국자본주의 성립기의 기축산업이었던 모직물 공업은 16세기 초에 도시에서 농촌으로 이동했다. 이에 관하여 언윈은 도시는 과거의 영국, 농촌은 장래의 영국을 상징하듯이 도시는 정돈(停頓)과 특권을 대표하고 농촌은 항상 자유와 진보의 편이라 했다.[51] 이는 자본주의 발전에 관한 낡은 산업 입지로서의 도시와 신흥 산업입지로서의 농촌이라는 도시 대 농촌의 입지적 성격 비교인 동시 자본적 측면에서는 상업자본 대 산업자본의 대립으로 파악한 표현이다. 언윈은 이와 같이 산업자본 대 상업자본의 대립과 항쟁관계를 거점으로 자본주의 성립 과정 및 산업자본가 층의 사회적 계보를 추구한 것이 독특하다. 즉 2에 의하면 16세기 이후 산업자본은 영국 및 대륙 일반을 통하여 상업자본에 비하여 사회적 중요성이 우월하게 되었다. 이는 곧 한 가지 형의 자본가(특권 계급)가 다른 형의 자본가에 의하여 대립된 것을 의미하며 정치 구성도 이를 주류로 변화하는 것이라 했다.[52]

부연하면 상업발전에 따라 도시의 산업조직인 길드 안에서는 상업적 기능과 수공업적 기능이 분화했다. 이에 따라 상인계급과 생산자 계급의 대립이 명백하게 되어 전자는 과거의 순상인조직(companies of merchant adventurers, Companiez of Merchants) 대신 그들의 독립적 조직인 동업조합(livery company)를 조직하여 도시와 산업의 지배권을 장악했다. 이들이 상인직원(商人織元

51] George Unwin : Industrial Organization in the Sixteenth and Seventeenth Centuries, 1904(矢口孝次郎 《資本主義成立期の研究》 p.26 및 p.27에서 인용)

52] 주 (51) 참조

: drapers, clothers)이었으나 이에 대해 가난한 사장(師匠) 혹은 몰락한 사장
은 길드 통제를 벗어난 자유로운 장인과 함께 소사장계급을 구성하여 독
립 자영 농민층 조직(yeomanry organization)을 만들었다. 그리하여 16세기
의 산업조직은 동업조합(livery company)로 대표되는 상인적 고용주(merchant
employers)와 독립 자영 농민층 조직으로 대표되는 소사장이 본질적 구성자
로 된 동시, 이는 각각 상업자본과 산업자본의 담당자로서 서로 대립했다는
것이다.

그러나 이 같은 대립은 16세기를 경과하는 동안 다시 현저한 변모를 일
으켰다. 그 결정적 계기는 자유롭고 저렴한 노동이 기초인 농촌 공업 특히
농촌모직물 공업의 발전이었다. 즉 이 같은 조건의 농촌 생산자는 이제야 커
다란 판로와 직결하여 새로운 발전이 전개되었다. 이에 따라 이의 생산과 판
매를 지배하는 농촌의 자본가(country capitalists 농촌의 직원(織元))가 출현하였
으나 이는 도시의 자본가(town capitalists 도시의 직원)에 대한 활동영역 침해로
서 서로는 대립하는 변화를 일으켰다.

그러나 이 경우 대립이라는 것도 언원에 의하면 농촌(또는 농촌 직원) 대
도시(또는 도시 직원)라 하기 보다는 오히려 이의 구별이 없이 '하나의 산업
에 관한 상업적 내지 분배적 기능과 생산적 내지 수공업적 기능과의 분화를
계기로 이를 수행하는 자본 및 계급이 각각 상업자본 산업자본으로서 대
립'[53]했었다는 것이다. 그리고 그러한 의미의 농촌의 자본(농촌 직원)은 농촌
의 소직원 층 내지 자작농(yeoman) 출신으로 직포공을 고용하는 규모가 큰
생산의 조직자였다. 즉 상업적 성격이 많은 그들은 상당한 규모의 상인적
고용주(merchant employer)로서 자본가적 고용주의 입장에서 도시의 자본가
에 대립하여 18세기의 산업자본가로 될 수 있었다는 것이다.[54]

언원의 이 같은 견해를 보충하여 히이튼(R. Heaton) 역시 '상인 스스로가

53] 矢口孝次郎 《資本主義成立期の研究》 p.32.
54] 자세한 것은 주(53) 참조.

직원이 되어 생산자와 상인의 2중 역할을 하면서도 상인으로서의 지위가 지배적이었던 이들 직원(merchant-manufacturer)이 기계 출현의 기(機)를 포착하여 공장을 설립하고 산업과 상업을 결합함으로써 19세기의 자본제 체제를 만들었다[55]는 것이다.

그러나 근대산업자본가=공장주 층의 사회적 계보(genealogy)에 관하여 또 하나 중요한 논공(論攻)을 편 것이 폴 망투(P. Mantoux)였다. '그들의 다수는 농촌 가문……영국 인구의 반 이상을 형성하고 있었던 저 반농 반공(半農半工)의 사회층 출신……랭커셔(Lancashire)의 면직물(綿織物) 공업에서 특히 그러했으며 더 소급해 가면 지금은 사라져 버려서 분명치 않으나 농민의 가문 즉 구 자작농(yeoman)의 혈통에 이른다[56]하여 산업혁명기의 공장 창설자는 자작농(yeoman : 반농 반공의 소생산자 층)이라 한 것과 같다.

즉 폴 망투에 의하면 상인 제조업자(merchant manufacturers)는 이미 원료 및 생산시설의 일부를 자신이 소유하고 또 차츰 독립소생산자를 단순한 임금노동자의 지위로 추락하게 하여 공장제도에 이르는 과정의 반을 걸어온 셈이다. 때문에 이들 상인을 공장주 층의 계보로 보는 견해가 매우 유혹적이며 타당한 것 같기도 하다. 그러나 산업혁명기의 모직물 공업에서 처음 공장 제도가 출현한 곳은 그러한 경영자(상인제조업자)가 지배적이었던 동부 및 남서부지방이 아니었다. 오히려 농촌 공업이 왕성했던 북부지방 특히 요크셔에서였던 것이 사실이다. 다시 말하면 현실은 통설의 다른 것으로써 상인 제조업자가 지배적이었던 지방의 상인적 자본가는 산업혁명기에 즈음하여 공장을 창설한 근대적 공장주로 추전(推轉)하지 못했다는 것이다.

즉 폴 망투에 의하면 기계적 기술의 기초가 없는 구식 산업에서는 산업이 상업조건에 좌우되고 따라서 상업이 산업 발전을 규제했다. 상업자본은

55] 矢口孝次郎 《資本主義成立期の硏究》 p.38.

56] P. Mantoux : The lndustrial Revolution in the Eighteenth Century, rev. ed. transl. by. M. Verson. p.379 大塚久雄 저 《近代資本主義の系譜》 上, p.115에서 인용).

국내의 시장의 확대와 더불어 그 출발점이었던 가정공업을 차츰 그 주변에서 지배하기에 이른다(노동자는 아직 공장적 규율이 없이 자택에서 일하고 고용주인 상인도 다만 주문 및 기술공정 정리에만 관여). 이에 지금까지의 경영양식과는 달리 소규모 매뉴팩처(과거에 사장 장인 등 3,4인의 노동자로 일하던 것과는 달리 상인의 자기 가정 안에 직기를 모아 놓고 십수인의 노동자를 한 작업장에서 일하게 한 것)가 형성되어 단순한 상품매수는 생산을 지배하는 자본으로 추전한다. 그러나 이 경우 소규모 매뉴팩처는 폴 망투에 의하면 획연(劃然)한 생산 양식의 산업자본가적 양상과 실력을 구비한 것이 아니었다(그 대부분은 농촌 일대에서 소보유지와 가정공업이 전통적으로 결합한 것). 때문에 폴 망투는 이를 매뉴팩처라 보지 않고 이를 중간 형태로 하여 매뉴팩처(그는 대규모의 공업 경영방식, industry of large workshop을 매뉴팩처라고 함)에 발전하여 이 매뉴팩처가 곧 공장제로 나아 갔다는 것이다.

그러나 경영양식의 이 같은 추전도 '단기간에⋯⋯경과'[57]했으며 각 단계의 자본 내지 자본가의 계보는 단계에 따라 서로 다른 것이라 했다. 즉 소규모 매뉴팩처 형성에서는 상인 내지 상업자본이 가정공업을 객주제로 조직 지배했다. 그리하여 이들 상인직원은 차츰 모든 시설을 소유하고 판매권을 가지게 된 반면 '생산자는 차츰 생산 수단에 대한 일체의 소유권이 박탈되어 결국은 팔아야 할 노동력만 가지고 생활을 임노동에 의존하지 않을 수 없게 되었다.'[58] 그리하여 이들 상인 제조업자는 '중세의 사장 장인과 근세의 산업가 사이에 역사적 추전을 일으켰다.'[59] 그러나 이들 역시 '부조(父祖) 전래의 방식에 사로잡혀 있었다. ⋯⋯ 또 공장이 필요로 하는 시설과 건물의 출비(出費)를 무서워했다. 그들은 소심한 결과 공장제도에의 전환을 주저했다. 이러한 사실에 비추어 상인적 자본가들만이 근대적 공장주로 추전

57] 矢口孝次郎 "앞의 책" p.182.

58] 矢口孝次郎 "앞의 책" p.194

59] 矢口孝次郎 "앞의 책" p.200

하여 '무조건' 이들 사이에서만이 산업자본가(공업 경영자)가 분출했다고는 말할 수 없다[60]는 것으로서 산업혁명기의 산업자본가로 추전하지는 못했다는 것이다.

그렇다면 산업혁명기의 공장주 층은 그 출자를 어디에 구했는가? 폴 망투는 상업자본의 산업자본 추전은 전연 부정하지는 않았으나 이 시기의 역사적 사실로서 중요한 것은 자작농(yeoman) 출신의 새로운 산업자본가의 출현이라 하여 산업자본가의 계보(genealogy)를 자작농(yeoman)에 소급한 것이 망투적 테마이다. 다시 말하면, 상인 내지 상업자본은 공업을 대규모 경영양식까지 발전하게 하는 역할을 했으나, 이 단계에 이르자 자신은 '소심한 결과 근대적 공장주 층으로 추전하지 못하고 이들의 모범적 대규모 경영양식을 가교로 이를 산업자본가로서 계승하여 근대적 공장제도에까지 발전시킨 것은 이 시기의 독립 자영 농민층(yeomanry) 출신 자본가였다는 것'이다.

즉 폴 망투에 의하면, 18세기 후반의 종획과 토지겸병에 의한 토지 수탈은 농업노동과 공업노동 간의 영년(永年)에 걸친 결합을 파괴했다. 이에 농경생활이 불가능하게 된 자의 많은 부분은 임금노동자로 하강하여 산업혁명의 군대를 구성했다. 반면 토지 재분배 과정(종획 및 토지겸병)에서 피해가 적고 상당한 대상(代償)을 얻은 일부의 행운의 자작농(yeoman)은 소액의 자본을 소유할 수 있었다. 그들이야말로 어느 정도 본의는 아니더라도 뿌리 깊은 전통과 관습을 버리고 모든 면에서 그들의 기업심을 불러일으킨 사업에 투신함으로써 새로운 분야의 입신을 기도했다. 즉 이들 자작농(yeoman)은 생활의 기초였던 소보유지와 가정 공업의 전통적 결합을 깨뜨리고 산업혁명이라는 공업상의 새 운동을 창시 지도한 초대의 공업 경영자(manufacturers)로서 새로운 계급형성의 건축 소재로 되었던 것이라 한다.

폴 망투는 이와 같이 자본제 생산 양식 성립에 이르기까지의 과정을 약

60] 矢口孝次郎 "앞의 책" p.174

간의 단계로 구분하고, 공장제 이전 단계에서는 상인 내지 상업자본이 역사적 추전의 역할을 했다 한다. 그러나 산업혁명기에 공장을 창설한 산업자본가는 이들이(merchant-manufacturers) 아니었으며 자작농(yeoman)의 혈통이라 했다.

그러나 자작농(yeoman)에 관해서도 피렌느(H. Pirenne) 등은 자본제 성립 과정을 이들 산업자본가만의 주체적 추진에 의한 체증(遞增)적 경서(傾叙)의 일원적 발전계열이라 보고 자작농(yeoman)은 처음부터 자본제 생산 양식을 추진한 주체(14,5세기의 중산적 생산자 측으로서 이들의 직장주 경영에서 16세기 후반 이후의 매뉴팩처로 이행하고 다시 그것이 18세기에 이르러 획연한 매뉴팩처에 발달하여 여기서 공장이 출현했다는 생산 양식의 계보)였다고 주장했다. 그러나 폴 망투는 그렇지 않았으며 자본주의적 추전은 단계적으로 추진되고 각 단계의 자본 내지 자본가는 계보적으로 서로 다른 것으로 파악한 독특한 주장이었다(공장제도 이전은 상인 내지 상업자본, 공장제 전개의 산업혁명기는 자작농(yeoman))는 것으로 대조되기도 한다.

(3) 오쓰카 사학의 양극 분해와 매뉴팩처이론

위와 같은 언윈=폴 망투적 테마에 입각하면서 다시 독자적인 사실 해석으로 유니크한 이론을 세운 것이 이른바 오쓰카 사학이다.

이에 의하면 '상업자본의 산업자본에의 성장은 사실로서 반드시 충분한 실증이 될 수 없는 것……농촌 공업을 토대로 한 광범한 객주제 전개는…… 근세 유럽경제사의 특징……그러나 사실(史實)에 비추어 볼 때 객주제 전개의 귀결로서 산업자본이 형성되었다고는 도저히 생각될 수 없다.'[61] 왜냐하면 '상업자본은 역사상 산업자본 형성을 억제하고 구래의 생산 사정을 유

61] 大塚久雄, 《歐洲經濟史》 p.50, 141. pp. 58~59. 임노동 고용이라는 기본적 사회관계를 토대로 구축된 공업경영체를 산업자본(Industrial Kapital)이라는 것(大塚久雄, "앞의 책" '……序說' 上의1, p.147 및 《歐洲經濟史》 p.5, 18)

지코자 한 보수적 성격……방향 결정의 주체성을 자체 안에 내포하지 않고 (이른바 무개념성)……근대자본주의 성립 과정에서 매개적 계기였던 점에 불과했기 때문이며……근대사상 산업자본의 형성 과정은 상품 생산자로서의 중산적 생산자 층(상품 생산자로서의 농민 또는 장인 등)의 자기분해(빈부의 분화 계급적 불평등) 과정에 불과[62]했기 때문이라 한다. 따라서 '루요 브렌타노(Lujo Brentano)로 대표로 한 앙리 세에(Henri Sée) 등의 상업자본→객주제 상업자본→산업자본이라는 발전도식((1)의 견해)은 곤란'[63]하다는 대립적인 견해를 세우고 있다.

즉 '서유럽의 자본주의적 생산 양식 성립 과정에서는 절대주의의 대공업=집합 매뉴팩처와 근대기계제 대공업 사이에는 사회적 계보의 계속이 명백……경영 형태의 외견적 유사(類似)에서 집합매뉴팩처를 본래의 전진적 형태로서의 매뉴팩처 범주로 파악하여 그 안에 19세기 대산업의 원기형(原基型)을 찾는 사회경제사학의 견해 내지 방법에서 사람은 먼저 해방되어야 한다……이것이 실증과 방법상의 귀결……그리하여 자유롭고 분산적 (getrennten)인 개인적 (individual) 매뉴팩처=소생산자 층을 검토'[64]해야 한다는 것과 같이 '특권매뉴팩처를 매뉴팩처의 본래적 존재 형태라 주장하는 것은 역사사실 자체에 의하여 부정하고 있다. 이런 종류의 대특권 매뉴팩처나 이와 얽힌 구길드적 객주제는 시민혁명 과정에서 반봉건적 토지 소유와 함께 해체되고 자취를 감추어 그 후의 산업혁명으로 성립한 공장제도(기계제 대공업)는 이 같은 특권 매뉴팩처와는 아무런 유기적 관련이 없다'[65]는

62] 大塚久雄, 增訂版 《近代資本主義の系譜》 上, pp. 139~140. p.141, 152.
63] 大塚久雄, 《歐洲經濟史》 p.50, 141. pp. 58~59. 임노동 고용이라는 기본적 사회관계를 토대로 구축된 공업경영체를 산업자본(Industrial Kapital)이라는 것(大塚久雄, "앞의 책" '……序說' 上の1, p.147 및 《歐洲經濟史》 p.5, 18)
64] 高橋幸八郎 《市民革命の構造》, p.157, 159.
65] 中木康未 《問屋制度と特權マニュファックチャー》(大塚·高橋·松田 編著 《西洋經濟史》 Ⅲ p.194)

것도 같은 견해이다.

그리하여 오쓰카·다카하시(高橋) 이론은 '다름아닌 중산적 생산자 층의 양극 분해로 산업 자본의 기초형태인 매뉴팩처가 탄생·성장했다고 보는 것이 사실에 즉응'[66]한다 하여 독특한 매뉴팩처기의 설정으로 산업자본의 생성을 설명했다. 부연하면 농촌 공업은 '기본적으로 상업자본이 도시 수공업의 춘프트규제를 기반으로 농촌의 소생산자를 전대객주제적으로 지배하는 형태가 있는데 반하여 시작부터 혹은 발전의 경과 중에서 객주제 지배로부터 독립한 소상품 생산자를 기반으로 본래의 매뉴팩처(산업자본)에 전화하는 형태의 두 가지 대립적 체계가 식별'[67]된다.

이 경우 중소 매뉴팩처의 발전이 전형적이었던 영국의 요크셔 서부에서는 '소규모의 것은 그 경계가 어디에 있는지도 모를 만큼 광범한 소경영층 안에 매몰되어 있었다. 그 중 선두에 서 있다고 할 수 있는 것이 중규모 매뉴팩처'[68]였다는 것이다. 프랑스에서도 근소한 토지 소유자가 '독립의 공장 (fabrique, manufacture)'[69]을 이루고 있었다는 것이다. 이들 농촌직물업자(농촌의 직원, fabricant)는 자기직장·자기직기(노동수단)를 소유하고 자기 계산 아래 원료(노동대상)도 전대객주제와는 달리 자신이 생산 또는 구입하는 것이었다. 노동관계는 자신의 노동과 함께 농촌의 부녀자 내지 도제(徒弟 : 직공) 장인을 고용한 것으로서 생산물은 자유로이 시장에 판매할 수 있는 독립상품 생산자였다. 이 같은 의미의 '중산적 생산자 층(농민 또는 수공업자)은 성립단초부터 광범한 일용층을 수반……따라서 여기서는 일찍부터 산업자본

66] 大塚久雄 《歐洲經濟史》 p.141.

67] 高橋幸八郎 《市民革命の構造》 p.180.

68] 大塚久雄 《歐洲經濟史》 pp.25~26.

69] 절대왕정체제(ancien régime) 말의 프랑스에서도 1알팡(arpent 50아르=5단보)의 토지만 있으면 그 위에 주택·작업장·우사(牛舍)·채원(菜園) 등을 가지고 다수의 가족과 함께 마직(麻織)을 할 수 있는 원료를 자가 확보하여 6~8인의 직물공이 나누어 마직·판매할 수 있었다는 것. 제품은 그 자리에서 순회상인에게 팔거나 좀 비싸게 팔고 싶으면 가까운 시장에 가서 팔면 되었다는 것.

의 싹이 형성'[70]되었다. 그러나 이 같은 소규모 매뉴팩처(산업자본)은 단순한 상품 생산[71] 또는 객주제 가내공업과 혼재하여 서로는 명확한 경계도 없었다. 소농업과 결합하여 공업생산도 농민의 자격에서 완전 분리함이 없이 농공은 결합하고 있었다. 때문에 이 같은 '자유롭고 사적인 분산 매뉴팩처는 ……아직 자본가적이 아니었고 따라서 본래의 매뉴팩처(자본제 생산)도 아니었다'[72]는 것이다.

그러나 농공의 결합도 마침내는 분리라는 것이 경제 발전의 필연적 귀결이었다. 토지와 더불어 농민의 자격에서 탈피하지 못한 농공결합의 농민 가운데서 부유한 농민은 농업을 포기하고 몇 대의 직기를 구입하여 농경보다 유리한 공장주가 되는 것이었다. 이에 농민층은 양극 분해를 이루어야 했으며, 양극 분해로 '만약 노동력도 상품으로서 그의 생산 과정에 투입되면 이는 의심할 여지도 없이 본래의 자본가(자본제 상품 생산자)……이 같은 소상품 생산자 층에서 점차 소규모나마 산업자본가층(manufacture 경영자층)이 분출 생성'[73]할 수 있었다는 것이다. 즉 역사적 범주로서 새로운 매뉴팩처적(자본제적) 생산에 추전하게 한 것이 자본과 임노동의 분리라는 농민층(중산적 생산자 층)의 근대적(자본제적) 양극 분해였다는 것이며, '부유한 농민층에서 공장주 차지농업자들이 분출하는 동시에, 빈곤한 농민들은 토지를 잃고 직기를 버리고 한때의 동료였던 매뉴팩처 내지 차지농업경영자 밑에 다시 자기 노동력의 판매자로 출현……그리하여 농촌 매뉴팩처 전개는 직접 생산자를

70] 大塚久雄 《歐洲經濟史》 pp.25~26.

71] 단순상품 생산은 자유 독립의 생산이건 영주지배하의 농노 내지 예속이건 직접 생산자가 법률상 또는 사실상 자기 소유의 토지 ·원료·노동용구 등 생산 수단을 가지고 타인 노동 아닌 자기노동 내지 가족 노동으로 상품을 생산하는 형태를 말하며, 독립소상품 생산은 단순상품 생산의 생산자가 농민이건 수공업자이건 봉건 영주 또는 지주 내지 전대 객주제 상인의 지배에서 독립하여 있을 경우이다. 이들이 소상품 생산자.

72] 高橋幸八郎 《市民革命の構造》 p.203.

73] 高橋幸八郎 《市民革命の構造》 p.176.

토지와 생산 수단에서 유리하게 한 양극 분해[74]가 이루어짐으로써 추진될 수 있었다는 것이다. 말을 바꾸면 '많은 산업자본의 싹'(농상공업) 안에서 다시 '양극 분해(빈부의 분화 계급적 불평등)가 이루어지면 어디서든지, 특히 농촌 공업을 기반으로 차츰 경영 규모를 확대하여 매뉴팩처의 양상이 분명한 것이 여기저기에 출현'[75]하여 산업자본 형성의 역사적 단서가 되었다는 것이다.

즉 이들 개별분산 매뉴팩처의 산업자본이 광범하게 성장·보급됨으로써 산업혁명 전의 이른바 매뉴팩처기를 형성했다.

그리고 이것이 산업혁명과 더불어 공장으로 전환했다는 것이나 동시에 교수는 이 같은 산업자본 형성 과정에서 보다 본질적·제1의적인 것이 국지적 상품교환(local or international exchange)이라 했다. 즉 탈락 농민은 이제야 생산 수단(토지)을 상실한 임노동자일 뿐만 아니라, 한 때의 자급생활에서 임금에 의한 상품 구입자가 되었다. 농민층 분해는 자본을 위하여 부단히 이 같은 내부시장을 창조해 갔었다. 자본주의 형성에 관하여 이 국지적 시장권 형성 확충을 기본선이라 하였으며, 이 같은 내부적 조건의 성숙이 없으면 어떠한 외래적 상업의 힘도 자본제 생산을 창출할 수 없었던 것이라 했다.

매뉴팩처는 전대객주제(putting-out system, Verlags system)[76]라는 경영 형

74] 高橋幸八郎 《市民革命の構造》 p.210.

75] 大塚久雄 《歐洲經濟史》 p.133.

76] 일찍이 상업의 부활에 이어 12,3세기에 생겨난 객주제는 15세기를 중심으로 붕괴 그 후 영국·네덜란드·프랑스 등 농촌 공업이 널리 전개한 나라에서는 봉건 위기의 15세기 말 내지 16세기에 걸쳐 만연하기 시작. 절대왕정기에는 그 경제기구의 중요역할을 담당했으나 시민혁명기에는 밑에서부터의 발전에 눌려 붕괴. 그런 의미의 매뉴팩처는 1) 단순한 소상품 생산의 경우와 같이 경영주도 그 가족 및 임노동자와 함께 노동을 하여 그 직장은 가족 노동을 토대로 이에 고용노동자가 부가(附加), 가족적 협업. 이것이 시민혁명에 이르기까지의 중소매뉴팩처의 특징적 형태. 2) 임노동자는 자유로운 일일고용이나 정기고용 이외에 봉공인·고용장인·수습장인 등 길드적 외모를 지닌 것. 업주는 이들과 함께 자가 또는 직장에서 기계 machine 아닌 도구 tool wearkzeng로 작업하는 것이었으나 매뉴

태를 취하여 객주 상인의 상업자본과 긴밀하게 얽혀 있었던 것이 특징이었다. 농촌 모직업에서는 이의 업주를 직원(clothier)[77]이라 했으나 이들 농촌 직원과 아울러 도시의 상인도 안정된 가격이 확실한 제품 입수를 위해 직접 생산자인 농민을 같은 전대객주제로 지배한다. 이들 도시의 직원은 도시에 거주하면서 약간의 준비공정이나 완제공정에서는 자기의 직장(workshop, Atelier)을 가졌으나 농민 상대의 객주제 조직이 가까운 수단이었다. 이 같은 객주(fabricant) 또는 상인기업가(merchant-manufacturer)가 도시의 직원이었다. 직접 생산자는 언제나 단순한 가족 노동이기도 했으나 약간의 타인 노동을 고용하여 직장을 가진 소사장(小師匠)이기도 했다. 이 같은 도시 직원은 처음부터 봉건제적 길드제로 직접 생산자를 지배코자 했다. 그러나 농촌 직원도 매뉴팩처 경영확대로 차츰 도시 직원형의 객주제 상인이 되어 대직원(大織元)[78]이 됨으로써 나아가 토지를 겸병하고 기생지 주인 젠트리(gentry)의 전신이기도 했다.

팩처를 특정 지운 수습장인은 중세도시적 길드적인 그것과는 역사적 의의가 달랐던 것.
3) 이 같은 매뉴팩처는 반농 반공(半農半工)이 보통이었으나 공정은 자가내지 직장 이외에 주변의 장인이나 농가에 전대객주제로 하청하게 하는 외업부제도(putting-out system)를 취하기도 하여 이와 직장이 합친 집합체가 하나의 매뉴팩처를 구성한 것이 그 특징이며, 모직업에서는 그 업주가 직원(clothier)(大塚久雄 《歐洲經濟史》 p133, 142)
77] 종전의 방모 제직 완성 등으로 분화되어 있는 공정을 15세기 경부터 한 사람의 직포공이 전 공정을 담당하게 되자 이를 직원(clothier)이라 칭함. 이에 직포공도 직원에게 임기로 예속하는 임기직포공과 전 공정을 독립 수행하는 직원직포공으로 계층 분해. 후자 중에서 가족 노동력을 중심으로 수습장인 2~3인 직기 4~5대를 가진 소경영의 소자본직원이 분화. 이것이 소직원(small clothier). 소독립생산인 소직원=가난한 직원이 직포공으로 탈락하거나 중산의 직원 부유한 직원으로 상승하는 분해 야기. 소직원·중산의 직원(織員)을 직원(織元), 부유한 직원=대직원을 gentry 직원이라 칭. 압도적인 것은 소직원이었으나 매뉴팩처 생산을 지배한 것은 부유한 직원(堀江英一 《近代ヨーロッパ經濟史》, pp.82~83, 115~120).
78] 매우 유명한 것이 Newberly(Birmingham)의 J. Winchcome(Newberly의 Jack), Mormsberly(Wiltshire)의 W. Stumpe. 전자는 모직물의 전 공정을 작업장에 집중하여 200대의 직기와 수백 명의 남녀노동자를 고용했다는 전설. 보다 확실한 것은 후자며 그는 가난한 직포의 아들로서 후일 Mormsberly의 수도원을 자본주의적 가내 노동의 거점으로 직기 20여대와 매뉴팩처 경영(堀江英一 "앞의 책" p.113)

생성기 산업자본의 단계에서는 이 같은 객주제 지배가 하나의 '현상으로 서 너무나 현저했기 때문에 매뉴팩처 경영의 중심인 직장이 그 배후에 은폐 되어 공장제도(근대 산업자본주의)의 전단계를 객주제도'[79]인양, 루요 브렌타 노(Lujo Brentano), 앙리 세에(Henri Sée)는 중·소 분산 매뉴팩처의 단계성을 망각하고 객주제 내지 특권집합 매뉴팩처를 자본제 형성의 본래의 코스라 생각한다는 것이다. 그러나 '우리가 당면하여 문제로 삼는 이 시기의 산업 자본은 기계(machine) 아닌 도구(Werkzeug)를 기술적 기초로 한 경영형태이 다. 그럼에도 불구하고 18세기의 영국인은 이를 매뉴팩처라 불렀다.'[80] 즉 매뉴팩처는 산업혁명 후의 기계제 공장제도와 구별되고[81] 단순 소상품 생 산(경영)과도 다르기는 하나 노동은 임노동자의 협업(cooperation)과 그 토대 위에 전개되는 분업(Arbeitsteilung)을 이루고 있었다. 이 같은 '자본가에 의 한 임노동자의……고용이라는 기본적 사회관계를 토대로 구축된 자본주의 적 공업경영체의 산업자본이 지닌……역사적·사회적 성격은……사회과학 상 자본주의(Kapitalismus)라 불리는 것에 불과'[82]하다는 것이다,

다만 매뉴팩처의 소생산자는 절대 왕정적 산업 규제 체계인 춘프트적 산 업규제의 객주제 상업자본에 지배되고 있었기 때문에 스스로의 발전을 위 해서는 이에 대립하여 그 지배 관계를 파기, 극복해야 했을 뿐이다. 그 내용 은 산업=노동의 자유(Gewerbefreihelt, 상품의 생산 및 유통의 자유)라는 근대시민

79] 大塚久雄 《歐洲經濟史》 p.144

80] 大塚久雄 "앞의 책" '……序說' 上の 一 p.147

81] 자본이 소생산자를 지배하는 중세 상공업의 기본 성격을 벗어나지 못하고, 그 규모가
소규모하여 경영주(자본가)도 노동을 한다는 것. 소규모이기 때문에 그 규모가 커져도 단
일직장이 아닌 몇 개 직장의 집합체로 나타난다는 것, 특히 기계의 기초가 없는 도구로
분업에 의한 협업을 하는 것 등 후일의 기계제 공상공입과 다른 특징이라는 것(大塚久雄
《歐洲經濟史》 p. 21.)

82] 大塚久雄 改訂版 《近代歐洲經濟史序說》 上の 一 p.147.
자본주의적 공업경영 형태라는 것은 자본가 혹은 기업가가 화폐를 각출하여 생산 수
단 매입……임노동자고용……생산수행……제품판매……원본회수 이윤 획득하는 사태지
칭…….

적 요구였으며 시민혁명은 그 역사적 행동이었다는 것이다.

즉 전대객주제 지배하의 중소 분산 매뉴팩처는 시민혁명에 의하여 각양의 저지적 조건에서 해방됨으로써 산업혁명의 문을 향해 한결 눈부신 전개상을 나타내게 되었다는 것이다. 그리하여 마침내는 객주제 지배가 오히려 매뉴팩처 경영의 단순한 보충물로서 이에 완전 종속하게 된다. 이에 객주제 자체 외모는 일견 절대왕제 하의 그것과 같이 보이나, 봉건적 제도와 아울러 특권 도시의 길드적 규제력을 상실하여 단순한 지방적 유제(遺制)로 되고 만다. 객주제는 발전한 매뉴팩처와 병존하면서도 그 기능은 전단계와는 달리 매뉴팩처 제품의 판로나 금융의 측면에서 매뉴팩처 경제를 엄호하고 이의 이해에 종속하는 성격으로 변모한다.

동시에 집합특권 매뉴팩처는 그 자체가 절대왕정의 공권력을 배경으로 산업규제(réglementation)의 독점특권으로 봉건적 규범의 경제외적 강제에 의한 노동력의 묶임이 그 기축이었다. 때문에 그 경영자는 그 지주였던 경제외적 강제의 독점적 길드 규제가 이에 대립적인 산업자유의 물결에서 무력화해짐과 더불어 와해해야 했다. 뿐만 아니라 이는 본래의 경제관계(가치법칙)에 입각한 것도 아니었다. 따라서 본래의 자본관계도 배제한 봉건제의 재편성에 불과했던 것으로서, 이에 따른 저임금과 장시간의 노동 강제는 생산성 저하와 숙련공 도피를 따르게 할 뿐이었다는 것이다. 이러한 대립·대항의 과정에서 중소분산 매뉴팩처는 비록 전대객주제와 얽혀 있으면서도 외업부 (外業部)와 가족 노동은 비교적 자유로운 상품 생산을 하는 것이었다. 그리고 이들 소경영은 자유로이 경쟁하면서 널리 확산하고 가내 노동의 역량은 높은 생산성을 발휘할 수 있었다. 바야흐로 분산매뉴팩처는 독점과 특권에도 불구하고 수익보다 지출이 많은 집합매뉴팩처[83]에 비해 보다 저렴한 가격으로 상품유통의 밀도를 농화(濃化)하고 규칙화하는 우월성을 가지고 집

83] 高僑幸八郎, "앞의 책" p.153.

합매뉴팩처를 압도 구축할 수 있었다. 이것이 영국에서는 이미 '16세기 후반에 이르러 일단 그 자태를 갖추고, 18세기에 들어서는 점점 확연한 자세를 보여…… 매뉴팩처기(16세기 후반 내지 18세기 말 경)를 전개……이것이 경영형태로서 거의 지배적 지위를 차지……마침내는 산업혁명이 개시됨과 더불어 이 산업자본은 공장으로 전환하면서 반농 반공과 같은 과도적 외모를 버리고 독립의 자세를 완성'[84]키에 이르렀다는 것이다.

그리하여 18세기의 요크셔 서부(Lancashire)에서는 이 같은 사회적 대류 현상이 하나의 특징적 사실로 되어……객주 상인의 역사적 성격은 전기구적으로 봉건적·길드적 전화를 이룰 수 없이……산업혁명 전야의 영국은 농촌 공업의 기반 위에 성장한 이 같은 매뉴팩처의 경제적 이해가 기간적 산업부문(이른바 국민적 산업)을 전면적으로 파악[85]하고 있었다는 것이다. 그리고 그 출발은 '이를 소급할 때 14,5세기 경 봉건적 관계 협의 해체로 중산적 생산자 층이 출현함과 더불어 그 안에서 이와 긴밀하게 얽혀 반농 반공의 소경영적 형태를 취하면서 16세기에 보급'[86]했다는 것이다. 이러한 매뉴팩처 성장이 유럽 각국에서는 서로 약간의 뉘앙스 차는 있으나, 전체적으로는 절대왕정기에 현저하여 이의 붕괴기인 시민혁명기에 이르러 결정적인 존재로 나타났다는 것이다.[87]

따라서 공장제도를 전형으로 성장한 특수 역사적 근대자본주의의 산업자본도 그 구성적·주체적 추진력을 담당한 자는 상업자본(객주제 상업자본 포함)이 아니고, 소생산자인 반농 반공업의 농촌 직원으로서 이의 출처 내지

84] 大塚久雄, ""앞의 책"" 《……系譜》 上 pp.124~5.

85] 大塚久雄, 《歐洲經濟史》 p.153.

86] 大塚久雄, "앞의 책" 《……系譜》 上 p.124. 및 《歐洲經濟史》 p.21

87] 예컨대 15세기 내지 17세기 반경까지의 영국 특히 Yorkshire 서부의 Plattford, Wakefield, Halifax, Lies 등 주변의 농촌 공업이 전형적인 15세기 말 특히 16세기 중엽 경의 남네덜란드 주변의 농촌 공업. 이는 동 세기 말 경 북네덜란드·영국·북프랑스 등에 전파. 네덜란드는 17세기 중엽, 프랑스는 16세기 중엽 이후 Bourbon왕정의 압력으로 곡절을 겪으면서 17세기 특히 18세기 후반 이후 전면적 개화.

계보를 중산적 생산자 층에 구해야 한다는 것이다.

이와 같이 객주제 지배는 오히려 '매뉴팩처의 보완물'이고 특권·집합 매뉴팩처보다 분산매뉴팩처가 생산적·경제적인 전진적[88] 경영형태로서 집합매뉴팩처는 일반적 고찰과 같이 당시의 지배적 생산 형태가 아니었다. 오히려 순수한 예외적 존재(프랑스)[89]로서 절대왕정의 규제체계가 와해됨과 더불어 시민혁명의 타도 대상으로 매뉴팩처의 망령에 불과하게 되었다. 분산매뉴팩처에서 성장·분출한 전기 도시 직원형의 대직원도 같은 성격, 같은 운명이었음은 물론이다. 그러나 이에 반하여 농촌의 직원은 이 같은 낡은 도시공업에 대립하여 이의 번영을 위협하면서 전형적인 매뉴팩처 소유자로 성장하고 산업자본가로서의 생산 조직자가 됨으로써 산업자본의 역사적 형성자가 되었다는 것이 오쓰카 히사오의 주장이다.

3. '두 가지 길'과 산업자본 형성과정

(1) 제1의 길과 오쓰카 사학의 의문점

위와 같이 초기 자본제 생산 양식의 산업자본 형성에 관하여 이른바 통

88] 1) 집합매뉴팩처는 1,2명의 상인 기업가만이 경이의 치부. 분산매뉴팩처는 누구도 부호는 아니나 노동하는 자는 아무런 부자유 없는 생활. 2) 집합매뉴팩처는 대규모 장비의 투자인 동시 관리인의 능력에 한계가 있으므로 확산이 어려우나 분산매뉴팩처는 소규모이고 자유이므로 확산이 용이하고 경쟁은 비용을 절감. 3) 집합매뉴팩처는 임노동을 기축으로 이미 자본가와 노동자의 대립관계가 있는데 반하여 분산매뉴팩처에서는 생산자=노동자의 가내 노동을 기초로 이 관계가 범주로서 충분히 분리되어 있지 않는 단계. 4) 때문에 분산매뉴팩처는 집합매뉴팩처로 발전할 수 있는 생산적·경제적인 것이었으나, 집합매뉴팩처는 중상주의적 창조물인 특권적 독점적 매뉴팩처로서 분산매뉴팩처의 자유상품 생산과 유통을 억제. 5) 집합메뉴팩처는 농업=토지에서 분리되어 있으나 분산매뉴팩처는 생산자=노동자가 토지와 결부한 반농 반공으로서 농공은 미분리. 이들의 부가 인민적 부(commonwealth. Volksreichtum)로서 여기서 농민 분해가 이루어지면서 인민적 부는 자본적 부(Kapitalreichtum)로 자기분해(高橋幸八郎, 《市民革命の 構造》 pp.134~141)

89] 高橋幸八郎, "앞의 책" 《市民革命の 構造》 p.146.)

설은 자본의 원시축적기에 객주제 상업자본이 생산을 지배함으로써 스스로 산업자본에 추전하였다 하여 산업자본의 주체적 계보를 객주제 상업자본이라 인식하고 있다. 그런가 하면 근래에 차츰 유력하게 되어가고 있다는 견해는 이에 대립하여 중산적 생산자 층의 양극 분해로 성장한 개별·분산 매뉴팩처의 성립으로 산업자본은 자율적인 생성을 보았다는 것으로서 산업자본의 주체적 계보를 중산적 생산자 층에 구하는 것이 사실에 가깝다는 설명이다. 왕왕 후자는 '생산자가 상인 내지 자본가로 추전하는 길', 전자는 '상인이 생산을 직접 지배하는 길'로서 자본제 생성과정에 관한 마르크스 (K. Marx)의 고전 이론에 해당한다. 편의상 이를 각각 '제1의 길', '제2의 길' 이라 하고 있으며, 제1의 길을 주장하는 입장에 속하는 오쓰카 사학과 제2의 길을 주장하는 사회경제사학파는 근대산업자본의 주체적 추진력에 관하여 서로의 기본을 과중시한 나머지 다른 길은 이를 예외적인 것으로 도외시하고 있다.

그러나 과연 그렇기만 했던 것인가?

먼저 '제1의 길(생산자가 상인 및 자본가로 상승적 추전을 하는 현실적으로 혁명하는 길)'에 관한 것이나 이에 입각한 오쓰카=다카하시(高橋) 이론은 전항에서 본 바와 같이 산업자본 형성의 기점을 독립 자영의 소상품 생산자(yeoman 및 수공업자)인 농촌의 소직원(small clothier)에 두고 있다.

부연하면 농촌 공업의 가장 단순한 경영형태는 근소한 토지를 소유 또는 임차한 농민이 1,2대의 직기를 가지고 농촌의 여가 이용으로 하인(valet)과 함께 자가 사용 가치를 생산하여 그 여잉(餘剩)을 상품으로서 판매하는 것이었다. 이들 소직원이 객주제 상업자본의 지배하에 편입되거나 또는 독립하여 생산규모를 확대하는 등으로 본래의 매뉴팩처를 분출하는 양극 분해를 이루었다. 그러나 그것이 가장 전형적이었던 요크서에서는 16~17세기에 이르러서도 자력(資力)은 근소하여 원료 구입과 생산 판매를 매주 반복해야 했다는 것이다. 때문에 그 경영도 가족 활동을 기초로 이의 협업 위에 한사람의 수습장인 또는 1~2인의 농촌 자녀를 고용하고 한 사람의 장인이 추가되기도 했다는 것이다. 즉 이들의 경영은 소토지 소유의 농목(農牧)에 가족노동을 기간으로 길드적 계서(階序) 의식의 수습장인·장인 등 타인 노동=임노동을 추가한 직포(織布)를 겸영(兼營)한 것으로서 바야흐로 농민과 직포공 사이의 차가 없는 반농 반공의 독립 소상품 생산을 자영하는 자였다는 것이다.

때문에 '중산적 생산자 층의 성립 시작부터 산업자본의 싹이 형성'되었다는 것이다. 그러나 여기서는 공업(직물)경영에 종사하는 노동이 아직 지배적으로 분리하지는 않았다. 때문에 이 '자유로운 사적 매뉴팩처는 아직 자본가적이 아니었고, 따라서 본래의 매뉴팩처(자본제 생산)도 아니었던 것'이나 '농업과 공업의 이 행복한 결합'은 경제 발전에서 분해가 필연적이었다. 오쓰카 교수가 말한 '빈부의 분화', '계급적 불평등'이라는 양극 분해 진행으로 자본과 임노동이 분리하여 다카하시(高橋) 교수의 표현으로서는 '만약에 노동력도 상품으로 생산 과정에 투입되게 되면 본래의 자본가인 매뉴팩처 경영자가 분출'하게 되는 것이라 하고 있다.

오쓰카=다카하시 이론은 '이와 같은 농촌 소직원을 포함한 농촌 직원의 공업경영 양식이 분업에 기초를 둔 협업의 기술적 편제 위에 서 있는 전형적 매뉴팩처 형태를 취하고 있었던 것이 명백'[90]하다는 것이다. 그렇지만 그 모습은 자유 독립의 전형적 매뉴팩처였으므로 농촌 직원(소직원 포함)은 그 기본적 성질이 생산자이고 특히 근대적 산업자본가라는 사회적 성격[91]의 것이었다 한다. 이러한 농촌 직원이 소직원 층을 배경으로 그 기반 위에 도처에서 일어나 경영 규모는 '일단 2~30명의 고용을 기준으로 무수한 편차를 가진 각종의 극히 상이한 것이 병존……이 기준 밑에서 직장주 직

90] 大塚久雄 《近代歐洲經濟史序說》 上の 二. pp.336.
91] 大塚久雄 《近代歐洲經濟史序說》 上の 二. pp.339.

원(職場主織元 : merchant manufacturers)의 규모는 무수한 뉘앙스의 차를 가지고……농촌 일대의 많은 수로 확산해 있는 저 자영의 빈곤한 직원(소직원)층에 경계를 접해 있었다[92]는 것이다. 따라서 그 원류를 소급하면 '14~5세기 경 봉건적 관계의 해체로 중산적 생산자 층(yeoman 및 소장인)이 나타남과 더불어 그 안에서 이와 긴밀하게 얽켜 반농 반공의 형상을 취하면서 매뉴팩처라는 형태의 산업자본이 형성되기 시작하고 16세기 말 경에는 일단 그 자세를 정돈했다. 이어 18세기에 들어서서는 점점 확연한 자세를 보여 마침내 70년 대 산업혁명 개시와 더불어 이 산업자본은 공장에 추전하면서 반농 반공과 같은 과도적 외모를 버리고 독립의 자세를 완성'[93]했다는 것이다. 즉 오쓰카 교수는 산업자본 내지 공장은 이를 소급하면 '16세기 말 경에 이미 매뉴팩처가 상당히 보급한 사실이 확인되고 더욱 이를 소급하면 한결 미소(微少)해지면서 완전한 소생산자 층(자영 농민 및 소장인) 안에 자태가 매몰된다'[94]는 것이다.

이와 같이 오쓰카 교수는 18세기 공장에의 계보를 전형적인 농촌 직원의 매뉴팩처에 두고 있다. 그러나 '농촌 직원은 소직원 층을 기반'으로 전형적 매뉴팩처에 이르기까지 뉘앙스가 다른 것이 잇따라 도처에 일어나고 있었다는 이 점이 오쓰카 이론의 문제라는 것이다. 즉 분해의 출발점에 선(立) 소직원 내지 빈곤한 직원(가족 노동을 기간으로 생산과 판매를 매주 반복하는 같은 경영자)을 2~30명의 노동자를 고용하여 그 나름으로 일단 산업자본가가 된 자와 동일범주로 파악하였다. 다카하시 교수 역시 같은 해석이며 '자기의 직장(atelier)과 직기를 소유한 직장주 장원이 원료를 구입하여 생산 판매할 경우 그 경영은 단독 내지 가족 노동의 직물이건 자기 노동과 함께 수십 인의 타인 노동을 따른 직물업자이건……노동이 상품으로 투입되면……자본

92] 大塚久雄 《近代歐洲經濟史序說》 上の 二. pp.308.

93] 大塚久雄 "앞의 책" 《……系譜》 上 pp.124~5.

94] 大塚久雄 "앞의 책" 《……系譜》 上 pp.124~5.

제 상품 생산[95]이라는 것이다. 즉 여기서도 '단독 또는 가족 노동의 직물공'과 '수십 인을 고용하는 자본가적 직물업자'를 '독립상품 생산자'라는 것만을 기준하여 동일범주로 파악하고 있다.

그러나 이들 독립 소상품 생산자 층(오쓰카 교수의 소직원 내지 빈곤한 직원, 다카하시 교수의 단독 내지 가족 노동의 직포공)은 자본제 상품 생산의 성립을 위해 분해되어야 하는 '자본가적 협업의 싹……이를 자본제 상품 생산자였다고 규정하면, 농민층 내지 소상품 생산자 층의 양극 분해를 자본관계 창출의 지배적·근본적 계기라 하는 이해는 성립 불능'[96]하다는 의문점을 남기게 된다는 것이다. '오스카 교수는 소생산자의 경영에 불과한 것을 매뉴팩처 내지 산업자본으로 규정……이는 매뉴팩처개념을 확대해석하여 과학적으로는 매뉴팩처라고 인정하기 어려운 것을 매뉴팩처라 하는 사실인식의 오류'[97]라는 말도 같은 다른 의견이다.

타인 노동=임노동에 관해서도 오쓰카 교수는 중세 길드적 외모의 수습장인봉공인일지라도 독립 소경영에 임금노동자로 고용되었으면 이는 산업자본의 싹이라 하고 중산층의 성립 초기부터 이의 성립을 보았다는 것이다. 그러나 임노동의 성립이라는 일면만으로 그 경영주를 곧 산업자본가로 규정하는 것은 (동부 독일의 Gutsherrschaft도 산업자본가라 해야 하는) 잘못……오쓰카 교수는 '그러한 매뉴팩처에서는 경영주도 그 가족도 임노동자들과 함께 일을 한다'(大塚久雄, 《歐洲經濟史》 p.133)는 것이나, 자기와 가족이 같이 일하지 않으면 경영이 성립할 수 없는 경영주를 단적으로 산업자본가라 할 수 있겠는가……산업자본가란 분업을 기반으로 한 협업의 작업장에서 노동력의 조직자로 나타나는 것이……그 기능…… 자기와 가족의 노동은 경제학적 의미의 노동이 아니므로 자기와 가족이 일하지 않으면 안 되는 소생산자

95] 高橋幸八郎, "앞의 책" 《……構造》 p.175.
96] 矢口孝次郎, "앞의 책" 《……研究》 p.70.
97] 大谷瑞郎, 《資本主義發展史論》 p.68.

와 산업자본가는 범주적으로 구별되어야 하는 것'[98]이라고도 말해지고 있다.

오쓰카 교수는 이와 같이 매뉴팩처 개념을 확대 해석한 동시, '16세기 중엽 내지 18세기 중엽에는 매뉴팩처기로 발전하여 농촌 직원층(소직원 포함)이 직물공업의 기업가 유형으로서 지배적이라기보다는 오히려 압도적 지위를 점령'[99]했다는 것이다. 그러나 교수가 이론 구성의 거점으로 한 조지 언원, 폴 망투의 사실해석(1의 〈2〉)은 그렇지가 않다. 즉 먼저 언원의 자본주의 성립기에 관한 도시 대 농촌의 대립관계에 대하여 오쓰카 교수는 사견이라 하여(언원은 이 용어 불사용) 이를 도시 직원(상인+객주제전대인=상업자본)과 농촌 직원(농민+근대 직장=yeoman형 산업자본)의 대립이라 파악하여 후자가 전자를 협위(脅威)하면서 전형적인 매뉴팩처 소유자가 되고 산업자본가로서의 조직자가 되었다는 것이다.[100] 그러나 야쿠치(矢口孝次郎) 교수에 의하면 '언원의 산업자본 대 상업자본의 사고는 결코 농촌 직원 대 도시 직원의 대립과 등치(等置)하는 사고가 아니고……도시산업 조직에서의 양 자본의 대립문제임이 명백'[101]하다는 것이며, 양 자본의 상호이입(상업에서 산업에의 이입 : 내적·하락적 이입, 산업에서 상업에의 이입 : 외적·상승적 이입)이 산업발전의 중요 계기였다는 것이 언원의 소론(所論)이라는 것이다. 또한 폴 망투에 있어서는 상인 자본가는 그들이 소심한 결과 산업자본가로 추전하지 못하고 산업혁명기의 공장 창설자는 자작농(yeoman)의 혈통이라 했다. 그러나 이들은 오쓰카 교수의 주장과 같이 15~6세기의 직장주 직원에까지 계보가 소급되어 시발부터 자본제 생산 양식을 주체적으로 추진했다는 것이 아니다. 오히려 이들이 18세기 후반의 종획(Enclosure)으로 농업노동과 공업노

98] 大谷瑞郎, 《資本主義發展史論》 p.69.

99] 大塚久雄, "앞의 책" 《……序說》 上の 二 p.347.

100] 大塚久雄, "앞의 책" 《……序說》 上の 二 p.359.

101] 矢口孝次郎, "앞의 책" 《……研究》) p.32.

동의 긴 세월에 걸친 결합이 파열되어 농경생활이 불가능하게 됨으로써 자작농(yeoman) 중 가장 기업적이거나 행운했던 자가 산업혁명기의 공업경영자(manufacturers)로 될 수 있었다는 것이다. 따라서 그들은 산업혁명 직전의 반농 반공의 소경영(cottage industry)에서 매뉴팩처에 이른 것이나, 이에 이르자마자 '단기간에' 곧 다음의 공장제에 이행했다는 것이다(주 (58)참조).

폴 망투는 상인 내지 상업자본에 관해서도 이는 매뉴팩처 형성에 중요한 지도적 가교역할을 하여 점차적으로 산업자본에 전환한 것으로 인식하였다.[102] 동시에 매뉴팩처 이론에 관해서도 폴 망투는 이를 '마르크스(K. Marx)가 정립한대로 대규모 매뉴팩처(Industry of large workshop)라고 이해하고……공장제도에의 필연적 전제계제(前提階梯)임을 인정하나……공장제 출현 직전 시기의 특질적·지배적 산업형태였다는 생각은 잘못……아무런 역사적 진실도 없다'[103]는 것이었다. 이렇듯 마르크스의 고전이론에서도 매뉴팩처는 결국 노동자의 수공업에 의존한 것으로서 생산력 발전은 비교적 원만하여 '사회적 생산을 전 범주에서 파악하지도 못했거니와(국내시장을 지배하기에 이르지 못한 것……필자) 그 깊은 곳(深部)에서 이를 변혁하지도 못했다…… 그 고유의 협애(狹隘)한 기술적 기초로……매뉴팩처가 자본제 생산 양식의 지배적 형태인 시기(매뉴팩처가 한 사회의 지배적 생산 형태라는 뜻이 아니고 자본제 생산 양식으로서는 기계적 대공장 아닌 매뉴팩처가 독자적으로 존재한 시기의 뜻……필자)에 ……다면적인 장애에 직면……일정한 발전도에서 이는 자신이 창조한 생산자 욕구와 모순을 일으켜……기계적 장치의 생산을 위한 작업장으로서……이제는 기계를 생산했다'[104]는 것이다.

즉 매뉴팩처 자체는 구래(舊來)의 생산 양식을 근본적으로 일소하여 자본제 생산 양식을 확립할 수는 없었다. 다만 이를 위해 필요한 수단으로서

102] 矢口孝次郎, "앞의 책" 《……研究》 p.196, 183에서 인용.
103] 矢口孝次郎, "앞의 책" 《……研究》 p.196, 183에서 인용.
104] 栗原百壽, "앞의 책" p.179.

기계를 생산하여 수공업적 매뉴팩처는 기계제 대공업으로 이행했으며, 이것이 곳 산업혁명이었다는 것이다.

이와 같이 매뉴팩처기에는 매뉴팩처가 지배적이었다는 오쓰카=다카하시 이론은 그대로 수긍할 수만 있는 것이 아니다. 매뉴팩처는 그것이 가장 순조롭게 본래적 발전을 이룬 때에도 항상 광범한 도시 수공업과 농촌 가내 공업에 휩쓸려 있었다. 따라서 이는 일국의 생산을 극히 단편적으로 파악함에 불과하여 생산 양식에는 아무런 변혁을 일으킬 수 없었다는 것이다. 다만 도구의 분화로 '자본제에 필요한 기계를 생산'하여 봉건제의 자본제에의 이행을 일으키게 했을 따름이다. 그리하여 결국 '이행은 이중으로 이루어졌다 ……상인이 직접 공업자로 되는 길……상인이 소사장을 중개인으로 하는 길(객주제적으로 가내 노동을 조직 지배)……공업자가 상인 및 자본가로 되는 길 등 2중 3중의 이행'[105]이었다는 것으로 말해진다.

그러나 생산자(공업자)가 상인 및 자본가로 된 것이 현실적으로 혁명하는 길이었다는 것이며, 이 '제1의 길'은 직포업의 사장(師匠)이……자기의 장인(匠人)과 더불어 상인을 위해 노동하기보다는 자신이 양모 또는 실을 사서 짠(織) 자기의 직물을 상인에 판매……생산 요소는 자기 자신이 산(買) 상품으로서 생산 과정에 투입……개별상인 또는 일정 고객을 위해 생산하기보다는 직포업자는 이제야 상업세계를 위해 생산……생산자 자신이 상인……상업자본은 이미 유통과정만을 수행(長谷部 번역 《資本論》)[106]하게 된 것을 의미한다는 것이다. 히이튼(Heaton)의 '소직원 중의 혹자는……차츰 경영 규모를 확대……직원의 집은 작업장(workshop)이 되는 동시, 객주의 점포(warehouse)가 되고……마침내 고용주인 직원의 노동은……생산에 경주할 틈이 없이……원료의 구입 전도(putting out), 제품의 인수(taking-in) 등이 주

105] 栗原百壽, "앞의 책" p.107. 108.

106] 矢口孝次郎, "앞의 책" pp98~9.

로 되어……상업상의 활동이 산업에의 관심보다 더 크게 부각'[107]된다는 말이 적절한 표현이라고 말한다.

이에 '제1의 길'은 결국 돕(Maurice Dobb)이 '참된 혁명적 길은 생산자의 일부가 스스로 자본을 축적하여 상업을 하고 시간이 흐름과 더불어 길드 수공업적 규제에서 해방된 자본주의적 기초 위에서 생산을 조직……중산의 자작농(yeoman) 농민 또는 수공업의 소장인은……양적 성장(quantitative growth)이 어느 단계에서는 질적변화(qualitative change)를 내포……즉 생산자의 자력 증대가 그 자신 및 가족의 노동보다는 고용의 관계에 의존하게 하고 또 경영이득의 관계로 이를 자기 노동보다는 자본에 관련키에 이르는 것[108]이라고 말한 것과 같은 범주적 추전과정이라고 해석되어야 할 것이다.

그러나 이 과정이 '참된 현실적 혁명의 길'로 되기 위해서는 '상업이 산업적 생산의 봉사자로 된' 상업과 산업적 생산과의 관계 역전이 이루어져야 했으나, 이는 매뉴팩처가 어느 정도 강화되던가 또는 대공업으로 되었을 경우이다. 또 이를 위해서는 기술적 발전이 전제되어야 했으므로 현실적으로는 산업혁명기에 이르러 비로소 있을 수 있는 사실이었다 한다.

(2) 상인의 생산 지배와 상업자본의 산업자본 추전론

다음 '상인이 직접적으로 생산을 지배하는 산업자본 형성의 '제2의 길'이 문제'이다. 이에 관해서는 곧 상기되는 것이 고전이론의 '이 후자의 길(상인이 생산을 직접 지배하는 제2의 길)은 역사적으로 이행 작용을 하면 할수록……구 생산 양식 변혁을 가져오지 않고 오히려 이를 보수……현실적인 자본주의적 생산 양식의 변혁을 가져오지 않고 오히려 이를 보수하여 자기의 전제로 보존……현실적인 자본주의적 생산 양식의 방해……자본주의적 생산 양식의 발전과 더불어 몰락……이 방식은 생산 양식을 변혁하지 않고 직

107] 矢口孝次郞, "앞의 책" pp98~9 및 p.99에서 인용.
108] M. Dobb : Studies in the Development of Capitalism. 1946. pp. 123~126.

접 생산자들의 상태를 변화……단순한 임금노동자로……전화'한다는 구절이다. 즉 이 구절을 근거로 '제1의 길'과 대립적인 제2의 길에서는 '상인기업가로서의 merchant manufactures는……소생산자에 원료를 전대(前貸) 가공……이윤 조출(造出)……객주 상인으로서 소생산자를 시장에서 차단……생산자의 자본가적 추전 억제……시민혁명을 계기로 파쇄되어 버린 것'[109]이라 하여 상인 및 상업자본의 산업자본 형성을 부인한다. 오쓰카 교수 역시 소생산자를 산업자본가로 간주하는 독자적 매뉴팩처론으로 소생산자를 산업자본가의 출자라 하는 계보론을 주장함으로써 상인 자본의 산업자본 형성에 미친 역할을 부정하는 이론이 되고만 것은 누설한 바와 같다.

이 같은 부정적 해석은 그 유력한 기점으로 되어 있는 폴 망투 내지 A. P. Wadsworth의 견해와는 상당한 거리가 있는 것을 1의 (2)에서 보는 바와 같다. 뿐만 아니라 '상인이 직접 생산을 지배하는 (제2의) 길은…… 구 생산양식을 변혁하지 않고……오히려 이를 보존'한다는 고전적 전거(典據)도 잘못 이해하고 있다는 반론이 오히려 유력하게 대두되고 있기도 하다.

우선 돕(Dobb)에 의하면 '독립 소생산자가 생산력 증대, 이에 따른 경영 확대라는 양적 증대로 자본가에 추전한다는 질적 변화를 일으킨 것'(2의 (1))과 같이 '상인도 그가 이미 알고 있는 가격차에 의한 순전한 투기적 이익에서 상업 부르주아의 부와 숫자가 불어난 양적 증대의 결과 그 관심이 어느 정도의 생산 지배로 상품 매입 가격을 인하하여 이윤을 얻는 데로 옮겨가는 질적 변화를 일으킨 것'[110]으로 파악되어 있다.

이를 부연하듯 야쿠치 교수는 '구래(舊來)의 길드(Gild)나 stalole정책에 의거한 특권 또는 절대왕정이 부여한 독점권 등에 의거하여 가격차에 의한 이익추구만을 본래의 기능으로 하는 상인 내지 상업자본(상층 부르즈와지, haute

---

109] 高橋幸八郎 橋 《經濟硏究》 2 の 2 p.143 (矢口孝次郎, "앞의 책" pp.148~9에서 인용)

110] M. Dobb : Ibid. p.126

bourgeoisie)과 생산비 절감을 위해 생산을 지배하고 뒤에는 질적 전환을 이루는 상인 내지 상업자본(예컨대 merchant manufacturer와 같은 것은 오히려 본래의 산업자본가와 같은 이해선상에서 존립)은 그 성격이 다른 것이었으며 동일 범주로 처리하는 것은 당연치 않다……예컨대 직원이 직포공을 자립하여 있는 그 대로 자기의 통제 하에서 양모를 팔고 그들의 직물을 매취(買取 : 長谷部 번역 《資本論》 9, p. 376) 하는 형태 또는 직포공이 구래의 분산적 작업을 하게 하면서 사실상은 자기를 위해 작업하게 하는 상인으로서의 지배를 행할 뿐인 데에 그친다면 이는 순수한 상업자본의 성격으로서 '그 자체로서는 구 생산 양식의 변혁을 수행한 것이 아니다. 그러나 상인 내지 상업자본의 생산 지배는 이러한 의미의 변혁수행이 없는 단계 내지 형태를 초월하지 못한다는 뜻으로만 이해하는 것은 적절하지 않다. 상인의 생산 지배가 현실에 있어서도 항상 그러한 형태로 정지하고 마는 것으로만 생각하는 것은 크게 잘 못이다.

'마르크스도 상업이……점점 생산 자체를 침식하고 생산 부문의 전부를 자기에 의존하게 한다'(同上)는 것을 명백히 인정하고 있다. 이 경우의 상인의 생산 지배를 모두 제2의 길의 같은 범주로 파악하는 것은 의문이며, 이러한 과정에서 발견되는 자본가적 고용주가 곧 다름 아닌 merchant manufacture(상인제조업자)이다.

즉 돕(Dobb)에 의하면 '이 상인의 지배가 어느 단계에 이르면 그것이 생산 자체의 성격을 변화하게 한다. 상인제조업자(merchant manufacture)는 단순히 기존의 생산 양식에 고착하여 생산자에 대한 경제적 압력을 강화하는 것(범주로서의 제2의 길의 형태에 정지하는 것)을 지양하고 오히려 생산방법을 바꿈으로써 그 내재적 생산력을 높인다. 여기에 참된 질적 변화가 나타난다……상인 자본가층은 생산을 지배하는 데에……점점 관심 집중……이 종국적 단계(M. Dobb, Ibid p. 128)의 형태는 제1의 길과 하등 다를 것이 없다고 생각된다'[111]하여 상인 내지 상업자본은 생산 지배의 일정단계에 이르러서는 '소생산자가 질적 전환을 하는 것과 같은 질적 전환을 수행'했다는 것이다.

이렇듯 돕(Dobb)은 '처음부터 어느 만큼의 자본이 없이 입신출세하는 것은 희소……요크셔의 라이딩(Riding)에서는 새 공장 소유자들은 대부분 상업자본가 계급출신이었던 것 같다……목면(木綿)공업 자본의 대부분은 이미 기초를 굳힌 상인 자본가 자신인 것 같다……때로는 랭커셔(Lancashire)에서 요크셔에서도 상인 자본가 자신이 산업자본가로서 입신하기도 했다'[112]하여 상인 자본가의 산업자본가에의 전화가 많은 것을 인정하고 있다.

즉 이 과정의 진전으로서 먼저 소상품 생산자 층인 소직원 층은 약간의 토지 수입과 더불어 공개시장(open market, public market) 상대로 독립경영을 유지했다. 동시에 17세기 영국에서는 소생산자가 공개시장 아닌 특정상인의 주문을 받아 생산하여 그에게만 판매하는 직접적·개별적 거래관계가 형성되어 18세기에 널리 보급되었다. 이것이 '판매조직의 제2단계'(Wadsworth, Cotten Trade p.8)라는 것이며 상인이 판매 경쟁에서 가격인하를 위해 '생산자로 하여금 그 생산물을 단 하나의 수요(판매) 원천에 의존토록 강요'[113]한 것이었다. 그러나 반면 '소생산자의 입장으로서는 점점 원료의 원천 및 상품의 최종시장에의 직접 접촉에서 차단되어 그 정도에 따라 상인에의 의존성이 높아진다. 그리하여 생산에 대한 상인지배의 단서가 17세기 초에 인식'[114]되게 되었으며, 이를 '자본제 조직에의 자연적인 한 단계'(Wadsworth Ibid p.6)라고로 말한 것이다.

111] 矢口孝次郎, "앞의 책" 《……研究》 p.102~124.

112] M. Dobb : Ibid. pp.279~281.

113] M. Dobb : Ibid. p.128.

114] 矢口孝次郎 저 "앞의 책" p.111.

그러나 이 같은 상인의 생산 지배는 다시 전대객주제(putting out system : 상인은 생산자에 원료를 전대하여 요망하는 상품을 생산하게 하고 생산품은 상인이 매점. 생산용구도 상인이 대출(貸出))로 전진한다. 이는 상인이 판매에서 우월하고 생산자가 궁핍하게 되어간 결과이다. 이로써 생산 수단은 상인에 귀속되어 '생산자는 차츰 생산 수단에 대한 일체의 소유권이 박탈된 나머지 팔아야 할 노동력만을 가지고 생활을 위해서는 임금에 의존하지 않을 수 없게 되었다.'[115] 그리하여 가내수공업은 침식되고 '상업자본이 점차 산업자본에 추전하는 제1단계가 있었던 것'[116]이다. 즉 이 단계의 상인의 생산 지배는 아직 생산의 내부에까지는 미치지 못하고 의연 주변에서의 지배였다. 노동자는 아직 공장의 규율에 복종함이 없이 자기 집에서 일하고 고용주인 상인도 이들의 감독보다는 주문의 정리, 기술공정의 정돈 등에 그치기는 했으나, 원칙적으로 전대객주제가 모든 공정을 지배하여 상업자본이 산업자본에 추전하는 제1보를 내디딘 것이었다.

'이제야 상인은 단순한 상인(merchantile middleman-daraper)이 아닌 산업 중개인(industrial middleman)이 되고, 상인제조업자(merchant manufacture)가 되었다. 상인 스스로가 현실의 직원이 되어 제조인과 상인(manufacturer and merchant)의 2중 역할이 구현……제조인으로서는 직기 기타를 소유하여 그의 원료로 그의 지시에 따라 제직하는 방모공·직포공을 고용……직물을 자기 소유의 작업장에서 그가 고용한 노동자로 하여금 완성……완제품을 모아 상인의 자격으로 판매하는……2중역할에서 지배적인 것은 상인으로서의 입장……이들이 상인제조업자(merchant manufacture)'[117]였다 한다.

그러나 상인제조업자(merchant manufacture)의 생산 지배는 이에 그치지 않고 더욱 전진했다. 즉 생산에의 침식(Marx의 Aufressen) 내지 그 흡수(Heaton

115] P. Mantoux. Ibid. pp.64~65(矢口孝次郎 저 "앞의 책" p.121에서 인용)
116] P. Mantoux. Ibid. pp.64~65(矢口孝次郎 저 "앞의 책" p.121에서 인용)
117] Heaton : Ibid Yorkshire pp.229~3이(矢口孝次郎 "앞의 책" p.126에서 인용)

의 absorption)라는 다음의 조처에 이어 다시 직물공·방적공 등을 향리를 떠나 한작업장에 모이게 함으로써 다음 단계는 완성된 것이었다. 객주제에 이어 상인이 자기의 가옥 안에 직기를 모아놓고 한때 사장·장인이 3~4명의 노동자를 일하게 한 것과는 달리, 10여 명의 노동자를 한 작업장에 집합하는 등으로 객주제는 그 이상의 발전을 수행한 것과 같다. 이것이 소규모 매뉴팩처 발생의 한 과정이기도 했으며, 소생산자의 기술을 변혁하는 조직적 분업이 생산에 채용되고, 매점업자가 약간의 작업을 분할하여 이를 그의 작업장에서 임노동으로 수행하며, 또 이와 관련하여 대작업장이 나타난다면 여기에는 자본가적인 매뉴팩처의 다른 발생과정이 존재했다고 운위(云謂)되는 것이다.

이러한 '자본에 대한 생산의 종속 및 자본가와 생산자 사이의 계급관계 성립은 구생산 양식과 신생산 양식의 결정적 분수령이라고도 말해진다'[118]는 것으로서 이들 상인 제조업자가 '기계와 동력의 새로운 출현이 가능하게 되었을 때 필요한 자본을 소유하여 그 출현의 기(機)를 포착……공장을 설립하고 산업과 상업을 결합하여 19세기의 자본주의 체제를 창출한 것은 주로 상인'[119]이었다는 것과 같이 merchant-manufacture를 주체로 상업자본이 산업자본에 추전한 것은 인정되어야 하는 것이 사실이라고 말한다.

(3) 돕(M. Dobb), 스위지(Paul Marlor Sweezy)의 이행 논쟁

봉건제에서 자본제에의 이행 과정은 위와 같이 여러 가지 해석이 있다. 이것이 곧 이행 논쟁인 것이나 논쟁의 출발점을 이룬 것이 돕(Maurice Dobb)의 전게서("앞의 책": Studies in the Development of Capitalism. 1946. 京都大學 近代史硏究會編 資本主義發展の硏究 I.II.)였다. 영국의 경제학자 돕(Dobb)은 여기서

118] M. Dobb, Ibid. 《Studies》 p.143. cf. p.18
119] H. Heaton. Ibid. 《Yorkshire》 pp.299~301. (矢口孝次郎, "앞의 책", p.126에서 인용)

자본주의의 역사적·이론적 문제를 독특한 차원에서 해석했다. 구래의 사회경제제사학파나 마르크스주의 역사학파는 달리 자본주의의 생성을 소생산양식(petty mode of production)이 봉건적 토지 소유에서 독립하면서 그 자체가 분해하여 가는 과정으로 파악했다. 즉 종전에는 위(1의 〈2〉)와 같이 많은 학자들이 특권적 대기업자, 독점 상인 내지 금융업자 또는 고급 부르주아 정상재벌(政商財閥)에 산업자본의 추진력을 찾고 있었으며, 이것이 통설처럼 되어 왔다. 그러나 돕(Dobb)은 오히려 이를 절대왕제의 국가권력과 결탁한 봉건반동의 보수적 성격인 것이라 하고 소생산 양식의 독립과 분해를 통하여 밑에서부터 형성된 독립 자영 농민층이나 상승 중의 중소산업경영업자 상인층 중에 산업자본 내지 시민혁명의 추진력을 찾은 것이었다.[120]

이 돕(Dobb)이론에 대해 1950년 미국의 경제학자 스위지(Paul Marlor Sweezy)가 돕(Dobb)의 이론을 전면적으로 검토비교(The transition from feudalism to capitalism · science and society, Vol. XIV, No. 2. 1950)함으로써 논쟁은 본격적이고 국제적 규모로 전개되었다.[121] 즉 스위지(Sweezy)는 돕(Dobb)이 봉건제를 봉건 지대 지불의무의 농노, 예농의 사회관계로서 하나의 생산 양식으로 파악한 데 반하여, 농노제를 피정복자의 노동이라고 일반적 개념으로 처리해 버렸다. 이는 곧 봉건적 생산 양식의 독특한 사회관계로서의 농노제(serfdom)를 독특한 생산 양식의 봉건제와 분리해 버린 것이 된다. 그러면서 농노나 예농이 봉건제에서 특유한 노동력의 사회적 존재 형태라는 것

120] Dobb의 이 기본적 견해는 이미 2차대전 이전의 1940년에 영국시민혁명의 성격과 관련하여 소련 학자와의 토론과정에서 준비되어 있었던 것.
121] 일본에서는 高橋幸八郎 교수가 〈封建的から資本主義への移行 : sweezy, Dobb 兩氏の論争に寄せて. 經濟研究, 2の2. 1952)으로 논쟁에 참가. 이후 일본에서는 사회의 현실문제로서 이 문제의 학문적 처리가 서구를 능가하여 활발. 서구나 소련에서도 봉건제의 기본문제 또는 자본주의의 시대구분 등 문제로써 Birmingham의 R. Hilton, Oxford의 Ch. Hill 등의 Sweezy 비판으로 논쟁에 참여. Symposium은 1954년 〈The transition from feudalism to capitalism〉로 발간. 일본에서는 많은 학자의 논문이 〈思想〉 325호. 1951년 7월호에 특집. 1954년 이래 오쓰카 히사오 교수 주도하에 토지제도 사학회에서 토론 활발. 이 밖에 소련·이탈리아·프랑스 등에서도 논쟁에 참여 또는 소개.

도 밝히지 않음으로써 봉건적 생산 양식 자체에는 각별한 관심을 두지 않았다. 오히려 스위지(Sweezy)가 강조한 것은 자본주의의 특징은 시장을 위한 생산이고, 봉건제의 특징은 사용 가치를 위한 생산체계라 하여 상품 생산과 봉건제와는 상호 배타적 개념이라는 점이다. 이는 종전의 현물=자연경제와 상품=화폐경제를 봉건제와 자본제의 특징이라는 규정과 궤(軌)를 같이한 것이다.[122] 즉 이들 사회경제사학자들은 상인 자본의 역할을 중시하여 상인 자본이 봉건제를 분해한 주요한 힘이었던 동시 산업자본주의의 창출자라 했다. 따라서 중세 봉건제와 근대 산업혁명의 중간에 독자적 체제로 상업자본주의(merchant capitalism)라는 개념을 설정키도 했다. 그러나 그렇기 때문에 상품=화폐경제 발전을 촉진한 원격지 상업이 서유럽 봉건제를 해체로 이끌고 자본제 생산을 창조한 힘이라 하여 봉건 해체에 관해서도 내부모순의 확대 아닌 외래적 힘(external force)이 그 기동력(primitive mover)이라 한 것이었다.

그러나 이에 대해 돕(Dobb)은 앞서 말한 바와 같은 봉건적 생산 양식의 토대인 소규모 농민 경제와 독립 수공업 경영의 소생산 양식이 발전하여 그것이 봉건지배에서 독립하고 내부의 사회적 분화를 이룸으로써 자본제 생산 양식은 형성될 수 있었다는 것이다. 따라서 종전의 이른바 통설 또는 스위지(Sweezy)의 견해와 같이 14세기 말 내지 15세기 초의 영국에서는 부역 노동이 화폐지대에 전면적으로 추전하여 농노제가 소멸했다 해도 이로써 봉건적 토지 소유가 결말을 보았다고는 생각하지 않았다. 왜냐하면 화폐지대는 의연 봉건 지대의 본질을 지니고 있고 봉건적 생산 관계=경제외적 강제가 그 전제인 때문이라 했다. 여기서 절대왕제의 국가권력의 봉건적 성격,

---

122] Sweezy가 전거로 한 것은 Henri Pirenne의 역사적 사실 분석. Pirenne, Dopscb 등은 종전의 역사학파가 봉건경제를 자급자족의 봉쇄경제라 하여 왕왕 망각하기 쉬웠던 원격지 상업을 상업의 부활이라는 이름 밑에 연구. (H. Pirenne : Economic and Social History of Medieval Europe, New York. 1937. A. History of Europe from the Invasions to the XVI Century. New York. 1939.

이를 파쇄한 영국시민의 성격도 부각된다는 것이 돕(Dobb)의 해석이다.

그러나 스위지(Sweezy)는 이에 반하여 16세기 내지 18세기의 2세기 간을 전자본주의적 상품 생산(precapitalist commodity production)이라 했다. 단순상품 생산이라는 말을 회피하여 굳이 이렇게 표현한 것은 직접 생산자 농민이 생산 수단=토지의 소유자가 아니고 토지는 영주가 소유했기 때문에 근대의 사적 토지 소유와는 다른 의미를 밝힌 것이겠다. 이에 따라 이 2세기를 봉건적이 아니나 또 아직 자본주의적도 아니라고 했으나, 이러한 애매한 범주 규정은 있을 수 없다는 것이 반(反)비판이다.

한편 봉건 해체에 관해서도 스위지(Sweezy)는 앞서 본 바와 같이 이를 외부 상인 자본의 작용결과라 보았다. 그러나 소생산자 층=농민층의 독립화는 점점 자신의 자기분해(self-disintegration)를 가속화한다. 즉 농업 생산력의 발전, 화폐지대, 시장상대의 생산은 농민적 생산자 층의 계급분화(stratification)를 예리하게 하여 지대투쟁이라는 내부모순의 전개로 봉건 해체가 추진될 수 있었다는 것이 히이튼(Heaton)의 반비판이었다.

때문에 시장에 관해서도 스위지(Sweezy)는 환격지(還隔地) 상업시장을 강조하였으나 농민 분해는 자본을 위한 내부시장을 부단히 창출한 것이며, 자본관계 형성에 본질적 제1의적인 것은 국지적 내지 국내적 상품교환(오쓰카 교수의 국지적 시장권)이라는 것이 히이튼(Heaton)의 반론이었다.

이 이행논쟁의 시종(始終)을 다 엮을 수는 없으나, 아무튼 이를 계기로 봉건제 해체=자본제 성립의 학문적 처리가 활발히 되었으며, 결과는 스위지(Sweezy)의 고립 같은 느낌을 주는 것이나 현실의 경제 문제도 학문세계의 이 같은 논의에서 비로소 옳게 파악될 것이다.

제5장 근대자본주의의 확립과 발전변모

제1절 산업혁명과 산업자본주의 확립

1. 산업혁명의 영국 선제(先制)와 그 역사적 의의

(1) 선진영국과 산업혁명의 전제조건 성숙

(承前 : 제4장 제2절 1에서) 다른 나라에 앞서 영국이 일찍이 17세기 중엽에 시민혁명을 치룰 수 있었던 것은 이 나라가 다른 나라에 앞서 농노 해방이라는 봉건 해체에 앞섰기 때문이다. 그러나 정치상의 민주혁명 내지 농업의 기업적 발전에도 불구하고 공업에서는 수공업을 기술적 기초로 한 매뉴팩처가 고작이었다.

17세기 중엽 이래 영국은 농업의 시장을 위한 자본제적 상품 생산이 생산력을 비약적으로 발전하고 상업에서도 해상 제패를 장악하여 4대양에 시장을 개척할 수 있었다.

그러나 공업에서는 아직 매뉴팩처 단계에 머물고 있었다. 17세기 중엽 내지 18세기 중엽의 1세기 간은 공업이 정치적·경제적으로 봉건제도에서 해방되면서 매뉴팩처가 그 나름으로 자유롭게 발전하는 시기였다. 그러나 그 생산력 수준은 도구가 기본적 생산 수단인 협애(狹隘)한 것으로서 분업과 협업의 숙련에 의존해야 했던 낮은 것이기만 했다. 때문에 매뉴팩처는 근대 산업자본과 같이 사회의 생산 과정을 전면적으로 파악하여 그 자본이 사회에 대한 전능의 지배력을 가질 수 있는 것도 아니었다. 도시 수공업, 농촌 가내공업 같은 소생산 양식을 객주제적 관계로 지배하면서 이를 분해 구축하기 보다는 오히려 자기존립의 전제조건으로 병존해야 했던 보수적인 것이기도 했다.

매뉴팩처의 이 같은 제약성은 늘어나는 상품 수요에 대해 모순이 아닐수 없었다. 18세기 전반 산업혁명 직전의 영국 경제는 이미 향상한 농촌 생활, 신흥의 공업도시에서 대중적 소비 수요는 격증하고 있었다. 농촌의 발전은 기술한 바와 같으나 농촌 공업의 수력적(水力的) 입지 조건이 좋은 지역에서는 근대적 공업 도시[1]가 많이 성장했다. 이에 대응하여 공업지대 주변에는 광대한 농업지역이 형성되어 공업지대에의 식량·원료 및 인구의 공급원을 이루고 있었다. 반면 공업지대의 공업제품은 주변 농촌지대를 비롯하여 전국시장의 수요에 응하고 있었다. 바야흐로 영국 경제는 공업이 비록 매뉴팩처 단계일지라도 그 나름의 발전을 이룩하면서(석탄·동 직수입, 도기·면직·마지(麻紙)류 등) 입지 조건에 따라 대체로 농업·공업의 사회적 분업이 전국적으로 성숙해 왔다. 이에 공업도 과거의 모직물 공업 일색을 탈피하여 사회적 균형을 잡아가고 있었다.

그 결과 각 산업지역을 연결하는 상품유통망, 상업신용, 수송수단도 정비 개발되어 갔다. 수도 런던(인구는 17세기 말 전체의 10%인 약 50만)은 국내 산업망의 최대 중심지로서 상품유통의 중추역할을 했다. 이는 최대의 무역항으로서 차액무역의 기조 위에 서서 영국제품(모직물·금속·곡물 등이 대표적)을 수출하여 외국물자를 수입하는 국내외 상품유통의 창구이기도 했다. 이에 따라 런던을 결절점(結節點)으로 신용조직이 전국 내지 전세계적으로 형성되어 상업을 통한 국내시장의 통일을 실현할 수 있었다.

이와 같은 사회적 분업의 진전과 농공 각 산업의 발전은 생산력의 증대

1] 금속공업이 집중적으로 발전한 서부 Middland의 중심에 형성된 Birmingham과 그 위성도시 섬유공업의 활성 된 요크셔 서부와 랭커셔 남부지방의 중심에 생겨 난 Leeds, Halifax, 맨체스터 등이 대표적.

와 아울러 유효 수요의 새로운 구매력을 창조함이 물론이었다. 근로 대중 특히 매뉴팩처 노동자층의 증대는 이들의 낮지 않은 생활 수준과 아울러 대량의 소비 수요를 창조한 것이었다, 이러한 국내시장을 배경으로 각종 공업의 제품수출 원료수입을 위한 외국무역은 구 식민지(old colony)를 주무대로 그 특산품(동인도의 향료·차·커피, 아메리카의 연초·사탕수수·엿·염료·쌀·목화·피혁 등은 유럽에서 귀한 것) 교역이 영국을 더욱 번영으로 이끌고 있었다. 이들 물자는 그 30%가 유럽 대륙제국에 재수출(재수출품목 중에는 은·철·잡화·직물 등으로 아프리카에서 노예를 사서 서인도에 파는 악명 높은 노예무역도 그 하나)되어 무역을 더욱 활발하게 했다.

국민경제의 이 같은 균형적 발전에 따른 유효 수요 증대와 이에 대응할 수 없는 매뉴팩처 공업의 협애(狹隘)한 공급능력의 모순이 기계제 공장 공업으로 생산력을 제고(提高)하는 산업혁명에의 지향을 불가피하게 했다. 즉 당시의 매뉴팩처 경영자들은 한편 분업에 의한 협업으로 생산성을 높이고 다른 한편 임금을 인하함으로써 보다 많은 이윤을 추구코자 했다. 그러나 이 자본가적 생리는 시장확대와 더불어 보다 많이 충족될 수 있었다. 그러나 노동과정은 수공업적 기초에 머물고 있었다. 때문에 분업관계를 아무리 세분화해도 한사람의 노동이 가진 속도나 정밀에는 한계가 있는 것이었다. 더욱이 인구정비의 경향과 당시의 농업경영은 저임금의 노동력을 충분히 공급하는데 장해를 이룬 것이었다. 이러한 상황에서 산업적 발전을 보다 더 촉구하기 위해서는 분업이나 협업 같은 노동편성의 고도화에만 집착할 수 없으며 도구나 생산기술 자체를 고도화해야만 했다.

이러한 시대적 요청의 해결이 당시의 기업가들로서는 경험적 고뇌였다. 그러나 불행 중 다행으로 많은 기업가는 공업 경영자인 동시 훌륭한 기술을 가진 숙련공이었다. 그만큼 그들은 신기술의 고안 응용을 스스로 서둘지 않을 수 없는 것이었다. 이것이야말로 발명의 발효소가 되고만 것이며 이들 많은 기업가 겸 기능공의 기술이 사회적으로 축적되는 것을 기초로 이미 1730년 대부터 존 케이(John Kay, 1704~1764 : 영국의 방직기사)의 비사(飛梭 : 배틀의 북), 제임스 와트(James Watt, 1736~1819)의 방적기, 히이튼(Heaton)의 단추·바늘·파이프 등 제조기의 선험적 출현을 볼 수 있었다.

그리하여 산업혁명에의 전망이 1730년 대에 이미 통고된 것이며 이후 약간의 시간이 경과하여 기술적·경제적 여건 성숙이 한 분야의 발명 기계가 다른 분야에 급속 파급됨으로써 기술혁신이 전 산업분야에 전국적으로 급진전하게 될 때 산업혁명(Industrial revolution)[2]은 개시될 수 있었던 것이다.

(2) 산업혁명의 기술과정과 영국적 특성

영국에서는 이미 1733년에 케이(John Kay)가 모직에서 비사(fly shuttle, 사람의 두 손으로 북-사(梭)를 내왕하게 되어 있는 직기를 자동화함으로써 직물의 폭(幅)을 넓히고 직기의 속도를 배가(倍加))를 발명하여 생산능률을 3배로 한 바 있다. 그러나 모직물은 원래 고급직물이므로 자본주의적 생산의 특징이라 할 수 있는 국민적 대중소비의 상품이 아니었다. 뿐만 아니라 조작 기술, 원모 공급에도 애로[3]가 많은 것이었으므로 1840년 경에 겨우 역직기(力織繼 : 後迷)에 의한 소모방(梳毛紡 : worsted)의 공장공업화가 이루어질 정도였다. 그러나 면(綿)직물은 수요가 많은 대중성이 매우 높은 상품이다. 뿐만 아니라 모직업보다 뒤떨어진 산업이었기 때문에 길드(Gild)적 규제가 거의 없었다. 따라서

2] 산업혁명이라는 말은 1884년 Arnold Toynbee가 Lectures on the Industrial Revolution of the Eighteenth Century에서 사용한 이후 학술용어로 보급. Toynbee도 기계기술을 근간으로 하는 공장제의 출현으로 사회가 자유경쟁을 지배원리로 한 대규모 생산의 경제조직으로 급변하고 그 결과 부가 급승하는 반면 수공업시대와 같은 온정적 인간관계(human tie)는 사라지고 차가운 금전관계(cash nexus)가 이에 대체하여 빈민이 격증하는 사회조직의 급변을 일으켰다는 데서 바야흐로 혁명적이었다는 것.

3] 조작 기술상 어려운 것이 많아 숙련공에 의존해야 했으나 이는 임금이 비싸고 원모(原毛)는 국산의 한계를 넘어 호주산 양모가 대량으로 수입될 때까지는 상당한 시일을 요한 것.

일찍부터 자본제적 생산이 싹틀 수 있었으며 17세기 이래 목면공업은 맨체스터(Manchester)를 중심으로 모직물 공업에 대항할 수 있을 만큼 성장했다. 그러나 면방(綿紡)에 있어서는 항상 방적부문(spinning)이 방직부문(weaving)보다 상대적으로 비능률적이었기 때문에 실 부족의 문제가 끊임이 없었다. 케이(Kay)의 비사(飛梭)가 1760년 대에 면직에도 사용됨으로써 이 파행관계는 더욱 심해졌다. 실 기근(饑饉)의 이 비명이 마침내 하아그리브스(James Hargreaves)로 하여금 제니(Jenny)기라는 방적기를 발명(1764~67)하게 했다. 이것이야말로 획기적으로 생산능률을 높인 (처음 것은 노동자가 한꺼번에 8개 실을 방적) 기계로서[4] 비로소 대중적 보급을 보기에 이른 것이기 때문에 여기에 산업혁명(Industrial revolution)의 기점을 두는 것이다. 그러나 제니(Jenny)기의 실은 섬세하기는 하나 약한 결함이 있다. 이를 개량한 것이 이발사(理髮師)인 아크라이트(Richard Arkwright)의 수력방적기(Water frame, 1768)였다. 이로써 방직용 연사가 대량 생산될 수 있었으며 동력이 수력이용이었으므로 제니(Jenny)기가 가내공업의 면업(綿業) 전성시대를 낳게 한데 비해 공장제도에의 전환으로 대공장 속출의 혁명적 역할을 할 수 있었다는 것이다. 그러나 이 기계의 실은 강인하나 굵다는 것이 결함이었다. 이 실로서는 인도 특산품(카르코 : carcoie, 모슬린 : musline)과 같은 양질면포(良質綿布)를 생산할 수 없다. 이에 두 기계의 장점을 종합 개량한 것이 크롬톤(Samuel Crompton)의 뮬기(mule 機 : 1779. 암노새와 수나귀의 잡종)였다. 1825년 로버트(Robert)가 개량한 자동 뮬(mule)기는 오늘에도 방적계의 총아라 할 만큼 이로써 현대방적의 자본이 완성되었다.

그러나 방적과정의 이러한 연달은 기계개량으로 마침내 면사(綿絲) 생산은 직포(織布)를 상회하고야 말았다. 방직은 이제야 파행적 역전을 하게 되어 방적에 못따르는 방직의 직장(織匠)은 1790년 경에는 미증유의 호경기를 맞

4] 제니(Jenny)라는 애처의 이름을 딴 것. 몇 개의 방추(紡錘)를 한꺼번에 움직임으로써 실 생산을 수십 수백 배로 늘리고 그 생전에 일시작동 횟수를 80으로 개량.

이했다. 케이(Kay)의 비사 이래 정비하고 있는 직기의 개량이 다급하게 되어 목사인 카트라이트(Edward Cartwright 1785)의 방직기(power loom)로 나타났다. 이는 특허는 얻었으나 처음에는 실용성이 적었던 것을 87년에 작업 중 실이 끊어지면 자동정지하게 개량하고 89년에는 증기 동력화, 1830년 대에는 역직기(力織機) 사용이 지배적으로 되었다.

영국의 산업혁명은 이상과 같은 섬유혁명으로 궤도에 들어섰다. 즉 완성된 것은 아니었으며 생산재 부문의 상공업 혁명이 없이 소비재 부문의 혁명만으로서는 공장제도의 일반적 보급이 어렵기 때문이었다. 그리고 이에 필요한 것이 동력원 문제였으며 마력(馬力)·수력의 동력을 기계화해야 했다. 이로써 비로소 근대적 기계의 체계[5]를 확립하고 생산력을 획기적으로 높일 수 있는 것이었다. 와트(James Watt)의 증기기관 발명이 이에 응한 것이었으며 직물을 비롯한 광산 금속 각 분야 공장에 동력이 부족한 1780년 대에 뉴코멘(T. Newcomen)의 피스톤 왕복운동 증기기관(1797년 출현)을 회전운동으로 개량(1781)하여 성취했다. 이로써 동력원을 자연력에서 해방하는 시대를 맞이하여 회전기관은 각종 산업(양조·제유·제분·제지·제철·광산·제당·방직)에 채용되었으나 이러한 기계류와 증기기관의 급진전은 철·강의 금속공업을 위한 제철업의 혁명을 불가피하게 했다. 목제기계는 철제로 바뀌어야 했으며 철의 수요 증(增)은 마침내 다비(Wiliam Daby) 부자가 양대에 걸쳐 18세기 초에 목탄 제련을 코크스 제련법으로 개량하게 하여, 양산하는 선철(銑鐵)을 코트(Henry Court)가 단철(鍛鐵)로 제련하는 대량 생산기술을 개척(1783~84)함으로써 양질이면서 안정된 가격의 철의 생산기술을 확립했다. 제철에 따른 철제 기계의 보급은 마침내 철제 기계 제조공업을 독립 분야로 발전하게 했다. 공장 기계 부문의 독립은 찬공기(鑽孔機 : boring machine), 스

5] 기계(machine)란 노동 수단 자체가 직접·자동적으로 노동 대상을 가공하고 동력을 공급하는 도구(tool)와는 달리 작업기(재봉침의 바늘), 전도기(각종의 톱니바퀴), 동력기(동력원)의 3부문으로 구성된 것.

크류 선반기(screw cutting late : 1797년 H. mandslay가 발명), 이를 바탕으로 개량된 평삭반(平削盤) 등으로 구현되었다. 이로써 금속을 마음대로 직선·곡선·평면·곡면으로 변형할 수 있게 되었으며, 1834년에는 100만분의 1인치의 오차도 발견할 수 있는 정밀한 측정기도 발명했다.

제철·야금(冶金)의 발달과 이에 따른 석탄 사용 확대는 채광 개량을 필연적 과제로 하여 갱내 안전램프(1815년 화학자 Humphry Davy)의 발명이 화재가스 폭발을 방지하고 증기기관으로 갱내 배수를 쉽게 하여 증산에 응할 수 있었다.

영국 산업혁명은 이와 같이 경공업 작업기 혁명(섬유혁명)에서 중공업 혁명(동력기에의 기계공업 변혁과 이를 위한 철강업·석탄업)에의 연쇄 반응적 고도화로 수행되었다. 이는 제도(制陶)·양조·제당·제지·유리·비누·소다·암모니아·타르(tar) 등 여러 산업에도 기술혁신을 야기하게 했다. 이러한 기계화의 물결은 농업 부문에도 파급하지 않을 수 없었으며, 1780년 대부터 이미 타곡기·자동 예취기(刈取機)를 비롯한 농기계가 발명되어 엔클로저(enclosure)의 대농장에 채용되었다. 그러나 이러한 혁명적 성과가 자본제 생산으로 자리를 잡기 위해서는 아직 해결되어야 할 다른 과제가 남아 있었다. 교통 혁명과 같은 것으로 이는 철광석·석탄 등 원료수송과 대량 생산된 상품의 시장 개척을 위한 유통촉진의 기본 과제이기 때문이다.

이에 호응한 것이 맥아담(J. Z. Mcadam)의 통로·교량 건설 기술 개발이었다. 이어 18세기 중엽에는 랭커셔(Lancashire)의 탄광과 맨체스터(Manchester)와 리버풀(Liverpool) 사이의 운하가 개설되었다. 이후 이윤이 많은 운하기업에 주식투자가 활발하여 이른바 운하광(運河狂)의 시대(1780~90)를 맞이했다. 반면 철도나 기선은 제철업·증기기관의 발달을 기다려야 했던 것이므로 1830년에 비로소 처음 리버풀(Liverpool), 맨체스터(Manchester) 사이에 스티븐슨(G. Stephenson)의 증기기관차가 운전될 수 있었다. 이후 철도 부설은 철도광(mania)의 붐을 일으켜 1840년 연 2,000마일의 철도가 부설되었다. 증기기관의 기선 출현으로 해상에서도 항해 혁명이 이루어졌으며(미국이 처음 미시시피 강에 증기선을 항해한 2년 후인 1823년에 영국에서는 R. Napier가 선박용 기관을 제작하여 강철제 기선의 대양항로가 개설), 이와 더불어 조선업이 비상한 발전을 이룬 것도 산업혁명의 한 국면이었다.

이상과 같이 영국은 1760년 대 내지 1830년 대에 걸쳐 각 산업분야에서 기계제 공장공업의 기술혁신을 수행하고 이를 전국적으로 체계화했다. 이어 교통 혁명이 뒤따르면서 기술변혁은 완수된 것이었다. 그러나 이러한 기술혁신은 단순한 기술개혁으로 그칠 수 없었다. 이에 따라 농촌 가내공업, 도시 수공업 등 소경경은 구축되고 이에 입각한 객주제 또는 수공업적 기초의 매뉴팩처는 지양되어야 했다. 소생산 양식 내지 매뉴팩처의 해소는 억제된 중산적 생산자 층의 양극 분해를 완전분해로 이끌었다. 이 양극 분해 과정에서 상승 아닌 탈락된 무산자는 자유임노동자로 자본가에 고용되거나 아니면 산업예비군(Industrial reserve army)으로 체류해야 했다. 이러한 자유노동자가 기계제 공장공업 생성과 더불어 경제적 자기운동의 과정에서 자성적으로 창출되는 것이 이 과정의 특징이며 이와 더불어 자본제 생산 양식 특유의 노동주체=노동력이 새로운 계급을 형성하기에 이르렀다. 이것이야말로 경제 질서의 기본적 변혁이었으며 근대자본주의 성립을 고한 지표로서 노동계급과 자본가계급(bourgeoisie)은 대립하면서 후자의 정치적 지배 관계 확립으로 진행되어 온 것이었다.

때문에 기계제 공장공업의 출현을 단순한 기술개혁 아닌 산업혁명(Industrial revolution A-Toynbee=Hamonder의 표현)이라 한다. 그러나 그렇게 성립한 자본주의적 생산 양식의 자본주의는 중상주의 단계를 구태여 상업자본주의(merchant capitalism)라 하거나 또는 발전 변질하는 단계의 자본주의를 금융자본주의라 할 경우 이와 구별하여 산업자본주의(Industrial Capitalism)

또는 자유자본주의라 한다.

아무튼 이리하여 19세기 초의 영국은 유일한 공업국이 되었다. 그러나 이는 1세기에 가까운 장기간(독일과 대조적)을 요했다. 산업혁명의 모든 조건이 내부적으로 성숙하여 기업가는 동시에 숙련기능공으로서 그들의 경험만에서라도(Watt가 피스톤 왕복운동·증기기관을 회전운동으로 개량한 것은 과학적 발명에의 전기) 선험적 발명을 개량하면서 기계발명을 성취해야했기 때문이다. 그러나 그 반면 후진 산업혁명이 기술의 수입으로 수행해야 했던 것과는 달리 자생 자주적으로 수행하면서 그 진행이 철저했던 것이 (프랑스와 대조적) 영국 산업혁명의 특징이기도 했다.

2. 구미제국의 후진적 산업혁명과 그 특징

(1) 프랑스, 독일의 산업혁명과 그 특징

봉건 해체가 늦은 후진제국의 산업혁명은 한 마디로 1825년 영국이 기계 수출 금지를 해제한 때부터 기계와 기술을 수입함으로써 비로소 본격적 진전을 볼 수 있었다고 말해진다.

그러나 이의 전개과정은 각국이 놓여 있는 역사적 현실에 따라 서로 다른 것이었다. 먼저 프랑스의 경우에는(承前 : 제4장 제2절 2의 (2)에서) 옛부터 견직물을 비롯하여 향료·레이스·도기·복식(服飾) 등의 공업제품이 발전했다. 그러나 이는 모두 품질이 고급이었으므로 생산은 개인적 기예에 의존하여 규모나 시장의 확대가 어려운 것이었다. 1800년 이후에는 방직 동력의 분야에 기계발명이 있었다. 그러나 이 역시 석탄·철이 부족하고[6] 공업생산의 전통이 공장공업적 대량 생산보다 수공업에 적합하여 영국과 같은 기계

6] 1800년 리용(Lyon)에서 정교한 무늬 [紋彩] 직기(Jacquard기) 발명. 1810년 마사방적기 발명. 1824년 Burdin이 수력 터빈 발명. 1815년의 석탄생산은 반세기 전과 큰 차이가 없는 80만 톤, 1830년에 180만 톤. 선철은 이 반세기간 10만 톤에서 30만 톤에 달함.

적 진전을 보기는 어려운 것이었다. 전체적으로는 의연 수공업 직기의 농촌 가내공업 단계에서 농업국에 머물고 있었다. 그런 때문에 대혁명 후 나폴레옹은 근대공업국가를 재건하는 것만이 영국을 타도하는 최상의 방법이라는 것을 신조로 기술자를 보호하고 기계사용을 장려키도 했다. 그러나 대혁명에서 고정화된 독립 소농을 보호하여 사회 안녕을 누리고자 한 농업보호의 정책이념으로 인하여 농업을 희생하면서까지 공업진흥 무역확대를 강행할 수는 없었다. 때문에 루부랑(N. Leblanc)이 발명하여 혁명 2년 전에 이미 공업시설을 본 인조 소다를 비롯한 그 밖의 몇몇 화학공업 이외에는 혁명 전 수준의 회복도 어려운 것이었으며 프랑스의 산업혁명은 그만큼 지연되어야 했다.

즉 1820년 내지 30년 대 부터였으며 원래 농촌방적업이 발달한 알사스 (Alsace) 지방의 목면방적(木綿紡績)이 중심이었다. 이 때에 이르러 면방적(綿紡績)은 영국의 뮬(mule)기를 갖춘 기계제 방적공장을 설립함으로써 본격적인 산업혁명의 전개를 볼 수 있었다. 방추(紡錘) 수는 1860년 560만(1850년의 영국은 1,450만)으로 증가하여 대중적 소비 대상의 목면공업은 혁명의 궤도에 올랐다. 이어 정부도 1830년 이래 산업기계화정책을 강행하고 특히 철도 건설을 장려했다. 철도열[7]은 마침내 과잉(過剰) 투기가 금융공황(1857)을 자아내기도 했으나 면공업으로 시작된 산업혁명은 기계공업·제철업 등 상공업 부문에 파급되어야 했다. 1830년에서 70년 사이 석탄은 180만 톤에서 1,600만 톤, 선철은 30만 톤에서 140만 톤으로 증가했다. 1834년 5,000대였던 역직기(power loom)는 46년 31,000대로 증가했다. 제철업에서도 1864년에는 코크스 용해법이 목탄용광로를 능가하기에 이르렀다.

그리하여 프랑스의 산업혁명은 진행되고 자본주의적 재생산이 궤도에 오

7] 42년 이래 파리를 중심으로 철도망이 착공되어 Paris Rouen간이 개통(43년). 후일 Le Havre까지 연장. 50~60년간 파리를 기점으로 Strasbourg, Lyon, Marseille, Brest, Bordeaux, Toulouse에 이르는 방사선상의 각선이 개설.

른 셈이다. 그러나 프랑스의 산업혁명은 1860년의 영불통상조약으로 일단 매듭이 지워졌다. 이 조약에 이은 벨기에·스웨덴·독일 영방(領邦)·네덜란드 등 제국과의 통상조약에 의한 자유무역에의 전환으로 프랑스 산업은 이상 더 혁명적 전진을 지속할 수 없게 되었기 때문이다. 그만큼 프랑스 산업혁명 은 영국보다 반세기 이상 늦으면서 영국의 반이 못되는 짧은 기간에 그쳐야 했던 것으로서 그 규모는 국민경제의 구조적 변혁을 일으킬 수 없는 불철저 한 것이 되고 말았다. 산업혁명이라는 말에 알맞지 않은 부진한 것이 오히 려 그 특징이 되고 말았다.

이와 같이 18세기 초두의 프랑스는 정치적으로는 영국보다 지도적 국가 이고 문화수준도 더 높은 나라였으나 산업혁명이라는 경제혁명에는 무능력 했다. 그 이유로서는 빈번한 국제적 정치 분쟁 개입에 의한 국력소모, 아메 리카라는 거대한 구 식민지의 상실 등 정치적 요인도 들 수 있다. 그러나 무 엇보다도 프랑스 산업혁명은 기술과 기계의 이식(移植)으로 추진되어 진보 한 기계를 사용하였으나 공장의 건설과 경영은 정통의 특권 매뉴팩처 형태 였다. 때문에 그 자금도 대영주 객주 상인의 투하자금이었다. 즉 이 같은 절 대 왕제적 테두리로서는 프랑스의 지혜와 자본을 공업생산에 집중할 수 없 게 했다. 혁명적 산업화=자본주의화도 사회의 근대화와는 결부할 수 없게 했으며 대혁명은 근대화에 길을 연 것이기는 해도 이는 겨우 특권 매뉴팩처 를 해체했을 뿐 절대왕제의 유산을 계승한 기업자체를 해체한 것은 아니었 다. 한편 또 농업에 관해서도 대혁명이 창설한 독립 소농 고정은 20세기 초 에 이르러서도 영세 소농의 비중이 80%를 넘을 만큼 이에 고정하고 있었 다. 그러나 이는 곧 그만큼 프랑스 사회의 안정과 균형에는 유효했더라도 좀 처럼 상승 대농화와 하강 탈농화의 농민 분해를 못 일으키게 했다. 이에 산 업자본을 위한 임노동의 공급도 분해가 빠른 나라와 다르거니와 농촌의 소 토지 소유를 기반으로 봉건적 유산이 그 전제였던 프랑스는 산업혁명이 그만큼 제약되지 않을 수 없었다.

독일에서도 (承前 : 제4장 제2절 2의 (1)에서) 산업혁명은 기술·기계를 영국에서 수입하여 프랑스보다도 10~20년이 늦은 1840년 대에 개막했다. 산업혁명이 이렇게 가장 늦은 것은 엘베(Elbe) 동쪽의 농업이 지주(Gutsherr)＝예농적(隷農的) 관계에 있고 엘베(Elbe) 서쪽은 영세 소농제라는 2중적 후진형태로 지탱되면서 농민 분해가 정체하여 있었고 공업에서도 길드(Gild) 규제의 춘프트제가 지배하고 있었던데 기인한다. 때문에 생산기술 개혁이라는 산업혁명은 예농제·춘프트제의 폐지와 함께 추진될 수 있는 것이었으며 19세기 초에는 불철저하나마 농민 해방이 수행되고(제 4장 제2절 2의 (1)) 공업에서도 프러시아(1810~11) 기타 여러 영방(領邦)이 (그 후의 10년간) 경영의 자유[8]를 확립했다.

그러나 한편 또 독일은 다른 나라와 달리 구 식민지를 갖지 못하고 정치적·경제적으로도 통일 아닌 극도의 분열에 신음하고 있었다. 중상주의라는 역사적 과정에서 유럽 제국이 식민지를 획득하여 자본의 원시축적이 활발한 때에 독일은 재판 봉건제에 집착하여 이탈리아와 더불어 식민지가 없는 상태로 19세기를 맞이했다. 이렇게 자본의 원시축적도 충분하지 못하면서 국가는 39의 대소 왕국·공국 외에 독립도시 기사령(騎士領)으로 분열되어 있었다. 대내외적인 이 같은 후진성과 분열은 경제정책·무역정책의 통일을 결여하게 하여 상공업 내지 교역의 발전은 저해되고 있었다. 때문에 이를 해결하는 것이 선결문제였으며 1834년의 관세동맹(Zollverein)으로 비로소 통일적 관세구역을 설정하여 강력한 국내시장을 창출함으로써 산업화의

8] 18세기 후반에 이르러 각지에서 농촌 공업이 말랄함으로써 중농학파 특히 Turgot의 노동하는 권리를 신성불멸시한 사상, A. Smith의 국부론, 프랑스 혁명 등의 영향으로 18세기 말 이래 영업의 자유를 위한 길드(Gild)제도 개혁과 경제적 자유주의가 여러 영방 관료 사이에 대두. 영주의 영업허가를 폐지한 10월 칙령에 이어 1810~11년의 칙령 및 법률로써 길드 강제를 폐지하고 영업의 자유를 채용, 1848년에는 서부·남부의 농민 해방이 완료됨과 동시 50~60년에는 영업 자유의 승리로 확정.

전제조건을 정비했다. 이는 나아가 정치적 통일도 가능하게 하여 1871년 보불전쟁 승전의 여세로 통일제국을 건설키에 이르렀다. 독일 나름의 이 같은 역사적 조건이 독일의 산업혁명을 독특하게 전개하게 했으나 역시 처음에는 프랑스와 같이 기술 기계의 수입에 의존했다. 관세동맹 성립 후 독일경제는 정체를 타개하는 계기를 얻고 목면방적(木綿紡績)기계·양모방적기계가 수입되어 45년에는 기계제 방적공장이 출현했다(19세기 중엽까지는 방적기 100만 미만). 44년에는 작업기계가 수입되어 시린다 제작공장이 설립되었다. 19세기 초두까지 목탄용해의 소규모였던 제철업은 47년에 루르(Ruher)지방에서 코크스 용광로를 채용(19세기 중엽까지는 강철 14만톤에 불과)함으로써(247대 중 32대를) 전환기를 맞이했다. 즉 후일에 세계최대의 제철공장이 된 크루프(Krupp) 공장도 이 때부터 성장하고 있었으며 47년 경에는 기계공장[9]도 대규모공장 경영의 선두를 달리고 있었다. 이 같은 혁명 진행에 중요한 기반을 이룬 것이 철도 건설이었으며 증기기관[10]을 이용한 뉘른베르크(Nürnberg)~퓌르(Fürth) 선이 35년에 개통되었다. 4년 후에는 영국자본의 원조로 주요 간선인 드레스덴(Dresden)~라이프치히(Leipzig) 간, 38년에는 베를린(Berlin)~포츠담(Potsdam) 간. 45년에는 베를린(Berlin)~함부르크(Hamburg) 간이 부설되었다. 42~44년은 철도 붐의 시대로서 원시 축적에 늦게 참가한 독일은 거액의 자금을 주식회사로 동원하면서, 40년 대 말에는 남북을 관통하는 교통망을 완비했다.

독일의 산업혁명은 40년 대의 이러한 급진적 산업화에 이어 50년 대에는 다시 빠른 템포의 비약을 거듭했다. 사물의 궁리를 추구하고야 마는 민족성이 이론과학분야에서 베세머(Bessemer) 전로법(轉爐法 : 55), 사이몬스 마

9] 40년 대에 선반, 평삭반 등 기계 제작용 작업기가 보급. 50년 대에는 다목적 만능형의 공작기계 대신 특수 공작기계가 보급.
10] 증기기관차는 41년에 시작 성공. 철도 붐의 42년에는 거의(68%) 영국에서 수입했으나 58년에는 1,000대 제작.

틴(F. Siemens. Martin)의 평로법(平爐法) 발명(65)으로 제철 기술에 더 높은 수준을 개척했다. 이어 베르너 지멘스(Werner. Siemens)는 발전기 제작에 성공(1867) , 그의 발명인 다이너모(dynamo)법은 전기공업에 초석을 세웠다. 필립라이스(Johann Philipp Reis)의 전화도 개량과 더불어 실용화했으며 전기공업과 관련한 비철금속 공업. 루돌프 크리스티안 카를 디젤(Rudolf Christian Karl Diesel)의 내연기관 발명은 새로운 성격의 혁명을 일으킬 수 있었다.

40년 대 이후의 이 같은 상공업 중심의 산업혁명 수행에는 앞서 말한 주식회사와 아울러 주식은행의 역할도 컸던 것이나 독일의 산업혁명을 더욱 독특하게 한 것은 화학공업이었다. 구 식민지를 갖지 못하여 천연자원의 자연 혜택이 적은 자원 부족의 독일로서는 이론과학으로 인공자원을 개발하여 그 역사적 숙명을 타개해야 했다. 화학공업의 개척은 그 소산이었으며 케쿨레(Friedrich August Kekulé von Stradonitz)는 벤진 구조의 연구로 인조염료의 발달을 촉진했다(1865). 인조염료 특히 석탄 건유(乾溜)에서 얻는 아니린은 대규모로 공업화하여 세계적 진출을 할 수 있었으며, 요한 프리드리히 빌헬름 아돌프 폰 바이어(Johann Friedrich Wilhelm Adolf von Baeyer)의 인조람(人造藍) 합성에 의한 화학염료는 대영제국의 중요한 재산목록의 하나인 인도의 천연람을 구축 몰락하게 한 발명이었다. 프리츠 하버(Fritz Harber)의 공중질소고정법(1906)을 카를 보쉬(Carl Bosch)가 공업화에 성공한 암모니아 공업의 확립(1913)은 비료공업 화약공업의 혁명으로서 칠레의 초석(硝石)을 불필요하게 하고 카이저(황제)로 하여금 1차대전을 결성케도 했다는 것이다.

그리하여 독일의 산업혁명은 1870년 대 전반까지 일단 완료하게 되었으나 이는 영국의 경험과학과 다른 이론과학의 고도 기술적 상공업 혁명이 그 독자적 중심이었기 때문에 2차 산업혁명이라고도 말해진다. 그만큼 빠르고 철저했던 것이 그 특징이었으며 겨우 이를 경과한 독일자본주의는 1873년의 공황을 계기로 독점단계에 이행하여 거대독점기업의 등장으로 추전되었다. 그리하여 독일은 영국의 전통적 자유기업과는 달리 독점의 본국이 되고 이로써 20세기에 접어들자 150년 래(來)의 선진 영국을 능가한 공업력을 과시하기에 이른 것이다.

그러나 서구산업혁명이 이와 같이 영국을 선험자로 독일이 2차 혁명의 개척자가 되어 인류사회에 자본주의라는 새 단계를 구축할 수 있었다면 그 과실을 흠뻑 흡수할 수 있었던 수확자는 아메리카였다.

(2) 아메리카의 산업혁명과 그 특징

아메리카는 산업혁명의 출발이 가장 늦은 곳이다. 그러나 그 수행은 역시 빠르고 철저한 선진 서구산업혁명의 수확자가 될 수 있었다. 이유는 천연자원이 이 나라에 편재하다시피 풍부하다는 자연여건과 노동력의 부족, 국내 시장의 특수성 등 사회여건의 독자성에 구해진다.

즉 독일이 자원 부족에 신음했는가 하면 영국도 전원 부족으로 2차 산업혁명의 신산업에는 낙오자가 되었다. 그러나 합중국에서는 모든 자원이 무진장했다.[11] 동시에 노동력에서도 광대한 프론티어(Frontier : 서부의 개척지)의 독립농업경영은 동부사회의 노동자 특히 저임금의 미숙련 노동자에게는 커다란 매력이었다.

이들이 애팔래치아(Appalachia) 산맥을 넘어 내륙 서부에 활발히 이주하여감에 따라 노동력은 부족하기 마련이었다. 따라서 임금도 상대적으로 고임금이 불가피했으며 이것이야말로 처음부터 기계화를 촉진하지 않을 수 없게 했다. 한편 아메리카에서는 봉건적 사회성이 미약했었다. 그런데 이 역시 일찍이 해체되어 서구와 같은 복잡한 사회계층에 고정되지 않았다. 이에 따라 의식구조도 민주평등의 사상이 지배할 뿐이었으며 복잡한 사회계층에

11] 당시 석탄은 전 세계의 40%, 금광석은 전 미주가 43%, 석유라는 신산업의 동력원도 유럽은 거의 없는 상태였는가 하면 아메리카는 세계 산유량의 60% 이상을 점유, 비철금속도 구리, 납, 아연, 몰리브덴 등은 세계 제1위(鈴木成高, 《産業革命》 p.156)

따른 복잡한 의식 차는 있을 수 없었다. 이것이 의식주의 생활양식을 매우 단순하게 하고 이에 따라 소비 수요의 내용도 소득의 다과가 기준이 될 뿐, 서구와 같이 다양한 것이 아니게 했다. 복잡한 개성(계층)적 수요 아닌 수요 내용의 이 같은 균질성이 확대됨으로써 공업화도 그만큼 단순하여 쉽게 진행될 수 있었다.

이것이 아메리카 국내시장에 한 특성으로 되었으며 이를 배경으로 제조공업은 1791년 사무엘 슬래터(Sammuel Slater : 영국 Arkwright 공장의 직공이었으나 금수(禁輸)된 방적기계의 설계를 기억하여 Rhode Island에 방적공장 설립)의 방적공장 설립과 더불어 동부 해안지방 중심으로 근대적 방적공장이 속속 출현했다. 그리하여 아메리카의 산업혁명은 기점을 얻었으며 로드 아일랜드(Rhode Island) 주를 중심으로 개막되었다. 이는 급기야 1810년 대에 이르러 일단 대영 후진성을 극복하는 추세로 진전하였으나 한편 위트니(Eli Whitney)의 조면기(繰綿機 : 종자 불순물과 짧은 섬유를 쉽게 정선(精選)) 발명(1793)은 남부 면화 재배에 일대 혁명을 일으킨 것이 중요하다.

이 기계의 발명으로 남부 면업의 전문적 플랜테이션(plantation : monoculture 단일 작물재배의 노예제 농장)은 더욱 발전하고 또 미시시피 강 상류 지역의 곡물 가축에 대한 수요를 증가하게 하여 중남부에는 남부시장 상대의 상업적 농업을 발전하게 했다. 농산물과 면화의 이러한 이동은 항만 도시와 내륙 도시의 상업·해운·보험·은행 등 전문적 업무를 발전하게 했다. 그리하여 아메리카 경제는 면화의 대영 수출을 기점으로 동부·중서부·동해안 사이에 지역특화의 사회적 분업에 의한 국내시장의 성장과 더불어 성장히어 갔다. 아울러 대외적으로는 1793년 이래의 영불간 분쟁에 끼어 입전국(立戰國) 및 식민지 사이의 무역 해운을 독점함으로써 많은 상업자본을 집적할 수도 있었다. 이에 뉴잉글랜드를 중심으로 조선업이 발달했는가 하면 프랑스의 대영봉쇄(1807), 영국의 대륙역봉쇄(1809) 또는 아메리카의 대영전쟁(1812) 등은 과연 아메리카의 대외무역을 일시 중단하게 한 것이기는 했다. 그러나 이는 도리어 무역 해운업의 자본을 생산 부문에 투입하는 계기를 이루어 유럽 상품의 유입을 막는 보호관세정책의 정비와 더불어 국내 산업의 급속한 발전을 불가피하게도 했다.

그리하여 생산확대가 절실한 목면공업은 1812년에 영국의 역직기를 이용하여 보스턴 회사를 비롯한 근대식 공장이 속속 설립되었다. 그리고 보스턴 교외의 월섬(Waltham)을 중심한 이 면업은 방적·방직의 양 공정을 동시 기계화하는 것을 특징으로 아메리카 면업을 확립하게 했다. 이렇듯 기술기계의 다른 분야에서도 뉴잉글랜드의 병기공업(兵器工業)을 중심으로 발명·발전이 거듭되어[12] 산업혁명에의 기반이 다져졌다.

그러나 이 같은 산업화에도 불구하고 19세기 전반까지의 아메리카는 아직 초기 개척자적 성격을 벗어난 것이 아니었다. 자원 개발만 해도 서부의 금광 탐험 같은 모험적 성격의 것이었다. 싹트는 산업화의 공장공업도 그 수가 많은 것은 아니었고 규모도 종업원 100명 내외의 적은 것이 대부분이었다. 세계에 으뜸가는 오늘의 제철업도 1840년 대까지는 원시적인 목탄정련법이었다. 지역적으로도 공업 발전은 앨러게니(Allegheny)산맥을 넘지 못했으며 많은 새 개척지(New frontier)를 찾아 농업정착의 서점(西漸)운동이 계속되는 동안은 아직 전체적으로 농업국이라는 후진적 단계를 벗어나지 못한 것이었다.

이에 산업화의 새로운 전기를 이룬 것이 남북전쟁(1861~65)이었다. 즉 이를 계기로 산업혁명은 본격적 진행을 볼 수 있었으며 1850년 이후부터는 철도가 면화에 대신하여 그 기동력을 이루었다. 철도 열은 많은 연관 산업

12] Morse의 전신기(1837), Howe의 재봉기(1845), 기타의 전등·자동차·타자기 등. 이들 19세기 전반의 발명은 Fulton의 증기선과 아울러 그것이 곧 산업혁명에 연결된 것은 아니었으나 전초로서 유의했던 것. 병기 [소총 피스톨] 공업은 독립전 이후 19세기 중엽까지의 여러 전쟁을 통하여 대량 생산이 촉구되고 Eli Whitney가 개량적 제조업자로서 공헌. 이는 frontier 생활에서도 도끼, 차축과 아울러 세계의 corner stone의 하나였던 것.

의 개발을 촉구하는 것이나[13] 남북전쟁의 북부공업자본 승리는 광대한 국내시장을 통일적으로 파악하게 하여 1869년에는 대륙횡단철도를 완성하게 했다. 이것이야말로 국내시장의 혈관으로서 무변의 신천지도 하나의 경제권을 이루게 했다. 자영 농민의 성장은 풍부한 소비시장이 되고 보호관세의 정비도 주효하여 공업화의 산업혁명은 본 궤도에 오르게 된 것이다. 병기공업과 아울러 데니슨(A. Denison)의 대규모한 월섬(Waltham) 시계공장 건설(1854), 대륙 발견 이후 가장 중요한 산업의 하나인 연초산업, 또는 50년 대초의 맥코믹(McCormick) 예취기공장이 콤베아. 벨트식의 유전(流轉)작업방식을 도입한 것과 같은(1817년 시카고 대 화재 후의 신공장은 연산 15,000대 생산, 중서부 최대 기업으로 성장) 공업 발전이 그 전형적인 예이다.

그러나 1880년 대에 이르러서는 철도망은 경제발전의 동인(動因)으로서의 지위를 잃게 되었다. 프론티어(frontier)농장개발이 일단 한계에 도달한 반면 철도 연선(沿線)에 성립한 신흥상공업도시를 중심으로 전국적인 도시 시장이 급속히 확대되어 이를 대상으로 한 신산업의 발전이 촉구되었기 때문이다.[14] 그리하여 서부에 공업지대가 형성되는가 하면 금세기에 들어서는 남부에도 근대적 공장공업이 발전하였다. 그러나 대체로 19세기 중엽 이후부터는 그 이전의 뉴잉글랜드를 중심한 동부사회의 기업적 기회가 중서부의 프론티어 사회에 이동 확대되면서 산업자본의 제패가 완수되어 갔다. 공업생산은 1900년에 강철업이 국내공업의 제1위, 기계공업이 제3위를 차지할 만큼 생산재 생산의 중공업 부문을 중심으로 산업혁명은 급진전했다. 독일과 궤도를 같이 한 것이었으며 그 수준은 마침내 1894년의 공업생산액이

13] 1849년 600마일의 북서부철도는 1861년 11,000마일로 연장, 이에 따라 이 지방의 소맥 수출은 년 1,100만 불에서 6,200만 불로 급증. 철도는 궤조(軌條) 기디 선철·동철 또는 공작기·동·유리·유지(油脂) 등 수요시장으로서 대규모 코크스 용광로의 철강업 내지 석탄업의 미증유의 발전과 투자은행의 자본시장 촉성.

14] 국내 도시 시장의 비중 증대는 농산물 이외의 상품에서도 예건대 1870년 등유의 90%가 유럽 수출이었던데서 99년에는 50%를 하회(下廻). 철강업도 도시의 마천루·공장·창고·아파트·호텔 기타의 수요가 철도 수요를 압도.

세계 제1위를 과시한 것이었다. 바야흐로 산업혁명의 척도를 넘은 비약이라 해야 옳을 정도였다. 이는 곧 노동력의 부족, 국내시장의 특성 등에 의한 기계화 대량 생산체제의 확립에 기인한 것이었으며 19세기 후반부터는 프론티어 시장의 급속한 확대, 전국적 도시 시장의 형성에 힘입어 각종 노동절약적 기계의 제조 내지 약간의 농산가공업은 일제히 대량 생산의 대규모 기업으로 발전했다. 기업가들은 국내 자본시장 금융제도의 미발달로 다른 선진국이 주식회사 내지 금융기관에서 자본을 조달한 것과는 달리 연고의 부호 또는 상업 임금의 자산가를 이용하는 특수 모험적 방식으로 자원을 조달하여 대량 생산을 실현했다. 이로써 당해 시장을 독점하여 독점 형성의 과정도 자유자본주의의 경쟁기업이 시장경쟁의 결과 카르텔(cartel), 트러스트(trust)를 형성한 것과 다른 것이었다. 그리고 이 독점형성은 1882년의 비분(悲憤)이 이를 더욱 가속하여 아메리카 경제로 하여금 오늘의 물량지배와 이에 따른 세계지배에 발돋움을 굳혔던 것이다.

3. 산업혁명과 근대자본제사회의 확립

(1) 자본주의적 생산 양식의 확립

기계기술을 근간으로 한 공장제도 확립의 산업혁명은 무엇보다 먼저 생산력의 혁명적 증강이었음이 물론이다. 단순(또는 독립) 소상품 생산 내지 매뉴팩처의 협애한 수공업적 기술은 공장제 기계공업으로 변혁되었다.

그리고 이는 마침내 경제조직 내지 사회조직의 변혁을 일으키지 않을 수 없었다. 그렇기 때문에 산업상의 기계기술 변혁이 단순한 기계기술의 변혁이 아닌, 산업혁명이라고 일컬어진다.

그만큼 사회의 경제구성은 변혁을 이루게 되었으며 이의 계기가 된 것이 첫째 공장제 기계공업이었다. 즉 공장제 기계공업에 의한 대공업적 재생산의 기술과정 확립이었다. 이를 계기로 사회적 생산력은 비약적으로 발전하고 공장제에 의한 사회적 생산으로서의 근대적 대량상품 생산이 구축될 수 있었다. 이는 확실히 전 단계와 다른 특수한 상품 생산의 특징적 변혁이었으나 이 같은 대량적 상품 생산은 국내외 시장의 장악을 둘째의 계기로 하여 비로소 가능한 것이었다. 생산의 목적이 사용 가치생산이 아닌 잉여가치 생산이며 이를 위해서는 교환가치를 실현해야 하는 것이었기 때문이다. 그런 의미에서 상품 생산 자체도 특수한 상품 생산이었으며 (1)잉여가치(따라서 이윤) 획득이야말로 생산의 직접적 목적인 동시 생산을 규정하는 동기로서 이를 위한 시장 상대의 생산은 그 이전의 자급생산 주문생산과 다른 사회관계가 아닐 수 없었다. 사회관계는 이같이 사용 가치 생산에서 잉여가치 (따라서 이윤) 추구를 위한 생산으로 변혁을 이루었다. 자본제 상품 생산은 이와 같이 이전의 어느 형태와도 다른 특수적 특징을 갖추게 되었으나 이는 먼저 국지적 시장권(오쓰카 교수)에서 국내시장, 다음 대외시장의 장악을 계기로 비로소 가능한 것이었다. 때문에 여기서는 또 자본가 상호간의 경쟁이 필연화 된다. 가급적이면 염가로 구입하여 고가로 판매코자 하는 한편 가급적이면 보다 많이 생산 판매코자 경쟁한다. 이는 마침내 자기의 상품이 어느 만큼의 시장수요를 가질 것인가에는 무관심하고 다만 교환욕망에만 추종하여 생산에 달음박질하게 한다. 이 상태는 급기야 (2)사회적 생산의 무계획 상태(무정부상태)를 야기하는 둘째의 특수한 상품 생산 형태를 낳는다.

다음, 이러한 상품 생산을 위한 기계제 공장공업의 생산 장치에는 상당한 자금으로서의 자본이 필요했다. 단순(또는 독립) 소상품 생산이 직접 생산자의 생산 수단 소유를 기초로 한 것과는 달리 고가의 기계류와 공장을 설치하기 위해서는 상당한 자본이 있어야 했다. 따라서 공장을 소유·조직·운영할 수 있는 사람은 자본의 원시축적과정에서 유산자(bourgeois)로 상승한 사람들뿐이었다. 이 과정에서 탈락(봉건적 예종에서 해방되는 동시 생산 수단 소유에서도 해방)한 '2중적 자유의 무산자'는 노동력만이 자기와 가족의 생활원천이 될 수 있었다. 이 노동력을 자본가에게 제공한 대가의 임금을 유일한 생활원천(소상품 생산 단계의 생산 수단 소유에서 분리되었기 때문)으로 노동력을 재생산하는 것이나 노동력과 임금의 교환은 상품교환의 방식에 따라 노동시장에서 부단히 교환된다. 이에 (3)노동력의 상품화라는 셋째의 특수현상이 나타난다.

그러나 한편 자본에 필요한 노동력은 자본의 유기적 구성이 고도화함에 따라 자연증가에만 의존하지 않게 된다. 기술적 진보는 상대적 과잉 인구와 이의 산업예비군 전화(轉化)를 가속하여 노동자층의 재생산이 자본의 자기 운동으로 수행되는(봉건제의 경제외적 강제에 의한 노동력 확보와 다른 것) 독자(獨者)의 인구법칙(제2절 1의 (1))이 자본제 확립의 셋째 계기로 확립된다.

이와 같이 독자의 인구법칙을 확립하여 노동력의 재생산을 지배할 수 있게 됨으로써 대공업적 재생산의 기술과정 확립, 대공업의 국내외시장 장악과 아울러 자본주의를 본격적으로 완성한다. 즉 이를 계기로 이윤(잉여가치) 획득을 위한 무계획적인 생산이 상품화한 노동력에 의하여 수행되는 특수적 상품 생산이 가능하게 되어 이 과정을 자기운동으로 수행하면서 자본이 자기유지와 자기증식을 하는 특수상품 생산이 일반화한 것이 자본주의적 생산 양식의 확립이었다.

즉 산업혁명 과정의 기계 기술적 생산력 발전에 따른 사회적 관계의 위와 같은 변혁으로 자본주의적 생산 양식은 성립될 수 있었다. 같은 상품=화폐 경제의 발전이라 해도 여기서는 고대 또는 중세의 그것과는 달리 이 같은 의미의 특수적 상품 생산이 일반화하여 사회의 모든 활동이 이 특수적 상품 생산에 집약된다. 이 특수적 상품 생산의 일반화야말로 사회적 부의 기본형태가 이 특수적 상품 생산임을 뜻하기 때문이다. 따라서 이 상품의 생

제5장 근대자본주의의 확립과 발전변모

산 교환에 관한 경제법칙이 사회를 지배하는 법칙으로 되거니와 상품 생산을 지배하는 산업자본이 사회의 전면적인 지배권을 갖는다.

그러나 산업자본의 이 같은 지배권도 따져보면 인류로 하여금 적어도 고대 노예제 이래 추구하여 온 인간 본연의 자세인 자유의 꿈을 현실로 옮겨 주었다. 신분상의 예종적 구애(拘碍)없이 인간은 누구나 재력에 따라 자유로이 생산에 참여하고 재력에 따라 자유로이 소비할 수 있는 새로운 사회관계를 맺었다. 증가하는 시장수요에 대응하여서는 소자본도 대자본과 경쟁하여 성장할 수 있었다. 초기자본주의는 자유경쟁이 이렇게 가능했기 때문에 이것이 어려운 후일의 독점자본주의와 구별하여 자유자본주의라 한다. 그리고 이 자유자본주의 하에서는 자본의 유기적 구성이 다른, 모든 개별 자본이 평균 이윤의 법칙(각 부문의 생산물은 생산가격=불변자본+가변자본+평균 이윤으로 판매되어 사회전체로서는 가치법칙이 관철되는 원칙)에 따라 사회적 평균 이윤을 무난히 실현한다. 그리고 이 이윤의 일부를 자본으로 다시 전화(자본 축적 capital accumulation)하여 규모가 확대(자본집적 capital concentration)됨으로써 자본주의는 급속히 발전할 수 있었다.

산업혁명은 실로 시민혁명과는 달리 한 발의 총성, 한 방울의 유혈도 없이 인간을 물질적·정신적으로 풍부하게 했으며 이 부와 자유를 보장하기 위한 자유방임주의(laisser-faire et laissez-passer : 하는 대로 맡겨라, 가는 데로 맡겨라, 세상은 스스로 진행한다.) 경제사상이 정책을 일관하여[15] 자유자본주의 경제는 영원한 안전판처럼 당분간 번영을 계속할 수 있었다.

한편 또 공업부문의 이 같은 혁명은 농업 부문에도 영향을 미치지 않을 수 없었다. 우선 영국에 관련하여 보면 18세기의 엔클로저(enclosure : 제4장 제2절 1의 (2))와 기술 변혁에 이어 19세기에 들어서서는 산업혁명의 영향으로 많은 기술진보를 경과할 수 있었다. 농업의 기계화가 본격적이었던 것이

15] A.Smith : An Inquiry into the Nature and Causes of the Wealth of Nations. 1776.

이 때의 특징이었다. 내연기관 아닌 증기기관의 동력은 대형기계를 불가피하게 하여 보급이 한정되기는 했으나 20년 대에 발명된 타곡기·예취기·파종기·증기서(蒸氣鋤 : 호미)는 세기 중엽에 이르러 많은 보급을 볼 수 있었다. 특히 고정 이용의 타곡기 보급이 현저했으나 기술개혁은 이들 노동수단에 그치지 않게 했다. 기계화와 아울러 토지개량, 암거(暗渠 : 속도랑)배수, 비료 및 과인산석회(過燐酸石灰) 사용, 윤작, 작물 및 가축의 품종 개량 등 노동대상의 기술개량도 현저했다. 이 같은 농업 부문의 기술변혁도 당시는 영국이 역시 최첨단에 있었으며 이와 더불어 생산력은 증진했다.[16] 동시에 농산물은 생산기술의 개혁에도 불구하고 도시의 늘어나는 수요로 부질없는 가격고의 역(逆) 세레(Schere)를 유지하여[17] 생산을 자극했다. 그러나 산업혁명은 도시에서 장인층을 몰락해체한 것과 같이 농촌에서도 가내공업이나 소경영을 해체에 이끌었다. 농민층의 분해는 촉진되었으며 농업기술발전 역시 이를 촉진했다.[18] 이에 탈락한 농민은 상대적 과잉 인구로서 도시공업에 '혹은 흡수, 혹은 반발' 되면서 앞서 말한 독자적 인구법칙의 산업예비군을 형성한다. 기술발전은 스스로의 힘으로 상대적 과잉 인구의 산업예비군을 창출할 수 있게 되었으며 공업과 아울러 농업도 공업에 뒤진 불균등 상태이기는 하나 자본주의적 발전을 누릴 수 있게 되었다.

(2) 근대자유주의사회의 확립

이상과 같은 자유자본주의의 승리는 동시에 이의 저해 요인이 되는 모든 정치적·경제적 구제도를 철폐하여 사회적 국면을 자기의 이익에 맞도록 정

16] 농업인구 1인당 농림업 소득은 1841년 29.2파운드에서 71년 46.2파운드로 증가(大內力, 《農業經濟學序說》 p,189)

17] 1790년 대 100으로 한 영국의 가격지수는 1810년 대 철 116. 소맥 146, 1840년 대 철 66, 소맥 89(近藤康男編, 《農業理論研究入門》, p.318)

18] 농업인구는 1840년 대 약 340만에서 70년 대에는 280만으로 줄어듦. 취업인구에서의 비중은 30%에서 20%로 줄어듦(인용 (16)과 같음)

비하게 되는 것이 당연한 귀추였다. 산업자본의 정치적 지배체제 확립을 비롯하여 상업 임금·물가 정비 등에 관한 일체의 국가적 통제나 단속은 자유경제의 발전을 저해하는 비합리적 유물로서 이를 철폐해야 했다.

먼저 정치적 측면을 보면 산업혁명이 진행 중인 19세기 초까지도 영국의 지배 관계는 지주대 농민이라는 구체제 하에 있었다. 그러나 산업혁명과 더불어 자본가계급과 노동자계급이 성숙해짐에 따라 구 지주계급의 지배권을 타도하고 신흥 산업자본가 계급의 이익을 반영한 체제로 개편해야 했다. 이러한 기운에서 1830년 노동자계급 전국동맹이 창설되어 노동자는 보통선거와 비밀투표의 민주주의적 선거 개정안을 요구했다. 이 운동을 흡수한 것이 자본가계급이었으며 그들은 전국정치동맹을 결성하여 자기 입장의 자유주의적 요구에 따라 선거법 개정운동을 추진했다. 이들의 개정운동은 프랑스 혁명의 영향도 받은지라 유혈과 폭동을 서슴지 않은 치열한 것이기도 했다. 도시와 농촌의 인구 이동으로 선거인이 거의 없는 농촌 내지 구 자치도시에서 의원이 탄생하는 반면 신흥 산업도시에서는 의원이 없는 모순된 부패선거구(rotten borough)는 자본가·노동자 상호의 불만이었다. 뿐만 아니라 지주계급 본위의 곡물법(Corn Laws 1815년 제정)도 자본가 노동자의 이익을 무시한 것이었다.

이에 1819년 6만의 민중은 맨체스터(Manchester)의 피터루 광장에 집결하여 곡물법 폐지와 의회개혁을 혁명적 기세로 요구했다. 정부는 무력의 유혈 학살로 이를 진정할 수 있었다. 그러나 반발한 민중은 다음해 정부수뇌 암살, 영란은행(英蘭銀行) 점령 등 보다 치열한 계획을 꾸며 대립했다. 이는 비록 시전방지가 될 수 있었다 하더라도 자본가·노동자의 커다란 압력의 기세가 아닐 수 없었다. 마침내 휘그(Whig)당(자유당이라 자칭) 정부는 1832년 선거법을 개정하여 부패선거구와 의원의 조정을 하기에 이르렀다.[19] 그러나

19] 1830년 보수당(Torys : 지주계급, 은행가, 국가 채권자 등 왕당파적 정당)을 물리치고 자유당(Whigs당 : 상공업적 중산층의 bourgeois정당) 내각성립, 당시의 영국은 산업혁명

법 개정도 노동자에게는 아무런 과실(果實)이 없는 것이었다. 재산선거(財産選擧)로 낙착된 것이었기 때문이며 일종의 배신이었으나 노동자는 아직 계급적으로 성숙하지 못하여 개정운동에서도 자본가의 주도 아래 이에 종속적이었던 결과였다.

결국 노동자가 일반적으로 선거권을 가지게 되는 것은 2차(1867), 3차(1884)의 선거법 개정[20]을 기다려야 했으나 반면 자본가계급은 이로써 정치적 지배체제를 확립하여 자기의 경제적 이해를 가리는 거점으로 삼을 수 있었다. 먼저 곡물법 폐지를 들 수 있다. 이는 나폴레옹이 몰락하여 Elba섬에 유배되고 평화가 회복되자 지주가 곡물가 폭락에 당황하여 고곡물가를 유지코자 1815년에 제정된 것이다. 그러나 고곡물가는 노동자의 생계압력인 동시 상품의 생산비를 높게 한다(cost push). 곡물법은 결국 상품시장과 무역발전을 저해하는 것으로서 상공업자의 맹렬한 반대와 노동자의 동조를 피할 수 없었다. 마침내 1839년 반곡물법 동맹이 결성되었으며 신흥산업의

으로 남부농업지대의 인구가 북부 신흥공업지대로 이동하여 농업지대 인구가 희박해진 반면 공업지대 특히 맨체스터, 리버풀, Burmingham에 인구 집중, 그러나 선거법은 구세대의 것이기 때문에 도시에서는 많은 인구임에도 소수의 국회의원, 농촌에서는 적은 인구임에도 많은 의원을 선출 이러한 모순으로 선거인이 거의 없는 농촌이나 구 자치도시에서도 의원이 탄생하는 부패선거구(rotten borough) 속출. 프랑스 혁명의 영향도 받은지라 1819년 6월 민중 6만은 맨체스터의 Peterloo광장에 집합하여 의회개혁과 곡물법 폐지를 요구. 혁명적 기세였으므로 무력으로 탄압, 다수의 사상자를 낸 이 peterloo massacre(학살)에 이어 Tory정부는 억압법령 발포. 이에 반발. 한 민중은 20년 정부수뇌 암살, 영란은행 점령, 런던시가 방화를 계획, 정부의 강경책은 28년에 선거법 및 의회개혁 부인을 성명, 그러나 시대적 흐름은 이를 불허. Whigs내각 성립과 더불어 선거법개정 성공.

그 결과 선거인 2,000 이하의 부패 선거구 56 폐지. 반면 대도시 및 Island(1801년 잉글랜드에 합병. 29년 구교도 해방령으로 의원선출)에서 43의 신선거구 설치, 이로써 도시의원이 94에서 154로 증가. 선거권자도 43만에서 65만으로 증가. 정치적으로 귀족 지주세력이 감소한 반면 신흥시민계급(bourgeois)의 세력이 증대.

20] 개정에도 불구라고 선거권은 도시에서 1파운드 이상 년간가치 가옥거주자. 현에서는 40실링 이상의 자유토지 보유자, 10파운드 이상의 등록토지 보유자, 60년 이상의 10파운드 이상 정기 차지인(借地人). 20년 이상의 50파운드 이상 정기 차지인으로 확대되었으나 그 수는 불과 81만. 노동자 계급은 거의 제외되어야 한 재산선거로 귀결. 2차 개정(1867 : 소시민, 도시노동자에 선거권 부여), 3차 개정(1884 : 광산노동자, 농업노동자에 선거권 부여)으로 노동자의 선거권이 인정.

중심지인 맨체스터를 본부로 전개된 반대운동은 1846년 이 법을 폐지시켰다.

이는 곧 지주계급에 대한 신흥자본가 계급의 승리를 말하는 것이다. 부의 원천이 이미 농장에서 공장으로 옮겨진, 당연한 결과인 것이나 이로써 영국의 농업도 파괴 아닌 자본주의적 발전이 기계화·화학화에의 새로운 자극제가 될 수 있었다. 동시에 영국의 자유무역체제 전환도 이로써 최고조에 이르러 구체제는 속속 청산되고야 마는 것이었다. 자유무역에의 전환은 이미 영불통상조약(1786)으로 구체화되었으나 이는 그 후 영불간의 전쟁으로 한 때 중단된 바 있다. 그러나 1820년 의회에 '런던 상인의 청탁'이 제출됨으로써 다시 부활되었다. 자유무역 주장은 영국민이 그들의 높은 기술 수준으로 타국과의 경쟁에 자신이 있었을 뿐 아니라 어느 나라도 이로써 이익을 얻는다는 신조가 있었기 때문이다. 1813년 동인도회사의 인도무역 독점 폐지에 이어 1833년에는 이 회사의 동양무역 독점도 금지했다. 19세기까지 잔존한 또 하나의 특권회사인 허드슨항(港) 회사도 63년에 단순한 사기업으로 개편했다. 관세는 1823년 이래 속속 개혁되어 수입 금지품, 금지적 관세를 일소하는 한편 보호관세는 품목과 세율을 줄였다.

오랫동안 보호를 받아오던 모직물 공업의 국산 양모 수출제한을 철폐한(1824) 것은 모직물 공업의 전통이나 역사에 비추어 상업정책상 매우 중요한 전환을 의미한 것이었다. 그러나 영국중상주의의 최대 무기는 항해조례(Navigation Acts, 1861년 크롬웰이 발포)였다. 이 조례는 식민지무역을 본국해운의 이익을 위해 본국 지배 하에 두게 한 중상주의 정책이었으나 정책의 전환은 식민지가 그 생산물을 직접 외국에 판매하게 함으로써 본국선주의(本國船主義)를 완화했다(1822). 이어 호혜통상의 원칙을 강조한 법개정(1825)이 이루어진 다음 1849년에는 항해조례의 마지막 철폐를 보기에 이른 것이다.

항해조례 폐지는 그다지 큰 반대가 없었다. 그러나 곡물법 폐지는 위와 같이 커다란 정치문제와 맹렬한 투쟁 끝에 성취되었다. 그러하여 18세기 말 내지 19세기 중엽에 이르는 사이에 경제적 자유주의에 눌려 구제도는 모든 분야[21]에서 줄곧 자취를 감추게 되었다. 그리고 1853년의 관세통일법, 60 년의 관세개정으로 자유무역체제는 완성되었다.[22]

이어 사회적 분야에서도 1870년에는 교육법을 제정하여 종전의 지배능력 교육이라는 교육권을 탈피한 기회 균등의 민주주의적 국민교육 보급에 나서게 되었다.

결국 산업혁명의 선제로 세계의 공장이 된 영국은 자기의 이해에 알맞은 자유무역으로 세계경제를 독점하면서 이에 대응한 정치적·경제적 개혁을 수행하여 근대 자유주의 사회로 한발 먼저 구축해 나갈 수 있었던 것이다.

21] 빈민의 거주제한 철폐(1793, 1795). 엘리자베스 수습 장인법의 철폐(1813년에는 임금 규제가, 1824년에는 수습장인규정이 철폐). 빵 등 양목재정법(量目裁定法)의 철폐(1821, 1836). 금수출 제한의 철폐(1819), 동인도회사의 독점 철폐(1813, 1833) 조선회사의 독점철폐(1823), 영란은행의 주식조직은행업 독점철폐(1826, 1833). 노예무역과 노예제의 철폐(1807, 1833) 등.

22] 자유무역 주창자로서는 Richard Cobden, John Bright가 유명.

제2절 자유자본주의의 발전과 명암의 신국면

1. 생산력의 비약과 노동·사회문제

(1) 자본 축적과 노동인구의 상대적 과잉

산업자본의 생산 과정 파악에 의한 자본제 생산 양식은 기술한(제1절 3의 (1)) 바와 같이 대공업적 생산의 기술 확립과 이로 인한 대공업의 국내외 시장 장악 및 독자의 인구법칙에 의한 노동력 재생산이라는 3측면을 계기로 확립된 것이다. 그리하여 성립한 자본제 생산 양식은 과거의 소상품 생산과는 달리 (1)잉여가치 점취를 목적(으로) (2)노동력도 상품화(한) (3)공장제적인 사회적 생산(에 의하여) (4)무계획적(무정부적) 생산(을 하는) 특수한 상품 생산의 사회를 형성한 것이다. 그리고 자본주의 경제는 이 같은 상품 생산의 발전으로 발전하여 온 것이었으나 상품 생산이 과거와 다른 특수한 것이었던만큼 그 특수성은 과거에 보지 못한 사회적·경제적 신국면을 창출하면서 자본주의 경제사회의 신장으로 전진해 온 것이다.

그러한 의미에서 먼저 대공업적 생산의 기술과정은 사회적 생산력에서 어떠한 발전을 가져 오고, 이는 노동인구의 창출에 어떠한 변화를 가져 오게 했는가?

생산력에 관한 기술개혁은 이미 지적한 바와 같이 섬유공업과 금속공업을 선두로 1760~1830년 사이에 영국의 전 산업에 공장제 기계공업을 확립했다. 기계야말로 이의 일반화로 인간을 수노동에서부터 해방한 동시 원동기 연료의 석탄에의 전환, 교통의 기계화를 따르게 하여 인간으로 하여금 자연적 입지 조건에서도 해방되게 했다. 화학기술에 의한 농업기술의 개혁은 또 인간을 천연자원의 제약에서 해방되게 함으로써 급속히 일반화할 수 있었다. 그리고 이는 인간생활에 필요한 물자를 무한히 생산할 수 있는 가능성을 확약한 것이었다. 공장형태의 대규모 생산체계가 확립됨으로써 인간의 노동능력은 비약적으로 향상되어 높은 노동생산성은 인간의 물질생활을 풍성하게 할 수 있었다.

바야흐로 자유자본주의의 황금시대를 맞이하게 된 것이며 그 선단은 목면공업이었다. 아크라이트(Sir Richard Arkwright)의 수력방적기(Water Frame : 1768) 발명과 더불어 순면 카라코(Caracoie)가 국산화함으로써 면제품 생산액은 1810년 경에 이미 모직물을 능가하고 1840년 경에는 전 공업 생산액의 12%를 점하여 영국 최대의 제조업이 될 수 있었다.[1] 이로써 수력방적기는 랭커셔(Lancashire)만 해도 면제품 생산량은 1780년 200만 파운드에서 1840년에는 24배인 4,800만 파운드로 증가했다. 대량 생산은 면사의 가격 면에서도 1779년 1파운드 당 16실링였던 것이 1830년에는 불과 1실링 2펜스 반으로(1/14) 하락하게 했다. 이에 따라 면포가격도 카라코(Caracoie) 1파운드 당 1814년에 24실링 7펜스이던 것이 1830년에는 6실링 3펜스 1/4로 하락했다.

제련공업이나 화학공업은 원래 화학반응이 생산기술의 주내용이므로 기본 작업의 공정은 기계화가 어려운 것이다. 그러나 이 부문에서도 동력 보조공정의 기계화로 생산은 대규모 고도화하여 선철 생산량은 1740년 17,350톤에서 1788년 68,300 톤, 1806년 258,200톤, 1839년 1,247,000톤으로 증가했다. 헨리 코트(Henry Cort)가 코크스 제련법을 도입

1] 1851년 전 영국 인구 2,096만 중 면업노동자가 52만 7천으로서 농업·가내 봉공인 다음의 3위.

제5장 근대자본주의의 확립과 발전면모

(1783~84)한 이후 양질의 단철이 대량 생산되어 기계공업의 뒷받침을 했을 뿐 아니라 18세기 초두 소비량의 거의 2/3를 수입에 의존하던 영국의 제철을 1805년에는 수입량과 같은 양을 수출하기에 이르렀다. 가격에도 영향을 주었음은 물론이며 당시의 경쟁상품이었던 스웨덴 제품보다 30~40% 싸게 되었다. 이에 따라 석탄생산도 1700년 261만 톤, 1750년 477만 톤이었던 것이 1800년에는 1,160만 톤, 1836년 3,000만 톤으로 증가했다.

한편 면업의 원료인 원면은 1790년 대 전반에는 연평균 약 2,600만 파운드를 인도에서 수입했다. 그런 것이 1793년 휘트니(Whitney)가 조면기를 발명함과 더불어 미국 동부 플랜테이션(plantation) 목면(木棉)이 인도에 대신하여 1830년 대 전반에는 연평균 약 31,300만 파운드가 수입되었다. 이로써 미국 남부 면업은 폭발적으로 발전하여 30년 대에는 원면의 80% 이상을 점하게 되었다.

이 같은 기술혁신, 가격하락, 공급증가는 상품유통을 전국화해야 했다. 이로써 상품수송의 교통수단도 처음에는 열광적 운하건설의 운하 매니아(mania : 狂)시대(1780~90)를 맞이하여 18세기 말까지 약 4,800km가 건설되었다. 수도 [隧道 : 굴길] . 수로교 등이 따라야 하는 운하건설(1803년 운하 수 156 연거리 2,896마일)은 토목기술을 급속히 발전하게 했다. 이어 맞이한 것이 1836년 이후의 철도 붐에 있으며 리버풀~맨체스터 간의 철도(1830년 개통)는 화물운임을 반액 정도로 대량 수송할 수 있었다. 이어 잉글랜드 북부와 중부의 주요공업지대를 연결하여 40년 대 말까지 9,600km가 넘는 복선철도의 영업이 성황을 이루었으며 해상에서도 1823년 영국에서 선박용 기관을 제작하여 강철제 기선의 대양 항로가 개설되었다. 그리하여 방대한 영국의 생산력을 면방적에서 1832년에는 900만 추를 보유하여 세계의 70%를 점하고 선철 생산은 40년 세계의 약 60%를 점하게 되었다. 이 같은 미증유의 공업적 번영과 상품 가격의 국제적 우위는 국제교역에서도 우위를 불가피하게 하여, 세계무역에서 영국은 1820년 18%, 40년 21%를 차지할 수 있었다.

상공업의 이 같은 발전은 자금수급이 원활해야 했다. 이에 대응한 것이 주식회사·금융기관의 발달이었다. 처음 몇 사람의 친족·친지가 합작한 봉쇄적인 합명회사(partnership)는 특히 철도광 시대를 맞이하여 주식회사로 공개되어 자본의 대량화가 용이해졌다. 영국은 산업적 기초가 이렇게 견고했으므로 금융에서도 세계적 지위를 점했다. 프랑스 혁명 후의 4반세기 전쟁 중 중상주의적 선진국의 금융업은 몰락하고[2] 런던이 세계금융계의 중심지로서 부동의 지위에 올랐다. 영란은행은 전쟁 중의 난국도 잘 극복하면서 지폐발행 업무와 정부 및 대기업에의 금융업무를 수행했다. 전쟁 중에는 런던 이외의 지방은행이 속출했다(1750년 12개, 1793년 400개, 1810년 721개). 1814년 이들 은행의 지폐발행고는 영란은행을 능가했다. 이어 1826년에는 지방은행도 주식은행으로 할 수 있게 되어, 19세기 중 영국의 은행은 대부분 주식은행으로 그 기반을 굳혔다.

이와 같이 산업혁명의 생산력 제고(提高)는 목면공업의 기계화라는 소비재 생산 부문의 기술혁신을 주축으로 생산 수단 생산 부문의 기축완성(基軸完成)으로까지 확대되어. 공업화의 진전은 19세기 전반에 비약적인 기저를 확립했다. 그리고 전 산업분야의 이러한 공업제 생산 내지 대량 생산 방식 보급은, 안정된 가격으로 상품의 대량 공급과 각지의 자원 및 물산을 신속하고 효과적으로 배분할 수 있게 했다. 그리하여 사회전체의 생활 수준은 평준화하면서 급속한 상승을 이루고 그 내용도 풍부해질 수 있었다. 신산업의 발흥은 생산 증대, 고용증대로 소득을 불리어 나가고 이는 해외시장과 아울러 방대한 국내시장을 형성하여 공업화의 지주가 될 수 있었다.

2] 네덜란드의 동인도회사 기타에 다액의 채권을 가진 Amsterdam 은행은 동인도회사 해산 (1798)과 더불어 실질적 파산. 이와 더불어 Amsterdam은 금융중심지로서의 역사적 지위 상실. 1782년 창설의 스페인 은행도 방만정책과 정부대부로 고난.

그러나 반면 사회적 측면에서는 중산적 생산자 층의 억제된 양극 분해를 용이하게 완전분해로 이끌었다. 사장이나 숙련인 층을 몰락되게 하면서 중간적 이해를 일소하여, 그들 중 하강몰락한 자는 자유임노동자로 자본가에게 고용되거나 아니면 산업예비군으로 체류해야 했다. 이들로서는 자기존립의 경제적 사회적 사회질서의 근본적 대변혁이 아닐 수 없는 것이다. 이에 이른바 자본 대 노동의 자본주의적 대립관계가 새 모습을 보이게 되었다. 이것이 곧 생산에 있어서의 자본주의 특유의 인간관계인 것이나, 자본주의적 재생산 과정에서는 상품 생산, 이윤생산과 아울러 자본가나 노동자도 자체의 운동과정에서 재생산된다.

즉 자본주의적 재생산 과정은 양적으로는 확대 재생산 과정이고 그 질적으로는 노동생산성의 급속한 증대과정이다. 그러나 노동생산성의 증가는 노동력에 대한 생산 수단의 양적 비중 증가를 의미한다. 때문에 자본주의적 확대 재생산 과정에서는 총자본에서 점하는 노임부분의 가변자본을 상대적으로 적게 한다. 물론 총자본의 증가에 따라 이에 합작된 노동력의 가변적 구성부분도 증가는 하나 노동수단의 불변적 구성부분 증가에는 미치지 못한다. 이같이 자본의 유기적 구성이 고도화함에 따라 필연적으로 총자본의 축적에 대하여 상대적으로 과잉한 노동자 인구가 압출된다. 그리하여 자본주의적 축적과정에서는 이러한 상대적 과잉 인구가 축적되어, 산업예비군으로 전화하는 독특한 인구법칙이 관철된다(제1절 3의 (1)). 그리고 이 인구법칙의 과잉 인구가 산업부문에 투입됨으로 해서 자본주의적 축적이 팽창할 수 있는 것이었다. 인구의 절대적 증가에서 독립한 노동자의 증가 없이는 기계제 공장공업, 운수산업 등 생산 부문의 돌연한 확대는 불가능한 것이다. 그러나 그럼에도 불구하고 산업혁명의 자본제 생산 양식 성립과 더불어 창출되는 상대적 과잉 인구 형성은 그것인 만큼 저임금 고용을 용이케하여 노동문제를 일으킨 것은 후술(2)하려니와 이는 자본주의 경제의 순환적 발전에 하나의 기초를 이룬다. 즉 '근대산업의 특징적인 생산경로, 중위적 활황, 고압하의 생산, 공황 및 침체의 시기로 이루어지는 10년마다의 순환형태는, 산업예비군 또는 과잉 인구의 끊임없는 형성, 이의 대소간의 흡수 및 재형성에 입각[3]한다는 것으로서, 산업혁명은 그 높은 생산력의 위대한 혁명임에도 불구하고 상대적 과잉 인구를 한 요인으로 자본제의 치명상인 순환적 경제발전이라는 모순을 내포·자생하는 것이 그 어두운 면의 하나이다.

(2) 무방비의 노동 수탈과 노동입법 협동조합운동

산업혁명의 자유(산업)자본주의 확립은 위와 같이 비약적인 생산력의 발전에도 불구하고 이는 독자적 인구법칙에 입각한 것이었다. 그러나 상대적 과잉 인구창출의 이러한 인구법칙에 편승하여 자본가는 보다 많은 잉여가치 (따라서 이윤) 점취(占取)의 본래적 목적을 달성코자 상품화한 노동력을 보다 싸게 고용할 수 있게 한다. 이는 자본 축적을 가속화하여 자본주의 발전을 촉진함은 물론이었으나, 반면 노동자의 상태는 열악하게 만든 것이었다.

감안컨대 사회적 생산이 공장의 기계공업으로 수행됨에 따라, 노동과정은 과거와 같은 숙련을 요하지 않는 단순한 노동으로 족하게 되었다. 단순한 노동이 자본가의 지휘 아래 기계의 운동에 따라 작업하게 되어 이제야 인간 노동이 기계의 부속물처럼 돼 버렸다. 중세수공업의 장인제도에서는 사장·장인·수습장인의 계서(階序)관계에도 불구하고 인간관계에서는 온정과 협조가 있었다. 그러나 자본가적 임노동의 성립과 더불어 수공업의 숙련노동과는 달리 단순노동이 기계의 운동에 봉사하면 되게 되었다.

이에 노동의 위신은 상실되고 노동자의 지위는 저하되어야 했다. 때문에 수공업자 숙련공은 기계를 증오했다. 그들은 기계에 밀려나서 일터를 잃었다고 생각하거나 또는 실질임금이 저하하여 생활이 곤란하게 될 때, 왕왕

3] 栗原百壽, "앞의 책" p.190

제5장 근대자본주의의 확립과 발전[변모]

기계 파괴운동(Luddites : Ned Ludd라는 신비적 지도자에서 나온 명칭)에 나섰다. 노팅햄에서는 메리야스 기계를, 랭커셔(Lancashire)와 체셔(Cheshire)에서는 면업의 역직기를, 요크셔에서는 양모공업의 절취기를 파괴했다. 1181~2년에 러다이트(Luddites) 운동은 최고조에 달했다. 이 소란으로 발명가 중 더러는 국외로 피난·도망하기도 했다. 그러나 이 같은 소란은 생을 위한 본능의 폭발로서 하나의 넌센스였다. 넌센스가 아닌 본질적 문제는 오히려 기계의 부속물이 된 노동자체에 있었다. 장인제도의 인간적 유대가 끊어지고 자본가의 이해관계가 지배하는 임노동 하에서는, 전자의 신분관계와 다른 노자(勞資)관계라는 새로운 인간관계에서 원생적 노동수탈을 자행할 수 있게 된 것이 본질문제로 되었다.

즉 자본가의 단순한 금전적 이해타산이 지배력을 갖고 그 과도한 인간혹사를 저지하는 사회입법이 없는 동안은, 보다 많은 이윤 획득을 위한 저노임 혹사는 너무 과중한 것이었다. 가능한 한 저임금으로 장시간 노동하게 하는 자본의 의사는 일방통행으로 강행되었다. 저임금은 일가족 6·7명이 모두 노동해야만 최저의 생계를 누릴 수 있었다. 그 중에는 부인·유아의 노동도 포함되었다. 복잡한 생산 과정을 기술자가 수행하고 노동은 단순히 이에 봉사하면 되는 기계공업에는 성인남자와 아울러 부인·소년의 노동부문이 확대되었다. 이들은 공장에서 광산까지 진출했으며 13~15시간도 무방비로 사역되었다.[4] 뿐만 아니라 신흥공업도시는 오늘과 같은 위생시설도 없는 것이었다. 공장 내부도 그러했으며 도시나 공장은 불결의 대명사처럼 되어 있었다. 이러한 환경의 노동 조건과 가난한 생활은 이들로 하여금 일가족을 혼란되게 하고 음주에 탐약하게 하여 이들의 사회생활을 열악하게 했을 뿐아니라 부득불 범죄도 많게 하지 않을 수 없게 했다.

이는 노동 문제 이전의 도덕 문제로서 뜻 있는 자로 하여금 노동 조건의

4] 12세 소년이 아침 5시에서 밤 7시까지 노동. 임금은 주 2실링 6펜스. 시간외노동은 3시간에 2실링(1833년 소년방모공 상태의 의회증언. 《集大史料世界史》 下 p.129)

개선을 표방하지 않을 수 없게 했다. 일찍이 1796년에는 맨체스터에 보건위원회가 설치되어 노동자의 과로·빈궁·장시간 노동, 통풍·채광 불비, 비건강적 숙소 등 일반적 견지에서 부당한 점을 조사·지적했다. 이 지적은 적중하여 아닌게아니라 유행병이 만연하자 1802년에 면방업의 아동 노동시간을 12시간으로 제한하는 최초의 공장법이 발포되었다. 이는 그 후 오웬(Robert Owen)의 소아취업금지법(1819)을 거쳐 25년, 31년의 법개정을 보았다. 그러나 이는 아직 면방업에 한한 것으로서 다른 산업에는 적용 안 됐다. 일반공장법이 제정된 것은 1833 년이고 10시간 노동, 부인·아동의 노동시간 제한 및 야간취업금지를 법제화한 것은 1847년이 되어서였다.[5]

그러나 이에 이르기까지 권익보호의 길은 순탄치 않았다. 노동계급은 열악한 노동 상태를 스스로 타개코자 하는 근대적 노동운동을 전개했으나, 이는 왕왕 자본가의 횡포에 대한 노동자의 반란으로 나타났다. 차티스트(Chartist) 운동이 대표적이었으며 노동운동이 난폭하면 할수록 탄압은 가혹했다. 이에 운동은 노동조합, 협동조합 등의 형태로 전환해야 했으며(후술), 사회개량을 위해서는 킹슬리(Kingsley) 등의 기독교사회주의, 오언(Owen)[6] 등의 공상적(空想的) 사회주의, 미하일 바쿠닌(Mikhail Aleksandrovich Bakunin) 등의 무정부주의 사상이 적지 않은 역할을 했다.

생 시몽(Saint Simon : 1760~1825), 푸리에(Charles Fourier : 1772~1837), 오웬

5] 모든 공장에서 18세 이하 야간 작업 금지, 9~13세 아동의 노동시간을 주 48시간으로 제한, 13~18세는 주 68시간으로 제한. 아동 노동자에 대한 교육 등 규정.

6] 방적공장 직원에서 대공장의 경영자로까지 출세한 Owen은 세상 사람들이 노동자를 무지하기 때문에 가난하다고 비웃을 때 가난하기 때문에 무지하다 했다. 그리고 이 가난은 사회에 어떤 결함이 있기 때문이라는 것. 그것이 곧 사유재산제도에 의한 생산과 소비의 불균형이라는 모순이라 하여, 자기 공장을 매도한 자금으로 도미(渡美). Indiana주에서 공동으로 생산·소비하는 '화합과 평화의 마을' 건설. Charles Fourier, Saint Simon과 더불어 3대 공상적 사회주의(utopian socialism)로 일컬음. 이 마을은 4년(1825~28)만에 실패. 영국으로 돌아간 후 Owenism의 협동조합 소매점 생산조합 선전교육 사상은 노동조합운동(정치운동) 소비조합운동(경제운동)으로 결실. Owen주의자들의 전국방적공총동맹(1829)은 최초의 근대적노동조합. Owen은 노동조합운동의 차티스트(Chartist) 운동이 목적을 위한 수단의 과열을 불원.

(Robert Owen : 1771~1858) 등의 공상적 사회주의자는 산업혁명의 해악, 새로운 산업사회의 생산과 소비의 불균형 및 대량실업을 날카롭게 비판했다. 그러나 이들은 자본주의 경제의 역사적 프로세스를 분석함이 없이 일거 상정되는 이상사회를 구상하고 실천했기 때문에 이를 공상적 사회주의(utopian socialism)라 한다. 그럼에도 불구하고 이것이 근대적 협동조합운동의 선구가 된 것은 불멸의 공적이었으며(후술), 노동자의 지위개선을 위하여 그들과 같이 몸부림을 친 것은 그들이었다.

즉 무방비의 열악한 노동 상태에 처해 있으면서 점차 싹트는 계급의식은, 때마침 일과한 프랑스 혁명의 여풍에도 자극되어 노동자는 차츰 단결과 저항으로 지위를 개선코자 했다. 그러나 자본가 측에 처한 정부는 영국의 경우 토리(Tory)당 보수정부로서 도리어 단결금지법(1799. 1800 Combination Act)의 제정으로 일체의 노동운동을 봉쇄·탄압코자 했다. 그러나 노동자는 이법에도 불구하고 곡물법 발포(1815)로 고가이기만 한 곡물 가격과 이와 때를 같이한 불황에 의한 실업과 임금인하에 자극되어 마침내 6만의 노동자와 자본가(저임금을 위한 것이나 곡물법 폐지 요구는 같은 입장)는 1819년 맨체스터(Manchester)의 피털루(Peterloo) 광장에 모여 보통선거의 의회개혁과 곡물법 폐지를 요구했다. 노동자는 노동자대로 정치에 참여함으로써 자신이 자신의 지위를 개선할 수 있다고 생각했기 때문인 것이나 이 집회의 폭동적 기세에 정부는 출병과 학살로 대처하여 일단 매듭이 지어졌다. 그러나 이는 되려 민중을 자극하여 보다 치열한 폭동이 계획되었다. 그리하여 부득불 정부가 양보해야 했으며 그 과실이 단결금지법의 폐지(1824)였다.

이로써 조합운동은 합법화하여 각종의 노동조합(trade union)이 결성되었고[7] 노동쟁의도 활발해졌다. 그러나 처음의 노동운동은 선거개정 운동에

7] 1829년 England, Scottland, Ireland의 방적노동자가 모여 최초의 근대적 노동조합인 전영(全英) 방적공총동맹을 결성하고 50년에는 또 노동보호전국협회 결성. 이 전국협회는 직종조합에서 구별된 것으로서, 최초 32년의 건축공 조합을 중심으로 34년에는 조합 합

집중한 정치운동이었다. 그리고 이를 전취했으며 1828년 부패선거구를 정리한 선거법개정을 구현했다. 이에 자본가의 요구는 일단 관철된 셈이다. 그러나 재산이 없는 노동자는 여전히 선거에 참여할 수 없게 되었다. 재산 선거제로 낙착했기 때문이며 결국 보통선거의 민주주의를 요구한 노동자는 배신당하고 말았다.

노동운동은 이를 계기로 방향을 바꾸어야 했으며 이에 원리가 된 것이 주지하는 오언주의(Owenism)였다. 오언(Owen)의 공상적 사회주의를 원류로 지위(地位) 개선을 위한 정치운동을 노동조합(1830년에 직종조합과 다른 최초의 노동조합인 노동보호전국협회 결성), 협동조합 등 경제운동으로 전환했다. 33년에는 이의 전국회의가 소집되고 이듬해에는 전국노동조합 대연합을 결성하여 협동조합을 자본주의에 대치코자 했다. 그러나 이는 실패했다. 이에 노동자는 1836년 경부터 다시 한 번 정치운동인 선거 개정운동에 복귀하였다. 38년의 전국 차티스트(Chartist) 대회로 개막된 차티즘(Chartism) 운동이 그 것이었으며, 노동자의 정치 참여 목적을 위해서는 수단과 방법을 가리지 않았다. 때문에 38~48년의 단명[8]에 그쳤으며 노동운동은 임금 투쟁의 노동조합과 순수경제운동의 협동조합으로 활발히 전개되어 갔다. 협동조합은 오언(Owen)의 사상에 따라 먼저 영국에서 로치데일(Rochdale) 소비조합으로 근대적 면모의 발전을 했으며(1844), 후진국에서는 프론티어의 사상에 따른 프랑스의 (농업) 생산조합 썬디가츠(syndicats)가 독일에서는 슐즈-델리츠 (Schulze-Delitsch)의 도시 수공업자의 신용조합과 라이프아이젠(Raiffeisen)의

동의 거대한 노동조합 전국대연합을 결성.

8] 32년의 선거법 개정에 노동자는 자본가를 지지했으나 결과는 재산소유자에게만 선거권을 부여. 배반당한 노동자는 물가인하, 주택문제, 교육보급 등 자기보위를 위해서는 자기 진영의 국회의원이 있어야 한다는 데에서 이를 위해 보통선거(21세 성년남자의 선거권·평등선거구·피선거권자의 재산제한 철폐, 무기명비밀투표 등) 실시를 요구하는 Peapl's Charter를 작성하여 국회에 청원. 1회(1839) 내지 3회(1848)에 걸친 청원에서 수백만 명이 서명했으나 파업·시위 등 급진적이었으므로, 정부의 탄압도 강력하고 산업자본가 지배의 국회는 반수(半睡)기분으로 거부하여 1848년 3차 청원을 마지막으로 실패.

농촌신용조합의 형태로 후일의 거대한 물결에 디딤돌이 쌓여졌다.

이 같은 경과가 곧 자본주의 특유의 이른바 계급대립의 표징이었으며 자본주의 경제가 예기치 못한 어두운 양상이 아닐 수 없었다. 이에 자본주의의 경제적 운동법칙을 분석하여 이의 붕괴와 사회주의에의 전화를 결론지은 것이 마르크스(K. Marx)의 과학적 사회주의라는 것임은 주지하는 바이다.

2. 산업자본의 황금시대와 불균등 발전

(1) 불균등 발전과 자본제의 모순축적

산업혁명은 이미 밝힌 바와 같이 영국을 선두로 했다. 다른 나라들은 영국의 산업혁명이 끝날 1830년 대 이후에 이에 돌입했다. 프랑스는 30년 대부터, 독일은 40년 대부터, 그리고 아메리카는 남북전쟁(1861~65) 이후에 본격화하였다. 그만큼 공업화에의 길은 선후의 차가 큰 것이었다. 이러한 개별국가간의 불균등 발전은 국가 사이에 놓여 있는 봉건적 유제의 강약 내지 다양성에 기인한 것이었으며, 후진국은 선진 영국의 경험에 따라 공업건설에 나섰으므로 공업화는 늦은 것이었다. 그러나 일단 산업자본주의가 성립한 이후에도 국제간에는 국가의 독립성 여하, 타자본주의 제국에 대한 종속성 여하 또는 자본주의 발전의 성숙도 여하에 따라 국가 간의 불균등 발전은 불가피하게 계속 촉진된 것이다.

그 구체적 표현이 공업국간의 공업생산 비중격차였으며 영국은 1820년 대의 전 세계의 50%를 점할 수 있었다. 이 비율은 섬섬 줄어들어 60년 대에 36%였고, 1913년에는 14%로 후퇴했으나 독점단계 이행의 1870년 대까지는 의연 절대적 우위였다.[9] 이는 세계무역에도 그대로 반영되어 영국

9] 1860년 대 영국 36%. 미국 17%. 독일 16%. 프랑스 12%, 기타 19%에서, 1913년에는

의 우위[10]와 그 지위 저하로 교체되었으나, 교체는 교체일 뿐 국제간 불균등 발전의 원칙에는 변함이 없었던 것이다.

국제간 자본주의 발전의 불균등은 선진자본주의의 후진국에 대한 식민지 침략과 과잉자본의 수출로 나타났다. 이에 관해서는 뒤에 상술하겠으나 (제2절 2의 (2) 및 제3절 3의 (1)) 우선 투기적 과잉수출, 신용 남조(濫造)의 자본 수출이 왕왕 무서운 경제공황의 원인을 이루었는 데에 대해서는 약간 코멘트를 붙여 둘 필요가 있을 것 같다. 즉 1808년 서반아 및 외국령 서인도제도(멕시코 및 남미 포함)의 문호가 영국에 개방됨으로써 영국은 1810~11년에 남미경기가 출현했다. 이에 편승한 자본 수출은 마침내 불건전한 과잉투기를 빚어 1811년에는 파탄의 공황에 빠지고 만 것이었다. 이러한 의미의 과잉 투기적 투자로 인한 공황은 산업자본의 전기 기간에 일어난 공황에도 해당된다. 당시의 선진 영국이 중요한 투자 대상으로 한 것은 철도였으며, 50년 대 초에 프랑스 철도회사 20개사의 주식 시세가 파리 아닌 런던에서 상장 형성되었을 정도였다.[11] 미국 철도 주식 중 영국 소유는 약 8,000만 파운드에 달했으며(1857), 남북전쟁으로 남부에 투자된 300만 파운드는 남부의 패배로 포기했으나, 65년 이후 재개되어 69년에는 3억 파운드에 달했다. 인도 통치의 군사적 수단으로 서둘게 된 철도 건설에는 58년 이후 10년간 7,000만 파운드가 투자되어 이 투자 붐으로 영국에서는 국내 금리가 높아지기도 하였다는 것이다.

그러나 이 투자 붐이 빚은 과잉투자는 1822년 이후의 호황을 맞이하여

영국 14%. 미국 36%, 독일 16%, 프랑스 6%. 기타 28%.

10] 1820년 대에는 영국이 18%, 60년 대에는 영국 21%, 미국 프랑스가 각각 11%, 70년 대 22%를 고비로 1913년 영국 15%, 미국 11%, 독일 13%, 프랑스 8%로 변화.

11] 1855년 약 100억 마르크의 영국해외투자 중 약 절반은 외국 내지 식민지의 대영국 정부 차관(借款). 당시 영국 이외 후진국의 자본 수출은 미국·독일은 형편없고 프랑스가 3억 마르크 정도인 것으로 불균등, 1913년에 이르러 영국 750억 마르크, 프랑스 360억 마르크, 독일 350억 마르크, 미국 130억 마르크로 상승.

서는 실존하지 않은 남미의 공화국차관이 런던에서 모집될 정도로 불건전한 투기로 변했다. 이러한 과도의 사기적 기업투기와 이를 조장한 은행의 신용남조가 마침내 자본궁핍을 가져와 1825년, 37년 및 57년, 66년의 신용·금융 내지 상업공황을 폭발하게 하는 하나의 원인이 되었다. 즉 자본주의의 본래적 과잉생산이 국내외 시장의 확대로 상대적 과잉생산 공황의 폭발을 완화할 수 있는 근대적 경제공황의 전사시기(前史時期)에는 과잉자본 수출이 공황 폭발에 중요 원인이 된 것이다.

이 공황문제에 관해서는 3에서 추설하겠으나 국제간 불균등 발전은 정치적 상쟁 갈등의 불씨가 되었던 것, 이제 새삼스런 지적을 요하지 않는다. 대공업적 기술 확립의 선제는 국내시장과 아울러 국외시장도 장악하는 것이었기 때문이다. 주지하는 바와 같이 나폴레옹의 대륙봉쇄령(1806)은 선진 영국 상품의 대륙시장 석권에 대한 프랑스의 정치적 대항이었다. 일찍 발전한 영국 경제의 지배력을 근기로 영불은 언제나 적대관계에서 반목했다. 봉쇄령은 곧 프랑스가 군사적 행동의 실패를 경제적 수법에 옮긴 것이었으며, 이의 강행이 러시아 원정(1812)으로 나타난 것이었다.

그러나 불균등 발전의 보다 중요한 국면은 국내경제의 모순을 축적하는데에 있었다. 국내의 산업 간에서는 농공의 불균등 발전이 전형적이며, 전단계까지 사회적 기초산업으로서 부의 원천이었던 농업생산은 자본주의 성립과 더불어 열세산업으로 역전했다. 물론 농업도 자체의 기술진보는 현저하여 농업 생산력이 제고(提高)된 것은 기술(제1절 3의 (1))한 바와 같으나 공업과 같은 발전이 아니었다. 간단한 지표로서 기계화과정이 가장 급속했던 미국에서도 농공의 생산성은 1900년을 100으로 하여, 공업은 1840년 대에 34에서 1870년 대에 58, 1930년 대에 237이었는 데에 비하여 농업은 각각 52, 62, 141의 상승률에 불과했다. 그 원인은 자연과학의 적용이 공업과 같지 못하다는 데에도 없는바 아니다.[12] 그러나 이 같은 자연제약, 소농적 경영 제약 등 농업 내부의 문제(within problem)가 상대적 열세의 기본이 아니다. 농업은 타산업과 관련하여 이에 의존하면서 지배되는 산업간(대 공업)의 문제(between problem)라는 것이 오늘날의 경제이론임은 제3절 2의 (2)에서 보는 바와 같다. 농업은 이같이 자본주의 경제의 운동법칙에 따라서 상대적으로 열세화하는 산업인 것이나, 그럼에도 불구하고 경제 발전은 농민층 분해를 촉진한다. 그리고 하강 탈락한 농민은 기계제 공장공업에 흡수되면서, 일부는 상대적 과잉 인구를 형성하여 산업예비군으로 전화하는 것이었다. 농업인구 유출[13]과 산업예비군 형성의 인구법칙(제2절 1의 (1))이 작용하는 한, 자본주의 경제는 전단계와 같은 권력 작용이 없이 자본은 자체 기능으로 축적이 용이하게 된 것이었다.

그러나 이러한 산업예비군은 자본의 유기적구성(organic composition of capital, Organische Zusammensetzung des Kapital)이 고도화[14]함에 따라 가중한다. 노동력에 대한 수요는 상대적으로 감소하는 것이 자본 축적과정의 일반적 법칙으로 관철하게 된다. 이러한 상대적 과잉 인구의 압출은 노동자의 상태를 악화하는 작용을 함이 물론이었다. 수요를 초과하는 노동력의 공급은 저임금의 고용을 쉽게 하게 할 뿐 아니라 이 압력은 현역노동자의 상태에도

12] 농업은 지형, 작물의 상태, 작업의 계절성에 따라 기계 가동이 단기적. 이에 따라 투하 자본의 회수곤란, 기계작업의 이동성에 따른 대형화 곤란, 또는 농업노동의 상대적 저임금, 토지 독점에 따른 산업자본가의 지대 부담, 경영 규모의 제약 등으로 인한 기계화의 제약 요인은 많으나, 이 같은 자연조건 내지 사회적 조건의 농업 압박은 독점단계로 경제가 발전함에 따라 보다 증강(제3절 2 의 (1) 참조)

13] 영국의 예로서 산업취업 인구가 1840년 대 약 340만에서 70년 대 280만으로 감소된 데에 반하여, 비농업의 그것은 1841년 796만(그 중 공업 314만)에서 71년 1,188만(그 중 공업 438만)으로 증가(大內力, 《農業經濟學序說》 p.194).

14] 자본은 가치의 측면에서는 불변자본(생산 수단)의 가치(C)와 가변자본(노동력)의 가치(V)로 구성. 이를 자본의 가치적 구성이라 하면 생산 과정에서는 생산 수단의 분량과 노동의 분량으로 구성. 이를 기술적 구성이라 하면 후자에 규정되어 그 변화를 반영한 전자의 구성(가변자본 대 불변자본의 비율 : C/V)을 유기적 구성이라 하며, 이는 자본 축적과정의 기술진보에 따라 필연적으로 불변자본의 비중이 커지는 고도화를 수행.

파급하기 때문이었다. 이 같은 악화경향이 때로는 노동자 층에서 공인의 피구휼빈민(被救恤貧民)의 수를 누증하게 하여 한쪽의 부의 축적에 반한 다른 한쪽의 빈곤·노동고·종속·무지의 축적을 낳은 것이 원불원간(願不願間)에 자본주의 발전의 모순된 경향으로 니타났다는 것이다.

여기서 이른바 궁핍화 이론(theory of deterioration of conditions of working class, Theorie Verelendung der Arbeiterklasse)이 인식되게 되었다. 노동상태 및 노동생산의 이 같은 악화는 때와 장소에 따라 실현과정의 수정이 없는 것은 아니었다. 예컨대 미국노동자의 생활 수준은 다른 가난한 나라들의 그것에 비해 수배, 수십배 높은 것이 사실이다. 동시에 경제 발전에 따라서 일반적으로 노동생활은 향상되는 것도 사실이다. 그러나 향상된 노동생활도 경제발전에 따른 환경변화로 소비에 만족을 주지는 못하여 빈곤의 의식에는 다를 바 없을 것이다. 미국의 근로자는 이제 승용차가 불가결의 생활수단이 되고 있으나, 그들의 소비부족이라는 빈곤감은 승용차가 없었던 때보다 더 할는지도 모른다. 노동생활이 향상됨에도 불구하고 상대적 의미에서는 이렇게 그 정도가 높아진다는 데에서 상대적 궁핍화 이론이 성립할 수 있다. 이의 절대적 궁핍화론[15]과의 논쟁은 고사하고 궁핍화가 상대적으로나마 부인될 수 없는 한, 이는 자본제 축적이 진행되는 동안 그 경향이 지양될 수 없는 것으로 해석되기도 한다. 즉 하나의 법칙으로 인식되어 있기도 하는 것이며, 발전하는 생산력에 대한 유효수요를 부족하게 하는 요인이 되는 모순

15] 궁핍화 이론은 일찍이 Ortes(1713~99)가 지적한 바이며 영국의 고전경제학에서도 임금기본설(임금 총액은 일정한데 노동자가 증가하면 1인당 임금은 저하한다는 이론) 또는 Malthas(인구원리에 따라 노동자 수가 증가하기 때문이라고)에 의하여 설명된 것. 그 불충분함은 주지하는 바이며 Marx는 이를 사본 축적 과정의 일반법칙으로 설명. 즉 이윤추구의 자본은 항상 임금을 노동력의 가치(그때 그곳의 평균적 생활 수준에서 측정한 노임) 이하로 인하코자 한다. 그리하여 노동자는 전체적으로 궁핍화하여 절망적으로 자본에 종속한다는 절대적 궁핍화의 경향. 이 절대적 궁핍화의 귀결이 상대적 궁핍화라는 것이나, 전자를 부인하고 후자를 인정한 것 이 Kautsky. 그러나 E. Bernstein(1850~1932) 등 많은 학자들이 공히 부인.

이기도 하다는 것이다. 그렇다면 이 같은 모순현상은 경제발전에 따라 더해질 수밖에 없다. 공황은 회복기에 고정자본을 갱신·증가하는 것이며, 이에 따라 유기적 구성은 고도화한다. 따라서 궁핍화 경향도 공황을 거칠 때마다 심화했다고도 할 수 있다.

자본의 유기적 구성이 고도화함에 따라 이렇게 궁핍화 현상이 야기되는 것이나 유기적 구성의 고도화는 자본의 이윤율을 경향적으로 저하[16]로 이끈다는 것이다. 즉 생산 증강을 지향하는 자본제는 자본가 상호간의 경쟁에 따라 자본 축적과정에서 자본의 유기적 구성을 고도화하는 것이 본질적 추세이다. 이에 따라 투자 총자본에서 얻어지는 이윤의 비율인 이윤율은 저하한다는 것이 입증되기도 한다.[17]

그러나 이 같은 이윤율 저하의 법칙도 이윤량의 증대를 배제하는 것은 아니다. 이윤율 저하에 대해서는 이에 반대로 작용하는 요인이 있기 때문이며, (1)기계 기타의 불변자본 요소 자체가 기술진보에 따라 저렴화한다. (2)기술진보에 따른 생산성 상승은 노동자 1인당 잉여가치의 생산량을 많게 한다. (3)노동력의 가치(그때 그곳에서의 일반적인 문화생활 수준으로 측정한 노동력의 재생산비) 이하에의 임금 인하, (4)외국무역 발전 등에 의한 싼값의 원료 구입 따위 대외산업의 발전, (5)상대적 과잉 인구 발생 등과 같은 반대작용의 요인에 의하여 이윤율의 저하와 이윤량의 증대는 동시적으로 진행한다

16] A. Smith도 이 경향을 인식(The Wealth of Nations, Cannan's ed. Vol. 1. p.335)

17] 총자본을 C. 불변자본(생산 수단)을 c, 가변자본을 v라 하면 유기적 구성 $c' = \dfrac{c}{v}$, 잉여가치(노임 이상의 초과노동으로 생산된 가치증가분)를 m이라 하면 잉여가치율 $m' = \dfrac{m}{v}$, 이윤율 $p' = \dfrac{m}{c+v} = \dfrac{m}{c}$, 그런데 $\dfrac{m}{v} \times \dfrac{v}{c+v} = \dfrac{m}{c+v}$ 이므로, $p' = m' \dfrac{v}{c+v} = m' \dfrac{\frac{v}{v}}{\frac{c}{v} + \frac{v}{v}} = m' \dfrac{1}{\frac{c}{v}+1} = m' \dfrac{1}{c'+1}$ 결국 이윤율 p'는 잉여가치율 m'에 정비례하고 자본의 유기적 구성 $\dfrac{c}{v} = c'$에 반비례. 때문에 m가 일정하다면 p'는 c가 고도화함에 따라 저락(低落)한다는 것.

는 것이다. 즉 이윤율 저하의 법칙은 이윤량 증대의 요인에 의하여 약화한
다. 그러나 이윤량 저하의 법칙 자체는 부인될 수 없는 것이며 '이윤율은 저
하의 경향'[18]이라는 것이다.

물론 이에 대해서는 부정의 비판·반론이 있다. '자본제적 축적의 일반적
법칙과 이윤율 저하법칙과는 그 기본적 전제인 자본계수의 상승이 철석같
은 필연성을 지니고 있는 것이 아니므로 보편타당성을 못 가진다'[19]는 것과
같다. 뿐만 아니라 자본의 유기적 구성에 관해서도 미국을 예로 19세기에는
고도화가 사실이었으나 20세기에서는 오히려 저하의 경향으로서 고도화는
사실과 맞지 않다 하여 이를 부정하는 이론도 없지 않다.[20] 따라서 여기서
는 이윤율 저하의 법칙도 부인된다. 그러나 이러한 논쟁에도 불구하고 이윤
율의 저하가 이윤량의 증대를 가져 오게 하는 것인 한 이로써 자본 축적은
촉진되는 반면, 축적되는 자본은 이윤율 저하의 '경향'이 있는 한 이윤량
의 증대에 주력한다. 여기서 이윤량 증대를 위한 반대작용의 여러 요인 사이
에도 모순(기술진보, 투자증대에 따른 생산력 발전과 상대적 과잉 인구에 따른 노임의 상
대적 저하 등)이 확대된다.

경제발전 과정에서의 이러한 모순의 축적이 집약적으로 표현되는 것이
근대적 경제공황의 주기적 폭발이었다.

18] M. Dobb : Capitalism-yesterday and today. London 1958(王井龍象 역 資本主義 p.80).
    아메리카에서는 19세기 말에 이윤율이 저하의 경향. 그 뒤 혹자는 1차대전 후부터 상승
    을 주장하고 혹자는 하락을 주장하여 사실증명이 어렵다는 것. 영국에 한해서는 공업부
    문의 이윤율이 1870년 대 16~17%에서 1차대전 직전 14%, 양 대전 간 시기에는 11%로
    저하한 사실이 추정된다는 것 (같은 책, p.87).w

19] 堀江忠雄, 《マルクスの辨證法的經濟學の內在的再檢討》 早稻田政治經濟學雜誌 213
    호 p.59.

20] G. Gilman은 아메리카에서는 자본의 유기적 구성은 상승을 정지했을는지 모른다.
    1920년 경 이후에는 하락마저 했다는 것을 시사했다고 M. Dobb이 인용("앞의 책" 日
    語書 p.88).

(2) 선진국의 야만적인 미개식민지 침략

대공업적 재생산의 기술과정 확립이 시장 확보를 불가피하게 한 가장 노골적인 표현이 미개식민지 침략이었다. 식민지는 원료 구입과 제품판매를 위해 자본주의 발전의 중요전제의 하나였던 것이며, 인도의 영국령화, 아편전쟁의 중국침략은 무도한 야만행위였다. 제4장 제1절 2에서 기설한바 영국 동인도회사의 인도 지배는 잔인무도한 착취행위였다. 본국의 인도주의자가 이를 비난한 것도 당연한 귀결이었으나 영국자본주의 상품의 인도 진출은 민족적 자각이 마라타(Maratha) 전쟁, 시이크(Sikhs) 전쟁으로 이를 항거·저지코자 했다. 그러나 무갈(Mughal) 제국의 실권은 그 후(1858) 영국이 장악했다.

영국의 인도에 대한 침략야망은 무르익어 갔으며 남은 것은 침략의 구실뿐이었다. 이에 1857년 뱅갈(Bengal)의 인도 군인이 대우 문제로 영국정책에 반대하여 세포이(Sepoi : 토민군)의 반란을 일으켰다. 도시빈민·농민도 각지에서 이에 호응했다. 영국은 마침내 무갈(Mughal) 황제도 이에 가담했다는 이유로 무갈 제국을 폐하고 인도를 영국령으로 직접 통치키에 이르렀다 (1858.11. 1). 이로써 무갈의 인도는 영국식민지로 되었으며, 완전히 영국의 시장이 된 인도는 그곳 특산물인 수공업적 면업(綿業)도 사지(死地)에 빠지게 되었다.

영국의 침략은 이로 끝난 것이 아니었다. 이미 실론(스리랑카)을 획득한 (1795~96) 영국은 인도 지배를 굳히기 위하여 주변의 여러 지역에도 진출했다. 네팔(1815), 판장(1849)을 정복하고 러시아의 중앙아시아 진출에 대항하여 아프가니스탄을 보호국으로 만들었다(1879). 프랑스의 인도차이나 정복에 대항하여서는 버마를 합병(1855~1936)하고 중국의 티벳을 그 세력 아래에 두었다. 프랑스 혁명 후의 혼란한 유럽 사회의 틈을 타서 영국은 네덜란드 영유의 말래카(Malacca), 자바(Java), 수마트라(Sumatra) 등을 점령하였다.

그러나 이것이 비엔나 회의에서 네덜란드에 퇴환(退還)하게 되자 이에 대신한 근거지로서 1824년에 말레이 반도의 남단 싱가포르를 매수하고, 26년에는 말레이 반도를 확보하여 해협식민지를 설립했다. 1824년에는 다시 네덜란드에서 말래카를 얻어 상업·군사상의 거점으로 삼았다.

이로써 중국시장에 진출코자 했으며 자본주의적 번영을 위한 침략은 중국에 뻗치는 것이 순서였다. 아편전쟁이 그것이었다. 자국민에 대해서는 아편을 흡취해서는 안 된다고 가르치면서도 중국인에 대해서는 되도록 많이 수출하여 많이 흡취하게 했다. 아편은 원래 인도인이 많이 생산·흡취한 것으로서, 영국의 동인도회사가 무갈(Mughal) 제국의 전매제도를 인수하여 큰 이익(회사 수입의 10~20%)를 얻었다. 한편 중국에서는 당시 유럽인이 즐겨 사용하는 차·명주의 수입이 격증하여 영국은 수입초과가 늘어났다. 이에 영국은 인도산 아편을 중국에 보내는 데에 성공하여 인도·중국과의 3각 무역(영국은 인도에 면제품, 인도는 중국에 아편, 중국은 영국에 차·명주)으로 큰 이익을 확보키에 이르렀다. 즉 인도는 영국면제품 수입가를 지불키 위한 많은 현은(現銀)을 중국으로부터 얻기 위해 많은 아편을 중국에 팔아야 했다. 뿐만 아니라 아편은 일반 상인의 밀무역으로도 중국에 대량 수출되었다. 중국은 이에 대해 이미 1800년에 금수령을 내렸으나 1834년 동인도회사의 대중국무역 독점을 폐지함과 더불어 영국민의 대중국 진출이 자유롭게 되어 금수령은 공수표처럼 되었다.

그러나 중국으로서는 아편 흡취의 악습도 방치할 수 없거니와 통화인 현은의 대량유출은 국내경제를 위협하고 청조의 재정수입을 곤란하게 했다. 무엇인가 근본적인 대책이 있어야 했으므로, 1839년 광동에서 영국 상인 보유의 아편을 몰수 소각하고 그들에게 단연 금수를 선서하게 했다. 그러나 상인은 선서를 거부하고 영국은 이를 호기로 종전의 통상요구를 관철코자 함대를 파견한 것이 아편전쟁의 개전이었다. 함대는 광동을 봉쇄하고 상해를 함락시켜 진강(鎭江)을 점령하여 중국 남북의 교통을 차단하는 동시 남경을 포격할 기세였다. 아편전쟁은 이렇게 진행되었으며 주권 유린의 야만적 침략도 신장(新裝)무력 앞에는 어쩔 수 없이 43년 남경조약으로 굴복해야 했다. 이 조약으로 청조는 광동(廣東)·복주(福州)·하문(廈門)·영파(寧波)·상해(上海)를 개항하고 향항도(香港島)를 할애했다. 정확한 개항설정, 개항지에서의 영국인 거주 자유 등 종전의 요구도 거의 관철하고 2,100$의 배상을 은으로 지불하게 했다.

중국은 이러한 침략에도 불구하고 이를 계기로 민족의식이 앙양되어 낡은 중화의 전제정치가 붕괴에 직면하여 근대화의 서막은 열리기 시작했다. 그러나 그 독존적 약체성이 폭로되자 열강의 도량(跳梁 : 함부로 날뜀)은 대지를 마음대로 유린했다. 1844년의 청불 간의 황포(黃浦)조약, 청미 간의 망하(望廈)조약은 모두 남경조약과 같은 요구를 관철해 준 것이었다. 이어 애로우(Arrow) 전쟁(1856년에 중국 관헌이 영국 배인 Arrow호를 임검한 데에 대해 영불연합군이 개전, 광동 침략)의 천진조약(1857)과 1860년의 북경조약(천진조약 비준차 다음해에 청을 방문한 사절단에 대해 청군이 피격함으로써 전쟁 재발)으로 남경조약의 취지는 철저히 되고 아편수입은 공인되었으며 치외법권도 인정하게 되었다.

열강의 세력난무는 북방의 러시아도 좌시하지 않게 했다. 러시아는 영국의 아편전쟁과 중국진출에 대항코자 흑룡강 유역 및 우스리(Ussuri)강 동쪽의 태평양 연안, 즉 현재의 연해주를 점령하여 애휘(愛輝)조약(1858)으로 이를 확인하게 했다. 이어서 영불의 북경조약 조정의 노력을 평계로 러청 간 북경조약(1860)을 맺어, 블라디보스톡(Vladivostok)항을 열어 태평양 진출의 거점을 얻었다. 1871년에는 이이(伊犁 : 신강의 북서부)의 회교도 반란에 출병하여 이를 점령하여 이이조약으로 천산지방의 국경을 개정했다.

중국은 이 같은 노골적 침략에서 유럽문화를 적극적으로 채용코자 동치중흥(同治中興)의 책(策)을 썼다. 그러나 외국 자본의 유입으로 민족자본의 육성은 저지되고 도도한 외국상품 수입으로 국내생산은 억압되어 식민지화의 기초만 굳어졌다.

산업혁명의 파장이 이렇게 중국을 휩쓸 때 그 여세는 미개의 극동 다른 지역도 그대로 두지 않았다. 러시아의 세력이 시베리아 및 중앙아시아에서 청국의 북경(北境)에 뻗쳐 올 때에 영국은 3회(1824~26, 1852, 1885)에 걸친 버마 전쟁으로 버마(명나라 때는 중국영토·청조시대 독립)를 합병하여 청국 서남국경에 접근했다. 한편, 프랑스는 선교사가 안남통일(安南統一,1802)을 도와서 월남국을 세우고 통상에 나섰다. 그러나 월남은 늘어나는 외인의 통상포교를 왕왕 배척하는 것이었다. 이에 프랑스는 1859년 선교사 살해를 구실로 출병(1차 불안전쟁)하여 사이공을 점령하고, 1862년에는 남부의 3주 및 풀로콘도르(Pulo Condore) 섬을 할애하게 했다. 이 때 프랑스는 캄보디아(Cambodia)도 보호국으로 삼았으나(1863), 프랑스의 세력이 그 후 동경지방까지 뻗치자 안남은 이를 저지코자 했다. 프랑스는 양보하지 않았으며 대병을 파견하여 하노이(河內)를 점령하고 사이공(西貢) 서남의 3개주를 병합(1867)하여 불령 교지지나(Cochinchina)를 만들었다. 이어 안남을 보호국으로 하는 조약을 맺고(1874·1883), 이를 저지코자 하는 청조와 개전을 불사하면서 마침내 동경지방의 보호도 전취(2차 불안전쟁)했다. 그리하여 동경·안남·교지지나에 캄보디아를 더하여 불령인도지나라 칭하고(1887) 93년에는 라오스(Laos)를 합병했다.

그뿐 아니라 침탈은 아시아에서 그치지 않고 캐나다(Canada), 호주, 뉴질랜드(Newzealand), 남아연방 등을 대영제국의 판도에 편입함으로써 영국자본주의는 세계를 지배할 수 있었다. 영국은 1840년 영령이면서 상쟁하는 영국계의 북부 캐나다, 프랑스계의 남부 캐나다를 합동한 후 67년여 영연방의 자치령으로 삼았다. 호주는 이미 1770년 뉴질랜드와 아울러 영국령임을 선언했으며, 유형식민지(流刑植民地)였던 호주는 자유이민도 들어가 그 풍부한 금광·탄전(炭田)·양모는 영국자본주의의 보고이기도 하였다. 남아(南阿)에서는 1806년 네덜란드인의 자손인 보어(Boer) 인의 식민지에 진출하여 1815년 빈 회의에서 영국령에 정식 편입되었다.

한편 북아(北阿)에서는 1830년 프랑스가 알제리에 원정하여 이를 식민지로 하여 상품판매 및 원료·식량의 시장으로 했으며 61년에는 멕시코를 원정했다. 이는 원주민의 불복종과 합중국(合衆國)의 먼로주의로 67년 철퇴의 실패에 그쳤으나, 상승기 자본주의 경제는 이런 침략행위를 명예롭게 자행한 것이었다. 실로 원시축적기 중상주의적 식민지 침략의 원죄(原罪)도 잊은 채, 시장 확보를 위하여 미개국을 이렇게 침략·약탈한 것은 경제 이전의 인위적 만행이 아닐 수 없는 것이다.

3. 경제공황의 필연성과 주기적 내습

(1) 자본주의와 경제공황의 주기적 내습

자본주의 경제는 위와 같은 대내적 노동문제와 대외적 침략문제 등 갖가지 문제에도 불구하고 이를 무릅쓴 자본 축적은 당분간 아무런 거침새 없이 번영에 치달릴 수 있었다.

그러나 이러한 번영도 인간이 이를 추구한 오랜 역사에 비교하면 너무나 단막의 무대에서 예기치 않은 충격에 직면해야 했다. 영국에서 산업혁명 개시의 약 반세기 후인 1825년에 상대적 과잉생산의 경제공황이 습격한 것이다. 과잉생산이 경제공황으로서 인간생활을 교란·파탄한 것은 그동안 항상 물자부족에 허덕이던 인간사회에서는 실로 기이한 초유 현상이었다. '1933년 세계경제공황의 진원지였던 자본주의 제국에서는 1,000만 ha의 면화가 땅에 묻혔으며, 브라질에서는 1년간 1,000만 포대의 커피가 소각되어 해중 폐기 또는 석탄해(石炭骸) 대신의 도로포장용으로 사용되었다'한다.

그러나 더욱 기이한 것은 이 같은 현상도 누구나 마음껏 흡족히 소비하고도 물자가 남아돌아가는 절대적 과잉생산이 아니고, 대중은 소비가 극도록 부족한데 창고에는 물자가 산적해 있는 상대적 과잉생산이 다반사처럼 반복되었다는 점이다. 다시 말하면 자본제 상품 생산의 발전은 급기야 대중의 낮은 소비(구매)로 인하여 시장이 흡수할 수 있는 이상의 물자를 생산하기 때문에, 대중은 흡족한 소비를 하지 못하면서 물자는 남아돈다는 모순된 현상을 일으킨 것이다.

그리하여 생산된 상품이 판로를 얻지 못하는 한, 물가는 하락하고 마침내 공황에 돌입해야 하는 것이다. 즉 영국자본주의는 1825년에 이르는 약 4년간까지는 과잉생산을 모르는 호경기의 절정을 맞이했다. 그러나 25년에 이르러 비로소 과잉생산이 표면화하여[21] 판로를 잃은 체화(滯貨)가 자본가를 놀라게 했다. 부득불 투매·강매로 이를 처분해야 했으나 여기서는 물가가 급락하지 않을 수 없고 현금이 긴요하자 금리는 오르고 돈을 빌리는 것은 어렵게 된다. 따라서 생산은 축소돼야 했으며 나아가 기업의 파산이 속출하지 않을 수 없는 것이었다. 산업자본가는 이에 해고 또는 노임 인하, 노동 강화로 대처하는 것이나 결국은 실업자가 거리에 충만했다. 이 같은 산(공)업 공황은 상업·은행업에도 파급되지 않을 수 없는 것이며, 금융교란이 속출하여 신용·금전공황, 상업공황으로 나타나 이에 관련한 부문이 대량 파산한다. 이것이 농업 부문에 파급하여 농업공황이 야기되었으며(후술), 은행은 뇌취(雷取)에 응할 수 없어 태환(兌換)을 중지함으로써 본위화(本位貨)

21] 1825년에 비로소 과잉생산이 표면화했다는 것이나 그 이전에 이것이 없었다는 것은 아님. 개별상품의 판매악화와 가격 폭락의 상업공황 또는 지불정지, 파산, 신용교란, 때로는 은행을 파산에 이끈 신용·금융공황은 불무(不無)했던 것. 예컨대, 1637년 네덜란드의 상업·금융공황, 1719~20년 프랑스의 금융공황, 1763년 함부르크(Hamburg)의 상업공황, 1788, 1793. 1797년 영국의 방적공황이 있었던 것과 같으나, 본래의 자본주의적 공황, 즉 일반적 과잉생산공황은 1825년이 처음.

공황이 일어난다. 자본주의적 재생산 과정의 이러한 급변 교란의 국면이 공황(crisis, Panic Krise)인 것이며, 이 국면이 어느 정도 계속하면 생산은 최저점에 달하고 물가도 최저로 하락하며 기업활동은 숨이 죽는다.

이 상태가 불경기(불황 : depression)의 국면이다. 그러나 공황·불황으로 혼란중단된 재생산 과정은 그대로 지속될 수 있는 것이 아니다. 회복이 되어야 자본주의도 재생하는 것이다. 즉 공황·불황의 국면을 통하여 첫째 일부 강대한 자본가는 파산한 기업을 헐값으로 매수한다. 이에 자본의 집중(centralization, Zentralisation)이 급진전하여 과잉자본은 정리된다. 이로써 생존한 자본은 새로이 이윤을 얻는 생산 조건을 구비하게 된다. 둘째 가두의 실업자 대군을 유리한 악조건으로 고용하고, 셋째 신기술. 신작업체계 등으로 생산성을 증가시켜 자본가는 재생의 기회를 잡는다. 이에 연관기업도 재기하여 생산이 점증하고 상품유통도 재개됨으로써 경기는 회복한다. 따라서 가격도 상승하고 이윤율도 높아짐에 따라 상업과 은행의 거래가 회복된다. 그러나 그 수준은 아직 낮은 것으로서 중위의 호황(prosperity, Prosperität)이 전개되는 것이나 이로써 생산증가, 고용증대, 유통확대는 촉진되어 호황을 맞이한다. 이어 각 분야에 기업은 신설·확장되고 고정자본의 갱신·확장·신설도 대규모로 진행되어, 마침내는 또다시 소비의 한계를 넘는 생산규모의 확대와 열광적 호황의 국면이 전개된다. 그리하여 불황은 회복되는 것이지만, 불황 돌입과 이의 호황 회복이 이러 한 것인 한 공황은 과잉생산을 불가피하게 한다. 자본주의 경제가 지닌 여러 모순의 필연적 산물이고(후술 (2)), 회복은 이 모순이 해결되는 과정 이외 다른 아무것도 아니라 할 수 있다. 즉 과잉자본이 기업파산, 해고실업, 기업집중 같은 재생산 과정의 폭력적 축소·파괴로 정리되는 갱신·확장·신설도 대규모로 진행되어, 이의 상승세는 다시 생산규모의 확대와 열광적 호황의 국면을 전개하게 한다.

그리하여 공황·불황은 일단 회복되고 다시 열띤 호황을 맞이하는 것이

제5장 근대자본주의의 확립과 발전변모

나 이 호황은 결코 영속적인 것이 아니었다. 호황은 또다시 소비의 한계를 넘는 불균형 축적으로 전화하며, 그러한 한 이것이야말로 다음의 공황을 불가피 하게 하는 준비과정에 불과하다. 즉 보다 확대된 경제의 호황은 보다 치열한 차기 공황의 준비에 불과한 것이 되고 말았다.

이 같은 의미에서 공황이라는 것은 결국 상대적 과잉생산을 불가피하게 한 자본주의 경제의 모순에서 빚어지는 필연적 산물이고((2)에 후술), 회복은 이 모순이 해결되는 과정에 불과하다. 다시 말하면 공황에서의 기업파산, 해고 실업, 기업 집중같은 재생산 과정의 폭력적 축소 파괴로 과잉자본이 정리되는 것이기 때문에, 공황은 항상 현존 모순의 순간적·폭력적 해결에 불과한 것이며, 혼란된 균형을 일순간 회복하는 현상이라 아니할 수 없는 것이다.

실제 1825년의 공황이 있기까지 4년간은 호황이었으나, 이후 6년간의 불황이 10년 동안의 한 순환을 이루었다. 이어 1832년부터는 상승의 중위적 호황에 접어들어 34,35년은 열광적 호황을 맞이했으나, 36년에는 또 다시 공황에 돌입하여 42년까지 불황이 계속됨으로써 11년간의 순환이 또다시 반복했다. 자본주의 경제는 10년을 주기로 한(때로는 8년, 12년) 이와 같은 공황이 다음의 표와 같이 끊임없이 순환하면서 발전하여 왔으며, 경기변동(business cycle, Konjunktur) 이라고도 칭해지고 있다.[22]

경제공황의 개시연표

세계공황	영국	미국	독일	프랑스
–	1825	–	–	–
–	1836	1837	–	–
–	1847	1848	1847	1847

22] 경기순환의 이 같은 10년 주기의 파동인식과는 달리. 50년 주기 장기파동의 경기순환이 있었다는 것. 제1파·1780년 말~1850년 대 초(영국산업혁명). 제2파 : 1850년 대 초~1890년 대(철강업·철도의 발전), 제3판 : 1890년 대 초~1920년 대(전력·화학·자동차공업의 출현). 이를 규명한 학자의 이름을 따서 Kondratieff cycle이라하고 10년 주기를 중간파동 또는 Juglar cycle이라고도 하는 것.

세계공황	영국	미국	독일	프랑스
1857	1857	1857	1857	1857
1866	1866	1865	1866	1867
1873	1873	1873	1873	1873
1882	1882	1882	1883	1882
1890	1890	1893	1890	1891
1900	1900	1903	1900	1900
1907	1907	1907	1907	1907
1920	1920	1920	-	-
1929	1929	1929	1929	1930

《世界經濟恐慌史》 Evgenij Varga 감수 永住道雄 역 第1卷 第1部 p.7)

동시에 이 같은 공황은 자본주의의 국제적 발전에 따라 1857년부터는 세계적 규모의 공황으로 확대되어 자본주의 국가는 다 같이 순환의 리듬에 휩쓸려야 했다. 즉 자본주의 발전의 역사는 공황으로 특징지어졌다. 따라서 순환(주기)의 성격도 자본주의 발전의 단계에 따라 뉘앙스의 차가 있었으며 다음과 같이 구분된다.

I. 산업자본의 전기(1820~1850) : 이 시기의 순환과 공황은 영국을 주 무대로 여기에서 먼저 개시되어 미국·독일·프랑스 기타에 파급되었다. 이 시기에는 국내외시장이 급속히 확대되고, 특히 철도 건설(70년 대까지 계속)에 막대한 자본이 투하되는 때였다. 그러나 자본투하의 지배적 분야였던 이 철 도 건설은, 생산 수단생산(제1부문)의 촉진이었을 뿐이고 자체가 직접 생산 을 확대한 것은 아니었다. 때문에 이는 오히려 자본주의의 시장 확대에 주효 했으며, 자본의 무제한 확대 욕구와 사회적 소비제한의 모순이 과잉생산공 황의 형태로 폭발하는 것을 완화·연기할 수 있는 것이었다.

1848년 이후의 금광 발견도 같은 것이었으며, 대체로 이 시기의 공황은 생산 부문에서는 그 심도나 진폭이 비교적 경미하고, 오히려 과대한 기업투 기가 조성하는 금융기관의 신용남조가 주로 상업화폐 신용부문에 공황을 야기하여, 생산 부문에도 어느 정도 이를 야기하게 한 것이 특징이었다.[23]

23] 1832~6년의 대풍작과 호황으로 영·미의 철도 건설, 기계직기 보급 및 대미수출 급증, 자본은 횡일(橫溢)하여 런던 시장은 외국채에 충만, 철도회사, 신주식은행 설립활동, 대 미수출 거래 등에 과대투기와 사기가 횡행. 신은행인 영란은행도 무분별하게 이에 신용을

Ⅱ. 산업자본의 후기(1850년 대 말~19세기 말) : 19세기 중엽 이후에는 세계주요국이 자본주의를 확립했다. 때문에 1857년 미국에서 개시된 공황은 세계공황으로 만연했다. 그리고 이 단계의 자본주의는 철도 붐과 아울러 공업만이 아닌 농업에서도 급진전하고 방대한 군사적 발주, 금생산 증대 등이 발전을 더욱 촉진한 시기였다. 즉 이 단계 70년 대까지는 세계의 철도화를 주축으로 자본주의는 질풍과 같이 발전·번영하는 시기였다.

그만큼 과잉생산의 공황은 심각한 듯 하면서도 사실은 그다지 심각하지도 않고 또 단명이었던 것이 57년, 66년의 공황이었다. 공황이 이렇게 약세였던 것은 자본주의 제국 간에 교역이 확대되고, 무엇보다 국내시장의 확대가 유효수요에 주효했기 때문이라 한다. 즉 농촌에서 성장한 독립 자영 농민이 19세기 후반부터 급속히 상품거래에 편입되어 생산 부문의 공황은 비교적 약세, 단명일 수 있었다. 반면 철도 열기의 과대투기, 곡물가 폭락으로 신용·금융공황, 상업공황이 보다 격렬하여 서구는 물론 남아프리카·호주에 이르는 전 세계를 휩쓴 것이 그 특징이었다.[24]

그런데 1875년에는 농업공황이 야기되어 20년간 계속했다. 이는 1920년에도 발생하여 30년 대까지 계속한 것과 같이 장기간 지속하고 사상 두번 뿐이었던 것이 특이하다. 그 이유는 농업경제의 자연적·사회적 요인에 의한 독자의 내적 법칙에 있다 하더라도 자본주의의 기본적 모순에 따른 상대적 과잉생산에 기인함은 공업과 다를 바 없다.[25] 그러나 이것이 공업과 관련하여서는 농업인구의 공업제품에 대한 구매력의 감퇴가 73년의 공황에

남조공여. 마침내 자본결핍을 빚어 1836년 증권거래소가 선험적으로 공황에 돌입하고, 화폐·상업 공황으로 확대되어 37년에는 상품 가격 붕락으로 파산 속출.

24] 미국은 50년 대에 농업국에서 공업국으로 전화 완료. 생산·무역·금광 발견, 서부개척으로 국내시장 확대. 철도 건설은 공업생산 가속. 막대한 자본투하(특히 영국자본 유입)는 무모한 투기 조성. 1856년에 자본결핍 초래, 과대투기는 공황 유발, 증권시세는 57년까지 붕락. 같은 해 8월에는 곡물가격 격락으로 상품거래공황이 야기되어 파산 속출.

25] 자세히는 拙著 《農業政策論》 p.214 이하 참조.

이은 불황을 78년까지 심각하게 지속하게 한 원인이 되기도 했다.[26]

그리고 이 공황과 장기 침체를 극복코자 한 번영의 새로운 방향 모색이 독점형성으로 나타났다. 이 때부터 보다 현저하게 된 자본 수출의 급증도 공황을 완화하고 자본주의를 상승하게 한 요인이 되었으나 독점이야말로 자본주의적 발전의 새 단계를 구축한 것이었다. 거듭되는 공황으로 자유경쟁의 한계를 인식하게 되자 자본주의는 독점으로 이를 극복코자 했으며, 70년 대에 시작한 독점 형성은 20세기 초두부터는 전면화할 수 있었다(제3절 1 참조).

Ⅲ. 독점자본주의 단계의 시기(1890~1913년)

Ⅳ. 1차대전과 일반적 위기의 시기(1914년 이후)

(2) 상대적 과잉생산공황의 필연성

자본주의적 생산 양식의 발전은 그 찬란한 물질적 생산능력과 신분적 자유해방에도 불구하고 이 같은 공황이라는 신국면이 노출되는 것은 인간생활의 큰 불행이 아닐 수 없는 것이다. 창고에는 생활물자가 산적해 있으면서 대중은 헐값으로 이를 구입할 수 있는 소득이 없어 헐벗어야 했고 물자의 판로를 잃은 자본가는 몰락해야만 하는 것이다. 농작물도 풍성하면서 역시 대중은 헐값으로도 이를 구입할 수 있는 소득이 없이 굶주려야 했고, 팔수 없는 농산물을 바다나 땅 속에 버려야 하는 농민은 몰락해야만 하는 것이다. 이 같은 현상은 누가 뭐라 해도 인간생활의 한 불행이 아닐 수 없는 것이며 자본주의 경제의 영광이 미처 예기하지 못한 모순임에 분명하다. 즉 생성기를 마치고 성숙기에 들어선 자본주의 경제는 매 10년마다 이러한 불행으로 폭발하는 주기적 공황의 위협을 받아야 했으며 이를 현실적 운동 형

26] 장기불황의 요인으로서 Varga는 (1)대농업 공황과 장기의 물가하락, (2)타국공업생산 격증으로 인한 세계 시장의 미증유 과잉생산. (3)미국·독일에 의한 영국의 독점적 지위 동요를 예시.

태로 상승하는 것이 고유의 특징으로 되어 버렸다.

때문에 자본주의 경제체제는 이것이 합리적인 영구적 경제제도로서 존속할 것인가의 여부가 피치 못할 문제로 야기될 수도 있었다. 안정적 경제체계 분석에만 시종한 고전경제학과는 달리 근대경제학은 이 불안정한 경제체계를 이론적으로 해명하는 것이 역사적 과제로 되었다. 즉 불황의 원인을 밝히고 이를 피하는 정책적 이론 확립을 서둘지 않을 수 없는 것이다. 이러한 의미의 원인 규명은 자본주의 경제가 발전의 어떠한 단계에 이른 것인가를 알기 위해서도 필요한 것이며, 일찍이 제본스(W. S. Jevons : 1835~82)는 태양흑점설(10년 반 주기의 상업공황은 10년 반 주기의 태양흑점과 상관관계가 있다는 것)을 주장하기도 했다. 이에 귀를 기울일 것까지는 없다 하더라도 19세기 초 영국의 지금(地金)논쟁·통화논쟁[27]은 1825년, 1836년의 공황을 단순한 화폐·신용공황(화폐·신용상의 이상 현상으로 이해)으로서 일시적인 병적 경제현상이라 생각했다. 이는 고사하고 역시 19세기 초의 공황을 두고 리카르도(D. Ricardo : 1772~1823), 세이(J. B. Say : 1767~1832), 등의 일반적 과잉생산 불가능론과 맬더스(T. M. Malthus : 1766~1835), 시스몽티(J. Sismondi : 1773~1842) 등의 과소소비론 사이의 판로논쟁은 일반적 과잉생산이 원리적으로 있을 수 있는가 아닌가의 논쟁으로서 비로소 근대적 공황이론에 문을 열기도 했다. 따라서 이 논쟁은 일반적 과잉생산공황이 필연적인가 아닌가에 쟁점이

27] 18세기 영국은 나폴레옹 전쟁 예감으로 10년간 국채증발. 1797년 태환중지, 물가상승, 외환시세 하락의 원인 규명을 위해 하원에 지금(地金)위원회 설치. 리카르도를 비롯한 학자들은 지금론자(地金論者)로서 은행권 증발에 기인한다는 주장. 이에 반하여 은행가·실업가의 반지금론자들은 은행권 증발은 영국 경제의 필요성에 따른 것으로 이의 수축은 영란은행 및 정부를 망하게 하는 것이라고 대립. 이것이 지금논쟁(Bullion Controversy)이다.
지금논쟁(地金論爭)은 지금론자의 승리로 1821년 태환 재개. 그러나 물가 환시세의 문제는 여전하고 거액의 금이 외국에 유출되었다. 이에 발행제도 자체의 반성이 촉구. 1840년 발행제도 조사위원회 설치로 지금론자의 견해에 따라 화폐 수량설의 입장에서 금액준비를 주장하는 통화주의와 반지금론자의 견해에 따라 은행의 자유재량으로 발행해야 한다는 은행주의 대립. 통화논쟁(Currency Controversy)으로서 결과는 전자의 승리로서 1844년 보증준비발행 직접제한 제도의 Peel's Act 제정.

있었으므로 그 후의 자본주의체제 존속 가능성 부여의 붕괴논쟁[28]의 선구가 되기도 했다.

공황의 인과분석은 이 같은 의미에서도 사적 의의가 있는 것이며. 1857년의 공황과 더불어 주글라(C. Juglar : 1819~1905), 스피트흡(A. Spiethoff : 1873~) 등은 경기교체과정을 고도자본주의의 발전 형태라 했다. 이 경기순환론은 방대한 자료 정리에도 불구하고 이를 결합하는 이론이 없었다. 이를 기초로 근대경제학의 공황이론이 형성된 것도 1920~30년 대 이후부터였다. 호투레이(R. Hawtrey : 1879~)를 비롯한 하이에크(F. Hayek : 1899~) 등은 은행·신용 창조에 의한 화폐적 교란이 공황원인이라는 화폐적 경기 이론을 수립했다. 한편 같은 신용창조에 관해서도 슘페터(J. A. Schumpeter : 1883~1950)는 기업자가 신용창조에 의한 자금으로 기술혁신(innovation)을 하는 것이 경제발전의 원동력이라 하면서 이 기술혁신이 부단히 지속하는 것이 아니고 어떤 시기에 집중하기 때문에 공황이 야기된다는 것이다.

공황원인의 이 혁신설(신기축설 : 新機軸說)은 나아가 자본주의 붕괴론[29]으로 확대된 것이다. 스피트흡, 하이에크는 투자재 부문의 소비재 부문에 비한 과도의 발전을 공황의 원인이라는 과잉투자설(불비도설 : 不比倒說)을 각각 비

28] 1837년 47년의 공황을 계기로 J. K. Rodbertus, J. H. V. Kirchmann이 존속가능 여부를 논쟁. 이를 비롯하여 Marxism의 정통파인 V. Lenin 등과 이른바 합법파의 M. Tugan·Baranowsky 등이 논쟁. Marx주의가 과소 소비설의 입장에서 또는 주기적 공황을 매개로 자본주의 붕괴를 논한 것과는 달리 근대경제학에서도 A. Hansen은 인구 증가율의 감소가 사회의 총수요를 감퇴시켜 투자 기회를 상실하게 하고 기술혁신(innovation). frontier 등 경제발전의 조건이 소극화하여 투자 기회를 잃게 되고 자본주의는 장기 침체로 쇠퇴한다는 것. 때문에 국가가 적극적으로 참여·간섭하는 혼합경제(mixed economy. 이중 경제 dual economy) 주장.(A. Hansen. Fiscal Policy and Business Cycles. 1941).

29] Schumpeter는, 자본주의는 실패 아닌 성공으로 인하여 붕괴한다는 것. 즉 innovation에 의한 창조적 파괴의 성공적 진행은 (1)경제진보 자체를 자동기계화하여 혁신의 추진력인 기업가 기능을 무용화, (2)산업의 관리는 일상의 행정적·관료적 성격의 사회주의적 색채화, (3)거대산업 단위가 중소산업의 존재를 일소하여 산업자본가 진영의 경제적 지반을 제거 약체화, (4)결국 자본주의 극도의 발전은 그 자체가 되려 자본주의 추진의 Ethos를 상실하게 하여 스스로 점차 사회화과정으로 나아가게 된다는 것(Schumpeter : Capitalism, Socialism and Democracy. 3N ed New York. 1950. pp. 132~133).

화폐적·화폐적 입장에서 주장했다. 그러나 이 모두가 하강·상승의 원인분석에 그쳤을 뿐 순환의 메커니즘(mechanism)을 통일적으로 파악하지는 못한 것이었다.

경제공황의 원인분석이 이렇게 화폐적 경기 이론, 과잉투자 순환이론으로 기울어진 것은 산업자본 단계에서는 철도 건설 붐을 중심한 투기적 과잉투자가 한편 시장확대로 생산 부문의 공황을 약화하면서, 다른 한편에서는 미증유의 신용·금융공황을 일으켰기 때문이다((1)참조).

그러나 그 후 경기순환 문제는 케인즈(J. M. Keynes : 1883~1946) 이론의 확대로 설명되기 시작했다. 힉스(J. Hicks : 1904~1989), 사무엘슨(P. Samuelson : 1915~2009)은 승수(乘數)이론과 가속도 원리를 시차(time-lag)로 결합하여 경기변동을 설명코자 했으나(lag 이론) 해로드(R. Harrod : 1900~)는 적정성장률과 자연성장률의 불일치로 공황을 설명하는 안티노미(antinomy) 이론을 내세웠다. 이들 거시적 경기 이론도 결국은 경기의 하강·상승과정을 고도 자본주의의 발전 형태라 하고 다만 어떻게 하면 불경기를 피할 수 있겠는가에 주안을 두고 그 원인을 분석하는 데에 그쳤으며 경기순환을 자본주의 경제의 특수운동 형태로 통일적 파악을 하기에는 이르지 못했다는 것이다. 역시 '케인즈 경제학의 수정자본주의적 성격에 따라 개인주의적 자본주의에 고유한 체제적 모순을 인식하면서도 이는 자본주의의 테두리 안에서 제거할 수 있다는 조화론[30]이 불가피했다는 것이다.

이에 공황을 '자본주의적 재생산 과정의 전 운동……호황 과잉생산 공황이라는 주기적 순환운동의 일환, 즉 주기적 공황으로 파악하여……생산력과 생산 관계의 모순전개로서 이를 생산 과정에서부터 신용의……현실과정까지 추구한 것은 마르크스(K. Marx)[31]였다는 것이다.' 이런 의미에서 마르크스 경제학은 거시적 경기 이론과 대립적인 것이나 여기서도 과소 소비설

30] 衫木榮一, 《恐慌》(經濟學大系 II) p.8.
31] 衫木榮一, 《恐慌》(經濟學大系 II) p.5.

과 주기적 공황이론과는 대립적이다. 과소 소비설은 카우츠키(Karl Kautsky : 1854~1938), 룩셈부르크(Rosa Luxemburg : 1870~1919)를 거쳐 스위지(Paul Marlor Sweezy : 1910~2004)에 이른 것으로서 스위지(Sweezy)에 의하면 먼저 자본가는 최대한의 이윤 추구, 최대한의 자본 축적을 위해 행동한다는 것이 그 특징이라는 것이다. 그러나 그 결과 자본가는 이윤 중 될 수 있는 한 많은 부분을 자본으로 축적코자 하기 때문에 그들의 개인적 소비는 이윤증가에 비례하지 않고 오히려 체감한다. 동시에 임금 증가도 축적총액에 비하여 체감적이다. 때문에 소비총액에 대한 소비증가분의 비율, 즉 소비증가율의 생산 수단 증가율에 대한 비율은 저하한다. 그럼에도 불구하고 일정한 생산 수단 증가는 일정한 소비재 산출 증가의 기술관계가 있으며 이는 불변적인 것이다. 그렇다면 저하하는 소비증가는 이 불변적 기술관계에서 산출되는 소비재 산출 증가에 못 따르게 되는 내재적 모순 경향을 피할 수 없게 된다는 것이다.

이것이 과소 소비설의 줄거리인 것이나, 이에 관해 소비의 상대적 제한성은 자본주의 경제에 항상적인 것이며 공황 직전의 일시적 상태가 아니다. 따라서 과소 소비설로서는 공황 내지 불황은 항상적이어야 하는 것이나 현실은 그렇지 않을 것을 어떻게 설명하느냐의 비판도 있게 된다.

경기순환에 관해서는 이와 같이 여러 설이 교착하고 있다. 마르크스 경제학의 공황이론도 과소 소비설과 상대적 과잉 생산설의 주기적 공황이론으로 분립하여 있는 것이나 후자에 있어서는 공황을 자본주의적 생산 양식의 발전에 따른 생산력과 생산 관계의 내재적 모순이 성숙한 결과로 보는 데에 그 특성이 있다. 즉 자본주의 경제의 기본 성격에 관해서는 제1절(3의 (2))에서 밝힌 바 있으나 자본주의에 있어서는 개별 자본가는 각자의 이윤동기에 따라 자연발생적으로 사회적 분업을 이루어 개별적인 생산을 한다. 그러나 개별 자본가의 개별 생산은 결국 하나의 사회적 생산 과정에 합류하여 생산은 사회적 성격으로 수행된다. 생산의 이 같은 사회적 성격에 반하여 생산의 결과는 자본주의적=사적으로 영유되는 것이며, 생산의 사회적 성격과 영유의 사적 형태 사이의 이 모순을 기본적 모순으로 이것이 발전하여 공황의 원인이 된다는 것이 상대적 과잉 생산설의 입장이다.

부연하면 자본제 하에서는 생산물이 자본가의 소유로 되는 영유의 사적 성격에 따라 개별 자본가는 자신의 생산 활동이 사회적 생산의 한 분야를 맡고 있다는 데에는 관심이 없이 오로지 이윤 획득과 자본 축적에만 관심을 두고. 생산하게 된다. 그런데 개별 자본의 단순한 이윤 획득 자본 축적을 위한 생산 활동은 고유의 목적을 달성하면 되는 것이므로, 사실은 사회적 생산의 한 분야를 맡고 있으면서도 각 생산 부문간의 균형 같은 것은 관심 밖에 속하게 된다. 다시 말하면 자본가적 생산은 무계획적(무정부적)이 아닐 수 없는 것이며, 이로써 첫째 생산재생산 부문(제1부문 : 공업기계 제조에 필요한 공작기계 생산과 같은 제1부문 자체에서 사용되는 자본재 및 방직기계 같은 제2부문에서 사용되는 자본재 생산)과 소비재 생산 부문(제2부문 : 노동자의 필수품 생산 및 자본가의 사치품 생산)의 부문 성장이 불균등하게 된다. '제1부문의 확대는 어느 정도 제2부문의 수요에 제한되지 않고 후자에 독립하여 진행된다. 더욱 자본주의는 끊임없이 기술혁신(innovation)을 하는 경향이므로 제1부문은 제2부문보다 빠른 속도로 발전하는 것이 자본주의적 생산의 일반법칙'[32]이라는 말과 같다.

물론 '후자에 독립'이라는 것은 상대적인 것이며 절대적인 것을 의미하지는 않는다. 양 부문 사이에는 항상 일정한 비례관계(균형배분)가 있어야 하고 생산 수단은 궁극적으로는 소비재료·생산과 관련되고 있다. 그러나 자본주의적 생산의 무계획적인 충동은 제1부문이 어느 정도 이 관련을 무시하여 무제한으로 확대한다. 자본가 상호간의 경쟁과 기술혁신에 따라 자본의 유

32] M. Dobb : Capitalism, Yesterday and Tody 1958. London(玉井龍象 역 《資本主義, 昨日と今日》) p.104.

기적 구성(Keeynes의 사용자 비용에 해당하는 불변자본과 노임으로서의 가변비용과의 비례)이 고도화(불변비용의 상대적 확대)함에 따라 생산적 소비가 개인적 소비보다 급속히 증대함으로써 이 불균등 관계는 확대되어 제2부문은 상대적으로 더욱 뒤처지게 된다. 이는 곧 생산을 위한 생산, 개인적 소비의 비례적 증대를 따르지 않는 생산 증대를 의미한다. 이 '생산을 위한 생산' 즉 소비를 따르지 않는 생산물이 가치를 실현할 수 없는 것으로서 곧 상대적 과잉생산공황의 원인을 이룬다.

한편, 또 이 불균등은 대중의 소비한계에 의해서도 촉진되는 것이며 자본의 유기적 구성이 고도화함에 따라 상대적 과잉 인구가 발생한다. 이 과잉인구는 그만큼 소비능력이 낮을 뿐 아니라 노동 조건의 악화를 쉽게 하여 소비력의 상대적 저하를 따르게 한다. 반면, 자본가의 이윤 추구와 자본증식을 위한 경쟁·충동은 무제한의 생산 확대로 나서기 때문에 이 생산 확대는 마침내 대중의 소비력과의 사이에 모순을 일으키는 것이며, 이 모순이 진전함에 따라 부문 간 불균등도 확대된다.

그리하여 생산과 소비의 이 모순이 현실의 공황에 궁극적인 원인을 이룬다. 즉 생산·소비의 모순은 앞서 말한 바와 같이 기본적으로는 자본주의 생산도 사회적 성격의 것이면서 영유(領有)의 사적 성격으로 인하여 단순한 이윤 추구, 자본 축적을 위한 무계획적 생산을 하는 데에 기인한다. 때문에 공황은 생산의 사회적 성격과 영유의 사적 성격을 근본 모순으로, 여기서 파생된 생산과 소비의 모순에 의하여 현실의 공황으로 나타난다는 것이 상대적 과잉생산공황설의 이론이다. 즉 공황은 자본주의적 생산이 끊임없는 부문간 불균형의 경향이고, 이 불균등에서 파생한 생산·소비의 불균등이 어느 한계에 이르렀을 때 이를 해결하는 자기운동으로 나타나는 현상을 공황이라 한다. 때문에 공황은 균형의 파괴가 아니고 오히려 불균형이, 공황이라는 현상의 폭력으로 균형을 회복하는 불균형의 해결이라고 이해한다. 그러나 회복한 균형은 중위의 활황(活況), 열광적 호황, 공황, 불경기를 다시 공황에 빠지는 순환의 주기적 공황으로 되풀이한다. 따라서 공황의 회복은 보다 격렬한 다음 공황의 준비에 불과했으며, 이 같은 의미에서 공황은 자본가의 유효 수요에 관한 시장전망이 없었던 데에 기인한다기보다는 자본주의의 본질에서 불가피한 필연적인 것이라는 주장이 상대적 과잉 생산설의 입장인 것이다.

그러나 공황의 인과분석은 이상 더 논할 바 아니더라도 자본가는 이를 기회로 자본의 집중·집적이 용이했다. 공황과정에서 강대자본가는 몰락한 중소자본을 매수하여 자본의 집중·집적이 추진되었으며, 이로써 자본주의 경제는 독점형성의 새 단계에 돌입하게 된 것이 자체발전 변모과정이었다.

제3절 독점자본주의의 성립과 자본주의의 변모

1. 독점단계 이행과 경제적 제국주의

(1) 경제적 제국주의 형성과 영국의 후진

근대적 독점형성의 시기에 관해서는 '1873년의 공황, 보다 정확한 말로써는 이에 이어 야기된 불경기와 더불어 대변동은 시작되었다[1]'는 말이 자주 인용된다. 즉 근대적 독점의 단서는 1860~70년 대에 소급되기도 한다. 그러나 이 때는 영국의 자유자본주의가 최고 발전을 이룬 시기인 반면 후진의 독·프·미 등은 산업혁명의 진행, 또는 본격적 개시기로서 독점은 겨우 싹으로 인식될 수 있을 정도였다. 이 시기는 역시 자유경쟁의 최고 단계로서 이를 극한으로 70년 대부터 아직 예외적이기는 하나 카르텔(cartel)[2]이 광범한 형성을 이루어 갔다. 따라서 60년 대 이전은 개별적 독점의 출현에도 불구하고 근대적 독점의 전사(前史)에 불과하여, (1)자본제 독점이 싹트게 된 것은 60~70년 대였고, 이 시기를 태동기로, (2)73년의 공황에서 19세기 말의 사이에 자유경쟁에서 독점에의 전환이 이루어졌다고 말해진다.

1] T. Vogelstein : Die Finanzielle of Organisation der Kapitalistischen Industrie und die Monopolbildungen. 1923. (《經濟學新大系》 III 독점, p.25에서 인용)

2] 카르텔(cartel)은 시장통제를 목적으로 동일 산업 부문의 독립기업을 독점적으로 결합하는 기업연합의 형태, 즉 동종 산업의 기업이 각자의 독립성을 유지하면서 해당기업 총체의 이윤을 유지·상승코자 일정한 협약에 따라 자유경쟁을 제한하고 독점적 지배를 하는 시장통제가 카르텔의 내용.

그런 뜻에서 이 시기가 근대적 독점의 성립기인 자본주의 발전의 새 전환기였다.

즉, 73년의 공황은 오스트리아에서 폭발하여 차츰 유럽 대륙을 휩쓸고, 런던의 거래소 공황을 야기하여 마침내 영국에 만연한 것이다. 그리고 이에 이은 불경기는 80년 대 초의 거의 눈에 띄지 않을 정도의 중단과 89~90년의 극히 단기적 호경기를 제외하고는 22년간의 유럽 경제사를 주름잡은 것이다. 이 단기의 호경기에 즈음하여 자본가는 시황(市況)을 좌우코자 카르텔(cartel)의 질서를 최대로 이용키에 이르렀다. 이는 결국 물가를 한층 더 등귀하게 한 요인을 이루었다. 그러나 90년 대에는 다시 불황과 물가하락이 계속했다. 카르텔 단체들은 보다 심각한 '공황의 묘혈'에 빠진 셈이었다. 그럼에도 불구하고 산업계는 오히려 이를 차기 호황의 전초라 생각하여 이 시기를 통해 카르텔화 운동을 더욱 촉진했다. 그리하여 카르텔 운동은 제2기에 들어서게 된 것이며 이제야 카르텔은 일시적 현상이 아니고 전 경제생활의 한 기초가 되었다. 19세기 말의 호경기와 1900~3년의 공황 시기에 카르텔은 산업부문을 하나하나 정복하여 확대해 나갔다. 특히 원료산업에서 그러했으며 90년 대 초에는 카르텔이 신디케이트(syndicate, Syndikat)[3]를 촉진하기에 이르렀다. 이에 경제생활의 대부분은 원칙적으로 자유경쟁과 유리(遊離)되어 일반사회도 독점은 자명한 것으로 의식할 수 있었다. (3)80년 대 말의 이 호경기와 1900~1903년의 공황으로 위와 같이 독점자본주의는 확립기를 맞이했으며 이와 더불어 산업자본주의는 경제적 제국주의로 결정적인 전화가 수행되었다. 그리고 다시, (4)1903년의 공황에서 제1차 세계대전 사이에 독점은 난숙기를 이루어 20세기 초의 자본주의 경제는 독점의 일반화

3] 카르텔(cartel)이 시장통제를 가장 완전하게 하기 위해 syndicate라는 독립기관을 설립하고 이에 가맹한 성원기업의 제품은 모두 syndicate의 공동 판매에 집중하여 판매하는 카르텔의 최고 발전 형태. 이러한 중앙기관을 갖는 것 또는 협의로 중앙기관 자체가 syndicate. syndicate의 상업활동은 나아가 성원기업의 제품표준화·기술고도화·균질화 주문품의 성원기업간 배분 등 생산 과정에도 관여.

로 변질하게 되었다.

그리하여 독점자본주의 단계에 이르자 독점의 강대한 경제력은 이윤을 집중하고 물가를 인상할 수 있었으나, 그만큼 과잉 생산과 상품 판매의 괴리와 모순은 심화하게 된다. 이것은 이 단계의 공황이 미증유로 격렬하게 된 이유이며(3절 2의 〈1〉), 독점단계의 높은 생산력이 항상적으로 과잉수준이고 이에 대응한 소비적 측면의 물가가 독점 이윤을 위하여 고수준으로 유지되는 경향인 한 공황은 또 만성적으로 지속해야 했던 것이다. 특히, (5)1차 전 후의 이러한 공황의 만성적 격화를 자본주의의 장기적 침체(A. Hansen) 또는 일반적 위기라 하고, 이를 배경으로 하여 국가 독점자본주의적 발전기를 맞이했다는 것이 독점자본주의의 형성 발전에 관한 일반적 과정으로 요약된다.[4]

독점자본은 이와 같이 독점가격 설정으로 위기에 대처했으나 자본은 오히려 이로써 평균 이윤에 만족하지 않고 최대한의 독점 이윤을 실현할 수 있게 되었다. 그리하여 독점자본은 최대한의 이윤 추구를 원동력으로 하여 발전하는, 최대한 이윤의 법칙이 자유자본주의의 평균 이윤의 법칙에 대체하여 관철되면서 발전하고 있다.

그러나 독점이 형성 발전하는 이러한 일반적 과정에도 불구하고 국별로는 독일이나 미국이 영국에 앞선 것이 그 역사이다. 산업혁명의 선도자로서 자본주의적 번영을 먼저 향유한 영국이 독점의 형성 발전에는 뒤지고 있었다. 독일에서는 이미 1870년 대에 철강업·탄광업에 생산자의 결합이 형성되어 1905년에는 약 400의 카르텔(cartel)이 탄생했다. 미국에서도 1870년 대에 트러스트(trust, Trust)[5]가 발흥하여 1890년에는 연방의회가 독점을 위

4] 이 5단계 요약은 V. I. Lenin의 Imperializm(掘江邑一 역 《帝國主義論》)에 의한 것으로 서 이에 따르는 것이 일반적.

5] 독점적 시장 지배를 목적으로 한 기업의 합동(fusion)이 트러스트(trust). 합동에는 합리적 생산, cost 절감을 위해 1기업이 타기업을 흡수하여 타기업은 법률적·형식적·현실적으로 독립성을 상실하고 한 기업에 집중하는 기업합동과 복수 기업이 법률적·형식적으로

법이라 하고 이를 금지한 셔만법(Sherman Act)을 제정할 정도였다. 상승하는 독점력에 이 법이 유효할 수는 없었으나 독일·미국이 후진국이면서 이렇게 독점에 급경사한데 반하여 영국은 대표적 산업인 철강업에서도 1890년 대에 들어 비로소 기업합동화 운동이 일어나기 시작했을 정도였다.

영국 경제의 독점화과정이 이렇게 늦은 것은 자유경쟁만이 경제생활에 만인의 이익을 확보하는 자연적 조건이라는 극단적인 개인주의 관념의 소치라고도 설명된다. 그러나 이는 매우 무력한 견해라 하여 1차 대전 이전까지의 영국은 독점화에의 객관적 조건이 다른 나라들과 같이 성숙하지 못한데에 기인한다는 것이 유력한 견해이다.[6]

우선 탄광업에서 보면 영국은 19세기 말에 세계 최대의 산출국(1858년 6,500만 톤, 1895년~99년 연평균 2억 톤)이며 수출국이었다. 그러나 1890년의 대불황은 곧 국내적·국제적 시장 경쟁에 중압적 타격이었다. 이에 독점형성이 시도되었으나 생산자의 수는 너무 많았다. 따라서 생산 판매의 조건은 각양각색이었다. 예컨대 1925년까지도 유럽의 중요한 영국 경쟁 상대인 베스트팔렌(Westphalian) 지방이 연산 1억 톤을, 불과 70의 기업이 생산하고 있는데 반해 영국은 약 1,400의 기업이 2,500의 탄광을 개인 소유하여 연산 2억 6천만 톤을 생산하고 있는 실정으로 기업 집중이 부진하였다. 이 같은 상태에서는 집중을 위한 자본 평가도 곤란하려니와 기업자는 대불황에 대해서도 이를 일시적 현상이라고 확신하여 카르텔(cartel) 형성에는 열이 없어 이는 저지되고 말아야 했다.

그러나 이 같은 분산 상태에서는 석탄업은 기술 수준이 개선될 수 없었

는 독립성을 유지하면서 자본참가의 방식으로 새로이 1기업을 신설하여 실질적으로는 이에 일체화하는 기업연휴(企業連携 : concern, Konzern)의 두 형태가 있으며 Konzern을 포괄하여 트러스트(trust)라고도 함.

6] R. Liefmann의 심리설에 대한 H. Lery의 견해(Lery : Monopolies, Cartels' and Trusts in British Industry. 1927, p. 174).

다. 1인당 채탄량은 1883년 333톤에서 1913년 243톤으로 떨어졌다. 이 궁상을 타개하기 위한 것이 탄광의 합동촉진(1926년의 탄광업법) 및 국가에 의한 독점보강(1930년의 석탄광업법)의 정책이었다. 그러나 탄광소유자들은 정부가 혜여(惠與)한 카르텔(cartel)의 독점적 이익확보와 능률증대에 의무를 느끼지 않았다. 결국 영국탄광업의 능률적 기계화 채탄률은 저조(1933년 독일 96%, 벨기에 95%, 미국 79%인데 영국 38%)하여 정돈이 불가피했다. 이러한 상태에서 생산 집중을 위하여 취해진 것이 36년 이후의 보상 지불에 의한 국유화 방안이었으며, 2차전 후에는 전면적으로 국유화하고 만 것이었다.

한편 이와 아울러 철강업도 중요한 기초산업인 것이나, 이 역시 독점은 뒤지고 독점적 지배력도 저급한 것이었다. 탄광업이 외국경쟁에서 자유였던 데에 반하여 철강업은 원료인 광석의 반 이상이 외국에서 자유로이 공급되고 있었다. 이 밖에 석탄·선철의 공급도 안정된 가격으로 곤란이 없었다. 이것이 오히려 독점을 저지했다는 것이며, 외국에서는 철강업의 기술이 원래 대규모 기업형성을 필요로 하여 처음부터 독점을 형성한 데에 반하여 영국은 개인기업의 전통 위에 자유경쟁을 용이하게 한 원료공급이 독점 저지의 요인으로 작용했다는 것이다. 그리하여 1913년까지도 용광로 및 그 부속시설에 아무런 기본 개선이 가해지지 않았다. 급기야 세계에서 지도적 위치에 있던 영국 철강업은 이미 1890년 대부터 서서히 무너지기 시작하여 1913년에 와서는 독일이 수출에서 영국을 앞서기에 이르렀다. 이에 고뇌를 타개코자 1914년 각각 100, 102의 선철, 철강업체는 27년에 70,75로 합동 감소되고 철강부문은 거의 예외 없이 카르텔(cartel)이 형성되었다. 그러나 역시 지배적인 것은 경쟁이었으므로 29년에는 보호관세와 이를 배경으로 한 카르텔화를 촉진키에 이르렀다. 영국철강연합이 그 표현이었으나 이 역시 시장안정에 그쳤을 뿐, 기술진보를 촉진할 수 없는 것이었다. 이와 아울러 35년에는 대륙의 카르텔에도 참가하고 국외경쟁의 제한, 수요증가 등으로 이후

3년간 평균 39%의 가격인상에 성공했다. 그러나 이 독점가격형성도 철강업의 근대화·합리화를 가져온 것은 아니었으며, 타 산업 특히 수출산업에는 유해한 중압이 되었던 것이다.

마침내 1948년의 철강업 국유화 법안으로 국가에 의한 독점형성의 과정에 나서지 않을 수 없는 것이었으나, 이러한 독점 부진 중에서 비로소 독점다운 것이 있었다면 그것은 화학공업의 제국화학공업주식회사(1926년 Broner Mond, Nobe공업 British 염료, 합동 Arcali, 4회사 합동)였다. 이로써 영국에도 마침내 트러스트(trust)가 출현했다고 말해질 정도로 영국은 독점발전사상 이색적이기도 하다. 그러나 화학부문은 석탄·철광과는 달리 생산 과정의 특수성 때문에 거대화를 요하는 기술적 요인과 이에 따라 대자본이 소요되어 처음부터 독점을 필요하게 했다. 합동 전의 4회사는 모두 1890년대부터 독점기업으로 출발한 것과 같다. 그러나 25년에 독일의 화학공업 트러스트(trust)인 I.G가 설립되자 세계 시장에서 이에 대항하는 경쟁력을 높이고자 영국에서는 이 4회사가 합동한 것이다.

이렇게 완만·저급한 자본집중의 독점화를 영국형이라고도 하는 것이나 독점형성의 영국형에서는 금융자본 형성에도 소극적인 특성으로 나타나지 않을 수 없었다. 원래 독점자본주의 단계에서는 은행도 보다 많은 자본을 집적한 소수의 거대은행에 집중되는 동시에 은행은 금융 중개라는 본래의 기능에서 산업과의 상호의존 관계가 깊어짐에 따라 은행자본은 산업자본과 융합하고 은행과 산업은 인적(人的)으로 결합한다. 은행의 중역은 산업체의 중역으로 참여하여 독점체의 산하에 대한 전능의 독점자로 전화한다. 이에 금융과두제(financial oligarchy, L'oligarche financiere)의 금융자본(finance capital, Finanzkapital)이 형성되는 것이었으며 '생산의 집적, 여기서 발생하는 독점, 은행과 산업과의 유착[7]은 접합, 이것이 금융자본의 발생사이며 개념 및 내

7] S. Aaronovitch Monopoly A Study of British Monopoly Capitalism. 1955. 佐藤金三郎 역 《獨占》 p.60

용'인 것이다. 그리하여 독점자본주의는 금융자본주의가 된 동시 자본주의 발전의 최고 관계로서의 역사적인 특수성[8]에 따라 제국주의(경제적 의미)라고도 칭해지는 것이다.

이에 관한 자세한 것은 (2)로 미루고 영국은행 자본은 금융자본 형성에서도 독일이나 미국의 은행자본이 독점산업자본과 내면적 유착을 한 것과는 같지 못했다. 즉 영국에서도 중공업 발전에 대응하여 은행이 공업에 장기적 투자신용을 공여할 수 있는 기구가 정비되기는 했다. 그러나 은행과 공업의 상호관계는 자금의 대차관계에 그쳤을 뿐 내면적 융합을 이루지는 않고 따라서 금융자본 특유의 조직적 독점이 원만히 성장할 수도 없는 것이었다. 이는 영국자본주의가 개인기업을 중심으로 발전했다는 전통에 기인한다. 즉 자본주의의 선진국, 세계의 공장으로서 산업은 개인적 자본 축적으로 발전했다. 이 과정에서 은행도 예금과 대부를 중요 기능으로 외부적 관여에 그치는 전통이 쌓여 왔다. 때문에 19세기 말 이후 중화학공업의 거대산업이 발전함에 따라 은행도 집중 운동이 전개되기는[9] 했으나 그 성격은 의연 예금은행으로서 자금의 유동성을 확보하고 이윤율 저하를 방지하는 데에 유효했을 뿐이다. 즉 산업자본과 내면적으로 유착하여 이를 조직적으로 지배하는 독점체 확립의 금융자본으로 상승하지는 않았으며 오히려 해외투자(3의 (1))를 통하여 금융자본을 형성한 것이 영국의 특성이었던 것이다.

그러나 영국의 독점형성이 아무리 이 같이 특수한 것이었다 해도 '그 특징을 기업합동·기업연합이 드물다든지 약체적이라는 데에 있는 것이 아니고, 심하게 눈에 보이지 않은데 있다. 마치 진열장에는 많은 물건을 장식하

8] 이 특수한 역사적 단계의 특수성을 (1)독점자본주의 (2)기생적 또는 부패하고 있는 자본주의 (3)사멸하고 있는 자본주의라고 하는 학파도 있다.

9] 1890년 대 내지 제1차 대전 전 사이에 주식은행에 의한 개인은행의 합병, 주식은행간의 합동. 런던은행과 지방은행의 합동 등으로 주식은행 총수는 1890년 104에서 1900년 24, 1920년 20, 1950년 11로 집중.

제5장 근대자본주의의 확립과 발전범모

지 않아도 점포 안에는 좋은 물건이 많은 상점과 같은 것'[10]이라는 말과 같이 영국도 독점형성에 예외가 아니라는 것은 두말할 필요가 없다.[11]

(2) 독·영의 선진적 독점형성과 국제독점의 발전

영국의 이 같은 상황에 반하여 독일은 카르텔(Kartell)의 조국이라 말해질 만큼 독점형성에 앞섰다. 이에 대해 미국은 트러스트(trust)의 조국이라고도 말해지는 것이나 19세기 중엽까지만 해도 영국에나 프랑스가 누린 공업적 근대기술의 번영은 독일로서는 전대미문의 것이었다. 그러나 이 같은 번영도 영·프 등에서는 1세기 이상의 시간을 요한 것과는 달리 독일에서는 1870년 대 이후 불과 2,30년 안에 이 번영을 달성하고 오히려 이 나라들을 추월해 버린 것이 독일 산업혁명의 특성이라 했다. 그러나 이 엄격성에 인(因)이 되고 과(果)가 되었던 것이 곧 독점형성이었으며 1870년 이전에 이미 독일공업은 소비재 생산 부문에서 생산재 생산 부문으로 그 기조가 옮겨가고 70년 대의 이른바 2차 산업혁명[12]에의 전망이 서 있었다. 동시에 은행자본의 집중도 촉진되어 금융 독점이 싹트고 있었으며 특히 독일 독점자본의 횡행이었던 근대적 주식회사제도도 확립되고 있었다.

그리하여 근대적 독점의 태동기를 겪으면서 독일은 1871년의 보불전쟁에서 승리를 거두었다.[13] 이를 계기로 자본주의는 급속한 전개를 볼 수 있었

10] 1919년 트러스트(trust) 위원회의 의회 제출 자료 9236호(Aaronovitch, Monopoly-A Study of British Monopoly Capitalism, London 1955. 佐藤金三郎 역 《獨占》 p.5에서 인용.

11] 독점의 상태를 모두 열거할 수는 없으나 '1951년까지 영국은 모든 본질적인 점에서 자본주의사회는 아닌 것이 되고 말았다'(新페이비안논집 p.42 : 전기 Aaronovitch의 Monopoly. 일본 역 p.178에서 인용)고 말할 만큼 녹점은 일반화.

12] 1865년의 Bessemer 전로(轉爐)제강법, 1860년의 Siemens=Martan 평로(平爐)제강법 출현을 계기로 기술혁신이 중공업 부문에서 다시 활발해진 것을 지칭한 것이나 이에 산업혁명이라 말을 붙이는 것은 통속적이고 부적합.

13] 전승(戰勝)으로 Elsass, 로트링겐(Lothringen)과 50억 프랑의 배상금을 획득하고 국내시장도 통일.

던 것이며 전승으로 얻은 로트링겐(Lothringen) 지방의 빈광석(貧鑛石)도 앞서 말한 2차 산업혁명의 새로운 제철 기술 발명으로 이를 사용할 수 있게 되어 루르(Ruhr) 지방의 중공업에 급격한 발전을 보게 했다. 50억 프랑의 배상금 유입은 70년 대 초 이른바 창설시대라는 호경기를 맞이하게 했다. 그러나 이 호경기도 그 과열이 73년의 공황을 일으켰다. 장기화한 이 공황의 궁상을 타개코자 한 것이 카르텔(Kartell) 결성이었으며 1865년 4개의 카르텔은 75년에 8개로 늘었다. 이후 87년에는 70으로 급증(1896년 250. 1905년 385, 1911년 600)하여 모든 중요 산업이 카르텔화했다. 카르텔은 마침내 공동판매의 신디케이트(syndicate) 설립으로 나아갔으나 이러한 독점형성에 역할이 컸던 것이 주식회사였다. 영국에서는 개인 기업이 전통인 것과 달리 독일에서는 이른바 창설시대의 본격적인 산업혁명이 2차 산업혁명이라 불리는 신발명의 중화학공업분야를 중심으로 추진되었다(1절 2의 (1)). 그러나 이들 산업은 개인기업형태로서는 처리할 수 없는 거대한 고정자본을 요하는 것이었다. 때문에 처음부터 주식회사가 보급되었으며 카르텔도 일찍이 신디케이트(Syndikat : 주 (3)) 결성으로 나아갔던 것이다. 즉 독일의 독점형성은 주식회사 보급이 이를 용이하게 했던 것이나 주식회사제도는 동시에 금융자본 형성에도 이의 전제가 되었던 것이라 한다.[14] 이를 전제로 은행이 독점체의 주주로서 독점체와 자본적 결합을 하고 이에 따라 중역 파견 같은 인적 교류를 용이하게 할 수 있게 됨으로써 산업자본을 지배할 수 있었기 때문이다.[15] 그리하여 은행자본도 집중대규모화(베를린의 은행과 지방은행의 합동)하면서 산업자본과 융합하여 이를 지배하는 금융자본이 19세기 말에 이르는 동안 널리 성립할 수 있었던 것이다.

이 성립기를 거쳐 1890년의 공황 이후 독점단계는 확립될 수 있었으

14] 大內力 《農業經濟學序說》. p.230 이하.

15] Rudolf Hilferding이 Das Finanzkapital. 1910. (岡岐次郎 역 《金融資本論》 岩波文庫) 에서 이 점을 강조.

며, 1905년 카르텔(Kartell)의 수는 385(1865년 불과 4)에 달했다. 그 독점력
은 라인·웨스트파렌 석탄 신디케이트(Rheinisch Westfälische Kohlen-Syndikat.
1903년 결성)의 경우 이 지방(Ruhr) 탄전의 산탄량 86.7%, 전 독일의 45.4%
를 지배하여 대외경쟁에서는 덤핑, 국내시장에서는 고가판매를 자행할 수
있었다. 보다 중요한 것은 듀셀돌프 제강연합(Stahlwerkband, 1904년 결성)이
었다. 이에 가입한 업자의 태반은 석탄·철광산·선철을 겸영하였으며 그 중
6·7개의 큰 회사가 연합회를 지배하고 연합회는 전 독일의 제강업을 독점
적으로 지배하여 역시 대외적 덤핑, 대내적 높은 가격을 자행했다. 이 밖에
화학공업의 가리(加里) 신디케이트(Syndikat)는 1881년에 결성되어[16] 세계적
독점의 지위를 얻었다. I.G염료회사는 독일 화학공업을 독점 지배한 트러스
트(trust)였으며 1899년 설립의 합동인견회사(Glanzstoff-Konzern)는 독일 인
견의 75%를 생산할 수 있었다.

이에 조직적 참여를 한 것이 은행자본이었으며 20세기 이후 급진적으로
집중화하면서[17] 주식회사제도를 이용하여 독점형성을 추진하고 이에 참여
했다. 이로써 독일의 은행자본은 산업자본과의 유착, 기업직능의 금융전문
화에의 이행 또는 은행자본의 산업자본에의 전화를 전형적으로 수행하여
금융자본주의를 완성할 수 있었다.

이를 독일형이라하면 트러스트(trust)의 조국이라고 말해지는 미국의 독
점에 관해서는 '자유경쟁은……단순한 신화에 불과……'[18]하고 '우리는
과점(寡占)……사적집산주의가 규칙(rule)인 산업사회에서 살고 있다'[19]는

16] Interesse Gemeinschaft Farbenindustrie Aktiengesellschaft : 1925년 Baaden Anilin. Beier,
   Agfa 3社가 I.G. Fabben 결성.

17] 독일의 은행 수는 1913년 9개, 29년 5개로 감소하였는데 이는 합동에 의한 것.

18] Michal Kalecki : Esays in the Theory of Economic Fluctnations. 1939, p.41.

19] J. K. Galbraith : Monopoly and the Concentration of Economic Power. In A Survey of
   Contemporary Economics(ed. by H. S. Ellis) 1949. p.127. (공히 經濟學新大系 III 독점
   p.72,73에서 인용)

말이 그 정도를 잘 표현하고 있다. 이렇게 되도록 이른바 미국형의 역사적 계기는 역시 1873년의 공황이었다. 이에 즈음하여 대응한 방식이 남북전쟁 직후에 생긴 비밀협정의 신사협정(gentlemen's agreement)을 시장 할당으로 발전시킨 풀(pool)제도였다.[20] 그러나 이 초기 독점형태는 협정위반자·협정불참자의 항변이 많고 1897년 최고재판소가 위법이라 판정할 만큼 운영이 어려웠다. 이 불안 속에서 보다 강한 통제력과 적법성으로 시장독점을 확립코자 출현을 보게 된 것이 트러스티방식(trustee device)[21]을 중핵으로 한 새로운 자본집중의 방식이었다. 1879년 록펠러(J. D. Rockefeller)가 고안하여 1882년 스탠다드 석유트러스트(Standard Oil Trust) 결성으로 구체화되었다. 즉 록펠러의 오하이오 스탠다드(Ohio Standard) 석유회사는 1879년에 30개사와 트러스트(trust)협정을 하여 약 250의 경쟁사가 있음에도 미국 제유의 90%를 점했다. 그러나 1882년에 다시 14개사의 전 주식과 26개사의 주식 대부분을 록펠러를 비롯한 9인의 수탁자가 수탁하여 이들이 일체의 권리를 행사하는 스탠다드(Standard)석유 트러스트(trust)로 개편했다. 이로써 수탁자의 지배가 절대적인 독점이 창출되었으며, 많은 산업분야[22]가 이를 본받은 트러스트를 설립했다.

그러나 이는 관습법 또는 주법(州法)에 저촉되어 세론(世論)은 반 트러스트 경향에서 각 주는 1889년 이후 반독점을 입법했다. 90년에는 연방의회도 셔먼 반트러스트법(Sherman Anti-trust Acts)을 제정하여 92년에는 석유 트러스트도 해산되었다. 그러나 이에 대항하여 보다 영속적인 독점형태의 새

20] 개별기업은 독립한 채 생산과잉과 경쟁 격화를 방지하여 이윤을 확보코자 가격 판로 판매량을 협정하는 카르텔인 것이나, 사실은 공황기의 부정경쟁 완화에 어느 정도 유약했던 약한 카르텔 형태.

21] 각사는 어느 정도 자주성을 가지나 가격이나 생산에 대한 지배를 수탁자에 일임하는 트러스트(trust) 방식.

22] 아메리카 면실유 트러스트(1884), 내셔널 아마인유(亞麻仁油) 트러스트(1885), 내셔널 강구(鋼具)회사(1887), 위스키 트러스트(1887), 내셔널 연(鉛) 트러스트(1887), 사탕 트러스트(1887) 등을 비롯한 15개사.

조직으로 등장한 것이 지주회사(holding company)[23]였으며 독점이라는 경제적 요구는 법으로 막을 수 없는 것이었다. 이 형태는 동급 기업 간만이 아니라 원료에서 완제품에 이르는 수직적 결합의 보다 포괄적인 것이었으며 스탠다드 석유를 선두로[24] 1898~1904년 사이에 전 산업부문에서 318의 트러스트가 지주회사로 전향했다. 스탠다드 석유는 의연 독점을 견지하면서 석유의 국내 판매 85%, 수출 90%를 독점했었다. 이는 셔먼(Sherman) 법의 강행으로 11년 해방, 개조하게 되었으나 독점 저지는 여전한 과제로서 1914년에 제정된 것이 반독점의 클레이톤법(Clayton Act)이었다.

그러나 여기서도 합동에 대한 규제가 없었다. 스탠다드 석유는 이 법망을 뚫고 록펠러 재단(concern)[25]을 결성하여 오히려 보다 강력한 독점체를 구성했으며, 많은 산업부문의 독점체가 이 경험에 따라 재단으로 개조했다.[26] 이들 독점체가 은행자본과 융합한 금융자본임은 두말할 필요가 없다. U. S 제강(Steel), 아메리카 전신전화가 모르간재벌(Morgan & Co.)의 First National 은행, National City 은행계이고 록펠러 석유집단이 Chase National 은행계이다. 이 두 금융자본군을 이른바 두 마리의 맘모스(mammoth)로 철도 중심의 쿤 로오브(Kuhn-Loeb)계, 알미늄 기타 피츠버어그 중심의 멜론(Mellon)계, 화학·폭약·G.M 기타 중심의 듀퐁(Du Pont)계 및 클리브랜드(제강), 보스턴(제혁), 시카고(통조림)의 3개 지방독점체 등 8개 거대독점체가 미국의 106개

23] 지주회사란 타 주식회사의 주식 일부를 소유 또는 관리함으로써 해당 회사를 지배하는 기업결합. 1886년의 노벨 폭약 트러스트가 세계 최초로서 독·영 다이나마이트 제조업자의 경쟁이 종결. 구미대륙에 전파.

24] 소속 20개사 중 큰 회사인 New-Jersey Standard 석유회사를 지주회사로 개편.

25] 기업연휴라 할 수 있는 콘쩨른(Konzern)은 지주회사 형태로 동일계통의 자본이 금융적으로 지배하는 독점적 거대자본 집중의 한 형태. 이는 관련 산업 내지 모든 산업 부문을 명목상으로는 독립하게 해두지만, 주식·사채 소유 또는 대부, 중역겸임 등, 실질적으로는 중앙단일기관에 계열화되어 금융적으로 종속하게 함으로써 강력히 지배하는 최고도의 기업결합 형태.

26] 아메리카 연초회사, 아메리카 제당회사, 합동제화 기계회사, 국제 농기구 회사 U. S. 제강회사.

주요회사를 지배하고 적어도 121개 생산물이 생산량의 3/4 이상을 불과 4개사가 생산, 지배되고 있었던 것이 1937년 경의 사정이었다.

이후 전형적으로 발전한 미국의 독점자본 형성은 전 과정을 추구할 여유가 없으나[27] 자본주의 발전이 독점단계로 급성장하자 이의 심부는 국제성을 띠게 된 것이 필연적 귀추였다. 국내시장의 독점 지배를 마친 독점체는 국내시장과 불가피하게 결부된 해외(세계)시장의 경쟁 배제와 독점 지배를 위해 국제간의 협정을 맺어야 하는 것이었다. 국제 카르텔(cartel), 국제 트러스트(trust)로 크게 구분할 수 있으며, 전자가 독점적 자본이 서로 독점적 지위를 확보할 수 있게 국제적 규모로 협약을 체결하는 것이고, 후자는 자본적 지배를 본질로 하는 차이가 있다. 1870년의 창연(蒼鉛) 신디게이트, 80년 대의 폭약공업 트러스트를 선례[28]로 84년의 국제궤도제조업 카르텔, 기타 매거(枚擧)불능의 국제독점이 다수 형성되었다. 세계 최대의 전기공업 재단인 미국의 General Electric Co. 는 각국에 분신을 가진 전 세계적 트러스트[29]이다. 석유에 관해서는 1위가 미국의 스탠다드 석유 트러스트, 2위가 영국의 Royal Dutch Shell Combine[30]이었다. 영국에서는 이 밖에 Anglo-

---

27] 1949년 현재 이미 3개사 이하에 의하여 생산을 지배하는 비율은 알미늄이 100%. 자동차(G. M, Ford Clisler) 90%. 주석제품 95%. 리노륨 92%. 동정련(銅精鍊) 86%, 권련(卷煙) 78%, 주청(酒精) 72% 기타 철강업에서는 일관작업의 18개사가 선철 89%, 동 91%, 압연제품 85%를 점함.

28] 처음 소수 각국업자가 미약한 협정체결. 1886년 87년에 대규모 국제 트러스트(trust)로서 런던의 Nobel, Dynamiel Trust(영·독·영국령식민지의 회사 흡수)와 파리의 Société Central de la Dynamiel(프랑스·스위스·스페인·이탈리아의 회사 합병) 출현. 전쟁 후 독일 업자와 미국의 대 화학 concern인 Du Pont d Nemours & co. 등과 함께 전매특허 기술 연구성과의 주류 협약.

29] 처음 미국의 G. E. Co. 자매회사였던 독일의 Deutsche Edison-Gesellschaft는 1887년 A. E. G로 독립. 1907년의 상호협정(미국과 캐나다는 G. E. Co.가 이탈리아·스페인·프랑스 및 영국을 제외한 유럽의 대부분은 A. E. G에 할당)으로 세계를 G. E. Co와 A, E. G.가 분할하여 경쟁을 배제코자 협정. 1923년에는 이익 공동계약을 체결하고 주식소유와 중역 겸임도 하게 되어 미국 본사인 G. E. Co는 각국 가입 기업은 주식을 최고 49.2%에서 최저 15% 소유.

30] Combine Combination은 결합기업·결합생산·혼합기업 등의 말로써 생산 과정의 전후

Persian Co. 가 1909년에 이미 27개국에서 활약한 일대 국제 트러스트를 형성하고 있었다. 국제간의 치열한 경쟁은 마침내 아메리카와 아울러 1934년을 전후로 뉴욕 및 파리의 국제석유회의로 나타나 국제적 독점자본간의 생산제한협정·판매협정을 맺게 되었다.

그리하여 국제독점은 국제 카르텔만 해도 1897년의 40에서 1910년의 100, 1931년의 320으로 각각 증가했다.

요컨대 국제독점은 '왕왕 파멸에 이끄는 경쟁의 격렬성을 완화하는 수단……공업보호수단……다른 한편에서는 가격인상의 수단으로서 여론은 이를 우려'[31]했다. 그러나 세계전쟁 이후에는 국제독점은 정치적 의의를 취득하고 전연 새로운 방향에서 관찰되고 있다. 이전에는 경제적 견지에서 크게 유감시했으나 지금은 일반적으로 장려·시인되고 정치적 이유에서도 전쟁 등에 의한 경제적 불균형을 완화하는 수단이라는 학자도 있다(R. Liefman. 3의 (2)의 초제국주의론, K. Kautsky 도 이에 일맥상통).

그러나 '국제독점의 내용과 형태를 혼돈하는 것은 잘못……1차전 전은 전투적이었으나 이제는 설득적……이는 형태의 변화일 뿐 내용의 변화는 아님……국제독점의 조직은 독점자본에 의한 세계분할의 형태이며 분할은 자본에 따라 실력에 따라 행해지며……이는 정치적·경제적 발전에 따라 변동'[32]한다는 내용이 문제라는 것이다.

또는 계기적 각 단계를 수직적으로 결합하는 기업집중 형태.

31] 《新經濟學大系》, Ⅲ. 獨占. 河出書房 p.110.

32] 《新經濟學大系》, Ⅲ. 獨占. 河出書房 p.111.

2. 독점적 경제발전과 자본제 모순 및 공황의 확대

(1) 독점자본제의 공황 심화와 국가독점 자본주의 형성

(承前 : 5장 2절 3의 (1)에서) 독점단계형성은 위와 같이 자본주의의 최고 발전 단계를 이룬 것이었다. 그러나 자본주의가 이 같이 최고의 발전을 이루었다는 것은 그만큼 이 단계에 이르러서도 자체의 기본적 모순(2절 2의 (1))은 해소되지 않고 오히려 확대된 것임을 뜻한다. 따라서 이를 원인으로 발생하는 공황도 보다 첨예화해야 했으며 자본주의의 새로운 질적 전개를 의미한 독점체가 공황을 배제코자 하는 정책은 오히려 이를 심화하기만 했던 것이 더욱 중요하다.

이는 마침내 혼합경제(국가독점 자본주의)라는 2중경제로 나아가게 한 것, 후술하는 바와 같거니와 요컨대 독점단계의 높은 생산력은 노동생산성을 한층 더 높게 한다.

그러나 모든 산업은 소수의 독점기업에 집중되어 있으므로 이들 독점자본가는 모든 상품을 생산가격보다 훨씬 비싼 독점가격으로 판매할 수 있다. 이로써 독점자본은 독점 이윤을 쉽게 실현하여 평균 이윤의 법칙(제1절 3의 (1)) 아닌 최대한 이윤의 법칙 관철을 위한 독특한 경제적 제국주의 정책(3의 (1))에 여념이 없게 된다. 그러나 그렇게 해서 독점적 경제발전이 현저하다 하더라도 이는 모순의 확대와 이에 따른 공황을 격렬하게 하였을 뿐이다.

즉 독점자본주의 형성에 있어서는 다수의 중소자본이 금융거액에 집중(매수합병)된다. 잔존하더라도 거대독점기업의 계획된 작전에 유린된다. 한편 임노동도 생산성 상승에 따라 향상은 하더라도 생산물 가치 중 자본가 귀속의 이윤부분에 비하여 상대적으로 적어진다. 때문에 독점자본은 보다 더 발전할 수 있으나 노동자의 노임은 높아져 가는 사회적 일반 문화생활에 비례하여 상승할 수 없다. 즉 노임은 노동력의 가치 이하이기 마련이며, 이른바 상대적 궁핍화(제2절 2의 (1))는 해소되지 않는다.

이에 사회의 소비능력은 상대적으로 저하한다. 독점체는 불가불 아웃사이더(outsider : 독점에 가맹하지 않는 기업)와 경쟁하면서 독점 내부에서도 서로는 보다 많은 초과 이윤을 위한 생산비 절감. 카르텔(cartel)의 보다 많은 할당 취득을 위한 경쟁으로 이에 대처한다. 그러나 생산비 절감은 노임 인하와 노동시간 연장, 기타 노동강화로 나타나고 농촌에 대해서는 농산원료 매입가격의 인하 또는 노임 인하의 합리적 근거 확보를 위한 식량 생산물의 저가격 유지로 나타난다. 아웃사이더와의 경쟁에서는 경제적 강자인 독점 대기업은 카르텔(cartel) 가격의 공인제, 최저 가격의 공정, 또는 강제 카르텔(cartel)화, 신규기업의 제한 내지 금지로 어느 정도 가격 폭락을 막을 수 있었다.

그러나 독점체 내부에서는 개별 대기업의 협정 파기 등 경쟁이 치열한 가운데서 그 경제력은 국가권력과 결탁하여 공황방지에 노력한다. 즉 서로는 소비증대를 위한 임금인상, 실업자 흡수를 위한 공공사업 확충, 국가의 직접적 소비 신장 등을 요구하며 협력한다. 그러나 자본가는 자기 상품의 판로 확대일지라도 임금인상에는 한도가 있게 된다. 국가의 소비 신장도 자본가 자신의 부담이면 한계를 두고 협력할 수 있는 것이다. 결국 이 한계는 대중 과세로 전가되는 것이나 대중 과세는 반비례로 대중 소비 능력의 감소로 반전한다. 더욱이 이 같은 국가의 소비력 보강정책은 이로써도 미흡한 때에는 군사비 증대로도 나타나는 것이나 이러한 보강정책은 자칫 재정지출의 증대로 인플레이션(inflation)을 유발하여 역시 대중수비력의 감퇴로 발전하게 되는 것이다.

독점자본의 이 같은 국내시장 대책은 또 이를 위해 대외시장에서도 관세 인상, 수입할당제 내지 수입금지로 구현되고 수출을 위해서는 각종 보조금

교부, 해운조성금지급 또는 덤핑 등으로 나아간다. 그러나 이 같은 초관세정책은 상대국에게도 같은 정책수단을 취하게 한다. 마침내 블록(bloc)경제[33]가 형성되어 세계 시장은 좁아지고 국제무역이 축소함으로써 과잉생산은 해소 아닌 확대의 반작용을 결과한다. 이는 결국 독점시장 획득을 위한 세계의 영토 재분할 전쟁으로 되어 피해를 약소국에 전가하고 국내에서는 비독점의 농업 부문에 전가하게 되는 것이었다.

그리하여 독점은 결국 국내외 경쟁의 국내경제에서 신기술체계 신작업방식 등의 기업 신설 또는 기업 확충으로 독점 이윤을 확보할 수 있다 해도, 이것이 고도로 진행되면 될수록 앞서 말한 것과 같이 사회의 소비능력과의 괴리는 더욱 증강된다. 동시에 국외시장도 국제간의 경쟁으로 축소 교란되기만 한 것이었다. 즉 상대적 과잉생산 공황의 궁극적 원인인 생산의 무제한 확장과 소비의 상대적 제한이라는 모순도 독점단계에서 더욱 증강된다. 따라서 공황도 보다 심화되어 강력하게 폭발하는 첨예화의 결과이었다. 즉 독점체는 자체의 경제력 내지 통제력과 아울러 가증한 공황현상을 회피코자 하는 국가적 과제가 협주(協奏)하여 공황을 연기할 수는 있었더라도 이를 말소할 수는 없었던 것이 독점단계 형성 이후의 현실이었다(다음 (2)).

독점단계에서는 금융신용도 공황을 연기하는 데에 역할을 할 수 있고 또 해야 하는 것이었다. 즉 산업자본주의 시대에는 신용의 붕괴가 왕왕 공황을 일으켰고(제2의 (1) 3의 (1)), 이에 따라 상대적 과잉생산공황을 신용 부족의 부문 간 불비례로 설명하는 이론[34]도 낳게 된 것이다. 그러나 독점단계의 금융자본주의가 성립함과 더불어 금융자본의 경제력은 국가의 협력으로 금

33] 2차대전 전의 영연방 중심인 Sterling bloc, 미주 중심의 $ bloc, 프랑스 중심의 금본위 bloc, 소련의 사회주의 bloc, 일본·독일·이탈리아의 have nots bloc이 전형적.

34] M. I. Tugan-Baranovski(1855~1919)를 대표로 그는 K. Kautsky와 더불어 이른바 합법 마르크스주의자로서 공황을 자본주의의 생산과 소비의 모순이라는 내재적 모순에서 그 원인을 구하는 정통 마르크스주의자와는 달리 사회적 소비가 아무리 남아도 생산 부문 간의 비례성이 보지된다면 공황은 안 일어난다고 주장.

융체제를 전폭 이용함으로써 신용적 측면에서 공황폭발을 억제할 수 있고 또 해오고 있는 것이 현실이다. 그러나 이 역시 공황을 완전 해결하는 것은 아니므로, 결국 공황을 연기한 나머지 그 요인은 확대·축적되어 일단 폭발할 때에는 전 은행 및 신용체제가 붕괴하는 대 신용공황 내지 금본위제 그 자체를 와해로 이끈 본위화(本位貨) 공황을 일으키기도 한 것이 저간의 경과였다.

구체적으로는 독점단계 확립 이후의 공황을 독점의 확립기에서 난숙기 사이와 그 후의 국가독점 자본주의적 경향의 시기로 나뉘어 설명된다.

I. (제2절 3의 (1)에서 계속) **독점의 확립기 내지 난숙기**(19세기 말 내지 1 차 세계대전) : 이 기간에는 1900년 및 1907년에 두 차례 공황이 있었다. 그리고 1907년의 공황은 특히 미국에서 종전의 어떤 공황보다도 심각했던 것이나, 이는 그 이전 약 10년간의 돌풍 같은 공업생산의 증대에 기인한 것이었다. 즉 이 10년간의 철도망은 전 세계적으로 급진전했다. 대규모의 발전소도 철도 건설 못지않게 호황작용을 했으며, 전기 기술 및 화학공업의 돌진적 증대도 그러했다. 가속적인 자본 수출에 의거하여 상품수출도 증가했으나, 공업적 상품은 1차농업공황(1875~95)이 극복됨으로써 농업인구에 그 판로를 확대할 수 있었다. 뿐만 아니라, 세계대전 전초였던 이 시기에는 군사비 지출도 막대하게 증가되어 공업생산은 급증했다.[35] 이로 인하여 공황과 불황은 두 차례 모두 1~2년의 단기에 그치기는 했다. 그러나 '고가를 유지하여 불가피한 경우 이외에는 양보할 줄 모르는 카르텔(Kartell) 가격 때문에 불황사태는 첨예화했다.'[36] 바야흐로 거대한 독점기업을 흡수, 파산에 이끌면서 물가를 끌어올릴 수 있었다. 이로써 독점체는 거대 이윤을 독점·집중할 수 있다. 그러나 그럴수록 이는 소비 감퇴를 더욱 심하게 하여 생산

35] 1913년 100의 1900년 공업생산지수는 영국 79, 프랑스 66, 독일 65, 미국 54, 전세계 60. (經濟學新大系 Ⅱ "恐慌" p.67)

36] 經濟學新大系 Ⅱ "恐慌" p.69

과 소비의 모순을 가일층 더하게 했다. 때문에 당시 생산의 집적·집중이 가장 급속했던 미국에서 공황은 과거의 어떤 때보다도 심각하게 되고 독일에서도 미증유의 신용공황을 겪어야만 했던 것이다.

Ⅱ. 국가독점 자본주의적 경향의 시기(1914년 이후) : 이 시기는 1920년과 1929년의 공황에 이은 이후에 해당한다. 그런데 당시의 세계 제1차대전은 감안컨대 1907년의 공황이 회복하여 다시 다음 공황에 돌입하는 순환적 진행을 중단하는 역할을 한 셈이었다. 뿐만 아니라, 전쟁 준비의 군사적 폭점(暴占)은 오히려 생산을 초과한 소비를 구현했다. 이에 물가는 등귀하고 독점체는 호경기의 이득을 독점할 수 있었다. 그러나 사태는 이렇게 단순한 것만은 아니었으며 격심하게 파괴된 교전국의 현실은 궁핍에 신음해야 했다. 이에 결부한 것이 전시 중의 과잉생산이었으며, 마침내 일체의 종전 공황을 능가한 1920년의 공황을 낳게 했다. 그러나 이 역시 단기에 그쳤으며, 미국에서는 21~22년의 회복기에 경이적으로 상승한 주택건축을 선두로 20년대에는 자동차·전기를 주축으로 한 대규모 투자의 격증이 25년에는 정점에 달하여 미증유의 호경기를 맞이하게 됐다. 독일에서도 공업생산이 회복되고 고정자본의 갱신확대에 나섰다. 그러나 이는 고정자본의 만성적 과잉 상태를 초래하여 28년에는 급격한 쇠퇴에 직면했다. 그리하여 미국의 공업생산은 29년에 최저점으로 후퇴[37]했으며, 이것이 사상 유례 없는 심각성의 공황으로 빚어졌다.

부연하면 이 공황이 주식거래소 공황으로 발단된 것은 널리 알려져 있는 사실이다. 즉 대부자본의 항상적 과잉은 주가를 폭락하게 했다. 그러나 금융자본의 과두제 지배 하에서 대은행은 신용공황을 저지하고 공동운명인 대기업의 파산을 방지코자 온갖 수단을 아끼지 않았다. 그리하여 은행신용체계의 붕괴는 일단 막을 수 있었다. 그러나 1933년에 이르러서는 급기야 신

37] 미국의 공업생산은 공황 전의 최고점에 비해 1929년에는 석탄이 −40.9%, 선철이 −79.4%, 강철이 −75.8%, 면화소비량이 −31.0%의 하락율(주(3)의 p.74)

제5장 근대자본주의의 확립과 발전면모

용공황이 개시되어 파산의 속출, 은행본위화의 감가, 국제적 지불정지, 자본 수출정지, 외국무역 격감으로 나타났다.

결국 신용공황은 연기에 불과했으며 29년의 대공황은 1천만의 만성적 실업자를 낳은 것으로도 그 심도를 알 수 있다.[38] 뿐만 아니라 이 공업공황은 1920년 대에 시작된 농업공황을 첨예화하게 했다(다음 (2)에 상술). 미국 에서 시작된 이 공황은 줄곧 전 자본주의국에 파급했다. 이 때의 농업공황도 농업의 전 분야만이 아니라, 전 세계적으로 확대된 것이 19세기의 그것과 다른 심각성을 나타낸 것이었다. 이를 극복키 위한 정책이 유명한 뉴딜(New Deal) 정책이었으나, 이로써도 극복은 흡족하지 못했다. 1932년에 비로소 최저점을 통과하고 회복에 들어서기는 했으나 이는 일종의 발작적인 현상에 불과했던 것으로서 상향운동은 완전회복에 이르기 전에 1937년의 공황으로 중단되고 만 것이었다. 때문에 한센(Alvin H. Hansen)은 이를 가리켜 장기적 침체라고 말했던 것이다.

반면 바루가(E. Varga)는 자본주의를 비판하는 입장에서 이를 자본주의의 전반적 위기(general Crisis, allgemeine Krise)에서의 모순발견이라 했던 것이다. 독점자본주의에서는 생산력의 항상적 과잉이 농업 부문에서도 만성적 농업공황, 대부자본에서도 만성적 과잉자본, 취업면에서는 만성화된 구조적 실업으로 나타나기에 이르러, 생산과 소비의 모순에 의한 순환과 공황은 만성적으로 격화한 변형을 이루게 되었다는 데에 연유한 말이다. 즉 이에 의하면 독점자본주의도 1차 대전 후에는 그 이전과 다른 변용을 이루게 된 것이라 한다. 독점자본주의는 국가독점 자본주의를 확립하기에 이르렀기 때문이며, 첫째, 대전 후의 세계는 전승국과 패전국이 은연 중 대립하고 있었는

38] 생산지수(1929=100)는 미국이 생산 수단에서 1927년 83, 32년 28, 35년 82, 소비 수단에서 각각 95, 46, 95로 하락하고, 독일은 생산 수단에서 각각 104, 38, 113, 소비 수단에서 각각 105, 76, 99로 하락(經濟學新大系 XⅡ "資本主義の 運命" p.74에서 인용).

가하면, 이른바 열강제국(미·독·영·프·이·일)도 서로의 불균등한 경제발전으로[39] 인하여 경제적 시장 재분할과 정치적 세력 균형의 대립이 격화하였다. 이는 마침내 2차대전을 빚은 것이기도 했으나, 둘째, 대전은 식민지 종속국 등의 독립운동을 고양하는 계기가 되어 열강의 정치적·경제적 기초를 불안하게 했다. 그리고 셋째, 독점 지배는 이제야 전쟁 전에 중화학과 은행에 한정되었던 것이 경공업·상업 등 모든 산업부문을 침투했다.

그러면서 고정자본의 과잉(조업단축), 대부(貸付)자본의 과잉, 구조적 실업은 만성화하여 생산력은 불완전 고용이 미증유로 증대하는 가운데에서 정체경향이 현저했다. 29년의 공황도 이로 인하여 그만큼 격렬했던 것이며, 자본주의적 순환의 주기적 공황은 보다 심각화·장기화의 경향으로 나타났다. 다른 말로써는 자본주의의 모순이 정점에 이르러 자본주의는 붕괴의 위기를 맞이했다는 것이다. 즉 자본주의가 이 같은 위기에 처해 있을 때 1917년의 소련 사회주의혁명으로 인하여 이 위기는 전반적 위기라는 새로운 국면을 개시했다는 것이다. 전후 독점력의 강화와 경제적 혼란으로 대중의 소비력은 저하한데 소련 혁명으로 자본주의 제국의 시장은 육지의 1/6을 상실하게 되었다. 한편 정치적으로도 앞서 말한 식민지와 반식민지의 민족운동이 대두하고, 서구의 일부국가들(독일, 불가리아, 핀란드, 스페인 등)도 동요의 불안 상태에 놓이게 되었기 때문이라 한다. 이 같은 세계 자본주의 체계의 동요로 이른바 전반적 위기의식이 나오게 된 것이며 1932년부터 회복기에 들어선 29년의 공황도 완전 회복에 이르지 못하여 자본주의 제국의 사회주의적 사회 불안은 끊임이 없게 된 셈이다.

39] 한 예로 강철 생산을 보면 다음과 같다.(단위는 100만 톤)
　　　1900년도에 영국 4.9, 독일 6.4, 미국 10.2, 프랑스 1.6. 1913년도에 영국 7.7, 독일 18.9, 미국 31.3, 프랑스 4.7, 1929년도에 영국 9.8, 독일 16.2, 미국 57.3, 프랑스 9.7, 1932년도에 영국 5.3, 독일 5.8, 미국 13.9,프랑스 5.6. 1938년도에 영국 10.6, 독일 23.2, 미국 28.8, 프랑스 7.9. 1947년도에 영국 13.0, 독일 2.7, 미국 84.0, 프랑스 6.0이다.

이 같은 경제적·정치적 충격은 무엇인가의 타개책이 요구되었으며 국가 독점 자본주의 형성으로 등장했다. 이는 금융자본과 국가권력의 고도한 결합을 말하는 것이며, 국가는 조세와 공채(公債)에 의한 방대한 재정력으로 독점산업에 보조금 교부, 자본 자금 배정, 대규모 정부 발주로 공황에 대처한다. 동시에 재정금융(관리통화제도), 국제경제에도 국가 기능을 강화하여 통제경제라는, 경제에 대한 국가 기능의 비중 증대로 나타난다. 근대경제학에서는 이를 혼합경제라 하거니와 정치적 불안에 대처한 이 국가독점 자본주의의 구체적 형태는 독일의 나치즘(Nazism), 이탈리아의 파시즘(Fascism), 미국의 뉴딜(New Deal) 등으로 나타났었다. 독·이의 파시즘이 폭력적 수단이었는데 비해 뉴딜 정책은 총자본의 요구에 의한 합리적 정책이었던 것 같다. 그만큼 혼합경제는 자유방임에서 오는 자본주의의 피해를 정부의 힘으로 시정코자 하는 합리적 제도로 판단되기도 하여 2차대전을 통하여 최고도의 급진전[40]을 보기에 이르고 있는 것이 오늘의 현실이다.

(2) 농업공황과 발전의 상대적 열세화

독점의 지배력은 앞서 말한 바와 같이 과잉생산의 피해를 국외에서는 약소국 침략의 영토재분할 전쟁으로 전가코자 하고, 국내에서는 비독점의 농업 부문에 전가하여 자체를 강화하는 것이었다. 이것이 마침내 농업의 공업에 대한 상대적 열세를 불가피하게 한 요인을 이루었다. 농업도 발전이 현저하기는 했으나 비농업의 독점이 비독점의 농업을 압박함으로써 자본주의 성립과 더불어 열세해진 농업의 상대적 쇠퇴를 더욱 첨예·심화한 것을 말

40] 2차대전 중 미국광공업 투자총액이 71.8%가 정부투자, 설립된 국립기업도 그 중 75%를 100개의 거대기업이 관리("앞의 책" "恐慌" 經濟學新大系, Ⅱ. p.74에서 인용. 河出書房).

국가의 경제활동 특히 재정정책의 한 예로써 미국의 경우 1929년에서 52년 사이 공사부채 총액 중 국채의 비중은 8.6%→40.5%, 국민총생산물 중 정부구입액 비중은 9%→22%, 국민 소득에 대한 조세비율은 13%→32%, 국민소득에 대한 국채의 비율은 18.7%→87.6%로 상승.

한다.

감안컨대 근대적 독점이 성립기(1873년의 공황에서 19세기 말)를 마치고 확립기(19세기 말에서 1900~03년이 공황)를 맞이한 기간에 농업에서는 농업공황이 1873~95년의 장기간에 걸쳐 농민을 습격했다. 일반경제공황이 이 19세기 4·4분기 이전에도 1825년 이래 몇 차례 폭발했음에도 불구하고 이것이 농업 부문에 파급된 것은 이 때에 이르러 처음이었던 셈이다. 이는 곧 농업공황도 농업 특유의 독자적 이유[41]에서 야기된 것이 아니고 일반경제공황의 반영임을 뜻한다. 즉 경제공황이 자유자본주의 단계에서 단기적 불황으로 그쳤을 때는 농업에 대한 그 영향이 농업의 특성[42]과 아울러 미약했기 때문에 4·4분기 이전에는 농업은 공황의 권외에 설 수 있었다.

그러나 이 때부터는 독점단계 이행과 더불어 불황은 장기화 경향이었다. 이에 따라 실업 인구는 장기적으로 퇴적되고 취업자도 임금저하가 있는 만큼 농산물 수요는 감퇴했다. 농산물의 상대적 과잉현상이 불가피하여 외국 농산물과의 경쟁이 아니더라도 가격하락→농민궁핍의 농업공황은 필연적이었던 것이다.

4·4분기에 이르러 농업공황이 비로소 처음 발현한 이유는 이렇게 설명되고 있다. 동시에 농업공황은 20년의 장기에 걸쳐 회복되지 않은 것이 특징이었다. 이는 그 나름의 이유[43]가 있는 것이나 농업공황이 이 같이 자본주의적 경제순환의 농업 부문 파악을 기본적 원인으로 하면서도 1차 농업공

41] 풍흉(豊凶)의 작황에 따른 생산량의 대폭 변동. 이에 따른 가격변동과 농업생산의 혼란, 토지 소유의 독점, 지대의 중압 등.

42] 1)식량으로서의 농산물은 소비탄력성이 적기 때문에 공황이나 불황에도 수요감소는 단기적으로는 소폭. 2)연1회 시장공급이기 때문에 가격변동의 생산에 대한 영향도 단기적으로는 미약. 3)자급자족 농민이 많기 때문에 가격하락에 의한 소득저하도 곧 생산감축으로는 나타나지 않는다.

43] 1)계약기간에 묶여 있는 지대중압. 2)수확이 자연조건에 좌우될 뿐 아니라 영년작물·축산물이 고정자본을 형성하여 생산량 조정 곤란. 3)자연조건에 의존하고 자본이 빈약하여 생산 전환 곤란.

황의 근접 원인이 된 것은 외국 농산물의 수입이었다. 미국 농산물의 노도와 같은 영국시장 상륙이 영국의 농업공황을 촉발하고 동구 농산물의 독일시장 석권이 독일의 농업공황에 직접 계기가 되었던 것이다.

이 직접적 충격파는 뒤로 미루고 우선 이 공황을 계기로 선구적 영국 농업의 번영은 완전히 종말을 고하고, 미국 농업의 번영이 역사적 새 역할의 무대에 오르게 되었다는 것이 중요하다. 즉 농업공황은 유럽 농업을 일반적으로 암담하게 했으나, 특히 영국에서 첨예했다. 신대륙에서의 곡물유입 충격이 너무 컸기 때문이며, 신천지 미국의 농업은 광막한 토지의 무상에 가까운 임대, 이의 기계화에 의한 저생산비와 고생산성, 태고 이래의 처녀지로서 비료가 무용하여 곡물은 최저 가격으로 대량 생산할 수 있었다. 유럽 농업이 인구 및 소득 증가에 따라 수요가 증가하여 최열등지까지 경작하고 지대를 높게 하여 부질없는 고가격을 유지한 것과 대조적이다. 이에 철도 및 기선의 발달은 수송비를 저렴하게 하여 영·미의 곡물가격은 배의 격차를 낮게 되었다.[44] 이 같은 염가곡물이 곡물법 해제 후(1846) 자국농업의 방파제를 잃은 영국시장에 분류(奔流)했다. 소맥 가격은 폭락하고[45] 이제야 북방의 곡창은 외국 곡물 의존도만 높아갔다.[46]

그럼에도 불구하고 독일·미국의 선진적 독점자본주의가 영국의 경제력을 압도하기에 이르러, 이 압력에 고뇌하는 영국의 독점자본주의는 내부생산비 절감을 지상명령으로 농산물 가격 폭락은 오히려 절대적인 매력이기

44] 소맥 가격은 1890년 영국에서 1 quater당(8 bushel) 37실링 7펜스였는데, 미국은 16실링이며 영국까지 운임 가산해도 20실링 안팎(拙著 《農業政策論》 p.216 주 (51))

45] 국제 소맥가 하락 상황을 보면 1874~75까지 영국 100, 독일 100, 프랑스 100, 미국 100. 1886~90까지는 영국 57.4, 독일 77.0, 프랑스 65.0, 미국 81.1, 1896~1900년까지는 영국 52.4, 독일 72.8, 프랑스 61.4, 미국 77.2이다. (近藤康男 編 《農業理論研究入門》 p. 312, 318.

46] 1850년 대 4개의 빵 중에서 1개가 외국분 70년 대에는 4개 중 2개. 80년 대에는 5개 중 3개, 20세기에는 5개 중 4개가 외국분제.(增田四郎 외 4인 저 《西洋經濟史》 中卷 p.447)

만 했다. 저렴한 농산물 가격은 농산원료를 염가로 하고 노동임금을 낮도록 유지하는 수단으로 될 수 있었기 때문이다. 뿐만 아니라, 이렇게 하여 코스트 다운(cost-down)을 한 싼 값의 공산물을 수출하면 공산물의 판로도 확대되려니와 이로써 싼값의 외국 농산물을 수입하면 일반 식생활도 윤택하게 할 수 있다는 것이다. 바야흐로 자유무역의 승리는 그칠바 없었으며, 과연 이러한 논리로 1840년 대와 같은 기아의 공포는 사라지고 값싼 노동자의 식생활은 실질임금에도 유리하게 작용할 수 있었다.

그러나 이 같은 공업적 측면의 유리성(有利性)도 농업적 측면에서는 치명적 타격이었음은 물론이다. 동부를 중심으로 농업자는 파산하고 농지를 방기(放棄)해야만 했다. 지주는 지대를 감면해도 차지자(借地者)를 얻을 수 없었다. 그럼에도 불구하고 어떠한 형태의 식물 과세도 절대반대의 산업자본가·공업노동자의 압력은 정부를 속수무책으로 만들었다. 이농(離農)은 불가피했으며 곡물식부(植付)의 면적은 줄어들기만 했다. 이에 당황한 것이 지주였으며 정부는 지주의 입장에서 이농을 방지코자 소보유지법을 제정했다. 그러나 1875년 이래의 자작농 창설을 보다 적극적으로 추진고자 한 이 입법도 그다지 유효하지 못하고 대지주만 낳게 하여(1차 대전 전 경지의 12%가 자작일뿐 88%는 차지농. 1929년에도 경작자의 1/3만이 자작농) 농촌인구는 감소일로였다.[47]

이 같은 농업 불황에 새로운 변화를 일으킨 것이 목축경험이 있는 남서부의 자가 노동에 의한 소보유지 농민의 동부이주였다. 이들이 동부에 이주하여 방기(放棄)경지를 저생산과 싸우면서 목축과 낙농으로 개편함으로써 영국은 신농법의 출현을 맞이했다. 마침내 곡물은 외국에 의존하고 축산을

47] 1878~1906 : 경지면적은 1,441만 에이커에서 1,159만 에이커로 감소. 그 중 소맥식부 면적은 314만 에이커에서 171만 에이커로 감소. 반면 목초지는 1,276만 에이커에서 1,580만 에이커로 증가. 가축두수도 4,642만 두에서 5,808만 두로 증가. 전 취업인구 중 농업인구는 1881년 12%에서 1911년 8%로 감소, (인용, 주 (9)의 p.450).

주축으로 하여 전환한, 신농법의 영국 농업은 빅토리아(Victoria, 1837~1901) 치하에 품종 개량의 기술이 급진전하여 세계 제일의 가축국이 될 수 있었 다. 그리하여 이러한 농업의 실상이 이 나라의 독점과 제국주의와 국민을 납득시킬 수 있는 구실의 토대이기도 했다[48]는 것이다.

농업공황의 파장은 유럽의 다른 나라들에서도 정도의 차가 있을 뿐이었다. 즉 프랑스는 영국과 달리 불황대책[49]이 농업구호입법을 서둘렀으므로 곡가하락은 다소 약했었다. 아울러 곡작을 축산으로 전환한 대증용법(對症療法)도 유효한 수단이었다. 그러나 농업 불황의 타개에 보다 중요한 역할을 한 것은 농업협동조합(syndicats agricultures)운동이었다. 독일의 라이파이젠(Raiffeisen) 조합을 모방, 농민은 농업금융을 비롯한 공동 판매·공동 생산 또는 의회대변의 농협운동을 활발하게 전개함으로써 불황극복과 식량자급에 매진했다. 과연 생산성은 높아지고(19세기 말 이래 20년간 에이커 당 곡물수확량은 23% 증가) 1차대전 전에 식량은 자급을 달성했다. 그러나 프랑스에서는 인구 정체(1870년 이래 인구제한), 청년남녀의 이농 등으로 농촌인구가 부분적으로 감소하기는 해도 종획(Enclosure)도 없고 나폴레옹의 균분상속법이 작용하여 역시 전통적 영세 소보유농이 지배적이었다(4장 2절 2의 (2) 참조).[50]

이로써는 기계화가 곤란하여 규모 확대의 적극적 농업정책은 2차대전 후를 기다려야 했다. 독일에 있어서도(承前 : 4장 2절 2의 (1)에서) 러시아를 포함한 동구 제국의 곡물수입이 1차농업공황에 직접 원인을 이룬 것[51]은 미국 곡물의 영국에 대한 관계와 같은 것이었다. 그런데 독일 농업의 중심세력

48] 주 (46)의 p.451.

49] 1860년 대 이후 보호무역주의로 전환. 특히 1892년의 관세법 개정이 농업보호에 주효.

50] 보유지 총수의 84%를 25에이커 이하가 점함.

51] 농노 해방 후 상품 생산이 급진전한 러시아 농업의 발전이 이 나라의 철도망 개발과 흑해 경유의 해상수송 발전에 힘입어 독일에 곡물의 대량 유입을 야기, 마치 미국 농산물의 영국 유입과 같은 현상 야기.

을 이룬 것은 동부의 융커(Junker) 경영[52]이었으며 이들은 농업공황 중 일찍이 외국농업(러시아·아메리카·루마니아·헝가리 등)과의 경쟁에 대항코자 중화학공업의 독점자본과 함께 자유무역에서 보호관세(1879년 및 1887년)로 전환했다.

독일 농업은 이 보호관세로 곡가가 상승하는 가운데에 집약농경, 비료사용의 과학화, 인조비료의 발달[53], 사료기술의 개량에 합리주의·민족주의 추구가 가세하여 눈부신 성장을 이룰 수 있었다. 1880~1913년의 농업생산성은 곡물생산이 7%의 면적 증가에서 96%의 산출 증가, 감자가 15%의 면적 증가에서 135%의 산출 증가를 한 것과 같다. 이는 공업의 급성장이 원료 식량의 수요증가와 농업인구의 감소를 따르게 한 데에 자극된 것이나, 아무튼 이로써 대전 전에는 식량자급이 거의 확실시되고 19세기 말까지도 국민의 2/3가 보리빵을 주식으로 한 생활도 보리빵(2/3를 자급)으로 개선될 수 있었다.

독일 농업이 이렇게나마 유지·성장할 수 있었던 것은 위와 같이 보호관세에 적극적이었던 데에 힘입은 바 컸다. 그러나 이에 못지않은 것이 농업협동조합운동이었다. 독일을 농협의 조국이라 할 만큼 라야파이젠(Friedrich W. Raiffeisen)의 신용조합(1862년 저축 및 대부조합으로 출발)은 농업 불황에 즈음하여 농민을 가난과 실의와 파멸에서 구출하고 자주적 성장을 누리게 할 수 있는 자위수단이 될 수 있었다.[54]

52] 농노 해방과 공업화가 빠른 서남부에서는 250에이커 이상의 농장이 전체의 8%에 불과하고, 소보유지농민이 지배적. 동부에서는 그 비율이 40%이며 대토지 소유자가 Junker 경영이라는 독특한 농장지주 경영자로 군림.

53] 비료는 소비증가와 아울러 녹비(綠肥)·구비(廐肥 : 외양간 두엄)에 가리(加里)·인산(燐酸)석회·질소비료 같은 것을 공업생산하여 사용. 가리는 거대한 매장량에서 1913년 에이커 당 미국의 13배 시비(施肥). 제강공업의 철재로 얻는 인산석회는 3.5배 증가, 질소비료는 페루의 조분석(鳥糞石), Chile의 초산 조달 수입에 의존했으나 이 때에 이르러 코크스로의 가스에서 암모니아를 추출하여 사용.

54] 拙著 《農業協同組合論新講》에 상세

그러나 융커(Junker)의 보호관세 성취는 대외경쟁에서는 일단 독일 농업을 보호 할 수 있었다 해도 그 자체 독일 농업을 근대화할 수 있는 건전한 것은 아니었다. 곡가상승 자체가 5 ha 이상의 융커(Junker) 경영(전국경영 수의 23.4%)에 유리했을 뿐, 서남부에서 지배적인 소자작농(근소한 자가 소비 잔여를 판매하는 전체의 3/4 이상에 해당하며 부족한 식량 및 사료는 구입)에게는 불리한 것이었다. 뿐만 아니라 고곡가는 생산비를 높이는 것이었다. 때문에 독점자본은 이를 배격해야 하는 것이었다. 그럼에도 불구하고 이 보호정책은 국내시장의 독점과 국외시장에서의 덤핑(dumping)으로 특별이윤을 얻게 하는 것이었기 때문에 융커(Junker)와 독점자본은 이의 모순을 간직한 채 서로는 제휴했다.

그러나 이는 여러 외국의 심한 반발을 불러 일으켰으므로 마침내는 러시아를 제외하고 모두 이를 완화했다. 이에 러시아의 보복은 독일 공산물을 보이콧하기에 이르러 독일 독점자본은 융커(Junker)와의 제휴를 버리고 통상조약을 맺었다. 그러나 이 때는 왕왕 제국주의적 영토 분할의 국제정세로서 독일은 함대 건조가 시급했다. 이를 위해 융커(Junker)는 보호관세율 인상을 교환조건으로 함대 건조를 승인했으며, 이로써 융커(Junker)와 독점자본은 타협이 된 셈이다. 그러나 융커(Junker)의 이 같은 전통의 강력한 정치운동은 오랫동안 사회·경제·정치·군사에 침투하여 결국은 19세기 말부터 독일을 1차대전 후에 몰고 간 기본조건을 이루고 말았다. 동시에 농업도 스스로 봉건적·신분적 구속에 유착한 자체를 보유함으로써 농민층 분해를 억제하여 독일 농업의 자본주의적 발전은 저해되고 그 보수적 경제기반은 2차대진 후에 겨우 완전 청산될 수 있었을 정두였다.

서구농업의 이 같은 불황 고경(苦境)에 비하여 이 틈에 오히려 번영의 농업혁명을 수행한 것이 미국이었다. 미국 농업의 발전과정은 기술(제4장 제2절 3)한 바이나, 비약적 발전을 거듭해 온 미국 농업은 19세기 70년 대부터 1

차전 사이에 영국 농업을 쇠망으로 이끌고 서구농업의 불황에 끼어 세계농업에서 주도적 지위를 얻는 전환을 이룰 수 있었다. 비약적 발전의 소지를 가진 미국 농업의 과잉생산물이 공업 발전에 따른 국내시장과 교통의 수송혁명에 따라 유럽시장에서 유효수요를 얻을 수 있었기 때문이다.

부연컨대 무변의 광막한 미점유 국유대평원은 서진운동(westward movement)과 자작농작법(Homestead Acts)으로 1890년에는 프론티어(frontier)가 소멸되었을 만큼 태고 이래의 옥토를 곡물로 바꿀 수 있었다. 여기서는 비료가 무용(無用)이었다. 너무나 넓은 토지에는 노동력이 부족하여 기계화는 필수조건이었다. 산업혁명은 각양의 기계를 제작·공급할 수 있었다. 이미 1880년 대에는 서부의 소맥대농장에서는 콤바인(combine)을 20~30두의 말 [馬] 이 견인키에 이르렀다. 90년 대에는 휘발유 트랙터(tractor)가 사용되고 잇달아 각양의 기계가 보급되었다.[55] 뿐만 아니라 정부는 농업입법으로 이를 보호육성하고 농민은 과학적 농법을 채용하는 데에 적극적인 것으로서[56] 바야흐로 농업입국의 관(觀)을 나타낸 것 같기도 했다.

그리하여 1860년 대 이후 약 반세기간에 농업혁명이라 말할 수 있는 혁명적 발전을 수행할 수 있었다. 바야흐로 노동생산성은 86%로 증가했다(1870~1900). 콤바인(combine)을 사용할 경우의 생산량은 400% 증가로 나타났다. 소맥 생산고는 1860~80년 사이만 해도 3배로 늘어났다. 일일이 열거할 필요가 없 을 것 같으며, 1910년 이후는 기계화 위에 종전의 조방(粗放)경영을 집약화로 전환하고 시비(施肥)도 늘려 농업은 새로운 시대에 들어서기도 했다. 다만 동부의 사정이 문제였으며 농업기계의 위력과 이득도 북부의 것으로서 면화와 연초의 남부 플랜테이션(plantation) 대농장은 남북전

55] 각양의 경운기, 파종기(1875), 밭갈이와 파종을 동시에 하는 lister(1880), Appleby의 예취기(刈取와 束禾를 동시 자동화, 1878), 예초채취기(1880) 등.

56] 19세기 말의 농산물 가격 하락과 불황에 대처하여 토양의 연구개량, 조사연구, 교육시설, 개간관개사업(1877년의 불모지대법 Desert land Act, 1902년의 개간법 Reclamation Act) 등을 위한 과학적 농법과 농업입법으로 농업을 보호·육성.

쟁 후 해체되었다. 한때 세계면화의 3/4, 미국수출액의 2/3를 점한 남부면화를 비롯한 노예제대농장은 해방노예 또는 백인빈농(poor white)에 셰어테난트(share tenant)[57] 또는 분익소작농(sharecropper)[58]으로 세분 소작화했다. 이 분익소작이 봉건적 착취임은 두말 할 필요가 없다. 더욱이 20~50에이커의 소농 고정은 기계화를 거부하여 아직도 미국 농업의 상처가 되어 있다.

그러나 이 같은 상처도 미국 농업의 세계농업을 교란할 수 있는 능력에 차질을 준 것은 아니다. 의연 비약의 번영을 누린 것이 미국 산업이었으며 1900~10년 대의 전력 도입(가공부문), 1910~20년 대의 자동차 도입(경작·수확부문)이 캐나다, 알젠틴과 더불어 농업의 자본주의적 발전을 촉진했다. 생산성 증대는 바야흐로 농산물의 가격혁명이라 말해지는 염가의 대량 공급이 가능했으나 반면 유럽의 농업은 대전 중의 높은 가격과 수요증가가 막대한 생산 증대를 환기하였다. 이것이 종전과 더불어 전시 수요의 정지, 대중의 구매력 저하로 1920년에 가격 폭락을 일으켜 2차 농업공황에 돌입하게 했다. 이는 그 후 일시적 안정을 취하기는 했으나 공업공황에 파악(把握)되어 1929년의 대공황과 더불어 농가공황도 미증유의 격렬성을 띠게 된 것이었다. 농업의 자본주의화가 가장 잘 이루어진 미국에서 가장 심각했음이 물론이며, 모든 자본주의국과 본국에 원료를 공급하는 식민지와 반식민지(이집트의 면화, 인도·말레이시아의 고무, 쿠바의 사탕, 브라질의 커피) 농업에서 심각했다.

미국 농업의 자본주의적 발전도 또한 중소농업자를 몰락하게 하여 소작농 또는 농업임노동자로 전락하게 한 중요한 측면이다. 뿐만 아니라 독점기업, 중간상인의 수탈이 자본주의가 고도로 발달된 미국에서 더욱 강대했음

57] Share tenant : 농민이 농구와 가축[役畜]을 가지고 농사하여 수확의 1/3~1/4을 지주에 지대로 지불.

58] Sharecropper : 지주가 토지·주택·연료·농구·가축·사료 및 비료의 반을 부담하고 소작인은 노동력과 비료의 반으로 농사하여 수확의 1/2을 지대로 Planter에 지불.

은 물론이다. 때문에 이 나라에서도 일찍부터 대자본과의 투쟁, 중간상인 배제를 위해 근대적 농협운동이 싹트고 발전할 수 있었던 것이다.[59]

그러나 이 같은 운동도 결국은 농업이 독점기업에 지배되어 발전이 억압되어 있는 데에 대한 조치이다. 즉 농업도 생산액에서 생산성에서 또는 인구에서 증가하기는 하나 공업과 같지 못하고 따라서 국민소득에 대한 비율도 경제발전과 더불어 상대적으로 저하하는 것으로[60] 되어 있다. 이 같은 불균등 발전의 추세는 미국이 아니더라도 예외가 없다. 따라서 농업을 상대적 쇠퇴산업(relative declining industry)이라 한다. 그리고 그 이유가 농업이라는 산업이 지닌 자연조건의 제약성에도(제2절 주(13)) 없지는 않으나 비농업의 독점압력에 있다는 것이며, 미국에서 슐츠학파를 형성한 슐츠(T. W. Schultz)가 '농업문제(많은 농민의 저소득과 농업소득의 불안정)의 기본적 원인은 농업의 내부에 있는 것이 아니고 우리들 경제의 어떤 다른 장소에 있다'[61]는 말로 대변된다. 즉 농업은 타산업과 관련한 가운데서 이의 작용이 농업의 상대적 열세화를 필연화한다는 것으로서 비농업의 독점을 두고 한 말이다. 보다 구체적으로는 '무서운 경제력 집중의 결과……현재 미국의 모든 가격의 98%는 관리가격……가격인상, 1953~58년간 철강가격 37% 인상, 자동차 및 기계 가격 22% 인상이나 농산물 가격은 5% 하락……이러한 사태를 초래한 것은 독점'[62]이라는 말과 같다.

산업자본주의에서는 농산물 가격이 유리했던 역(逆)시에레(Schere)이었지만 시에레 현상으로 전환한 것은 독점의 표현이며, 제조공업의 무서운 독점

59] 종전의 granger 운동이라는 농협운동을 1867년부터 대자본과의 투쟁, 중간상인 배제라는 근대적 협동운동으로 전국적 신장을 이루어 마침내 이 운동은 1890년의 독점금지법 (Sherman Antitrust Act) 제정에도 주효했다는 것.

60] 농촌인구는 1880년 329만에서 1910년 416만. 1930년 446만으로 증가했으나(농장수는 1860년 200만에서 1910년 600만) 전체에 대한 비율은 각각 65%. 45%, 36.4%로 하락.

61] T. W. Schultz : Agriculture in an Unstable Economy. 1945. New York. preface p. x.

62] Dr. J. Voohris. Ameriean Cooperation. 1960. New York.(日譯, pp.. 93~94)

제5장 근대자본주의의 확립과 발전변모

력이 분산적인 농업을 지배하여 농산물의 저가격을 공업 저노임의 기본 수단으로 고이윤을 추구함으로써 농업 열세화에 압력이 되고 있다는 것으로 풀이되고 있는 것이 오늘의 경제이론이다.

3. 독점자본주의의 이론과 전망 논쟁

(1) 자본 수출, 세계 분할과 제국주의론

근대적 독점의 형성 및 발전에 관해서는 1.에서 구체적 과정을 살펴보았으나, 약간 부연하면 자본주의적 자유경쟁이 최고로 발전한 1860년 대를 기점으로 하여 73년의 공황 이후 카르텔(cartel)의 광범한 형성으로 자본의 집중은 급진전했다. 그러나 이 때는 아직 독점이 전 경제생활을 지배할 수 있는 것은 아니었고 예외적인 것에 불과했으나, 독점자본주의는 이를 싹틈의 과도기로 하여 19세기 말의 호경기와 1900~3년의 공황에 의하여 카르텔(cartel)이 전 경제생활의 한 기초가 되기에 이르렀다. 자유경쟁의 낡은 자본주의에 독점의 새 자본주의가 대체되게 되었으며, 이로써 자본주의는 제국주의에 전화하고 독점단계는 확립될 수 있었다.

이러한 전환기를 거쳐 1차대전에 이르는 동안 난숙기를 경과한 독점자본주의는 자본주의의 내적 모순, 불균등 발전이 한층 더 격화하면서 자체의 본질과 법칙성을 확립·관철하기에 이르렀다.

그러나 이 단계에 이르러 경제에는 과거와 다른 특징적인 것이 있었기 때문에 이를 경제적 제국주의라 하여 그 역사성에서 뉘앙스를 찾는 것이다. 즉

(I) 자본의 집적·집중과 독점 : 자유경쟁과 불균등 발전이 본질적 특징인 자본제 생산은 발전과정에서 항상 규모 확대를 이루고 이에 따라 소규모

자본은 구축 합병되면서 거대기업이 발전하는 자본의 집적·집중을 전개한다. 그 결과 대자본이 압도적 지위를 차지하게 되면 자유경쟁은 곤란하게 되고 독점 형식으로 기울어진다. 이 같은 변동에 관해서는 '1873년의 공황이 그 시초'라 하여 1의 (1), 2의 (1)에서 그 전개과정을 상술했다. 그러나 특히 유의해야 할 것은 경쟁 배제에서 탄생하여 보다 높은 차원에서 경쟁해야 한다는 점이다. 즉 독점은 자유경쟁 안에서 발생하면서 이를 배제하지 않고 그 위에서 이와 병존한다. 이로 인하여 특히 예리하고 격렬한 모순·알력·분쟁이 많이 생겨난다는 말과 같이, 경쟁은 독점체와 비독점체 사이, 독점체 내부에서(cartel, syndicate 등 가맹기업은 서로 유리한 시장, 생산·판매할당 또는 지도적 지위획득을 위한 주수경쟁(株數競爭)) 또는 독점체 상호간(예컨대 철강 trust와 자동차 trust 사이)에 자유경쟁이 제한될 뿐 독점의 발전에 따라 오히려 더 격화해진 것이었을 뿐이다. 다시 말하면 독점이 발전함에 따라 독점체가 사회적 생산의 압도적 부분을 점하고 방대한 독점 이윤을 획득함으로써 사회적 생산력은 고도의 발전을 이룬다. 그러나 그만큼 경쟁은 독점체를 배경으로 강력하게 격화되는 것이었으며, 그러한 한 공황도 종식 아닌 심도의 격화가 불가피한 것이었다.

(Ⅱ) 금융자본의 성립 : 은행자본이 산업자본에 융합·유착하는 은행자본의 새로운 역할로 금융자본이라는 새로운 자본형태가 형성된다. 은행이란 원래 산업에 자금을 대여하는 중개적 역할의 예금은행으로서 기업관여에는 소극적인 것이다. 그러나 독점단계에 이르러 대규모의 거대기업의 발전에 보다 많은 화폐자본을 요하게 됨으로써 은행은 이를 충족하기 위해 소수의 대은행에 약소은행을 집중 대형화하여 거대한 자본집괴(集塊)로서 은행독점을 형성한다. 이 과정에서 사회적 화폐자본의 압도적 부분을 지배하기에 이른 은행은 본래적 거래를 통한 산업자본의 이해가 자체의 이해에 직결되게 된다. 이로써 은행은 본래적 의무라는 소극적 태도에서 산업자본과 자본

적(대부 또는 주식소유), 인적(중역교류)으로 융합·유착한다. 이제야 '거대한 자본 집괴(集塊)'의 은행은 산업자본을 '자유로이 지배하는 전능의 독점자로 전화'[63]하여 산업 참여의 새로운 역할을 수행한다. 이로써 금융자본이라는 새로운 자본의 형태가 형성된 것이나, 이같이 산업의 집중 독점이 은행의 집중 독점을 보게 한 동시에 후자가 다시 전자를 촉진하면서 형성된 금융자본 단계의 독점자본주의가 경제적 제국주의라고 불리어진다. 그리고 이 금융자본이 사실상 한 나라의 전 경제생활을 지배하게 됨으로써 이른바 금융과두지배의 금권정치가 형성되고 나아가서는 국제적으로도 소수의 금융과두지배국을 낳게 하는 것이 둘째의 특징이라 한다.[64]

(Ⅲ) 자본 수출의 새로운 중요성 : 자유경쟁이 지배적이었던 자본주의는 상품수출이 전형적이었다. 그러나 독점단계의 대자본은 방대한 화폐자본을 축적하는 반면 부문 간의 불균등 발전, 농업의 상대적 쇠퇴, 대중의 상대적 빈곤화로 인하여 국내에서 자본의 유리한 투자선을 찾기 어렵게 된다. 원래 자본은 고이윤을 찾는 것이 본질이므로 국내에서 이것이 곤란한 화폐자본은 그만큼 과잉자본으로서 외국 특히 후진국에 수출되지 않을 수 없다. 후진국에서는 자본 축적이 저조하고 토지나 원료가 안정된 가격이며 노임도 저렴하다. 뿐만 아니라 카르텔 관세 같은 금융자본의 관세장벽을 뚫기 위해서도 자본 수출은 불가피하게 되어 온 것이다.

직접적인 산업투자 또는 부리(附利)자본으로 과잉자본의 수출은 불가피한 것이었으며 '독점자본이 지배하는 최고의 자본주의에서는 자본의 수출

63] "앞의 책" 《獨占》 p. 115.

64] 금융과두지배는 한 예로, 미국 최대의 금융회사인 Morgan은 세계최대 은행가로서 뉴욕 First National Bank에 뉴욕 외에 5개 은행을 지배. 1935년에는 세계 최대의 철강회사인 U. S. Steel. 역시 세계 최대의 사기업인 아메리카 전신전화회사, 합중국 자동차 생산의 1/3 이상을 점하는 G. M. 등을 포함한 합중국 최대 250개 회사 중 41개 사를 소유하고 미국 철도의 약 1/3을 장악. Du Pont, Mellon.

이 전형적[65]으로 되었다. 그리고 이는 단순한 자본 수출이라기보다는 투하 자본의 시장 및 이윤독점을 위해 각양의 이익독점과 특권이 따르는 것이었다. 국제차관(借款)에 따른 각종의 정치적·경제적 부대조건 설정(채권국 상품에 대한 강제구입, 관세감면, 철도 부설권, 광산이권, 원료 독점권의 양도 등)으로 나타난 것과 같으며, 이 같은 자본 수출은 수출국 상호간의 이해대립을 예리하게 하는 것이기도 하다.[66]

(Ⅳ) 국제독점체(국제 cartel, 국제 trust 등) 사이의 세계 시장 분할 : 카르텔(cartel), 트러스트(trust), 재단(concern) 등 독점체는 먼저 국내시장을 분할 지배한다. 그러나 국내시장은 국외시장과 불가분의 결부관계를 갖는 것이므로 일찍부터 하나의 세계 시장이 형성될 수 있었다. 이에 자본 수출이 증대하고 거래 및 세력의 범위가 확대됨으로써 각국의 독점체는 세계적인 범위의 결합을 이루어 국제 카르텔(cartel), 국제 트러스트(trust)를 형성한 것이다(1의 (2) 참조).

자본과 생산의 세계적 집중을 뜻한 것이었으며, 국제적 독점체는 세계 시장에서의 독점가격 설정, 판로 및 원료자원의 분할, 생산량의 국제간 할당 등을 협정함으로써 사실상 세계 시장을 분할지배 하기에 이른 것이었다. 이는 물론 고정적·영속적인 것이 아니고 독점체간의 격렬한 경쟁이 일시 중지될 뿐 끊임없는 불균등 발전에 의한 실력관계의 변화로 붕괴하는 것이었으나 붕괴는 또 다시 다른 새로운 국제독점으로 개편되면서 세계 시장은 재분

65] "앞의 책" 《獨占》 p. 116.
66] 영국의 자본 수출은 아시아 기타 식민지가 중심. 1875년~1914년의 40년간 국내자본(토지 제외)에 50억 파운드에서 92억 파운드로 80% 증가한 데에 비해 해외투자는 12억 파운드에서 42억 파운드로 250% 증가(1880년 10억 파운드→1905년 20억 파운드→1913년 40억 파운드).
　　독일은 1870~1900년간 매년 저축의 1/5 내지 1/10을 해외투자. 1883년 50억 마르크→1900년 140억 마르크, 1914년 250억 마르크, 이는 전국 부(富)의 1/15을 자본 수출한 셈. 미국은 1897년 6,8억 달러→1908년 25억 달러→1914년 35억 달러.

할되어 온 것이다.[67]

(V) 열강 간의 세계적 영토 분할 : 독점체에 의한 이 같은 세계의 경제적 분할은 필연 세계의 영토적 분할과 밀접하게 관련하여 후자를 완료하게 했다. 불균등 발전에 의한 선진자본주의국의 후진국에 대한 식민정책은 19세기 말에 이르는 동안 지구상의 미점령지를 거의 점령하여 독점적으로 지배하기에 이르렀다.

그리고 20세기 초에는 이의 분할점령을 완료하기에 이르렀으며, 후진국은 세계의 구석구석에서 식민지로 점령되거나 아니면 정치적으로 비록 독립하여 있더라도 사실상 금융적·경제적 또는 외교적으로 종속해 버린 반식민지 내지 보호국으로 부유국이 분할 점거해 버린 것이다. 미지의 검은 아프리카 대륙은 열강이 저마다 갈기갈기 찢어서 손쉽게 분할하여 영유해 버렸다. 대양주의 풍부한 자원을 가진 평온한 나라들은 혹은 강점(强占) 혹은 매수로 강국의 영토로 편입되어 버렸다. 고대문명을 자랑한 중국대륙은 조차(租借)·철도 부설 등 열강이 마음대로 세력권을 설정하여 지배할 수 있었다. 열강은 서로 전란을 일으키면서 서로 협정하고 피침민족의 의거를 진압하면서 1876년 아프리카 10.8% 대양주 56.8%, 아시아 51.5%의 식민지는 1900년에는 각각 90.4%, 98.9%, 56.6%로 분할을 완료해 버렸다. 이제야 남은 것은 열강이 그들의 실력관계 변화에 따라 세계를 재분하려는 영토획득의 무력투쟁(1차대전이 전형)뿐으로 되었다.[68]

67] 국제 카르텔(cartel)의 형성으로 전기공업에서는 미국 Morgan계의 General Electric과 독일의 A. E. G. 2대 트러스트(trust). 석유에서는 Rockefeller계의 Standard Oil과 영국의 Royal Dutch Shell, 화학공업에서는 영국의 Imperial Chemical과 미국의 Du Pont과 독일의 I. G. Farben 등의 결합 같은 것이 전형으로 시장 분할.

68] 19세기 말의 식민지 침탈은 2절 2의 (2)에 기술한 바와 같이 폭력시대로 세계를 분할. 1840년 David Livingstone의 아프리카 탐험. 1869년 Henry Stanley의 대륙횡단 등으로 암흑대륙이 소개되자 제국주의 열강은 분할을 상쟁하여 Abicinia와 Liberia를 제외한 광대한 대륙을 모조리 식민지 또는 보호국으로 종속화.

먼저 영국은 이집트의 재정궁핍에 편승하여 수에즈(Suez) 운하(프랑스인 Lesseps가 설계하여 1859~69년간에 완공) 회사의 주식을 대부분 매수함으로써 사실상 이를 관리.

다른 채권국인 프랑스와 함께 가중하는 이집트의 재정난을 틈타 내정까지 간섭, 이집트 국수파 반란. 1881년 영국은 단독 출병. 진압하여 보호국화, 영국은 Fashoda 사건(프랑스가 콩고 지방에서 수단을 거쳐 Fashoda에 이르러 프랑스 국기를 게양하는 등의 횡단정책에 영국의 횡단정책이 충돌)으로 프랑스를 압도하여 이 지방을 영유. 한편 남아에서는 1885년 Transvaal 지방에서 대금광, Orange 공화국에서 다이아몬드광이 발견되자 Cecil Rhodes를 중심으로 영국의 자본가와 노동자 진출. Transvaal공화국의 식민 Boer인 반발. 1899년 양국 개전(Boer전쟁 또는 남아 전쟁). 1902년 굴복. 1910년 영국은 Rhodesia, Cape Transvaal, Orange, Natal 등을 합병하여 남아프리카 연방을 조직. 대영제국의 일환인 자치식민지로 편입.

프랑스도 1830년에 식민지로 한 Algeria를 거점으로 1881년 Tunis를 점령, 보호국화. 1895년에는 상아해안 지방 점유. 96년에는 85년에 점령한 동해안의 Madagascar를 보호국화. Fashoda 사건으로 동서횡단을 중지한 프랑스는 Algeria의 서방에 진출하여 Morocco를 보호 하에 두고자 했으나 독일의 이의(異議)로 Morocco문제 야기. 결국 프랑스의 우위가 인정되어 1912년에 Morocco를 보호국화.

뒤늦은 독일은 열강의 식민지 쟁탈전 개입을 피하는 태도로서 비스마르크는 민간의 식민공사에 의한 식민개설을 지원. 이미 1882년 독일식민협회설립. 83년 독일 상인이 서남아프리카의 일각에 진출, 영국과 분쟁이 생겼으나 84년 협상이 성립하여 독일령 서남아프리카의 기초를 잡고 같은 해 Togoland 및 Kamerun에 식민지 건설. 동부 해안에서는 1890년 영국과의 협정으로 Zanzibar, Uganda 지방의 영국 권리를 인정하는 대신 그 남부 지방의 권리를 확립하여 독일의 동아프리가 식민지에 기초를 닦음. 프랑스령 콩고의 일부도 획득.

이 밖에 이탈리아도 독일 못지않게 뒤진 나라이나, 비교적 타국의 진출이 없는 동해안에 착안하여 1889년에 Somariland, 96년에 Eritrea를 점령. Etiopia 탈취는 실패(96년)했으나 1912년에는 Tripoli를 Turkey로부터 탈취, 식민지 건설.

제국주의의 한 전형이었던 벨기에는 일찍이 1878년 콩고 국제협동조직으로 같은 지방의 경제를 개발. 이에 대해 프랑스와 포르투갈이 콩고 지방영유권 주장. 1908년 영·프·독이 콩고의 지방의 벨기에 영임을 결정.

한편 아시아에서는 일본이 이미 1874년에 대만을 정복하고 79년에는 유구를 확보, 조선 침략으로 청·일전쟁(1894~95)을 일으키고 대륙 진출의 발판을 굳혔으나, 영국은 이미 1871년에 상해-런던 사이의 전신을 개통하고 기선시대와 더불어 중국무역 증강. 이후 1898년을 고비로 중국은 열강의 권리쟁탈장이 됨. 독일은 교주만(膠州灣)을 러시아는 여순(旅順)과 대련만(大連灣)을, 영국은 구룡(九龍)과 위해위(威海衛)를, 프랑스는 광주만(廣州灣)을 1898년에 각각 조차. 프랑스는 전월(滇越)철도(1895)와 광구(廣九)철도(1898), 러시아는 동지(東支)철도(1896), 영국은 전면(滇緬)철도(1897), 독일은 교제(膠濟)철도(1898)를 각각 부설. 또한 프랑스는 1897년 해남도를, 다음해에는 광동·광서·운남을, 영국은 양자강 연안을(1898), 일본은 복건(福建)을(1898) 각각 타국에 할양하지 않는 세력권으로 확보. 상품 자본 수출과 원료 확보에 혈안, 제국주의 정책이 중국을 서슴치 않고 분점.

미국도 먼로주의를 고수할 수만 없이 이를 수정, 1898년 미서전쟁을 계기로 쿠바를 독립하게 한 대신 스페인으로부터 푸에르토리코와 괌을 무상으로 얻고 필리핀 군도를

　　물론 팽창주의의 식민정책은 이것이 처음이 아니었다. 중상주의 시대에
격렬했고 고대 로마에서도 그러했다. 그러나 독점단계의 식민정책은 금융자
본의 자본 수출·원료독점 또는 초관세 같은 국제적 경제활동의 요구가 관
철되는 궁극적 귀결이라는 데에 그 전과 다른 특수성을 지닌 것이다.

　　독점형성과 함께 성립한 금융자본은 동시에 위와 같은 경제적 특징을 갖
게 되어 최고로 발전한 자본주의는 경제적 대국주의를 형성하게 된 것이다.
즉 '독점자본주의는 처음부터 제국주의적이었다'[69]는 것이다. 그러나 앞서
말 한 바와 같이 제국주의 단계에서도 자본주의적 생산과 경쟁, 그리고 공
황 등이 배제될 수는 없는 것이었다. 다만 경쟁과 독점이라는 모순된 원칙
의 결합 위에 독점체에 의한 세계적 규모의 거대한 생산과 자본주의적 발전

2,000만 달러로 매수. 같은 해 하와이를 합병, 태평양의 요지를 얻은 미국은 중국의 시장
을 얻고자 문호개방을 선언하고 시장화 정책 추진. 1901년에는 콜롬비아 공화국에서 파
나마의 반란을 도와 이를 독립하게 하여 1903년 운하지대를 영구조차함으로써 운하는
수에즈 운하가 영국의 파나마 운하를 완성(1906~14). 동진정책에 기여한 이상 미국의
경제적·군사적 발전에 기여.

　　눈을 태평양으로 돌리면 일찍이 호주(Australlia) 경영에 나선 (2절 2의 (2) 참조) 영
국은 Newginia 일부를 확보. 1901년에는 오스트레일리아 연방을 설립하여 29년에 영
연방 내의 자치령. 1907년에는 뉴질랜드연방을 만들어 영제국의 자치령화. 독일도
Newginia의 일부와 Bismark 제도(1886) 및 Marshall 군도(1885)를 획득하고 스페인에서
Caroline,. Mariana, Palao 군도를 매수(1898).

세계의 식민지상황(1914년)

	식민지 기타의 수	지역(1,000평방리)		인구(1,000)	
		본국	식민지 기타	본국	식민지 기타
영국	55	121	12,000	46,000	391,600
프랑스	29	207	4,100	39,600	62,300
독일	10	209	1,200	64,900	13,100
벨기에	1	11	900	7,600	15,000
포르투갈	8	35	800	5,900	9,700
네덜란드	8	13	760	6,100	37,400
이탈리아	4	111	600	35,200	1,400
미국	6	3,027	100	98,800	10,000

　　H. E. Barns. The History of Western Civilization. Vol. Ⅱ. p.526(增田四郎 外 四人 저
《西洋經濟史》 中卷 p.525에서 인용).

69] S. Aaronovitch : Mono(poly-) A Study of British Monopoly Capitalism. London. 1955. (佐
藤 金三郎, 高木秀玄 역 《獨占》, p.76)

이 이루어졌을 뿐이다. 그리고 자본주의가 거대 독점경제로 발전하면 할수록 불균등성도 더욱 더해 갈 뿐이었다. 따라서 자본주의적 모순도 해결의 길이 찾아진 것이 아니고, 독점 강화로 근로대중과 후진국의 빈곤화를 격화하면서 오히려 모순을 격화하기만 했던 것이다. 금융자본의 이에 대한 지위 강화는 때에 따라 마침내 파시즘과 같은 자신의 직접적 독재로 나타나기도 했다.[70]

그러나 이같이 급속한 발전을 이룬 독점자본주의는 그 대국주의적 본질로 하여금 다음과 같은 몇 가지 특성을 갖게 한다. 즉 첫째, 제국주의는 독점자본주의이며, 둘째, 이는 자본주의를 기생화(寄生化)하게 한다. 금융자본 발전의 결과 주식배당, 공사채의 이자 등만으로 생활하고 기업경영에는 실제 참여하지 않는 금리생활자(노는 것이 직업인 계층)가 격증하는 것을 말한다. 특히 자본 수출은 금리생활자의 생산에서의 유리(遊離)를 더욱 증대하여 외국 내지 식민지의 착취로 생활하면서 기생생활이 날인(捺印)된 국민을 많게 한다.[71] 경제적 제국주의의 이 같은 기생화와 생산적 소비의 증대, 인구의 유민화는 자본주의를 부패하게 하고 정체로 이끈다는 것이다.

셋째가 자본주의의 진보적 의미를 상실하게 한다는 것이다. 자본주의 경제는 인류역사상 지대한 진보적 역할을 수행했다. 그러나 제국주의 단계에 이르러서는 ①독점체가 독점가격으로 특별한 독점 이윤을 얻을 수 있기 때문에 기술적 진보에의 의욕을 잃고 발명의 비밀화, 발명의 매점, 신기계 채용의 저지 같은 행위로 발전을 저지하는 경향을 갖게도 한다. ②조업단축 같은 독점가격유지를 위한 생산력의 만성적 불완전 이용과 가격인상을 위한 생산물 파괴 ③노동력의 만성적인 불완전 이용으로서의 방대한 만성 실

70] 미국의 경제학자 J. Allen은 '트러스트(trust) 정치와 Hitler의 국가기구와를 구별하는 한계를 분별하는 것을 거의 불가능하다'고 (經濟學新大業 Ⅲ. p.115에서 인용).

71] 그 대표가 영국, 해외투자의 이식이 1870~80년간 5,300만 파운드, 1911~13의 18,800만 파운드는 영국 국민소득의 1/10에 해당.

업 ④광고비·사치품 지출 같은 불생산적 지출증대 ⑤군비를 위한 거대한 국가지출 증대 ⑥전쟁에 의한 세계적인 부와 생산력의 파괴 등으로 독점 특유의 정체경향을 가진다는 것이다. 즉 자본주의는 발전이 지속하기는 하더라도 개별 생산 부문 또는 개별국가에 관하여 이런 요인이 작용한다. 자본주의는 생산력을 완전히 이용 못한다. 이에 따라 완전정체, 절대적 퇴보[72]는 아니더라도 발전하는 능력(진보적 의의)을 잃고 전체로서는 생산력의 발전이 완만해진다는 것이다. 이로써 제국주의를 사멸하고 있는 자본주의라고도 말하고 있는 것이다.

그리하여 제국주의를 독점자본주의, 기생·부패하고 있는 자본주의, 사멸하고 있는 자본주의 등 특수한 역사적 단계라 하여 이러한 경제적 본질에 의하여 제국주의를 사회주의에의 과도적 단계라는 역사성을 규정하는 것이 사회주의 경제학이다. 즉 자본주의 붕괴론이 그 귀결이었으며, 이러한 상황을 주기적 공황이라고 말한다. 더 덧붙일 필요는 없으나 자본주의는 끊임없는 기술혁신과 자본 축적, 생산 확대로 인간생활의 기초인 생산력의 거대한 발전을 이룩하여 생산은 격증하고 있었다. 나아가 철도의 발달이 국내의 모든 부분을 누벼 주는가 하면 기선·전신은 대륙을 누벼 세계를 하나로 만들었다. 이에 자본주의적 생산은 국경을 넘어 사회성이 증대하여 인류사에서 위대한 역할을 수행할 수 있었다. 그러나 자본주의 경제는 생산의 이 같은 사회적 성격이 증대함에도 불구하고 생산 자체는 생산 수단을 사유한 개별 자본이 사적 이윤 추구를 목적으로 서로 경쟁 하는 것이기 때문에 사회 전체로서는 무계획(무질서, 무정부)적이다.

이 같은 생산의 사회적 성격과 점유의 사적 성격이 자본주의 경제의 기본적 모순이라는 것이며, 이 모순의 충돌이 주기적으로 사회전체를 진동하게 하는 경제공황이라는 것이다. 따라서 공황은 이 기본 모순을 원인으로

72] Rosa Luxemburg, N. I. Bukharin은 완전정체 절대적 퇴보라고.

하여 발생한다는 것이며 공황에 즈음하여서는 일단 생산의 정지 상태이고 풍부한 가운데 궁핍이 맹위를 떨친다. 이는 자본주의 사회가 스스로 추진한 생산력의 발전과 자체의 질서를 유지할 수 있는 능력을 상실한 증좌라는 것이다. 때문에 공황을 자본주의 사상(死相)이라고 말한다. 그러나 자본주의는 이 같은 경제적인 객관 조건만을 원인으로 자동적인 붕괴를 하는 것은 아니라 한다. 노동자계급이 사회변혁을 실행한다는 주체적 조건이 성숙해야 한다는 것이다. 즉 자본주의가 발전하면 할수록 부는 소수자에 축적하여 다수자는 빈곤의 축적으로 나타난다. 이에 노동계급은 자본주의 전복을 자각하여 이른바 계급투쟁의 혁명운동으로 자본주의는 붕괴한다는 것이 자본주의 붕괴론의 줄거리이다. 그리고 이 같은 의미의 계급투쟁은 일찍이 1830년 대에 영국의 차아티즘(chartism)운동을 비롯하여 1848년 프랑스의 2월혁명, 독일의 3월혁명으로 폭발되기도 했다.

그러나 이 모두가 실패[73]에 끝났을 뿐 아니라 자본주의에 관해서는 이 같은 붕괴론만이 있을 수 있는 것은 아니다. 이를 옹호하는 이론도 없을 수 없는 것이고, 또 혁명 같은 것을 배격한 온건한 이론도 있기 마련이다.

자본주의 발전을 알기 위해 이 같은 논설도 알아 두어야 할 것이다.

(2) 초제국주의론과 자본주의의 수정 옹호 이론

자본주의의 운명은 위의 제국주의론과 같이 붕괴가 필연적인 비관적 논

73] 프랑스에서는 산업혁명 진행과 더불어 1831년 리용의 견직물 공장노동자의 폭동을 위시하여 계속 폭동. Branqui, Louis Blanc, Proudohn 등을 주도자로 이들의 사회주의 사상이 보급·강화됨으로써 1848년 2월 민중의 정부에 대한 개혁요구의 집회가 정부의 금지·탄압으로 폭동화. 수상관저 습격, 왕궁 육박. 왕은 퇴위하고 영국에 망명, Blanc 등이 자유주의자들과 합세하여 제2공화정 수립. 그러나 선거결과 온건파 승리와 더불어 6월에 군대 동원으로 질서 회복.

독일은 파리의 2월혁명에 자극되어, 1848년 3월 오스트리아의 수도 빈에서 폭동이 일어나 수상 메테로니히(Metternich)는 영국에 망명. 결국 오스트리아 군대가 이를 진압했으나 3월혁명은 독일의 시민혁명으로서 이후 자유주의적 경향이 전독일에 진전.

의만이 전부인가?

물론 그렇지 않다. 우선 같은 사회주의 경제이론에서도 카우츠키(K. Kautsky)에 의하면 제국주의라는 것은 모든 농업지역을 정복·병합코자 하는 자본주의적 공업국민의 갈망이라는 것이다. 이 갈망이 한때는 자유무역이라는 평화적 방법으로 실현되었으나 세계의 영토적 분할이라는 폭력적 방법으로 실현키에 이른 것이 제국주의라는 것이다. 따라서 제국주의는 자본주의의 일정한 발전 단계라기보다는 특수한 자본주의 정책이라는 것이다. 그러나 이는 잘못된 정책이다. 때문에 시정해야 하고 시정이 가능한 것이며, 현재의 제국주의 정책이 민족적 금융자본 상호 간의 투쟁에 대신하여 국제적으로 결합한 금융자본에 의한 세계의 공동개발로 끌어가면 된다는 것이다. 즉 국가적으로 분열한 금융자본간의 경쟁을 국제적으로 결합한 한 개의 금융자본으로 대치하는 단일의 세계 트러스트(trust)로 통일하는 새로운 초제국주의적 정책을 생각해 볼 수 있다는 것이다. 그리고 확대일로의 자본적 의욕을 이 같은 세계연합에 이끄는 것은 제국주의의 폭력적 방법 아닌 그 반대의 평화적·민주적(비제국주의적) 방법으로 가장 잘 촉진될 수 있다는 것이며, 이는 가까운 장래의 일이라는 것이 카우츠키(Karl Kautsky)의 초제국주의론이다.[74]

제국주의의 국제적 통일연합으로 제국간의 정치적 분쟁이나 전쟁을 제거하고 평화를 누릴 수 있다는 카우츠키의 이 같은 개량주의(reformism)보다는 오히려 자본주의의 운영에 관해서는 자유자본주의의 장점을 근거로 이의 존속이 필요함을 역설하는 근대경제학의 자본주의 옹호이론이 보다 현실적이다. 먼저 미제스(Ludwig von Mieses)에 의하면, 현재까지 문명의 모든 것은 생산 수단의 사유제에 기초를 둔 것이었다. 즉 역사적 경험이 가르쳐 주는 것은 사유재산제가 문명과 밀접하게 결합되어 있었다는 점이다. 이 같

74] K. Kautsky, Ultraimperialismus Theorie 〈Neue Zeit〉지 1915.

은 사실에도 불구하고 사회주의는 경제학을 경험과학이라 하면서 생산 수단의 공적 통제를 주장하는 것은 자가당착(自家撞着)이 아닐 수 없었다 한다. 과연 소련의 생활 수준은 향상되었다. 그러나 서구문명제국은 중세 이래 시장경제의 기구를 방해하는 제도를 폐지하면서 인구는 증가하고 대중의 생활 수준은 상상외로 상승하여 소련은 이에 못 따르고 있다. 그리고 자본주의가 이 같은 생산력 증대에 주효할 수 있었던 것은 경제계산(economic calculation)이 자본제로서 비로소 가능하기 때문이라 했다. 즉 시장경제는 중세 이래 분업 하에서 행동하는 사람들에 의하여 자연적으로 이루어진 양식이며 결코 우연적·인위적인 것이 아니다. 이는 인간이 가장 바람직한 환경을 만들고자 한 노력의 오랜 진화과정이 결실한 산물로서 다른 양식으로 대치될 수 있는 것이 아니다. 그럼에도 불구하고 사회주의는 스스로 화폐도 가격도 없는 사회를 상정한다. 그만큼 경제계산은 실물로써도 가능하다는 것이나(사회적으로 필요한 평균노동 시간을 산출하여 이를 공통단위로 생산의 경제성을 측정) 이는 실제로 불가능한 일이다. 따라서 사회주의는 자원의 합리적 배분도 불가능하여 생산력 증대는 바랄 수 없는 것으로서 자본주의도 아무런 간섭이 가해짐이 없는 자유자본주의가 가장 바람직한 것이라 했다.[75]

미제스(Ludwig von Mises)의 이 같은 사회주의와의 대결은 그의 제자인 하이엑(Friedrich A von Hayek)에 계승되었다. 이에 의하면 민주주의는 개인의 자유영역을 확대하고 개개인에 가능한 모든 가치를 부여코자 하는 것이나, 사회주의는 자유의 영역을 제한하고 각인을 일률화하고자 한다. 이 부당성을 암폐(暗弊)코자 사회주의는 경제적 자유를 실현한다 하고, 이것이 없는 정치적 자유는 가치 없는 자유라 한다. 그러나 이 경제적 자유는 물질적 부의 거대한 증가가 아니라 각인의 선택범위가 불평등한 것을 제거하는 부의 평등분배를 뜻한다. 이는 실로 커다란 자유구속이 아닐 수 없다. 결국 자유

75] L. Mieses, Human Action, A Treatise on Economics(1949) 및 Die Wirtschaftsrechung in sozialistischen Gemeinwesen, in Archiv fur Sozialwissenschaften , Vol. 47. 1920.

라는 말을 교활하게 변형하는 것이 사회주의이다. 따라서 이 구속된 자유에의 길이야말로 '징역에의 길'인 것이다. 사회주의는 왕왕 중앙계획기관의 계획적 자원 배분으로 보다 큰 평등을 보장하는 사회적 정의와 구현의 수단이라 하는 것이나, 경제가 계획적이면 계획적일수록 모든 사람의 경제활동은 규제되는 것으로서 자유를 위해서는 반대한다는 것이 하이엑의 입장이다. 하물며 계획경제라는 집산주의(集産主義) 체제에서는 일정한 사회적 목표를 향해 사회의 노동을 의식적으로 조직한다. 그러나 이 사회적 목표 자체는 과연 무엇인가? 보통 일반적 복지 또는 일반적 이익으로 표현하고 있다. 그러나 수백만 수천만의 복지를 측정하는 단일 척도가 있을 수 있겠는가? 이를 규정할 수 있는 단 하나의 완전한 도덕률이 없는 한 단일 척도는 있을 수 없다. 따라서 계획이라는 것은 결국 독재로 이끌고 마는 것이며 '프롤레타리아 독재'라는 형식은 민주주의일지라도 중앙에서 경제체제를 지휘코자 하는 한 개인의 자유를 완전 파괴하는 것으로서 회피해야 한다는 것이다.

하이엑(Hayek)은 이와 같이 중앙계획기구가 정한 목적을 만인의 목적인 양 신봉하도록 선전하여 개개인을 동일 방향의 획일적 인격으로 통제코자 하는 것이 사회주의라 하여, 이는 곧 '예종(隸從)에의 길(Road to Serfdom)'로서 반대되어야 한다는 것이다. 그리하여 하이엑(Hayek)은 미제스(Mieses)의 경제계산 불가능론을 계승·보급하면서 '예종에의 길'로 사회주의와의 대결을 체계화했다.

그러나 이 두 학자의 설론은 사회주의에 대한 비판이 어느 정도 적절하면서도 자유경제의 결함에 대해서는 너무나 관용적이었다. 이것이 부득불 그들로 하여금 보다 바람직한 내일의 자본주의를 설계하기에 이르지 못하게 한 것이었으나 자본주의의 존속을 위해서는 오히려 자유경제의 결함과 이의 수정 내지 계획화가 필요하다. 케인스(J. M. Keynes, 1883~1946) 및 그 학파의 수정자본주의(revised capitalism) 이론이 현하(現下) 자본주의 제국의 정책 기조를 이루고 있는 것과 같으며, 이러한 의미에서 이 학파의 자본주의 옹호론이 보다 유효한 것으로 되었다.

우선 케인스(Keynes)에 의하면 자본주의는 궁핍과 빈곤, 계급간·국가간의 경제투쟁이 무서운 혼란을 야기하고 도덕적 기초에서 비난을 받아야 할 결함이 많다는 것이다. 그러나 이는 모두 자본주의가 현명하게 운영되면 제거할 수 있는 일시적·과도적인 것으로서 자본주의는 다른 어떠한 제도보다도 경제적 목적 달성을 위한 보다 능률적 제도로 될 수 있다는 것이다.

즉 케인스에 의하면 고전학파 및 그 후의 이론경제학에서는 자본주의를 합리적 질서로 간주하고 이 질서는 이를 구성하는 각 요소의 상호 관계에 의하여 자동적으로 조절되는 것으로만 생각되었다. 따라서 여기서 도출되는 합리적 질서의 경제적 법칙성도 하나의 필연으로서 인간의 지혜로써는 어쩔 수 없는 것으로 생각되었다.

그러나 세계공황의 와중에 있는 영국의 현실은 그 무서운 회오리바람이 지나면 다시 안정이 오리라는 안이한 생각을 허용하기에는 너무나 심각한 것이었다. 만약 자본주의가 자유라는 말 그대로 방임되는 날에는 경제활동은 그 언젠가 완전고용에 이른다 하더라도 이에 이르기까지에는 항상 광범한 실업군에 직면해야 했으며, 현실의 고용수준은 완전고용을 훨씬 하회하는 것이었다.

이 같은 현실 앞에서 케인스의 염두(念頭)를 지배한 것이 현자본주의 기구의 테두리 안에서 완전고용의 사회를 실현할 수 있다는 것과 아울러 이는 자연적·필연적으로 실현될 수 있는 것이 아니라 인위적인 노력으로써만이 비로소 실현 가능하다는 신념이었다. 그리고 이 같은 확신의 이론적 기초가 다 잘 아는바 전체로서의 유효수요(effective demand)의 문제였다.

즉 케인스에 의하면 자본주의 경제에서는 부와 소득의 자의적이고 불평등 한 분배야말로 기본적인 의미에서 실업의 근본원인이며 경제 발전에 대한 최대의 장해로 간주된 것이었다. 따라서 자본주의 경제의 자기 조정적 기능에 기대한 고전학파의 입장은 부정되어야 했으며, 국가에 의한 투자의 통제와 소득의 재분배로 유효수요를 증대해야 한다는 새로운 이론이 구성된 것이었다.

구체적으로는 투자를 고용과 소득 수준 결정의 주요인이라 생각하고 정부 지출이 이를 창출해야 한다는 것이다. 부연하면 최소의 통치가 최량의 통치라는 지금까지의 자유방임 이론은 정부 지출이 비생산적이라고 생각된 데에 연유했다. 그러나 이제는 그렇지 않다. 정부는 거대한 노력과 재정을 배경으로 한 거대한 소비자이다. 철도 부설·영화제작의 민간자본이 생산적인 것과 같이 도로건설·도서관 설치의 정부 지출도 생산적이다. 이런 것이 부족한 유효수요(소비와 투자)를 촉진할 수 있는 것이며 민간자본으로서는 무시할 수 없는 자본의 한계효율과 이자율의 관계도 정부는 이를 무시해 가면서 공공지출을 함으로써 민간의 유효수요와 경제활동을 촉진하게 된다.

한편 저축이라는 것도 자본주의 발전기에 즈음하여서는 개인적 미덕이요, 사회적 생산력 발전의 공간(槓杆 : 지렛대)이었다. 그러나 이 같은 근검저축 축적 충동은 이제야 풍요 중의 빈곤에 원인이 되고 유효수요를 부족하게 하여 사회적 생산력의 유휴, 노동력의 실업을 낳는 요인이라 했다. 즉 저축이 투자를 넘어서고 투자는 완전고용 소득에서의 저축을 흡수할 만큼 충분한 것이 아니면 그만큼 유효수요는 감소하고 완전고용은 실현되지 않는 비자발적 실업이 발생한다. 때문에 정부가 이를 통제해야하며 자본주의의 이 모든 모순은 자유방임(laisser faire)의 죄이다. 악자(惡者)는 자유방임이며 자본주의 자체는 아니다. 개인주의적 자유자본주의가 모순의 원천이므로 이 모순을 제거하는 구세주는 자본주의 사회 전체의 대표자로서 경제에 간섭하여 이를 지도·통제하는 국가이다.

케인스는 이와 같이 자본주의의 모순을 국가권력과 재정정책에 의한 투자통제와 소득 재분배로 수정코자 제의했으며, 생산 수단 사유의 폐지같은 사회주의적 양식이 아닌 그 결함 제거의 국가 개입으로 자본주의를 현명하게 운영코자 했다.

때문에 이를 수정자본주의라 하고 그 이론은 새 경제학(new economics)으로서 케인스 혁명의 선풍을 일으키면서 전후 세계주요제국의 정책적 지남철로 되고 있다는 영예를 차지하고 있다. 그리고 그런만큼 이 정책에 따른 국민경제는 국가독점 자본주의 또는 혼합경제라는 자본주의의 보다 고도단계에 지향하는 자본주의의 수정으로서 자본주의가 이 같이 현명하게 운영되면 이는 다른 어떤 제도보다도 능률적이다. 만약에 그렇지 않은 잘못된 정책으로 침식되고 있다가는 사회주의에 대립되고 만다는 것이다.

이상 본장에서는 자본주의가 탄생하여 2세기에 걸친 성장과정에서 본래의 모습이 어떻게 변하였기에 그의 건강상태를 두고 생과 사의 서로 다른 진단서까지 나오게 되었는가를 살펴보았다. 굳이 이 같은 진단서까지 소개하는 것은 자본주의의 운명이라는 그 역사성을 알고자 한 것이나, 과연 자본주의는 수정으로 건재한가 하면, 다른 한편에서는 자본주의적 발전이 아닌 사회주의적 발전이 팽배한 것이 현세계이다.

저자약력

1916년 경남 거창 출생

1936년 동래고등보통학교 졸업

1941년 일본 와세다(早稻田)대학 정경학부 경제학과 졸업

이후 식산(殖産)은행 지점장 대리. 동아대학교, 부산대학
교, 동국대학교, 농협대학의 교수를 거쳐 서울산업대학에
재직 중 오랜 지병으로 작고(1978.5.17).

1967년 부산대학교 대학원에서 경제학 박사

저서

《근대농업경제학》(청구출판사 1964)

《농업협동조합논 신강》(일신사 1966)

《농업정책론》(일조각 1968)

《아시아적 생산 양식논쟁》(평민사 1978)

서양경제사론

2018년 9월 15일 개정판 발행
1978년 10월 25일 초판 발행
1996년 4월 20일 중판 발행

지 은 이 최 종 식
발 행 인 최 석 로
발 행 처 서 문 당
주   소 경기도 고양시 일산서구 덕산로 99번길 85(가좌동 630)
우편번호 10204
전   화 (031) 923-8258
팩   스 (031) 923-8259
등록번호 제406-313-2001-000005호
창업일자 1968.12.24
ISBN   978-89-7243-687-4